Wendy Wauters

# Die Gerüche der Kathedrale

Wendy Wauters

# Die Gerüche der Kathedrale

Vom Leben im Herzen des mittelalterlichen Antwerpen

Aus dem Niederländischen von Andreas Ecke

Dieses Buch wurde mit Unterstützung der Flanders Literature herausgegeben. www.flandersliterature.be

Originally published in 2023 by Lannoo
© 2023, Lannoo Publishers
www.lannoo.com

wbg Theiss ist ein Imprint der Verlag Herder GmbH
Für die deutschsprachige Ausgabe
© Verlag Herder GmbH, Freiburg im Breisgau 2025
Hermann-Herder-Straße 4, 79104 Freiburg
Alle Rechte vorbehalten
www.herder.de

Bei Fragen zur Produktsicherheit wenden Sie sich an produktsicherheit@herder.de

Titel der Originalausgabe: Wendy Wauters: *De geuren van de kathedraal. De overweldigende 16de eeuw in Antwerpen*

Aus dem Niederländischen von Andreas Ecke

Einbandabbildung: Hendrik van Steenwyck der Ältere und Jan Brueghel der Ältere, *Innenansicht der Liebfrauenkathedrale*. Budapest, Museum der Bildenden Künste

Fachlektorat: Daphne Schadewaldt, Wiesbaden
Satz: Satzpunkt Ursula Ewert GmbH, Bayreuth
Herstellung: GGP Media GmbH
Printed in Germany

ISBN Print: 978-3-534-61064-8
ISBN E-Book (EPUB): 978-3-534-61068-6
ISBN E-Book (PDF): 978-3-534-61090-7

Für alle Florisse dieser Welt

*Ach, meine Seele ist ganz Klang*
*In dieser Zeit der Farbenlust;*
*Klang, der sich in die Höhe rankt*
*Im Zaubergarten voller Duft.*

Paul van Ostaijen, aus *Music-Hall* (1916)

# Inhalt

Eine subjektiv gefärbte Geschichte — 8

**Die Perle an der Schelde** — 11
1. Lebensgefährliche Luft — 31
2. Gestank des Todes — 45
3. In Schmach und Schande — 61
4. Schöne Prozessionen, schmutzige Pilger — 69
5. Selig machende Gefühlsregungen — 83
6. Ein süß duftender Paradiesgarten — 91
7. Pest, wieder einmal — 105
8. Den Blicken entzogen — 121
9. Veränderung und Verankerung — 137
10. Die höchsten Regionen — 149
11. Du sollst hören — 159
12. Sehen heißt glauben — 171
13. Ein nie gesehenes Schauspiel — 187
14. Sprachlos — 199
15. Mit verblümten Worten — 209
16. Mehr als die Summe der Teile — 219
17. Paradies auf Erden — 235

**Alles hin!** — 245

Epilog: Als der Staub sich gelegt hat — 253
Dank — 256
Anmerkungen zu Quellen und Literatur — 258
Zeittafel — 290
Antwerpener Festkalender — 293
Bibliografie — 294
Abbildungsnachweis — 314
Register — 319

# Eine subjektiv gefärbte Geschichte

1521 pries Albrecht Dürer staunend das außergewöhnliche Können der Musiker in der Antwerpener Liebfrauenkathedrale. In seinem Reisetagebuch erwähnte der Künstler außerdem, das Gebäude sei »übergroß, also das man viel ampt auf einmal darinnen singt, das keins das andere jrt [stört]«. Dagegen beklagte sich einige Jahrzehnte später, 1548 oder 1549, ein Geistlicher aus der Stadt über die unangenehme Klanglandschaft in der Kathedrale, die er auf das »Umherspazieren in der Kathedrale während der Predigt und der Gottesdienste« zurückführte, »was hier so schlimm ist, dass manche Fremde, die es sehen, darum weinen«. Der Antwerpener Jesuit Papebrochius wiederum notierte in seinem umfangreichen Geschichtswerk: »Wegen der Gewohnheit, täglich die Gräber zu öffnen, um Leichname hineinzulegen«, sei es in der Kathedrale »beinahe immer gefährlich für jene, die sich [...] nicht gut fühlen; so sehr sogar, dass viele weniger kräftige Leute einen Widerwillen gegen den Besuch der Pfarrkirchen hegen, vor allem schwangere Frauen«.

Diese und zahlreiche andere Bemerkungen mehr oder weniger bekannter Individuen, die während der Blütezeit Antwerpens in der Kathedrale umherspazierten, spielen in diesem Buch eine wichtige Rolle. Ihre Darstellungen widersprechen sich häufig und sind zwangsläufig durch persönliche Erfahrungen gefärbt, doch gerade diese Mischung unterschiedlicher Stimmen macht das Erlebnis des Kirchenraums greifbar. Unsere heutige Vorstellung von der Kirche als Ort stiller religiöser Einkehr entspricht nämlich nicht der bewegten spätmittelalterlichen Realität. Kirchen waren damals ein geschäftiger Treffpunkt für Leute jeden Schlages, die das Gebäude aus den unterschiedlichsten Gründen aufsuchten.

Diese verlorene Wirklichkeit hat der in Antwerpen lebende Künstler Pieter Bruegel der Ältere auf mitreißende Weise festgehalten. Sein 1559 entstandenes Gemälde *Der Kampf zwischen Karneval und Fasten* ist vor allem ein Gewimmel von Szenen aus dem Alltagsleben. Und die sind nicht nur von derber Komik, sondern auch in hohem Grade realistisch. Zum Beispiel sieht man eine Reihe schwarz gekleideter Frauen durchs Kirchenportal ins Freie schreiten. Eine von ihnen wirft eine Handvoll Münzen zu einem verwischten Schatten auf dem Boden hinunter: Ursprünglich lagen dort zwei schlafende, in schmutzige Lumpen gekleidete Kinder, die irgendwann im Lauf der Geschichte übermalt wurden. Direkt dahinter, neben dem Portal, sitzt ein Mann an einem Tischchen und wartet darauf, dass einer der vorbeikommenden Gläubigen das kleine Reliquiar auf dem Tisch küssen möchte. An den Säulen im Halbdunkel hinter dem Portal erkennt man in weiße Tücher gehüllte Heiligenskulpturen. Ihr gespensterhaftes Aussehen zeigt an, dass gerade Fastenzeit ist. Zwischen den Säulen spendet ein Priester im offenen Beichtstuhl und in Hörweite aller den reuigen Gemeindemitgliedern ein Aschenkreuz. An der Seite des Kirchengebäudes strömen weitere Gläubige auf den Platz heraus, von denen manche Stühle oder Hocker auf Kopf und Schultern tragen. Wer in der Kathedrale weder Bank noch Stuhl mietete oder kaufte, brachte nämlich besser eine eigene Sitzgelegenheit mit.

*Die Gerüche der Kathedrale* gibt allen Antwerpener Kirchenbesuchern eine Stimme, vom prunkvoll herausgeputzten Edelmann bis zum knauserigen Feinbäcker, vom obrigkeitstreuen Geistlichen bis zum misstrauischen Hafenarbeiter. Vor allem aber all den Namenlosen, die selten Gehör finden.

Was mich während meiner Recherchen am meisten berührt hat, sind die großen Übereinstimmungen zwischen mir selbst – oder heutigen Menschen allgemein – und diesen historisch so fernen Stadtbewohnern. Ihre Sorgen und Sehnsüchte entspringen Ängsten, die unseren Ängsten um uns selbst und unsere Liebsten sehr ähnlich sind. Im Angesicht von Krankheit und Tod suchen wir alle nach Halt, unabhängig von der Epoche, in die wir hineingeboren sind, wohl aber geformt von der Kultur, in der wir aufwachsen. In weiteren 500 Jahren wird man auch auf unsere Gewohnheiten mit einigem Befremden zurückblicken.

Beim Schreiben dieses Buches war es deshalb nie meine Absicht, mich über die religiösen Überzeugungen und die Vorstellungswelt der spätmittelalterlichen Kirchenbesucher lustig zu machen. Schließlich bleibe ich in meinem Bemühen, ein farbiges Bild des Lebens in der Kathedrale und um sie herum zu zeichnen, um es in den Worten Marcel Prousts zu sagen, für immer eine neugierige Dilettantin:

> Nehmen wir für einen Augenblick an, der Katholizismus wäre seit Jahrhunderten erloschen, die Tradition seines Kultes verloren. Als unverständlich gewordene Denkmäler eines vergessenen Glaubens überdauern allein die Kathedralen, zwecklos und stumm. Eines Tages gelingt es den Gelehrten, die Zeremonien zu rekonstruieren, die man dort einst zelebrierte, für die man diese Kathedralen gebaut hatte, und ohne die man in ihnen nur noch den toten Buchstaben fand; verführt vom Traum, jenen großen, verstummten Schiffen einen Augenblick lang das Leben wiederzugeben, wollen dann die Künstler für eine Stunde das Schauspiel des geheimnisvollen Dramas wiederherstellen, das sich in ihnen abspielte, inmitten der Gesänge und der Düfte [...] Karawanen von Snobs ziehen in die heilige Stadt [...] und einmal im Jahr empfinden sie die Gemütsbewegung, die sie einst in Bayreuth und in Orange gesucht haben: das Kunstwerk in dem Rahmen zu genießen, der ihm gebaut wurde. Unglücklicherweise können sie [...] nur Neugierige sein, »dilettanti«, was sie auch anstellen, in ihnen wohnt nicht die Seele von einst.

# Die Perle an der Schelde

## Machtwechsel

Anders als Antwerpener Kneipengänger spätabends gern mit stolzgeschwellter Brust behaupten, stand die Wiege des europäischen Handelsgeistes nicht in der Stadt an der Schelde. Im Laufe des Mittelalters wurden mehrere Städte für einige Zeit zum pulsierenden Herzen des Welthandels. Doch immer wieder führten politische Konflikte, Kriege und Naturereignisse zu einem Wechsel in dieser Vormachtstellung. Bevor Antwerpen zur vollen Blüte kam, lag der wirtschaftliche Schwerpunkt im neunzig Kilometer entfernten Brügge. Seit dem ausgehenden 13. Jahrhundert hatten sich die unternehmungslustigen Einwohner der Stadt zu bedeutenden Akteuren auf dem Weltmarkt entwickelt. Dank eines breiten Meeresarms, des Zwin, war Brügge ein Tor zur Welt. Aus allen Himmelsrichtungen liefen schwer beladene Karavellen und Koggen Brügge an. Tonnenschwere Frachten wurden in Vorhäfen wie Sluis, Sint Anna ter Muiden, Hoeke, Monnikerede und Damme auf kleine Binnenschiffe umgeladen, die unaufhörlich zwischen den Seehäfen und dem Stadtzentrum Brügges unterwegs waren. (Abb. 1)

Pero Tafur, ein andalusischer Edelmann und Weltreisender, traute seinen Augen kaum. Seinem Bericht zufolge liefen an besonders betriebsamen Tagen mehr als 700 Schiffe Sluis an, den bekanntesten Vorhafen. Er glaubte, dass der Umfang der internationalen Handelsschifffahrt in Brügge in den 1430er-Jahren sogar Venedig in den Schatten stellte. Dabei war nicht nur der unmittelbare Zugang zum Meer ein Trumpf, sondern auch das Hinterland. Norditalienische oder süddeutsche Kaufleute, die Seehandel betreiben, hätten freie Auswahl zwischen zahlreichen Küstenstädten als Lade- oder Löschhäfen gehabt, entschieden sich aber für Brügge. Was diese Stadt so außergewöhnlich attraktiv machte, war der Umstand, dass dort eine hohe Nachfrage nach Luxusgütern mit einem ebenso großen Angebot daran zusammentrafen. Zum Beispiel hatte der europäische Hofadel eine Vorliebe für Kleidung aus Brüsseler Tuchen. Gent, Ypern und Brügge selbst waren weltberühmt für die Herstellung von Tuchen, die aus englischer Wolle gewebt wurden. Und sowohl der Import von Wolle aus England als auch der größte Teil des Tuchexports liefen natürlich über Brügge.

Umgekehrt war auch im Binnenland der Hunger nach ausländischem Luxus unstillbar. Besucher überboten sich in Superlativen, wenn sie den aufwendigen Lebensstil der lokalen Elite in Worte zu fassen versuchten. Pero bemerkte, dass »jeder, der Geld hat und es ausgeben möchte, allein in dieser Stadt alles findet, was die Welt hervorbringt«. Er sah Orangen und Zitronen aus Kastilien, die wie frisch gepflückt aussahen, Obst und Wein aus Griechenland, Gewürze aus Alexandria und der Levante, Pelze vom Schwarzen Meer. Voller Hochachtung zog er den Schluss, es gebe keinen einzigen Erdteil, dessen beste Waren man in Brügge nicht finde.

Ein Zusammentreffen verschiedener Umstände ließ diese wirtschaftliche Vormachtstellung dann langsam, aber sicher von Brügge auf Antwerpen übergehen.

Seit Jahr und Tag mussten die Einwohner Brügges Unsummen ausgeben, um die Versandung ihrer Lebensader, des Zwin, aufzuhalten. Während seines Aufenthalts in Sluis beobachtete Pero, dass große Seeschiffe bei Niedrigwasser bis zu sechs Stunden auf einer der vielen Sandbänke festlagen. Ungefähr ein halbes Jahrhundert zuvor, in den Jahren 1374/75, hatten mehrere Sturmfluten dafür gesorgt, dass die Westerschelde für Schiffe mit größerem Tiefgang befahrbar geworden war, sodass sie nun auch Antwerpen erreichen konnten. Und doch waren es vor allem politische Konflikte der letzten Jahrzehnte des 15. Jahrhunderts, die Antwerpen einen entscheidenden Vorteil verschafften.

Unter der Herrschaft des tyrannischen Herzogs Karl des Kühnen aus dem Hause Burgund hatten Kriege die Bevölkerung seiner »niederen Lande«, die damals Flandern, Brabant, Luxemburg, Holland und weitere Gebiete umfassten, mehr und mehr erschöpft. Karls hartnäckiger Konflikt mit dem französischen König Ludwig XI. hatte nicht nur ein wechselseitiges Handelsembargo zur Folge – für Brügge eine Katastrophe –, der französische König unternahm auch den Versuch, die Niederlande auszuhungern. All dies zog sich sieben Jahre bis zum plötzlichen Tod des

Herzogs hin. Am 5. Januar 1477 kam Karl bei einer Schlacht gegen die Lothringer und eidgenössische Söldner bei Nancy ums Leben, als er wieder einmal ein neues Gebiet zu erobern versuchte. Gleich darauf brachen in den Niederlanden vielerorts Unruhen aus. Die geplagte Bevölkerung wandte sich offen gegen den herzoglichen Zentralismus und stellte die Machtverhältnisse allgemein infrage – so auch in Antwerpen, wo der Aufruhr allerdings im Vergleich zu den übrigen Gebieten recht schnell zum Erliegen kam. Immerhin gelang es den Aufständischen, in dem entstandenen Machtvakuum weitgehende Privilegien zu erkämpfen, doch die Unzufriedenheit sollte noch lange gären.

Währenddessen setzte der französische König den Kampf fort, nun gegen Maria von Burgund, Karls neunzehnjährige Tochter und neue Herrscherin der Niederlande. Als fünf Jahre später auch Maria nach einem unglücklichen Sturz vom Pferd starb, entstand ein neuer Anlass zu Unruhen. Marias Gatte Maximilian, österreichischer Erzherzog und der älteste Sohn Friedrichs III., des Kaisers des Heiligen Römischen Reiches, beanspruchte die politische Macht als Stellvertreter für seinen damals dreijährigen Sohn und rechtmäßigen burgundischen Thronfolger Philipp (den Schönen). Das wurde zum Auslöser einer Revolte in der Grafschaft Flandern und im Süden des Herzogtums Brabant, deren Städte die Autorität Maximilians nicht anerkannten und einen Regentschaftsrat für die Niederlande einsetzten.

Die beiden Parteien bekämpften sich erbittert. Von Frankreich offen unterstützt, beharrten die Städte auf Selbstverwaltung; auf diesen Schlag ins Gesicht reagierte Maximilian, indem er Flandern mit einem Heer deutscher Söldner heimsuchte. Bei einem vorgeblichen Gelegenheitsbesuch wollte er das scheinbar unschlüssige Brügge auf seine Seite ziehen, ob friedlich oder mit Gewalt. Doch er hatte die Stimmung völlig falsch eingeschätzt, denn nirgends sollte der Konflikt so eskalieren wie dort. Als Maximilian, inzwischen römisch-deutscher König, die Stadt 1487 aufsuchte, um mit den Vertretern sämtlicher niederländischer Provinzen, den Generalstaaten, zusammenzukommen, wurde er von den in die Enge getriebenen Bürgern Brügges festgesetzt und mehr als dreieinhalb Monate gefangen gehalten. Und das war noch nicht alles. Voller Abscheu schilderte der Biograf eines Maximilian treu ergebenen Feldherrn, wie weit die Verräter gingen: »[...] alle Tag prachten sie seiner regenten und obristen einen fur sein majestat auf den platz, legten in offentlich auf die flaischpank oder marterpank in angesicht des konigs und so sie die also ein guete weil gepeinigt und gemartert hetten, schlugen si in die heübter ab.«

Europa hielt den Atem an. Als die Nachricht den kaiserlichen Hof erreichte, setzte Friedrich III. eine überlegene Streitmacht in Richtung Brügge in Marsch. Den Einwohnern blieb kaum etwas anderes übrig, als Maximilian freizulassen, bevor der Krieg ihre Stadt erreichte. Allerdings durfte der Fürst erst gehen, nachdem er sämtliche Privilegien Flanderns und damit praktisch die politische Autonomie des Gebiets offiziell bestätigt hatte. Unmittelbar nach seiner Freilassung schlug er jedoch mit aller Härte zurück, entzog die unter Zwang zugestandenen Privilegien und forderte die ausländischen Kaufleute dazu auf, ihren Handel in das obrigkeitstreue Antwerpen zu verlegen. Zwar brauchten die Händler dem nicht unbedingt Folge zu leisten, aber Antwerpen war um einiges friedlicher und das Klima somit für Geschäfte günstiger als in Brügge.

Während also umliegende Gebiete politische Gewalt und drastische Veränderungen erlebten, hatte Antwerpen seinen kommerziellen Eroberungszug fortsetzen können. Das war unter anderem den Jahrmärkten zu verdanken, deren Bedeutung seit der zweiten Hälfte des 14. Jahrhunderts stetig zunahm. Zweimal im Jahr fand ein großer Markt mitten im Zentrum statt, außerdem zwei weitere in Bergen op Zoom, einer Brabanter Hafenstadt 35 Kilometer weiter nördlich. Nach einer nächtlichen Zeremonie, dem »Einblasen« des Marktes vom Antwerpener Rathaus aus, wurde am vorletzten Sonntag vor Pfingsten der Pfingstmarkt (*sinksenmarkt*) eröffnet und gut zwei Monate später, am zweiten Sonntag nach dem 15. August, dem Festtag Mariä Himmelfahrt, der sogenannte *bamismarkt*, ursprünglich *baafsmismarkt* (Bavo-Messen-Markt) nach dem heiligen Bavo von Gent. Die Jahrmärkte übten große Anziehungskraft auf in- und ausländische Kaufleute aus. »Man kann sich nichts wünschen, was hier nicht im Überfluss zu finden wäre«, seufzte der staunende Pero. »Wer die ganze christliche Welt oder ihren größten Teil an einem Ort versammelt sehen will, muss hierhin kommen.« Sogar für englische Tuche war Antwerpen ein bedeutender Absatzmarkt, während ihr Verkauf in Brügge aus Konkurrenzgründen auf erheblichen Widerstand stieß.

Auf allen Plätzen der Stadt wimmelte es von Kauflustigen. Ihre Beliebtheit verdankten die Märkte nicht zuletzt einer außergewöhnlichen Freizügigkeit, die für die Zeit ihrer Dauer galt. Jeder konnte ungehindert die Landesgrenzen überqueren, ohne dass Forderungen von Gläubigern ihn aufzuhalten vermochten. Auch der florentinische Kaufmann Lodovico Guicciardini, der sich 1541 als Zwanzigjähriger in der Scheldestadt niederließ und bis zu seinem Tod im Jahr 1589 bleiben sollte, schrieb den Erfolg der Jahrmärkte der Freihandelspolitik zu, die es jedermann erlaubte, nach Antwerpen zu kommen und sich dort aufzuhalten: »Danach kehren sie mit ihren Gütern in völliger Sicherheit nach Hause zurück, ohne dass jemand sie während der ganzen Reise wegen irgendeiner Schuld aufhalten oder was auch immer von ihnen fordern darf.«

Der Groenkerkhof, der »Grüne Kirchhof« an der Liebfrauenkirche, wurde für einige Wochen zum festen Standplatz der Kürschner, Handschuhmacher und *meerseniers* (Einzelhändler, Kleinhändler oder Krämer). Die Bauhütte (*fabrica ecclesiae*), die sich um den materiellen Zustand der Kirche kümmerte, empfing mit offenen Armen die Einkünfte aus der Vermietung dieser Standplätze, obwohl beliebte Märkte unweigerlich auch viel Gesindel und Trunkenbolde anlockten. Bereits 1468 hatte Karl der Kühne genug von »üblen Sünden und Ehebruch und anderen Missetaten«, zu denen es bei diesen Gelegenheiten rings um die Kathedrale kam. Er entschied, dass die Verkäufer ihre Stände auch außerhalb des kirchlichen Areals aufstellen durften, ohne dass die Bauhütte auf die entsprechenden Einnahmen verzichten musste.

Ursprünglich dauerten die Jahrmärkte vier Wochen, zu Beginn des 16. Jahrhunderts aber schon anderthalb Monate oder länger, bis sie schließlich zu einem »ewigen Markt« wurden.

Kurz und gut, Antwerpen erfüllte alle Voraussetzungen, um zur neuen kommerziellen Großmacht zu werden: Es war der ideale Standort für den Handel zu Lande und zur See, unterhielt gute Beziehungen zu den regierenden Mächten und hatte als internationaler Absatzmarkt eine solide wirtschaftliche Basis. Und so konnte Antwerpen Brügge gegen Ende des 15. Jahrhunderts entthronen. Weniger als hundert Jahre später sollte es sogar zum wichtigsten und reichsten Handelszentrum ganz Westeuropas werden. Bis zu 500 Schiffe machten täglich im Hafen fest oder liefen aus, und Woche für Woche rumpelten 10 000 mit Handelsgütern beladene Fuhrwerke aus der Stadt heraus und über die Landstraßen zu Bestimmungsorten in ganz Europa. (Abb. 3)

Dieses rasante Wachstum verschlug sogar den Einzelhändlern den Atem. Im ersten Viertel des 16. Jahrhunderts beklagten sie den enormen Leistungsdruck, unter dem sie standen, weil jedermann von ihnen erwartete, dass sie jederzeit alles vorrätig hätten: »Es ist eine allgemeine Redensart unter den Kaufleuten, wenn in Ypern, in Gent, in Brügge, in Brüssel, in Middelburg et cetera Markt ist: Lasst uns nach Antwerpen gehen, dort ist immer Markt, da finden wir alles, es ist nicht nötig, diese kleinen Märkte aufzusuchen.« Die Antwerpener Einzelhändler sahen sich deshalb gezwungen, kostspielige Reisen in »alle Länder und Städte« zu unternehmen, um etwa herausragende Produkte der dortigen Gold- und Silberschmiedekunst aufzutreiben, damit ihrer eigenen Stadt der ausgezeichnete Ruf als internationaler Handelsplatz erhalten blieb. (Abb. 6)

## Groß, größer, am größten
·

Sowohl in ökonomischer als auch in demografischer und sozialer Hinsicht platzte Antwerpen aus allen Nähten. Die Bevölkerungszahl, der Wohlstand und die Bautätigkeit nahmen um die Mitte des 16. Jahrhunderts exponentiell zu. 1446 zählte die Scheldestadt gerade einmal 31 000 Seelen, doch ihre Anzahl sollte stetig steigen. Besonders nach 1526, als die Stadt 55 000 Einwohner hatte, setzte ein spektakuläres Bevölkerungswachstum ein. In den Jahren 1542/43 lag die Einwohnerzahl bereits bei etwa 84 000, und um 1568 war die Schwelle von 100 000 überschritten. Damit waren sämtliche Vor- und Nachteile einer schnell wachsenden Stadt verbunden. Die Armut nahm zu, ebenso die Kluft zwischen Arm und Reich und die damit einhergehende Polarisierung. Der Zustrom von Bauern aus der Umgebung und von fremden Kaufleuten wirkte sich auf die bestehenden familiären Netzwerke aus, und es wurde viel einfacher, in der Masse zu verschwinden.

All die neuen Stadtbewohner mussten auch Wohnraum finden. Innerhalb der Stadtmauern kam es zu einem Wildwuchs neuer Straßen und Viertel. Schlaue Grundbesitzer unterteilten ihre Bleichwiesen und Baumgärten in neue, von Häusern gesäumte Straßen. Zählte Antwerpen innerhalb der Stadtmauern gegen Ende des 15. Jahrhunderts nur 124 Straßen, so waren es 1549 bereits 212 – ein überaus beachtlicher Zuwachs für ein halbes Jahrhundert. Diese räumlichen Veränderungen vollzogen sich spontan und unkontrolliert; erst 1582 schrieb man den Grundbesitzern vor, zunächst die Stadt um Erlaubnis zu fragen, wenn sie eine Straße anlegen wollten. Innerhalb des städtischen Gewirrs ballten sich die Handwerker nach Berufen getrennt in bestimmten Vierteln. So fanden die Brauer ihre Heimat rings um den Brouwersvliet, während die Silberschmiede sich in der Zilversmidstraat beim Grote Markt versammelten. Zahlreiche heutige Straßennamen verweisen noch auf die einstigen Bewohner.

Nicht alle waren glücklich über diese rasante Veränderung der städtischen Struktur. Schon im 16. Jahrhundert war die Klage zu hören, dass früher alles besser gewesen sei. Im Frühjahr 1566 schickten die Bewohner des Viertels rund um den Eiermarkt eine handgeschriebene Eingabe an den Magistrat, die im Grunde ein Hilferuf war. Voller Bedauern hätten sie mitansehen müssen, wie sich ihr geliebtes Stadtviertel in den letzten dreißig Jahren bis zur Unkenntlichkeit verändert habe, was dem neuen Wohlstand zu verdanken sei, dem neuen Handel, dem neuen ... »Doch Gedeihen führt nicht notwendigerweise zu Eintracht«, schrieben sie. Denn wo war der Gemeinschaftssinn geblieben? Früher, in der »alten Zeit«, hätten sich die Bewohner jedes Jahr einmal »aus nachbarschaftlicher Liebe und Freundschaft« versammelt, um sich des Beisammenseins zu erfreuen, eine Mahlzeit miteinander zu teilen und ein Holzvogelschießen zu veranstalten. Gewiss, bei dieser Betätigung konnte schon einmal jemand zu Schaden kommen, wenn ein Pfeil einen unachtsamen Passanten traf, aber nichts und niemand ist vollkommen.

Kriege, »schwere Zeiten und Teuerung« hätten jedoch alles verdorben, und um 1530 war diese wunderbare Tradition verschwunden. Wenn nun auch doppelt so viele Menschen wie früher in Antwerpen leben mochten, die Verbundenheit hatte darunter anscheinend nur gelitten. Je mehr Menschen durch die Straßen hasteten, desto größer die Anonymität. Die Bewohner des Eiermarkt-Viertels hofften deshalb inständig, dass der Magistrat die Wichtigkeit dieses Problems erkannte. Es würde schon eine große Hilfe sein, wenn die Stadt ihnen kostenlos ein Grundstück überlassen würde, das sie als Versammlungsort und Übungsgelände nutzen konnten. Doch leider ist nur der Tod umsonst; wertvolles Bauland wurde nicht einfach verschenkt. Immerhin erhielten die Anwohner von der Stadt einen Zuschuss; ihre nostalgische, aus lauter edlen Beweggründen vorgetragene Bitte war nicht auf gänzlich taube Ohren gestoßen.

## Glaubt, was ihr wollt, nur bitte nicht zu laut

Das Antwerpen des 16. Jahrhunderts war in fünf Pfarrgemeinden mit eigenen Pfarrkirchen unterteilt. (Abb. 4) Theoretisch musste jeder, der innerhalb der Grenzen einer Pfarrgemeinde wohnte, in seiner Pfarrkirche heiraten, seine Kinder taufen lassen, an Sonn- und Feiertagen der Messe beiwohnen, mindestens einmal im Jahr die Kommunion empfangen und sich schließlich in oder bei der Kirche beerdigen lassen. Zu einer Pfarrgemeinde konnten in unbegrenzter Zahl Kirchen, Bruderschafts-, Armenhaus- und Hospitalkapellen gehören, aber an der Spitze der Hierarchie stand grundsätzlich die Pfarrkirche. Im Gegensatz zu den anderen kirchlichen Einrichtungen war ihr die Berechtigung zu Taufen, Eheschließungen und Begräbnissen vorbehalten. Diese drei sakralen Handlungen durften nur in der Pfarrkirche stattfinden, weshalb auch nur sie in den Genuss der sich daraus ergebenden Einkünfte kam, ein Vorrecht, das mit Zähnen und Klauen verteidigt wurde. Nicht nur, weil es religiöse Tradition war, sondern auch aus einem sozialen Drang zur Revierverteidigung heraus wurden die Grenzen einer Pfarrgemeinde sogar jedes Jahr aufs Neue symbolisch bekräftigt, indem man sie in einer Prozession abschritt.

Jede Pfarrgemeinde war ein einzigartiger Schmelztiegel unterschiedlicher Viertel und sozialer Klassen. Die reichsten Viertel lagen in der Liebfrauengemeinde, deren Pfarrkirche die Kathedrale selbst war, und der Gemeinde Sankt Jakob. Diese beiden Gemeinden hatten die meisten Mitglieder und deshalb auch die größten Kirchen. Den Gemeinden

Sankt Georg (Sint-Joris) und Sankt Andreas gehörten vor allem weniger wohlhabende Stadtbewohner an. Die soziale Zusammensetzung von Sankt Walburga war wegen der Lage der Gemeinde unmittelbar an der Schelde von besonderer Art. Die finanzkräftige Gruppe der Brauer profitierte vom direkten Zugang zum benötigten Wasser, aber auch für arme Immigranten war die Gegend wegen des verfügbaren Baulands attraktiv. Die Kirche der heiligen Walburga war außerdem Treffpunkt für Seeleute, die Gott für ihre glückliche Heimkehr dankten, was mit der Kontaktaufnahme zu Prostituierten einherging, die sich im Eingangsbereich der Kirche herumtrieben. Die Kirchenvorsteher, ein Kollegium aus Geistlichen und Laien, das die tägliche Sorge für die Kirche wahrnahm (Instandhaltung und Ausschmückung), drückten beide Augen zu, schließlich war ein fröhlicher Seemann in der Regel auch ein opferfreudiger Seemann.

Es kam vor, dass der Magistrat ein soziales Experiment durchführte, um den Ruf eines Viertels zu verbessern. Im Jahr 1446 wurde den Minderbrüdern, einer militanten Ordensgemeinschaft, die materiellen Besitz strikt ablehnte, ein Haus im Kauwenberg zugewiesen. Dieses unruhige Viertel in der reichen Pfarrgemeinde Sankt Jakob war von Landstreichern, Bettlern und Prostituierten bevölkert. Der Magistrat erhoffte sich von der Anwesenheit der Brüder eine disziplinierende Wirkung, doch das Gegenteil trat ein. Nach drei ruhelosen Jahren wurde den Minderbrüdern endlich gestattet, wieder wegzuziehen, nachdem die Situation im Viertel für sie unerträglich geworden war. Bordellbesitzer, Kupplerinnen und Prostituierte hatten mit ihrem Geschrei, nächtlichen Ausschweifungen und unzüchtigen Gesängen die Nachtruhe und die Gottesdienste der Brüder gestört. Der Tiefpunkt war eine versuchte Brandstiftung, die aus Sicht der Brüder verübt worden war, weil dieses »engstirnig national fühlende« Volk sie nach Jahren noch als Fremde betrachtete. Dass sie selbst im Ruf standen, opportunistische, aufdringliche, überhebliche, weltfremde Moralapostel zu sein, könnte allerdings auch etwas damit zu tun gehabt haben ...

Fünf Pfarrkirchen für eine der größten Städte Europas, das war wenig. Brügge hatte sechs Pfarrgemeinden, Gent und Lille sieben. Und in London gab es 1590 nicht weniger als 114 Pfarrgemeinden. Antwerpen war im Ausland zu Recht als Freistatt für Andersdenkende bekannt. Englische Flüchtlinge wie die Protestantin Rose Hickman suchten und fanden in den 1550er-Jahren in Antwerpen eine sichere Zuflucht, »nicht, weil hier mehr Glaubensfreiheit herrschte, sondern weil es keine Pfarrkirchen gab, nur eine Kathedrale«. Damit meinte Hickman, dass der Gemeinschaftsaspekt, der für Pfarrkirchen so charakteristisch ist, hier zu fehlen schien. Sie fügte hinzu: »Obwohl hier die Messe gefeiert wurde, war es nicht leicht herauszufinden, wer zur Kirche ging und wer nicht.« Die Ursache des fehlenden Gemeinschaftsgefühls lag ihrer Ansicht nach also in einer zu geringen Anzahl von Pfarrgemeinden für eine zu hohe Anzahl von Gläubigen.

Und sogar diese wenigen Pfarrgemeinden neben der Liebfrauengemeinde waren nicht ohne Widerstand geschaffen worden. Das lag vor allem an der Selbstsucht des Kapitels der Liebfrauenkirche, also ihrer leitenden geistlichen Körperschaft. Vor 1477 hatte Antwerpen sage und schreibe eine einzige Pfarrkirche! Allein das Kapitel, das die geistliche Arbeit der kirchlichen Institutionen in der Stadt überwachte, war befugt, die Gründung neuer Pfarrgemeinden zu genehmigen. Aus Angst vor einem Rückgang der eigenen Einkünfte tat es jedoch alles, um die Gründung weiterer Gemeinden zu verhindern – je mehr Gemeinden, desto geringere Einnahmen aus Begräbnissen, Taufen und Eheschließungen.

Viele Stadtbewohner, die jede Woche bei Wind und Wetter den Weg zu ihrer Kirche machen mussten und dort viel zu wenige Seelsorger für die große Zahl der Gemeindemitglieder antrafen, waren mit dieser Situation höchst unzufrieden. Die wiederholte Forderung nach neuen Pfarrgemeinden kam deshalb von unten. Im Jahr 1477 beklagten sich die Bewohner der Viertel um die Georgskirche, die Walburgakirche und die Jakobskapelle wie schon oft zuvor beim Kapitel der Liebfrauenkirche. Diesmal war das politische Klima allerdings günstig für sie, denn in der äußerst unruhigen Stimmung nach dem Tod Karls des Kühnen hielt das Kapitel etwas mehr Nachgiebigkeit für ratsam. Die Jakobskapelle wurde zur Pfarrkirche erhoben, und auch die Georgskirche erhielt vollständige Rechte. Zunächst weigerte sich das Kapitel noch, auch Sankt Walburga zur Pfarrkirche zu erheben, doch nachdem sich Bewohner des Viertels in einem Schreiben an den Papst in scharfem Ton darüber beklagt hatten, musste es einlenken. 1529 war das Schicksal den Gläubigen erneut günstig gesinnt, und die Sankt-Andreas-Kirche vervollständigte als vierte neue Pfarrkirche die Liste.

Bis zum heutigen Tag ist es bei diesen fünf Pfarrgemeinden geblieben. Der spanische Statthalter der Niederlande Luís de Zuñiga y Requesens unternahm während seiner Statthalterschaft in den Jahren 1573–1576 den Versuch, in Antwerpen weitere sieben oder acht neue Pfarrgemeinden zu gründen, musste jedoch wegen mangelnder Unterstützung durch die lokale Geistlichkeit das Handtuch werfen.

Das 16. Jahrhundert war für die Niederlande eine Achterbahnfahrt religiöser Unruhen. Die große Frage war, welche Form des Glaubens denn nun die richtige sei. Traditionsverbundene Gläubige lehnten entschieden alles ab, was die hergebrachte Ordnung infrage stellte. Reformfreudige Gläubige wehrten sich mindestens ebenso heftig, wenn sie ihre Glaubensfreiheit eingeschränkt sahen. Die Bewegung dieser Neuerer, die von den kirchlichen und weltlichen Obrigkeiten der Einfachheit halber als Ketzer abgestempelt wurden, verband Anhänger unterschiedlicher Strömungen, von denen Lutheraner, Calvinisten und Täufer die bekanntesten sind. Gemeinsam war ihnen die Sehnsucht nach Erneuerung (*reformatio*) der Kirche, doch inhaltlich waren ihre Vorstellungen von Grund auf verschieden.

Martin Luther hatte in jungen Jahren als Prediger in Wittenberg festgestellt, dass Gläubige für die Befreiung von Sündenstrafen lieber Ablassbriefe kauften, als zu beichten. 1517 wandte er sich sowohl in Predigten als auch in Druckschriften entschieden gegen die Missbräuche des Ablasshandels, und von da an eskalierte der Konflikt zwischen ihm und der Kirche. Die wechselseitigen Angriffe nahmen an Schärfe zu, und am 3. Januar 1521 sprach Papst Leo X. den Bannfluch über Luther aus. Das verfehlte seinen Zweck; die lutherische Bewegung hatte bereits Fuß gefasst.

Viel radikaler war die Bewegung der Täufer oder Anabaptisten, die in der gleichen Zeit aufkam. Sie lehnten die Kindertaufe ab; die Voraussetzung für eine Aufnahme in die Glaubensgemeinschaft war ihrer Ansicht nach eine bewusste Entscheidung des Gläubigen, und als neugeborenes Kind war man zu einer solchen Entscheidung nun einmal nicht fähig. Die Obrigkeit betrachtete diese Strömung bald als gefährlich, und die Täufer wurden rigoros und grausam verfolgt.

Die dritte einflussreiche Strömung ging auf die Lehren des französisch-schweizerischen Theologen Johannes Calvin zurück. Nach einem traumatischen Erlebnis im Jahr 1531, als die Familie am Sterbebett des exkommunizierten Vaters um ein kirchliches Begräbnis betteln musste, wandte Calvin sich mehr und mehr vom traditionellen Christentum ab. Fünf Jahre später machte er seine Auffassungen öffentlich in der Schrift *Unterricht in der christlichen Religion* (*Institutio Christianae religionis*), die ursprünglich als Katechismus und Anleitung zum Lesen der Bibel gedacht war. Auch diese Bewegung hatte bereits zu Lebzeiten ihres Gründers zahlreiche Anhänger.

Luther und Calvin sind sich nie begegnet, und die Unterschiede zwischen ihren Lehren sind unvergleichlich viel größer als die Übereinstimmungen. So glaubte Calvin an die Prädestination im Sinne einer göttlichen Vorherbestimmung des Menschen entweder zum Heil oder zum Verderben, was letztlich bedeutet, dass der Mensch keinen Einfluss auf sein Schicksal hat. Luther widersprach dem entschieden; seiner Auffassung nach hat der Mensch durchaus Einfluss darauf, ob er errettet wird oder nicht, unter anderem durch gewissenhaftes Bibelstudium. Während der ersten Hälfte des 16. Jahrhunderts bewegte sich die Mehrheit der Bevölkerung relativ flexibel innerhalb des Spektrums von Glaubensrichtungen: Es waren neugierige, unbeständige, opportunistische, umherirrende Gläubige. Für das Gros der Stadtbewohner bedeutete das Infragestellen von Traditionen nicht unbedingt einen Bruch mit der eigenen Kirche. Es war eher so, dass eine Auffrischung oder Erneuerung von Traditionen sehr gut zur Mentalität einer neuen, wagemutigen Generation passte.

Kaiser Karl V., Maximilians Enkel, ging während seiner Herrschaft rigoros gegen alles vor, was die Ordnung störte. Außer seinem prominent vorstehenden Kinn und häufig offen stehenden Mund, Ergebnis von dynastischer Endogamie über Generationen hinweg, erwähnen alle Biografen seine außergewöhnliche Frömmigkeit. (Abb. 5) Schon in seiner Jugendzeit wohnte Karl mindestens zweimal täglich der Messe bei, und so verwundert es kaum, dass er alle reformatorischen Lehren entschieden ablehnte. Am 8. Mai 1521, knapp vier Jahre nach der Veröffentlichung von Luthers berühmten Thesen, in denen er zahlreiche Missstände in der katholischen Kirche anprangerte, erließ der 21-jährige Kaiser das unerbittliche Wormser Edikt, mit dem alle lutherischen Schriften verboten und damit letztlich dem Scheiterhaufen überantwortet wurden.

Es folgten zahllose Erlasse von Landesherren und Magistraten zur Durchsetzung der kaiserlichen Anordnungen. Doch in Antwerpen hielt sich der Eifer alles in allem in Grenzen. Nicht einmal die besonders traditionsverbundenen Geistlichen waren unbedingt für ein so rigoroses Vorgehen. Mochte die erzkatholische Antwerpener Lehrerin Anna Bijns unermüdlich und lautstark verkünden, dass man am besten auch gleich die Autoren der verbotenen Schriften dem Feuer übergeben solle, äußerte doch zur gleichen Zeit der sanftmütige Theologe Nicolaes Cleynaerts tiefe Besorgnis über ebendiesen Fanatismus. Und der Magistrat beabsichtigte keinesfalls, von sich aus ein solches Schauspiel zu veranstalten.

Die erste Bücherverbrennung »*door bevel des keysers*« fand statt, als Kaiser Karl anlässlich der Grundsteinlegung für den neuen Hochchor der Liebfrauenkirche in Antwerpen eingetroffen war. Am 13. Juli 1521 wurde der Grote Markt zur Bühne für das triste Schauspiel der Verbrennung von 400 Büchern auf einem Scheiterhaufen. Zur zweiten öffentlichen Bücherverbrennung kam es, als der Kaiser ein knappes Jahr später erneut Antwerpen besuchte. Damals ließ er »alle lutherischen Bücher verbrennen, derer man habhaft werden konnte oder von denen man wusste, dass jemand sie in Besitz hatte«. Anschließend wurden die Eigentümer der Bücher gezwungen, ihrer »Irrlehre« öffentlich abzuschwören. Doch abgesehen von diesen kaiserlichen Besuchen blieben der Scheldestadt biblioklastische Feuersbrünste weitgehend erspart.

Als der Kaiser 1550 das berüchtigte »Blutgesetz« (*bloedplakkaat*) erließ, das die Verbreitung und den Besitz ketzerischer Bücher, die Teilnahme an ketzerischen Versammlungen, das Predigen ketzerischer Lehren und die Beherbergung von Ketzern mit der Todesstrafe belegte, zog Antwerpen eine Grenze: Die Stadt weigerte sich, das Gesetz anzuwenden. Neben einem starken Hang zur Autonomie war die Furcht vor den möglichen ökonomischen Auswirkungen solch drastischer Maßnahmen ausschlaggebend. Der Finanzmarkt war auf die Anwesenheit der vielen ausländischen Kaufleute angewiesen, die man auf keinen Fall mit intoleranter Religionspolitik vergraulen wollte. Nicht nur in England – wo unter der Schreckensherrschaft von »Bloody« Mary Tudor 283 Protestanten auf dem Scheiterhaufen verbrannt worden waren – genoss Antwerpen den Ruf einer Freistatt, auch in Venedig war die Scheldestadt als die *grande libertade* bekannt. Die Verfolgung von Ketzern blieb in lokaler Verantwortung, zumindest bis zum verhängnisvollen Bildersturm von 1566, als ein Mob aus radikalen Anhängern reformatorischer Strömungen, Plünderern und Mitläufern die Kirchen verwüstete.

Die städtischen und kirchlichen Obrigkeiten reagierten allerdings immer dann mit aller Härte, wenn abweichende Glaubensäußerungen zu allgemeinen Unruhen zu führen drohten. Doch sogar in solchen Fällen stießen ihre Maßnahmen auf Widerstand. 1525 kam es zur ersten Hinrichtung wegen Ketzerei: Der ehemalige Augustinermönch und Prediger Nicolaas aus Ypern wurde in der Schelde ertränkt. Der Protest dagegen war so heftig, dass er in Kämpfe zwischen »einigen Böswilligen« und den vereidigten Männern aus Bürgerwehr, Gilden und Zünften ausartete, die zur Beaufsichtigung der Exekution abgestellt waren.

Insgesamt wurden in Antwerpen während der 37-jährigen Herrschaft Karls V. vier Lutheraner und 28 Täufer hingerichtet. Solange die Anhänger reformatorischer Bewegungen es innerhalb des großzügigen Spielraums nicht zu bunt trieben, war die Gefahr eines vorzeitigen, gewaltsamen Endes also relativ gering.

Religiöse Uneinigkeit war übrigens kein neues Phänomen. Lange bevor die Ausbreitung reformatorischer Lehren zu den ersten Konflikten führte, trug die Antwerpener Geistlichkeit unter sich einen erbitterten Streit um das wahre Christentum aus. Priester, Prediger und Mönche propagierten den gottgefälligen Lebenswandel allesamt mit solcher Leidenschaft, dass nicht der geringste Zweifel hinsichtlich der Wahrheit ihrer Worte bestehen konnte. Mitte des 15. Jahrhunderts waren die Minderbrüder indes nicht nur mit den Antwerpener Prostituierten spinnefeind, sondern lagen auch mit den Geistlichen der Liebfrauenkirche über Kreuz. So verkündete beispielsweise im Jahr 1459 ein Minderbruder lautstark von der Kanzel, die Seelsorger der Kathedrale dürften die Einnahmen aus den Opferschalen zwar für ihren Lebensunterhalt nutzen, nicht aber für die Anschaffung von Pferden oder prunkvoller Kleidung. Der aufstachelnde Ton und die belehrende Haltung der Brüder fanden vor allem unter eher konservativen Gläubigen Beifall, während andere die Mönche selbst als aufdringliche, privilegierte Unruhestifter empfanden. Befeuert durch die Verbreitung reformatorischer Lehren, erreichten die religiösen Streitigkeiten im Lauf des 16. Jahrhunderts den Siedepunkt. Noch in der Zeit zunehmender Auseinandersetzungen mit den Lutheranern schafften es die Minderbrüder, sogar den konservativen Magistrat gegen sich aufzubringen. 1521 erteilte ein Magistratsmitglied einem der Brüder den Rat, doch einfach nur das Evangelium zu verkünden, statt aufrührerische Stimmungen zu schüren. Daraufhin bestieg der Bruder die Kanzel und brüllte der Menge zu, er sei aufgefordert worden, »das Evangelium zu predigen; doch das könnt ihr von euren Priestern hören, auch wenn sie am Vortag mit einer wahren Hure geschlafen haben«.

Im Spätmittelalter war der Lebenswandel von Priestern, Mönchen und ihren Anverwandten ein dankbares Ziel für Spott, sei es innerhalb oder außerhalb ihrer eigenen Kreise. Der habgierige oder wollüstige Geistliche war ein allgemein verbreitetes Klischee, das sich schon lange vor den ersten reformatorischen Bestrebungen eingebürgert hatte. In der Wahrnehmung der meisten Gläubigen waren Geistliche eine wirtschaftlich privilegierte Gruppe und kamen noch dazu in den Genuss zahlloser Freiheiten. Im Lauf seines Lebens brachte Desiderius Erasmus von Rotterdam, ein reformgesinnter Priester und kritischer Vielschreiber, in seinen Schriften immer wieder die zahlreichen Missstände in der Römischen Kirche und der Welt allgemein zur Sprache. Wie er glaubte, störten die Bürger sich maßlos an den öffentlichen Streitereien der Geistlichen; sie wünschten sich, dass die Geistlichen zunächst untereinander zu einer Verständigung kämen und erst danach ihr Urteil der Allgemeinheit verkündeten. Nach einer von zahllosen Reibereien zwischen den Antwerpener Minderbrüdern und den Pfarrgeistlichen schrieb Erasmus an einen Gegner:

> Könntet ihr doch einmal das Murren von Frauen und auch Männern hören: »Kommen wir dafür in die Kirche, dass wir hören, weswegen dieser oder jener einem anderen zürnt? Wir lassen unsere häuslichen Pflichten im Stich und lernen in der Kirche, dem Ruf unseres Nächsten zu schaden.«

Vor dem Hintergrund einer schnell wachsenden, mündigen Metropole und der ebenso folgenreichen Ausbreitung des Buchdrucks wurden die Schlammschlachten immer heftiger. Die Meinungen gingen auch darüber auseinander, auf welchem Weg den Gläubigen die Wahrheit verkündet werden dürfe. Die Minderbrüder, immer auf Belehrung aus, erwiesen sich als Meister des gedruckten Wortes. Unter ihren wohlwollenden Blicken wurden zahlreiche Schriften zur religiösen Unterweisung in der Volkssprache gedruckt.

Im siebzig Kilometer entfernten Kuringen dagegen klagte der Kaplan Christiaan Munters in seinem Tagebuch über die Gefahren des Buchdrucks. Der 31-jährige konservative Geistliche verherrlichte blinde Folgsamkeit und tadelte lesende Gläubige. In einem Eintrag aus dem Jahr 1535 behauptete er, jemand habe eine unschuldige Frau zum Lesen verführt. Der Unbekannte habe ihr nicht nur in unwahrscheinlich kurzer Zeit das Lesen beigebracht, sondern sie außerdem mit einem Stapel lutherischer Bücher nach Hause geschickt. Daraufhin habe sich ihr Ehemann in heller Aufregung an den Dorfpfarrer gewandt, und nachdem die Frau gebeichtet hatte, sei der Schaden glücklicherweise wieder behoben gewesen: Sie habe wie zuvor keinen Buchstaben lesen können.

In Wirklichkeit trug besonders das gesprochene Wort, von nüchternen Berichten bis zu spannenden Sagen und Wundererzählungen, zur Verbreitung religiöser Gedanken aller Art bei. Unterhaltsam ausgeschmückte Anekdoten, aber auch konstruierte Geschichten und das, was man heute *fake news* nennen würde, wurden ständig in Umlauf gebracht, in der Regel mit einer klaren politischen oder sozialen Absicht. Sie fanden ihren Weg in alle Schichten der Bevölkerung, sei es über offizielle oder informelle Kanäle, städtische Ausrufer, Volksprediger oder Bänkelsänger.

Als die ersten lutherischen Bücher den Antwerpener Markt überschwemmten, strömten katholische Fanatiker auf die Straßen, um ihre Version der Wahrheit möglichst noch lauter zu verkünden. Regelmäßig erreichten den Magistrat Klagen über durchgedrehte Prediger, die zum großen Verdruss der Einwohner die Plätze der Stadt heimsuchten. Und nicht anders als heute waren Gasthäuser als Orte des Austauschs der unterschiedlichsten Ideen beliebt. Während man speiste und trank, wurden nebenbei Geschäfte besprochen, öffentliche Versteigerungen von Immobilien zu ihrem rechtskräftigen Abschluss gebracht und glutvolle Predigten fortgesetzt. Erasmus, wer sonst, klagte, das aufwieglerische Gerede der Prediger gehe einfach weiter, wenn die Kirchenbesucher nach dem Gottesdienst mit ihnen zusammen in der Herberge landeten.

## Der Fingerabdruck einer Stadt
•

In einer von blühendem Handel, Bauwut, Migrationsströmen und Uneinigkeit geprägten Stadt wurde Stein für Stein eine der größten Kathedralen Europas erbaut. Ihre Geschichte als Pfarrkirche geht auf den Anfang des 12. Jahrhunderts zurück, als sie nur eine kleine romanische Kirche war. Im Rhythmus des Bevölkerungswachstums wurde sie regelmäßig vergrößert, bis um 1352 der Bau der »neuen« gotischen Kirche begann.

Anders als heute wurde über die Fortführung und Finanzierung eines solch megalomanen Bauprojekts Jahr für Jahr entschieden. Es gab keinen langfristigen Plan, in dem alles von A bis Z vorgezeichnet war, weshalb bis zur Fertigstellung mittelalterlicher Kirchen häufig mehrere Jahrhunderte vergingen. So war es auch im Fall der Liebfrauenkathedrale, die – um historisch korrekt zu sein – bis zu ihrer Erhebung zur Kathedrale im Jahr 1559 die Liebfrauenkirche war. In jenem Jahr besiegelte Papst Paul IV. die Bulle *Super universas*, mit der die nicht mehr zeitgemäßen Grenzen der Bistümer in den vor Kurzem der spanischen Linie der Habsburger zugefallenen Niederlanden neu gezogen wurden. Neue, kleinere Bistümer wurden gegründet, angepasst an die damaligen Sprach- und Territorialgrenzen, sodass die Bischöfe leichter über die religiösen Angelegenheiten ihres Gebiets wachen konnten. Eines der neuen Bistümer war Antwerpen, das bis dahin zum weiträumigen Bistum Cambrai gehört hatte. Dies bedeutete gleichzeitig die Erhebung der Liebfrauenkirche zur Kathedrale, zur Domkirche des Bistums. Das Liebfrauenkapitel, das in der Pfarrgemeinde seit Jahrhunderten allein das Sagen hatte und Wert auf seine Autonomie legte, reagierte mit Widerwillen auf diese Veränderung.

Das schrittweise, organische Wachstum des gotischen Kirchengebäudes brachte es mit sich, dass zahlreiche Änderungen am ursprünglichen Grundriss vorgenommen wurden. Im 14. Jahrhundert hielt man noch eine dreischiffige Kirche für ausreichend, hundert Jahre später waren es bereits sieben Schiffe. Weil der Bau einer Kirche so langsam voranging, wurde jedes Gotteshaus im Lauf der Zeit zu einem unverwechselbaren Fingerabdruck des Ortes und der Gemeinschaft, in der es entstand. Die Änderungen im Bauplan der Kathedrale und die Verschmelzung architektonischer Stile sind deshalb stille Zeugen der Entwicklung einer rasant expandierenden Stadtgesellschaft.

Die heutige Kathedrale, die im Wesentlichen fertiggestellt war, als das Bauprojekt um 1521 abgebrochen wurde, hat mit 117 Metern die Länge eines Fußballfeldes, das siebenschiffige Langhaus ist 55 Meter breit, und das Mittelschiff hat eine Höhe von 27 Metern, was etwa einem neunstöckigen Haus entspricht. Insgesamt bietet das Bauwerk theoretisch Platz für 25 000 Gläubige. Von den Mauern und Pfeilern abgesehen, sind jedoch fast keine originalen Bestandteile erhalten geblieben – vor allem die Besetzung der Stadt durch Truppen der französischen Revolutionsarmee im Jahr 1794 wurde dem Kircheninterieur zum Verhängnis. Sogar die heutigen Bodenfliesen stammen aus der nicht weit entfernten, im 19. Jahrhundert abgerissenen Sankt-Michaels-Abtei.

Innerhalb der Kathedrale gab es einen der Pfarrgemeinde vorbehaltenen Teil, der eine Einheit für sich bildete, eigenen Kirchenvorstehern unterstand und einen eigenen Altar besaß. Eine Kirche in der Kirche gewissermaßen. 1454 entschied der damalige Kirchbaumeister Herman de Waghemaker, den bisher in einer Seitenkapelle angesiedelten Gemeindebereich von dort wegzuverlegen, war der Raum doch viel zu klein geworden für die wachsende Zahl der Gemeindemitglieder. Die Pfarrfunktion erfüllte von nun an das äußerste südliche Seitenschiff, die sogenannte Notkirche. (Abb. 2) Das ist der Grund dafür, dass dieses Seitenschiff breiter ausgefallen ist als die anderen. Zum Pfarrbereich gehörten eine Kanzel, eine eigene Sakristei und ein Taufbecken. Den wenigen erhaltenen Dokumenten zufolge wurden dort in den Jahren 1564–1566 durchschnittlich drei Taufen pro Tag vollzogen. Wie dieser Teil der Kirche ausgesehen hat, lässt ein Kircheninterieur des Antwerpener Malers Peeter Neeffs wenigstens erahnen. Von der spätmittelalterlichen Einrichtung ist auf dem Gemälde von 1610 zwar kaum noch etwas zu erkennen, aber es gewährt immerhin als eines von wenigen Bildern einen Blick in das südliche Seitenschiff. Sowohl der neue barocke Altar der Pfarrgemeinde als auch die gotische Kanzel und die Armentafel, an der Lebensmittel und Kleidung verteilt wurden, sind abgebildet. Die Kanzel wurde sogar noch bis zur öffentlichen Versteigerung im Jahr 1798 genutzt. Die kleinen Heiligenskulpturen, die beim Bildersturm von 1566 durch Axtschläge schwer beschädigt wurden, blieben als stille Erinnerung an diese blinde Raserei erhalten.

Die vielen Nebenaltäre nahmen den größten Teil der Kathedrale ein. Dass sie von der Mitte des 15. Jahrhunderts an wie Pilze aus dem Boden schossen, war der Hauptgrund für die zahlreichen Erweiterungen des ursprünglichen Bauplans. In der Regel bekamen sie einen Platz vor einem Pfeiler, konnten aber auch an einer Wand oder in einer Seitenkapelle stehen. Ihre frühesten Eigentümer waren Stadtbewohner, die eine Kaplanei errichteten. Eine Kaplanei war eine Stiftung von einer oder mehreren Privatpersonen – die ungefähr zu einem Drittel der Geistlichkeit angehörten – zur Erlangung des Seelenheils oder als auferlegte Buße nach einer Gewalttat. Mit dem gestifteten Geld ließ man einen Nebenaltar bauen oder erwarb einen Anteil an einem bestehenden. Ein Kaplan wurde eingestellt, der an festgelegten Wochentagen eine Messe zu lesen hatte.

Hier ein paar Zahlen, damit man sich eine Vorstellung von der Masse der Altäre machen kann, die im Lauf des Spätmittelalters einen Platz in der Kathedrale eroberten: Zwischen der Mitte des 13. Jahrhunderts und 1477 wurden in der Kathedrale mindestens 84 Kaplaneien an 31 verschiedenen Altären gestiftet. Außerdem zählte Antwerpen mindestens 52 Bruderschaften, also von der Kirche gegründete oder anerkannte religiöse Vereinigungen, von denen 32 (nicht immer gleichzeitig) ihren eigenen Altar in der Kathedrale hatten. Seit Mitte des 15. Jahrhunderts beteiligten sich schließlich auch noch die Gilden und Zünfte an dem Wettbewerb. Dass immer mehr Gilden- und Zunftaltäre gestiftet wurden, lag zum Teil daran, dass der Magistrat immer mehr Körperschaften als offizielle Vertreter bestimmter Berufsgruppen anerkannte. Und wie hätten die Gilden und Zünfte ihren Status als neue soziale und ökonomische Macht besser betonen können als mit einem prestigeträchtigen Nebenaltar in der Kathedrale? Nicht nur der Grundriss, sondern auch das Interieur spiegelte somit die gesellschaftlichen Entwicklungen wider. Nebenaltäre wurden von Bürgern und Körperschaften finanziert, die in einem bestimmten Moment der Geschichte die nötigen Mittel und die Gelegenheit dazu hatten. Sowohl ihre Anwesenheit in einer Kirche als auch die kostbare Ausstattung ihrer Altäre sagen sehr viel über die sozioökonomische Realität einer Stadt aus.

# 1 Lebensgefährliche Luft

## Frühjahr 1481
...

Sonntag, sieben Uhr morgens. Die Sonne konnte jeden Moment aufgehen. Alle standen, der Priester und sein Weihrauch schwenkendes Gefolge schritten schon zum Altar der Pfarrgemeinde, die Klänge der Messe füllten den Raum. Als Erster wurde der Priester, dann der Altar und schließlich die Gottesdienstbesucher mit der sonntäglichen Menge an geweihtem Wasser besprengt, während die Sänger den Wechselgesang Asperges me (»Besprenge mich«) vortrugen. So konnten alle Anwesenden spirituell gereinigt mit der Messfeier beginnen und das allerheiligste Sakrament (die erhobene Hostie und den erhobenen Kelch) schauen.

Manche Gemeindemitglieder hatten ihre sonntägliche Pflicht bereits in der Frühmesse erfüllt, nachdem sie um halb sechs auf dem Weg zur Kathedrale der klirrenden Kälte getrotzt hatten. Doch die meisten besuchten die Hauptmesse, die bis etwa acht Uhr dauerte. An einem normalen Sonntag wäre die Kathedrale gedrängt voll gewesen, und die Gottesdienstbesucher wären noch etwas länger geblieben, um die erste Predigt zu hören, die gleich nach der Messe begann. Die Frömmsten wären anschließend der kleinen Prozession von Geistlichen gefolgt, die um neun Uhr auf einem festgelegten Weg durch das Kirchengebäude zog. Danach konnte man das Hochamt der Geistlichen hören, das für die Gottesdienstbesucher nicht sichtbar im abgetrennten Hochchor zelebriert wurde, oder an den sonntäglichen Messfeiern der Kaplaneien, Gilden und Bruderschaften an einem der vielen Nebenaltäre teilnehmen. Außerdem wurde nachmittags eine zweite und sogar eine dritte Predigt gehalten, sodass wirklich alle Gemeindemitglieder in den Genuss spiritueller Weisheiten kommen konnten. An liturgischen Feiern, Predigten und gemeinschaftlichen Ritualen herrschte an den Sonntagen gewiss kein Mangel.

Doch dies war kein normaler Sonntag. 1481 war in Antwerpen die Pest ausgebrochen.

## Wie die Heringe im Fass

•

Die Niederlande waren bis weit über ihre Grenzen hinaus für ihre gut besuchten Kirchen bekannt. Fremde zeigten sich außerordentlich beeindruckt von der Menge der Kirchgänger, die dem Land den Ruf besonderer Frömmigkeit eintrugen, nicht nur im 15. Jahrhundert, sondern auch später noch. So notierte der süditalienische Geistliche Antonio de Beatis, der im Gefolge des kulturbeflissenen Kardinals Luigi d'Aragona in den Jahren 1517/18 Europa bereiste, in seinem Reisetagebuch, die Kirchen in den Niederlanden seien jeden Tag aufs Neue voll. Ein halbes Jahrhundert später berichtete ein venezianischer Gesandter, dass in den Kirchen an fast jedem Sonntag Almosen verteilt und Prozessionen abgehalten wurden. Und was die Teilnahme am Gottesdienst anging, sah man seiner Ansicht nach nirgendwo mehr Frömmigkeit als hier.

Doch zu Zeiten der Pest war die Situation eine völlig andere. Wie in fast allen europäischen Städten kam es auch in Antwerpen regelmäßig zu Pestausbrüchen. Die schwersten waren allen noch frisch im Gedächtnis, besonders die Jahre 1436–1439 und 1456–1459 waren katastrophal gewesen. 1481 brach erneut eine solch unheilvolle Zeit an, und diese Pestepidemie sollte bis 1485 wüten. In solchen Zeiten der Todesangst und des Chaos griffen die Einwohner der Stadt zu allen nur erdenklichen medizinischen und religiösen Hilfsmitteln. Zum Beispiel behauptet die *Chronijc der Stadt Antwerpen*, eine aus dem 17. Jahrhundert stammende Kompilation älterer Chroniken, dass man im Jahr 1487 den Schwarzen Tod vertrieben habe, indem man zum Fest des allerheiligsten Namens Jesu gedruckte Andachtsbildchen an sämtliche Haustüren hängte. Es handelte sich um Darstellungen mit dem IHS-Monogramm, das auf die griechische Abkürzung des Namens Jesu zurückgeht. (Abb. 8) In der Regel wurden kleine papierene Andachtsbildchen dieser Art als geweihte Schluckbildchen von kranken Gläubigen heruntergeschluckt, um sich gegen Unheil zu schützen. Aber auch an die Eingangstür des Hauses geheftet wurde ihnen nachgesagt, die Pest fernhalten zu können.

Außerdem war die Teilnahme an Prozessionen ein bewährtes Mittel gegen einen plötzlichen Tod und anderes Unglück. Zahllose Einwohner Antwerpens zogen in unsicheren, angstvollen Zeiten in der Hoffnung auf spirituellen Schutz für Leib und Leben durch die Straßen. Ob eine Prozession ihren Zweck erfüllen würde, maß man teilweise sogar daran, wie oft sie veranstaltet wurde. Als im Jahr 1524 die Lebensmittelpreise immer weiter stiegen und Epidemien das Land heimsuchten, erließ Margarete von Österreich, Tochter Maximilians I. und Statthalterin der habsburgischen Niederlande, die Anordnung, dass die Stadtbewohner zwei Monate lang mindestens einmal pro Woche an einer Prozession teilzunehmen hatten, »um den Zorn und Ingrimm unseres Schöpfers und Erzeugers Jesus gegen uns zu besänftigen, und für das Wohlergehen und Glück der kaiserlichen Majestät und seiner Verbündeten«.

So verwundert es kaum, dass Altäre, die den bekanntesten Pestheiligen wie Rochus und Sebastian geweiht wurden, wie Pilze aus dem Boden schossen. Diese Heiligen erfüllten die spezielle Aufgabe von Beschützern gegen den Schwarzen Tod, weil bestimmte Ereignisse ihres Lebens mit der Krankheit in Verbindung gebracht wurden.

Der Glaube an religiöse Abwehrmittel gegen Krankheit und gegen die Pest im Besonderen war also stark und fest verwurzelt. Dennoch: Während eines Pestausbruchs am Sonntag im Seitenschiff der Kathedrale aneinandergedrängt wie die Heringe im Fass der Pfarrmesse beizuwohnen, war schon reichlich viel verlangt.

Gewiss, der für die Messfeiern der Pfarrgemeinde bestimmte Teil der Liebfrauenkirche war unvergleichlich viel größer als früher, als es noch die kleine Seitenkapelle beim Hochchor gewesen war. Und 1477 waren die Kirchen Sankt Georg, Sankt Walburga und Sankt Jakob zu Pfarrkirchen erhoben worden, wodurch sich die Masse der Antwerpener Gottesdienstbesucher wenigstens etwas verteilte. Außerdem hatten sich die Stadtbewohner das Geld für ihren neuen liturgischen Raum in der Kathedrale buchstäblich vom Mund abgespart: In den Jahren 1454–1460 hatte die Stadt mit einer Sondersteuer auf Weizen die gesamte Einwohnerschaft zur Kasse gebeten. Deshalb empfanden viele Gemeindemitglieder, als sie 1469 zum ersten Mal am neuen Ort einer Sonntagsmesse beiwohnen konnten, die Kirche als »ihre« Kathedrale. Eine Kathedrale, die noch dazu immer schöner wurde. 1481 wurde der große neue Altar der Pfarrgemeinde geweiht, und fünf Jahre später sollte ein prachtvolles steinernes Retabel das Ganze vervollständigen.

Doch selbst in dem großen neuen Raum herrschte an normalen Sonntagen Geschiebe und Gedränge. Grob geschätzt war in der Westhälfte der Kathedrale, also dem Langhaus inklusive sämtlicher Seitenschiffe, Platz für etwa 12 000 Menschen. Die Anzahl der Gläubigen, die zusammen der Pfarrmesse beiwohnen konnten, dürfte also über ein paar Tausend nicht hinausgegangen sein. Zu dieser Zeit wohnten jedoch bereits zehnmal so viele Menschen innerhalb der Stadtwälle, um die 40 000, und es wurden immer mehr. 1526 kamen schon ungefähr 55 000 Einwohner Antwerpens auf damals vier Pfarrkirchen, und um 1568 lebten allein innerhalb der Grenzen des Liebfrauen-Pfarrbezirks über 30 000 Einwohner. Die anderen Pfarrkirchen waren von ebensolcher Übervölkerung betroffen. Mehr als 20 000 Einwohner entfielen auf die Jakobskirche und jeweils über 10 000 auf Sankt Walburga, Sankt Georg und Sankt Andreas. Dabei sind die ausländischen Händler und Seeleute, die Reisenden und Pilger noch gar nicht mitgerechnet.

Schon rein physisch war es also unmöglich, die gesamte Pfarrgemeinde im selben Moment in ihrer Pfarrkirche zusammenzubringen. Freilich waren da noch die an Zahl zunehmenden Privatmessen der Kaplaneien, Bruderschaften, Gilden und Zünfte, denen die Gläubigen beiwohnen konnten. Von einer gemeinsamen Messfeier aller Gemeindemitglieder vor dem Hauptaltar »ihrer« Kirche konnte folglich keine Rede sein. Schon im 15. Jahrhundert war es vielmehr gang und gäbe, seine sonntägliche Pflicht in einer Kirche eigener Wahl und sogar durch eine Messe eigener Wahl zu erfüllen.

## Körpersäfte im Ungleichgewicht

Zurück zum Pestausbruch von 1481. Nicht ohne Grund befürchteten Kirchenbesucher das Schlimmste, wenn sie sich in die bekanntermaßen schlecht belüftete und überfüllte Liebfrauenkirche wagten. Das undurchdringliche Geruchsdickicht bestand aus allerlei Ausdünstungen menschlichen, tierischen und pflanzlichen Ursprungs, die sich miteinander verbanden oder um Aufmerksamkeit wetteiferten. Während des Mittelalters und auch später noch klagten Stadtbewohner unablässig über die fehlende Luftzirkulation in dieser Art von geschlossenen öffentlichen Räumen. So schrieb der Antwerpener Jesuit Papebrochius noch Ende des 17. Jahrhunderts, es sei wünschenswert, »dass man in der Kathedrale hier und dort die Fenster öffnen könnte, um bei gutem Wetter saubere Luft hereinzulassen«. Dabei ging es ihm und anderen Beschwerdeführern nicht nur darum, frischen Wind durch das Gebäude wehen zu lassen: Das körperliche Wohlergehen der Kirchenbesucher stand auf dem Spiel! Man verstand Luft als eine ortsgebundene Mischung aus Rauch, Schwefel sowie wässrigen, flüchtigen, fetten und salzhaltigen Dämpfen, die der Erde entströmte. Und ein Mangel an Luftzirkulation galt allgemein als ebenso gefährlich wie stehendes Wasser.

Nach den damaligen medizinischen Vorstellungen bildete faulendes organisches Material in Luft und Wasser krank machende Dämpfe, sogenannte Miasmen, die für Krankheiten und Epidemien verantwortlich waren, weil sie zu den Hauptverursachern eines Ungleichgewichts der vier Körpersäfte gehörten. Alles Lebendige, das unter den Himmelssphären kriechend und wimmelnd, fliegend oder schwimmend die Erde bevölkerte, enthielt eine sorgsam ausbalancierte Mischung von Schleim, Blut, gelber und schwarzer Galle. Bis heute sprechen wir von cholerischen Charakteren (mit einem Zuviel an gelber Galle) und Menschen vom melancholischen, phlegmatischen oder sanguinischen Typus (mit einem Übermaß an schwarzer Galle, Schleim oder Blut).

Dies geht auf die Säftelehre oder Humoralpathologie zurück, die Menschen nach dem jeweils dominierenden Körpersaft (*humor*) einteilte. Es war die Schule des griechischen Arztes Hippokrates, die im 4. Jahrhundert vor Christus sowohl die Miasmenlehre als auch die Humoralpathologie ausarbeitete, und beide blieben bis zum späten 16. Jahrhundert in beinahe unveränderter Form anerkannt. Die Miasmenlehre hielt sich sogar noch länger, bis im späten 19. Jahrhundert die Wissenschaftler Robert Koch und Louis Pasteur nachweisen konnten, dass Krankheiten nicht von faulenden Luftpartikeln, sondern von Bakterien und Viren verursacht werden.

Doch so weit war man im Spätmittelalter noch lange nicht. Für die Stadtbewohner jener Zeit bedeuteten Krankheiten des Körpers oder des Geistes, dass die Körpersäfte nicht im Gleichgewicht waren. Wenn man einen Arzt konsultierte, bestand dessen wichtigste Aufgabe darin, einem toxischen Ungleichgewicht vorzubeugen oder es zu beseitigen: durch Aderlass, künstlich herbeigeführte Vereiterungen, Verabreichung von Brechmitteln, Einläufe, Bäder oder Diäten. Den richtigen Moment für den Beginn der Behandlung musste er auf der Grundlage der jeweiligen Position von Sonne und Mond im Tierkreis und des Lebensalters des Patienten genau berechnen. Die Theorie hinter diesem medizinischen und astrologischen Wissen war hauptsächlich einem kleinen Kreis von Gelehrten bekannt, den *doctores medicinae*, die ein Studium an einer Universität absolviert hatten, außerdem Chirurgen und Barbieren, die über die erforderlichen praktischen Fähigkeiten verfügten. Dank einer bunten Mischung schriftlicher und mündlicher Überlieferungen war man aber in allen Schichten der Bevölkerung mit den Grundprinzipien vertraut. Im Grunde wusste also jeder Stadtbewohner über die (angenommene) Funktionsweise des eigenen Körpers und somit auch über die Gefahren übler Ausdünstungen Bescheid.

Eine beliebte Informationsquelle war ein in der Volkssprache verfasstes Büchlein, das als »Schäferkalender« bekannt war. Es präsentierte das medizinische Wissen der Zeit, als würde es auf der praktischen Erfahrung von Hirten beruhen und nicht auf gelehrten Theorien von Philosophen und Ärzten. Charakteristisch für Druckwerke dieser Art sind Illustrationen mit dem Tierkreismann oder Aderlassmann. Es handelt sich dabei um eine stilisierte menschliche Figur, bei der jeder Körperteil einem Tierkreiszeichen zugeordnet ist. So wurde auf anschauliche Weise dargestellt, wann welche Körperteile behandelt werden durften und wann nicht. In einem der wenigen erhaltenen Exemplare aus dem 16. Jahrhundert, dem in Antwerpen gedruckten Büchlein *Der schaepherders kalengier*, ist ein solcher Tierkreismann abgebildet. (Abb. 7) Aus dem

Diagramm ist zum Beispiel ersichtlich, dass das Sternbild Widder (Aries) in Verbindung mit dem Kopf steht und dass es demzufolge nicht ratsam ist, einen Patienten in der Zeit vom 21. März bis zum 20. April in diesem Bereich zur Ader zu lassen. Die eklektische Verbindung von menschlichem Körper und Kosmos kommt wunderbar in den begleitenden Erklärungen zum Ausdruck:

> Aries ist ein warmes und trockenes gutes Zeichen und regiert den Kopf. Und wenn der Mond in diesem Zeichen ist, soll man den Kopf mit keinem Eisen berühren [zum Aderlass] noch die Ohren oder die Hauptader sollst du lassen, noch den Bart scheren, aber es steht dir frei zu baden.

Anleitungen wie diese unterrichteten die Leser verblüffend detailreich darüber, wie man sich zu verhalten hatte, um mit möglichst wenig Schaden durchs Leben zu gehen. Ähnliches boten in vereinfachter Form und leicht verständlicher Sprache auch die Almanache, große Kalenderblätter, die man zu Hause an die Wand hängen konnte. Sie versorgten zahllose Familien mit allerlei nützlichen astrologischen und medizinischen Informationen, von Wettervorhersagen und den Sonnen- und Mondzyklen über die für Aderlässe oder für das Schneiden von Haaren und Nägeln geeigneten Tage bis hin zu kirchlichen Feiertagen und wichtigen Märkten. Kurz und gut: Der Kosmos war ein Medizinschrank, und Gott war der Apotheker. »Denn Gott hat die Kräfte von Kräutern, Steinen und aller anderen Kreaturen nicht umsonst geschaffen«, heißt es in dem Ende des 15. Jahrhunderts in Venedig gedruckten *Fasciculus medicinae*, einem der einflussreichsten medizinischen Traktate Europas.

Körper und Geist waren im Denken des Spätmittelalters eng miteinander verflochten und bildeten ein Ganzes. War der Körper krank, hatte das Auswirkungen auf das geistige (also auch religiöse) Wohlergehen und umgekehrt. Weil ein gesunder Geist in einem gesunden Körper wohnte, war man der Auffassung, dass medizinische und religiöse Mittel einander ergänzten. Traktate über die Pest, Predigten und Katechismen bedienten sich deshalb der gleichen Sprache zur Unterweisung der Bevölkerung. Eine Handschrift aus dem späten 15. Jahrhundert über »geheime« heilkräftige Mittel (ein sogenanntes *secreetboek*) empfahl in jedem sechsten Rezept geweihtes Wasser als heilsame Ingredienz. Auch Gebete zu verrichten, Psalmen zu rezitieren oder eine Messe über einem Gegenstand lesen zu lassen gehörte zu diesem pseudomedizinischen Repertoire. Die Geschichte lehrt, dass Menschen besonders in Zeiten von Epidemien dazu neigten, all ihre Hoffnung in die heilende Kraft des Glaubens zu setzen. 1490 zum Beispiel wurde ein an den Pestheiligen Sankt Sebastian gerichtetes Gebet vollständig zwischen den medizinischen und diätetischen Ratschlägen des Antwerpener Traktats *Opus insigne de peste* abgedruckt. Und noch während der Coronapandemie des Jahres 2020 verkauften sich »heilkräftige« Steine und Tees so gut wie nie zuvor.

## Ein Schutzschild aus guter Luft

•

Einmal an einem Feiertag – ob es nun ein Sonntag oder anderer Tag war, erinnere ich mich nicht mehr – glaubte eine Frau in der Kirche von Aldgate auf einer Kirchenbank voller Menschen plötzlich einen üblen Geruch wahrzunehmen; sofort bildete sie sich ein, die Pest sei in der Bank, flüstert ihre Wahrnehmung oder ihren Verdacht der Nachbarin zu, erhebt sich und verlässt die Bank; es griff sofort auf die nächsten über und dann auf weitere, und alle von ihnen und von den zwei oder drei Nachbarbänken standen auf und verließen die Kirche, obwohl niemand wusste, was ihn störte oder von wem es kam.
Das füllte plötzlich eines jeden Mund mit diesem oder jenem Präparat, wie es die alten Weiber empfahlen und einigen vielleicht die Ärzte verordnet hatten, um der Ansteckung durch den Atem anderer vorzubeugen; dergestalt, dass, wenn man eine einigermaßen gut besuchte Kirche betrat, ein solches Gemisch von Gerüchen herrschte, das viel stärker, wenn vielleicht auch nicht so heilsam war, wie wenn man in einen Apotheker- oder Drogistenladen kam. Mit einem Wort, die ganze Kirche war wie ein Riechfläschchen; in dieser Ecke gab es alle Parfüms, in jener Spezereien, Balsamkräuter und eine Vielfalt von Drogen und Kräutern, in einer anderen Salze und Spirituosen, wie gerade jeder zu seinem Schutze damit versehen war.

Diese Passage aus Daniel Defoes fiktivem Dokumentarbericht *Die Pest in London* über die verheerende Pestepidemie von 1664/65 beschreibt die üppige Duftlandschaft einer Pfarrkirche während einer Epidemie. Sie spielt fast zwei Jahrhunderte nach der Antwerpener Pestepidemie der Jahre 1481–1485 und ist dennoch repräsentativ für das, was man in mittelalterlichen Kirchen wie der Liebfrauenkirche erleben konnte. Schließlich war die Miasmenlehre auch im 17. Jahrhundert noch allgemein anerkannt.

Immerhin verrät Defoes Erzählung, dass es für die Menschen ein Fünkchen Hoffnung gab: Man war Miasmen und somit Epidemien nicht hilflos ausgeliefert, sondern konnte sich durchaus gegen sie schützen. Schlechte, muffige, gefährliche Luft konnte durch gute, wohlriechende Luft ferngehalten werden. Gute Gerüche überdeckten also nicht einfach nur den Gestank von Krankheit und Tod, sondern sorgten in erster Linie dafür, dass man nicht erkrankte, weil gefährliche Bestandteile der Luft nicht an einen herankamen. So gab man auch Patienten die Möglichkeit, zu genesen, indem man die schädliche Luft in ihrer Umgebung mit wohlriechender vertrieb. Wie man die Luftqualität verbessern konnte, war deshalb wichtiges praktisches Wissen, das durch beliebte Gesundheits- und Haushaltsratgeber verbreitet wurde. Eine häufig angewandte Methode war Fumigation (Ausräuchern), das Verbrennen aromatischer Kräuter auf öffentlichen Plätzen, auf den Straßen und in den Häusern. Man trug aber auch Säckchen mit Kräutern bei sich oder parfümierte ausgiebig seinen Körper, um schlechte Luft zu vertreiben. Sogar die Haltung von Vögeln im Haus wurde empfohlen, weil angeblich ihr Flügelschlag die Luft in Bewegung hielt.

Ein beliebter Haushaltsratgeber war *Een nieuwe tractaet ghenaemt dat Batement van recepten* (Ein neues Traktat genannt das Lustspiel der Rezepte) aus dem Jahr 1549. Es enthielt Anleitungen zur Herstellung von Duftstoffen, die vor der Pest schützen sollten. Die Kräutermischung oder das Teigkügelchen tat man in einen Duftstoffbehälter, Bisamapfel oder auch Pomander genannt, meist ein kugelförmiges Schmuckstück, das man aufklappen konnte. Pomander ist eine Verballhornung des französischen *pomme d'ambre*, Ambrakügelchen. (Abb. 9) Bisamäpfel gab es in allen möglichen Formen und Größen, von einem einfachen Behältnis aus billigem Metall bis zum prunkvollen silbernen Juwel. Auch die Duftvarianten waren zahllos und die Ingredienzen variabel, je nach den finanziellen Möglichkeiten des Käufers.

Eines der Rezepte schrieb folgende Zutaten vor: eine halbe Unze feines, gereinigtes Labdanum (ein wohlriechendes Harz), drei Unzen Storax (ein würzig duftendes Harz, meist vom Orientalischen Amberbaum), feine Calamintha (Wald-Bergminze), fünf Drachmen Myrrhe, eine Drachme Gewürznelke, Saft von Baldrian, feines *mucelgiaet* (eine geheimnisvolle Zutat) und ein Karat Ambra, das sehr fein mit einem Seihtuch zu filtern war. Eine Unze entsprach ungefähr dreißig Gramm und war in acht Drachmen unterteilt, jeweils knapp vier Gramm. Ambra, eine wachsartige Substanz aus dem Darm von Pottwalen, die heute noch zur Herstellung einiger weniger exklusiver Parfüms dient, war schon damals extrem teuer und wurde deshalb nur in winzigen Mengen verwendet. Ein Karat entsprach dem Gewicht eines Samenkorns des Johannisbrotbaums; diese Körner waren für ihr konstantes Durchschnittsgewicht bekannt. Die genannten Zutaten musste man in einem erhitzten Mörser zu einem zähen Brei kneten, während man Saft von Zitronenmelisse und Gemeiner Ochsenzunge (einer frisch und bitter schmeckenden Pflanze) hinzugab. »Und also macht ihr euren Apfel, welchen ihr in der Zeit der Pest in der Hand tragen sollt, wodurch ihr nichts zu fürchten braucht.« Außerdem führt das *Batement van recepten* einige Mittelchen gegen schlechten Atem auf, die ebenfalls als Schutz gegen verunreinigte Luft dienen konnten: »So gebraucht man auch diese oben genannte Zusammensetzung, wann oder wo man die Pest vermutet. Der Geruch und der Atem werden angenehm, wodurch die Person vor jedwedem Schaden durch Verunreinigung der Luft behütet wird.«

Eine Abbildung aus dem *Fasciculus medicinae*, genauer gesagt aus dem Kapitel über die Pest, kann man geradezu als Kompendium der Schutzmöglichkeiten durch Duftstoffe betrachten. (Abb. 11) Man sieht einen Arzt, der einen wohlhabenden Patienten besucht. Während er den Puls des Bettlägerigen misst, hält er sich einen Bisamapfel mit Labdanum vor die Nase, um schlechte Luft fernzuhalten. Links und rechts von ihm stehen zwei Männer mit brennenden Fackeln, eine weitere bewährte Methode zur Vertreibung von Miasmen. Einer der beiden trägt einen Korb mit glühenden Kohlen zum Verbrennen aromatischer Kräuter. Die älteren Frauen im hinteren Teil des Raums sind die Einzigen, die sich nicht schützen, weil ihr Körper nach damaliger medizinischer Auffassung von Natur aus enge Poren hat und deshalb weniger anfällig für schädliche Bestandteile der Luft ist. Der Autor notiert dazu, »dass man die Luft möglichst trocken halten muss, mit einem Feuer von Eichenholz oder getrockneten Zweigen von Lorbeer, Myrte, Wacholder und anderen duftenden Holzarten«, um die Gefahr der Übertragung der Pest zu verringern.

Man war immerhin nicht auf sich allein gestellt, denn auch die Obrigkeit ergriff zahlreiche Maßnahmen, wenn eine Stadt von einer Seuche heimgesucht wurde. Pestkranke mussten sich deutlich als solche zu erkennen geben, zum Beispiel durch einen besonderen Hut, eine Rute oder eine Rassel, und in der Regel wurden sie zu stark besuchten Gottesdiensten nicht zugelassen. Während einer Pestepidemie wurde ihnen in der Regel per Erlass verboten, sich unter andere Gläubige zu begeben, »weder in der Liebfrauenkathedrale noch in anderen Pfarrkirchen, Klöstern und Gotteshäusern in der Stadt, um allda die Messe oder einen anderen Gottesdienst zu hören«. Ihnen war nur erlaubt, unter Mitnahme ihrer langen weißen Ruten in den Kirchen und Gotteshäusern der Observanten (Augustiner) die Messe zu hören und zu beten, und zwar zwischen sechs und acht Uhr, wobei sie das Gebäude nur bis zum Weihwasserbecken hinter dem Westportal betreten durften, keinen Schritt weiter. Sowohl 1472 als auch 1485, 1489 und 1490 ließ der Magistrat die gleiche Anordnung verkünden. Während der Antwerpener Lepraepidemie von 1513, deren Opfer schon an ihren Entstellungen von Weitem erkennbar waren, wurden sogar den Hausgenossen der Erkrankten eigene Gebetsstätten zugewiesen, darunter das Gotteshaus und Kloster der Minderbrüder, die Johanneskapelle und die Rochuskapelle.

Um Kirchenbesucher vor dem lebensgefährlichen Gestank des Todes zu schützen, durfte in den Kirchen während der Messfeiern keine Gruft geöffnet werden. Außerdem erwarben die Kirchenvorsteher zum gleichen Zweck allerhand Duftstoffe und Räucherwerk. Ein beliebtes Mittel gegen gefährliche Luft war … Weihrauch. Bei etwa der Hälfte der haushaltsüblichen Mischungen, die gegen die Pest schützen sollten, ist in den Ratgebern unter den Zutaten Weihrauch aufgeführt. Es gab sogar Segenssprüche, die den Weihrauch gerade wegen seiner luftreinigenden Eigenschaften priesen: »Möge der Herr diesen Weihrauch segnen für die Vertreibung jeglichen schädlichen Gestanks und ihn für seinen süßen Wohlgeruch entfachen lassen.« In den Rechnungen der Grote Kerk von

Dordrecht wurde der Erwerb von Wacholder und Weihrauch damit erklärt, dass man sie wegen des Gestanks der Toten und der Gräber verbrenne.

Eine Pflanze, die man gern auf dem Kirchenboden ausstreute, war das Echte Mädesüß, weil es einen süßen, heuartigen Duft ausströmte, wenn man darauftrat. Auch er konnte als wohlriechender Schutzschild gegen Pestluft dienen. Der Leidener Maler Aertgen Claesz. van Leyden hat auf elegante Weise die medizinische Verwendung solcher Einstreu in sein um 1530 gemaltes Tafelbild *Die Berufung des heiligen Antonius* einfließen lassen. (Abb. 10) Es zeigt einen Geistlichen, der auf der Kanzel gestenreich eine Predigt hält, während im Hintergrund einige Szenen aus dem Leben des heiligen Antonius zu sehen sind. Die Blumen und Kräuter, die auf dem Kirchenboden im Vordergrund ausgestreut sind, waren bekannt für ihre Heilwirkung bei Pest und Ergotismus (Mutterkornvergiftung, früher auch Antoniusfeuer genannt). In England hatte sich das Ausstreuen von Mädesüß, frisch geschnittenem Schilf und anderen Pflanzen zur Vertreibung des Gestanks von Unflat sogar zu einem vollwertigen kirchlichen Fest entwickelt: *Rushbearing*, was wörtlich »Umhertragen von Schilf« oder »Schilfumzug« bedeutet.

## Katzengeschrei und Hundeunfug

Allerdings fand nicht alles, was dem Schutz vor Seuchen dienen sollte, gleichermaßen den Beifall der Kirchenbesucher. So war etwa der Hundeschläger ebenso verhasst wie beliebt. Das Problem war, dass große Städte sich regelmäßig mit einem gewaltigen Zuwachs an streunenden Hunden und Katzen konfrontiert sahen. Vor allem während Epidemien, wenn alles, was »üble Gerüche« verbreiten konnte, argwöhnisch beäugt wurde, sollten Hundeschläger die Belästigung oder Gefahr soweit möglich begrenzen, indem sie die Hunde verjagten oder erschlugen. (Abb. 14) Eine Praxis, die nicht so völlig der Vergangenheit angehört, wie man sich wünschen würde: Noch 2022 gab es in Shanghai Hundefänger, die im staatlichen Auftrag die Straßen der Stadt coronafrei halten sollten.

Aus Lohnlisten des Jahres 1530 geht hervor, dass in Antwerpen durchschnittlich fünf streunende Hunde pro Tag mit Knüppeln totgeschlagen wurden. Hundeschläger verrichteten ihre Arbeit dort, wo viele Menschen zusammenkamen, vor allem auf Märkten und in Kirchen. Auch die Kirchenvorsteher der Kathedrale bezahlten aus eigener Tasche einen Mann, der Hunde während der Messfeiern mit einer Peitsche aus dem Gebäude vertreiben sollte. Außer an der Geruchspalette verwilderter Straßenhunde störte man sich auch daran, dass die Tiere zu jeder Zeit ihre kleinen und großen Geschäfte auf dem Boden und an den Altären verrichteten. In einigen Verträgen mit Handwerkern, die Gitter rings um Nebenaltäre oder vor Seitenkapellen anbringen sollten, ist sogar der gewünschte Abstand zwischen den Stäben festgelegt, damit Hunde ferngehalten wurden. Niemand wollte an seinem Altar Streuner sehen, die pinkelnd oder beißend das wertvolle Antependium ruinierten. Außerdem muss der Lärm, den die Tiere praktisch den ganzen Tag über verursachten, ohrenbetäubend gewesen sein: winselnde, jaulende, bellende Hunde, Hunde, die miteinander kämpften oder von einem plötzlichen Geräusch in Aufregung versetzt wurden.

Trotzdem nahmen mitfühlende Menschen Anstoß an der brutalen Gewalt der Hundeschläger, deren Beruf verspottet und geschmäht wurde. In Antwerpen musste das Verbot, Hundeschläger zu belästigen, regelmäßig erneuert werden. 1556 konnten die tierliebenden Stadtbewohner immerhin einen kleinen Teilerfolg verzeichnen, denn in jenem Jahr wurde in die Bestimmungen aufgenommen, dass Hundeschläger »aus Respekt vor den Auswärtigen« an Markttagen (Freitag und Samstag) keine Hunde mehr töten durften. Doch erst in der zweiten Hälfte des 19. Jahrhunderts sollte der Beruf endgültig aussterben.

# 2 Gestank des Todes

## Spätsommer 1490
...

Freitagabend. Es war schwülwarm, ungewöhnlich für die Jahreszeit. Das ideale Wetter für jemanden, der sich beim Angeln oder der Jagd in den nahen Wäldern abkühlen konnte, viel weniger angenehm dagegen für die Totengräber Antwerpens. Der durchdringende Leichengeruch in der Kathedrale erregte Übelkeit. Bei diesen Temperaturen sorgte die beschleunigte Verwesung für eine sehr spezielle Geruchsmischung, die wie eine dichte Wolke rings um die aufgewühlten Grabstätten hängen blieb. Und währenddessen wurden wie gewöhnlich Messen zelebriert, allesamt zahlreich besucht.

Der Tag stand wie jeder Freitag im Zeichen der Verehrung des Heiligen Kreuzes. Diese Messfeiern waren sehr beliebt, allein schon wegen der großartigen Gesänge, die dabei die Kathedrale erfüllten.

## Himmlische Stimmen, ruchlose Totengräber
•

Bis 1492 wurde die Heilig-Kreuz-Messe in einer Kranzkapelle gefeiert, einer jener kleinen Kapellen, die an den Chorumgang grenzten. Bis zu zwölf ausgebildete Sänger verliehen dieser Messe allfreitäglich einen besonderen Glanz. Es war dieselbe kleine Kranzkapelle, in der bis zum Jahr

1469 auch die sonntägliche Messe der Pfarrgemeinde zelebriert worden war. (Abb. 2) Dass diese beiden beliebten Messfeiern am selben Altar in einer solch kleinen Kapelle stattfanden, erscheint im Rückblick fast unvorstellbar; die Verlegung in einen größeren Raum der Kathedrale war längst überfällig.

Von 1492 an wurde die Kreuzmesse am Altar der imposanten Marienkapelle im nördlichen Seitenschiff gefeiert. Der neue Kreuzaltar wurde in der Westhälfte der länglichen Marienkapelle errichtet und war von dem der Liebfrauenlob-Gilde vorbehaltenen Teil durch eine lange Reihe von Schränken getrennt, die an Kapläne zur Aufbewahrung persönlicher Gegenstände vermietet wurden. Der Umzug dürfte einigen Neid erregt haben, denn die Marienkapelle gehörte zu den begehrtesten Plätzen in der gesamten Kathedrale.

Seit der Fertigstellung dieser Kapelle zehn Jahre zuvor hatte die wohlhabende und einflussreiche Gilde zum Lob Unser Lieben Frauen dort das Sagen gehabt. Von Anfang an hatte sie keine Kosten und Mühen gescheut, was die Ausstattung des Raums betraf; das höchste künstlerische Niveau war gerade gut genug. Das galt auch für das Marienlob, das jeden Abend vor dem Standbild der Muttergottes gesungen wurde. Die Stiftungsurkunde lässt etwas vom Glanz der Feier erahnen: »Gar ewig und für immer in reinem Diskant [Mehrstimmigkeit] mit dem Choralmeister [der das Ensemble leitete], mit mindestens vier Sängern, mit allen Choralen [Chorknaben], auch mit der Orgel der Kirche und mit einem Priester, der die Collecta [ein kurzes Gebet] singen wird.« Abend für Abend um sechs Uhr erfüllten siebzehn Stimmen die Kapelle mit dem Wohlklang der Marienlieder. Fast noch berühmter war die Orgel, »auf welcher der Organist an allen Abenden, während ausgiebig geläutet wird und man das Lob singt, eine Weile herrlich spielen wird; und danach, wenn das Lob gesungen ist, wird er erneut eine Weile auf der Orgel spielen; auf welcher er auch während des Lobgesangs so häufig wie gewünscht spielen wird«.

Der gesungene Gottesdienst dauerte nur fünfzehn bis zwanzig Minuten, war aber ein Publikumsmagnet. So äußerte ein unbekannter Mailänder Kaufmann um die Jahre 1517–1519 seine Begeisterung über die Marienkapelle, »in der jeden Tag das Salve gesungen wird; und mit einer Orgel, nicht sehr groß, aber prachtvoll, bei der sogar die Klänge von Flöte und Zink, Dudelsack und Tamburin und Trompete erschallen: Es ist herrlich.«

Die meisten Stiftungen konnten sich nur wenige Male im Jahr, an den Festtagen ihrer Schutzpatrone, eine gesungene Messe leisten. An den übrigen Tagen begnügte man sich mit der billigeren Variante: einer gelesenen Messe von ungefähr zwanzig Minuten Dauer am eigenen Nebenaltar, für die man nur einen Kaplan bezahlen musste. Zum Bedauern der musikliebenden Kirchenbesucher, denn Antwerpen war bis weit über die Landesgrenzen hinaus für seine einzigartige Musikkultur bekannt. Ob spanischer König oder römischer Papst, fast jeder Herrscher von einigem Ansehen versuchte, Brabanter Musiker für die eigene Hofkapelle zu gewinnen. Es ist vielsagend, dass auch der eher visuell veranlagte Dürer bei seinem Besuch der Kathedrale weniger die vielen Gemälde und Skulpturen rühmte als das wundervolle Spiel der Klänge: »Und haben altar köstlich stifftung; do sind bestellt die besten musici, die man haben mag.«

Die Marienkapelle war aber nicht nur ein von Geistlichen und musikliebenden Kirchgängern viel besuchter Ort, sie war auch von allen möglichen Gerüchen und Geräuschen erfüllt. Wenn in fünfzig Metern Entfernung der steinerne Boden geöffnet wurde, um einen Toten zu beerdigen, konnten alle, die der Kreuzmesse oder dem Marienlob beiwohnten, das hören und riechen.

Noch bis Mitte des 18. Jahrhunderts fanden regelmäßig Begräbnisse innerhalb der Kathedrale statt. (Abb. 12) Die Bürger der Stadt legten testamentarisch fest, wo genau sie beigesetzt zu werden wünschten. In der Regel wurden bestimmte Kapellen, Nebenaltäre oder Stellen in der Nähe bestimmter Sitzbänke, der Kanzel oder des Hochchors bevorzugt. In den Rechnungen der Kathedrale gab es deshalb einen gesonderten Einnahmeposten für diese sogenannten Kirchenleichen, wobei sorgfältig notiert wurde, ob sie beim Martha-Altar, dem Bäckeraltar, dem Rochus-Altar oder anderswo beerdigt wurden. Die höchsten Summen wurden für eine Grabstätte in der Nähe des Hochchors fällig, weil die vielen dort gesprochenen Gebete dem Seelenheil dienlich waren. Nur wenn ein Begräbnis in der Kirche außerhalb ihrer finanziellen Möglichkeiten lag, nahmen die Menschen mit einem Grab auf dem rings um die Kirche gelegenen Friedhof vorlieb.

Dass die Stifter eines Nebenaltars nicht unbedingt erfreut über die Beliebtheit »ihres« Teils der Kathedrale waren, zeigt eine Vereinbarung zwischen der Liebfrauenlob-Gilde und den Kirchenvorstehern. Nach der Schenkung einer beachtlichen Summe für Reparaturen an der beschädigten Kathedrale zwei Jahre nach dem Großbrand von 1533 (darüber später mehr) erhielt die Gilde die Zusage, dass künftig keine »Beisetzungen und festen Gedenktage [siebter Tag, dreißigster Tag, Jahrgedächtnis] irgendwelcher Leichen an Sonntagen, Heiligentagen oder Werktagen« in ihrer Kapelle stattfinden durften. An gar keinem Tag also, außer wenn es an einem einzigen Tag drei »Kirchenleichen« gab. Daraus geht eindeutig hervor, dass manchmal mehrere Menschen an einem Tag in der Kathedrale beerdigt wurden und dass es für die jeweilige Körperschaft unpraktisch war, dafür ihre Kapelle oder ihren Altar zur Verfügung zu stellen. In der Stiftungsurkunde der Kaplanei der »Alten Beschneidung« wird beispielsweise erwähnt, dass ihre Messfeier verschoben werden durfte, wenn zur gleichen Zeit ein feierliches Begräbnis am Altar stattfinden sollte. Kurz und gut, Bestattungen brachten sowohl organisatorische Schwierigkeiten als auch Lärm mit sich. Wobei die Lärmbelästigung noch das kleinste Problem war ...

Aus Platzgründen wurden in jeder Gruft mehrere Tote beigesetzt, bis zu acht übereinander. Außerdem lagen die Grabstätten dicht nebeneinander. Bei alldem arbeiteten die Totengräber nach einem übersichtlichen System: Wegen des Platzmangels, den das Wachstum der Stadtbevölkerung mit sich brachte, wurden Gräber regelmäßig ausgeräumt, um Platz für neue Tote zu schaffen. Normalerweise warteten die Totengräber ab, bis die Leichname vollständig verwest waren, bevor sie den Kirchenboden erneut öffneten. Die ausgegrabenen Knochen bestatteten sie dann im Beinkeller der Kathedrale, der übrigens noch heute an derselben Stelle genau unter dem Hochchor liegt. Doch in Kriegszeiten oder während Seuchen wie der großen Pestepidemie der Jahre 1481–1485 wurde die Lage unerträglich. Noch bevor ein Leichnam genug Zeit bekommen hatte, um zu verwesen, musste er schon dem nächsten Platz machen. Weder die verfügbare Fläche noch das vorhandene Personal reichten aus, um den Bedarf an neuen Gräbern innerhalb und außerhalb der Antwerpener Pfarrkirchen zu decken. (Abb. 13)

In solchen Momenten witterten opportunistische Totengräber ihre Chance: In Erwartung des nächsten Toten deckten sie die Gräber nur halbherzig ab. Die Folge war, dass aus den Gräbern ein Übelkeit erregender Verwesungsgeruch aufstieg – nach damaligen Vorstellungen eine Wolke von Miasmen, die so manchen Kirchenbesucher um sein Leben fürchten ließ; besonders bei sommerlichen Temperaturen war der Gestank in der Kathedrale unerträglich. Diese abscheuliche Praxis war zwar streng verboten, doch wie die unaufhörlichen Klagen beweisen, wurde das Verbot kaum beachtet. Ein Dokument aus dem Jahr 1638 erwähnt einen der Gründe für den häufigen Verstoß gegen die Vorschriften.

Die Totengräber bedecken die Leiber der Toten mit so wenig Erde, dass oft großer Gestank verursacht wird, was von ihnen in der Absicht getan wird, die Besitzer der Grabstätten hierdurch viel früher glauben zu machen, dass die Gräber [in der Kathedrale] geräumt werden müssen. Wofür keine Taxation [feste Gebühr] gilt, sodass sie dafür dann maßlose Beträge abnötigen.

Doch auch bei ordnungsgemäßem Ablauf erfüllte Verwesungsgeruch die Kathedrale. Es wurde empfohlen, brennenden Weihrauch in die geöffneten Grüfte zu legen; Tote aus den wohlhabenden Klassen wurden mit duftenden Kräutern bestattet, und die Totengräber schützten sich selbst mit starken Duftstoffen vor den aufwallenden Miasmen. Um noch einmal Papebrochius zu zitieren: »Wegen der Gewohnheit, täglich die Gräber zu öffnen, um Leichname hineinzulegen, war es dort beinahe immer gefährlich für jene, die sich beschwert oder nicht gut fühlen; so sehr sogar, dass viele weniger kräftige Leute einen Widerwillen gegen den Besuch der Pfarrkirchen hegen, vor allem schwangere Frauen«. Aus dem Boden aufsteigender Leichengeruch war nach damaliger Vorstellung für schwangere Frauen gefährlich, weil die Gebärmutter als geruchsempfindlich galt. Schwangerschaft war deshalb zu allem Überfluss ein heikler sensorischer Hindernisparcours.

Doch selbst angesichts all dieser Gefahren hielt man hartnäckig an der Tradition der Kirchenraumbestattungen fest. Der Tod war viel stärker mit dem Leben verbunden als heute. Tote blieben zunächst tagelang zu

Hause aufgebahrt, und eine Vielzahl von Todesritualen bestimmte den Alltag. Emotional bedeutsam war die Vorstellung, dass der Leichnam mehr als nur ein sterblicher Überrest war; die Seele blieb nach dem Eintritt des Todes noch in seiner Nähe. Je nach den finanziellen Möglichkeiten wurden verstorbene Bewohner der Stadt deshalb vom Totenbett bis zu den Begräbnisfeierlichkeiten von Glöckchengeklingel, Glockengeläut, Weihrauchduft, Weihwasser, Gesang und brennenden Fackeln begleitet. Der Titel von Ernest Hemingways 1940 erschienenem Klassiker *For whom the bell tolls* bezieht sich auf diese Bräuche. Jeder konnte schon an der Art des Geläuts hören, welchen Status der Verstorbene gehabt hatte.

Auch bei den Gedächtnismessen ging man von der Annahme aus, dass sich die Seele an dem Platz befand, wo der Leichnam bestattet war. Die jährlich, monatlich, wöchentlich oder gar täglich abgehaltenen Feiern fanden deshalb, wenn möglich, direkt auf der Grabstätte statt. Abhängig von dem Betrag, den die Hinterbliebenen dafür auszugeben bereit waren, handelte es sich um längere Zeremonien oder nur ein kurzes Gebet. Vom beauftragten Kaplan erwartete man außer dem Lesen eines Gebets, dass er Kerzen entzündete, bestimmte Psalmen sang und Grab wie Anwesende mit Weihwasser besprengte. Zum Beispiel war für die tägliche Gedächtnismesse, die 1486 im Auftrag eines Bürgers am Sankt-Nikolaus-Altar gefeiert wurde, vertraglich festgelegt, dass während der Feier zwei brennende Kerzen auf dem Altar zu stehen hatten und Weihwasser versprengt wurde; versäumte der Kaplan etwas davon, musste er eine Buße zahlen. Ein anderer trauernder Bürger, der vierzehn Jahre später eine tägliche Messe am Sankt-Michaels-Altar stiftete, ließ festhalten, dass am Grab seiner Ehefrau bei diesem Altar ein bestimmtes Gebet zu sprechen war und anschließend die Anwesenden mit Weihwasser besprengt werden sollten. Dafür schenkte er der Kaplanei sogar einen Weihwasserkessel mit Sprengel. An Allerheiligen wurden gar sämtliche Gräber mit einem kostbaren silbernen Sprengel besprengt.

Die Hinterbliebenen hofften, mit diesen Ritualen nicht nur den Aufenthalt der Seele im Fegefeuer verkürzen, sondern im besten Fall auch die dortigen Leiden mildern zu können. Allerdings war nicht jeder davon überzeugt. Die Existenz des Fegefeuers wurde schon im 16. Jahrhundert von den reformatorischen Glaubensgemeinschaften angezweifelt, weil es in der Bibel nicht ausdrücklich erwähnt wird. Erasmus verabscheute die

Gewohnheit von Geistlichen, den Gläubigen einzureden, dass sie mit großem Aufwand – der ihrer Pfarrkirche zusätzliche Einkünfte bescherte – bestattet werden müssten, woraufhin die Leute ihr künftiges Begräbnis bis ins Kleinste regelten: »Umständlich schreiben sie vor, wie viele Fackeln, wie viele Schwarzröcke, wie viele Sänger, wie viele Heuler von Beruf sie dabei haben wollen, als ob sie selbst noch etwas von dem Schauspiel hätten oder im Grabe erröten müssten, würde ihre Leiche nicht glanzvoll versenkt.« Auch Filips van Marnix van Sint-Aldegonde, überzeugter Calvinist und 1583–1585 Bürgermeister von Antwerpen, äußerte sich 1569 verächtlich darüber. Seiner Ansicht nach trieb die katholische Kirche Handel mit Gedächtnismessen und heilbringenden Ritualen, um gutgläubigen Toren das Geld aus der Tasche zu ziehen. Er spottete, »zur Erhellung des Dunkels im Fegefeuer« müsse man Kerzen kaufen und entzünden, Weihrauch verbrennen, um den Gestank des Fegefeuers zu vertreiben, und die Gräber mit Weihwasser besprengen, damit die Seelen in der großen Hitze des Feuers »abgekühlt und gelabt werden«.

## Kampf dem Gestank

•

Duftende Kräuter und brennende Kerzen wurden vielfach eingesetzt, um Miasmen fernzuhalten und Seelen vor den Qualen des Fegefeuers zu schützen, aber auch, um der Allgemeinheit zu demonstrieren, dass die Feier einer Person von Bedeutung galt. Bei Palmsonntags- und Sakramentsprozessionen oder Bittgängen wurde der Prozessionsweg mit Feldblumen, Laub, Gras und Kräutern bestreut. Hinterher nahmen Zuschauer die Streu, die, wie man glaubte, während der Prozession schützende Kräfte angenommen hatte, mit nach Hause.

Manchmal schrieb der Magistrat den Anwohnern entlang der Prozessionsroute vor, Hausaltäre aufzustellen und die Fassaden ihrer Häuser mit blauen und roten Tüchern zu behängen – um »Ehre und Referenz zu erweisen mit Ausschmückung durch brennende Wachskerzen, Teppiche, Skulpturen und anderen Schmuck [wie Blumen und Streu], jeder nach bestem Vermögen«. (Abb. 15) Geschickt appellierte der Magistrat an das Ehrgefühl der Bürger: Den Besitzern der am schönsten geschmückten Häuser winkte ein wertvoller Preis. Man vergab Preise für besonders gelungene Arrangements mit »Altären, Wachslichtern, Teppichen, anständigen und geziemenden Gemälden, Maien [grünen Zweigen], Blumen, Streu, Rosenhüten [Kränzen] und anderem Zierrat«. Und auch die Zünfte und Schützengilden, die »am schönsten und besten gefeiert haben«, wurden für ihren Einsatz belohnt. Zum Reinigen der Straße vor der eigenen Tür an jedem Samstag war man ohnehin verpflichtet, mit oder ohne Prozession.

Auch bei Heiligenfesten und feierlichen Zeremonien in der Kathedrale dienten Blumen und Kräuter häufig als duftende Dekoration und Ehrerweis. Eine gewisse Lijnke, eine der Frauen, die bei den Altären wachten, wurde dafür bezahlt, an den wichtigsten Feiertagen überall im Gebäude »einzustreuen«. Wohlriechende Kräuter, aber auch blüten- oder herzförmige Plättchen aus mineralischem Naturglimmer konnten bei solchen Anlässen auf dem Boden und den Sitzbänken ausgestreut werden. In den Rechnungen der *kolveniers*, der Gilde der (anfänglich mit Handrohren ausgerüsteten) Schützen, die in der Kathedrale einen Nebenaltar zu Ehren des heiligen Christophorus unterhielten, sind für die Festtage ihres Schutzpatrons nach altem Brauch Ausgaben für »Sänger, Spielleute und Maien und Streu, mit verschiedenen Blumen, Lavendel und anderem wohlriechenden Kraut« aufgeführt, das in der Kapelle ausgestreut wurde. Auch in dem englischen Theaterstück *Appius and Virginia* von 1576 wird dieser Brauch noch beiläufig erwähnt: »Die Kirchenbank meiner lieblichen Dame war übersät mit güldenen Schlüsselblumen und süßen Veilchen, mit Minze und mit Margeriten und Majoran.«

Sogar wenn man zu Hause Gäste empfing, war ein herzlicher Empfang gleichbedeutend mit einem duftenden Empfang. In seinen *Colloquia familiaria* lässt Erasmus einen Gastgeber sagen, jeder Besucher solle vor dem Mahl im Garten »Blumen und irgendwelches Laub pflücken, damit ihn nicht der Geruch des Hauses störe. Nicht jedem ist derselbe Geruch gleich angenehm. Deshalb wähle jeder für sich.« Im Grunde lief es immer auf das Gleiche hinaus: Wurde ein Raum von gefährlicher Luft gesäubert, konnte eine Feier auf möglichst würdige Weise abgehalten werden.

Bleibt die Frage, ob der Duft all der wohlriechenden Kräuter auch wirklich die Nasen der Anwesenden erreichte. Was die Kathedrale angeht, lässt sich unmöglich einschätzen, in welchem Maße das Aroma der floralen Ausschmückung die Geruchslandschaft veränderte. Bei festlichen Gelegenheiten kam nun einmal viel Volk zusammen – und damit jede Menge körperliche Ausdünstungen. Außerdem wurden Pflanzen nicht nur wegen ihres Aromas ausgewählt, sondern auch wegen ihrer symbolischen Bedeutung. Man verband etwa ihre äußeren Merkmale oder das Vorkommen in einer bestimmten Umgebung mit moralischen Werten und menschlichen Eigenschaften. So standen weiße Blüten für Reinheit und rote für Leidenschaft; dreizählige Blätter wiederum konnten auf die Dreifaltigkeit verweisen.

## Zu dessen Ehre ihr brennen werdet

Für die Kathedrale war das 15. Jahrhundert eine besondere Zeit. Wegen der stetigen Zunahme an Altarstiftungen und der zahlreichen baulichen Erweiterungen schien sie unablässig in Bewegung zu sein. Auch in der Ausstattung des Innenraums änderte sich ständig etwas. Altmodische Retabel wurden ersetzt, Nebenaltäre mit Bänken und Gittern ausgestattet, und immer musste Beschädigtes repariert werden. Wohlhabende Körperschaften nutzten jede Gelegenheit, ihre Frömmigkeit und ihr Ansehen durch die immer üppigere Ausstattung ihres Nebenaltars zu demonstrieren, wobei sie sich denselben Raum weiterhin mit den eher schmucklosen Altären ärmerer Stifter teilten. Erneuerung und Verfall gingen Hand in Hand, und ein Mischmasch von Stilen und Geschmäckern bestimmte den Gesamteindruck. Gleichzeitig setzte sich eine Reihe liturgischer Bräuche in allen Kirchen der südlichen Niederlande durch. Das Läuten der Altarschellen unmittelbar vor dem Erheben der Hostie und des Kelchs (Elevation), die Verwendung eines tragbaren Weihwasserkessels, das Brennenlassen eines immerwährenden, ewigen Lichts beim Aufbewahrungsort des Heiligen Sakraments, all das wurde in dieser Zeit eingeführt. Rituale und Bräuche, von denen man oft naiv annimmt, dass sie auf die Anfänge des Christentums zurückgehen, waren in Wirklichkeit für die Gläubigen noch recht neu. Auch die berühmte Antwerpener Sakramentsprozession fand erstmals 1398 statt.

Eine der rituellen Handlungen, die sich nur allmählich einbürgerten, war das Verschwelen von Weihrauch während der Messfeier. Das erklärt sich durch einen tief verwurzelten Vorbehalt gegen Rauchopfer, die lange Zeit als heidnisch galten. Erst an der Wende zum 14. Jahrhundert wurde das Schwenken des Weihrauchfasses zum Standardelement der feierlichen Messen, die anders als die kurzen gelesenen Messen besonderen Festtagen vorbehalten waren. Die Bedeutung einer Messe konnte man daran erkennen, wie viele Weihrauchfässer dabei verwendet und wie oft sie geschwenkt wurden. Vor allem an den Festtagen der Kirchenpatrone und während der Karwoche fanden von Anfang bis Ende in dichten Weihrauchwolken statt. Während der Messfeier folgte das Beweihräuchern einer klaren Hierarchie: Nach dem Altar mussten alle Anwesenden in der richtigen Reihenfolge in den Genuss des Weihrauchs kommen. Dabei wurden grundsätzlich zwei Weihrauchfässer verwendet, wie aus den Kirchenrechnungen beim Erwerb neuer Fässer hervorgeht.

Im Wesentlichen war das Be(weih)räuchern ein Ausdruck von Ehrerbietung, weshalb man möglichst nur kostbare Zutaten wie Weihrauch und Ambra statt leichter verfügbarer Duftkräuter wie Lavendel verwendete. Theoretisch spiegelte die Kostbarkeit der Weihrauchharze die symbolische Bedeutung der Zeremonie wider. In der Wirklichkeit wurde Weihrauch vor allem von reichen städtischen Kirchen erworben; Dorfkirchen konnten sich die teuren aromatischen Harze einfach nicht leisten. Sie reservierten Weihrauch allenfalls für die wichtigsten Feste oder verwendeten das billigere Harz des Orientalischen Amberbaums (Storax) oder Wacholder und Rosmarin.

Ansonsten gab es keine strikte Trennung zwischen der häuslichen und der rituellen Verwendung bestimmter Duftstoffe. Kleine Mengen Weihrauch und Ambra waren Bestandteil von Hausmitteln gegen Läuse und andere Parasiten sowie von Arzneimitteln gegen Fieber und Menstruationsbeschwerden. Und in der 1581 in Antwerpen unter dem Titel *Kruydtboeck oft beschrijuinghe van allerley ghewassen, kruyderen, hesteren, ende gheboomten* gedruckten Übersetzung seines Pflanzenbuchs *Plantarum seu stirpium historia* behauptet der Arzt Matthias de l'Obel unter anderem: »Weihrauch hat eine wärmende und zusammenziehende Kraft, er vertreibt die Trübungen der Augen, er füllt die hohlen Geschwüre [Fisteln] und heilt diese zu.« Ambra wiederum diente wegen seines angenehmen Aromas und seiner reinigenden Eigenschaften als Ingredienz für Duftkerzen und parfümierende Öle.

Dass man die Verwendung von Weihrauch als Ausdruck von Ehrerbietung sah, wurde während der Messfeier ausdrücklich erwähnt. Wenn der Priester das Weihrauchfass mit den Harzklümpchen füllte, sprach er dazu die Formel: »Möge Er, zu Dessen Ehre ihr brennen werdet, euch segnen.« Auch in der spätmittelalterlichen Bildschnitzerkunst kommt das Beweihräuchern als Ausdruck von Ehrerbietung vor, und zwar in Gestalt eines Engelspaares, das Weihrauchfässer schwenkt. Wenn ein Mitglied der Heiligen Familie, das Heilige Sakrament, ein Heiliger oder ein hoher Geistlicher abgebildet wurde, gesellte man ihm gern ein solches Engelspaar zu. Auch im Kircheninneren ließen sich diese Engel blicken. Vier oder sechs schlanke Säulchen mit jeweils einer kleinen Engelsskulptur darauf flankierten traditionell den Altar im Hochchor. Ein Detail aus dem Gemälde *Das Leben und die Wunder der heiligen Godelieve*, Teil eines Retabels, das im letzten Viertel des 15. Jahrhunderts für die Liebfrauenkirche von Brügge angefertigt wurde, vermittelt einen wunderbaren Eindruck von derartigen Konstruktionen. (Abb. 17) Auf der mittleren Tafel wird die Ehe zwischen Godelieve und Bertolf geschlossen. Den Altar, an dem die Zeremonie stattfindet, umgeben vier schlanke Säulen mit Altarengeln, von denen zwei jeweils ein kleines Weichrauchfass schwenken. Die beiden anderen halten Kerzen in den Händen, auch dies Ausdruck von Ehrerbietung.

Im Utrechter Museum Catharijneconvent werden zwei sehr spezielle Altarengel aufbewahrt. Die hölzernen Skulpturen aus dem 16. Jahrhundert sind 41 und 42,5 Zentimeter groß und haben beide einen Arm, der sich mittels Zugkordel auf und ab bewegen lässt. Die Hand des unbeweglichen Arms hält einen Leuchter für eine Kerze. Die Hand des beweglichen Arms hielt ein Weihrauchfässchen, das leider verloren gegangen ist. (Abb. 17) Beim Bewegen der Arme schwangen die Fässchen an ihren Ketten hin und her, sodass die Engel im Kleinen die Handlungen der Ministranten widerspiegelten.

Das Beweihräuchern als Ausdruck von Ehrerbietung gehörte zu den rituellen Handlungen, die von einigen Reformatoren leidenschaftlich verdammt wurden. Aus ihrer Sicht war es nichts als pomphaftes Getue, überflüssiges Drumherum und Idolatrie. Der bereits erwähnte Filips van Marnix van Sint-Aldegonde übte beißende Kritik an diesem Brauch und höhnte, die »Papisten« hätten gemerkt, »dass ihr Krempel kostbarer ist als irgendein anderer und ihr Weihrauch von besserem Geruch als der Weihrauch, den die Hunde in der Kirche von sich geben«. Auch der nach Reinheit des Glaubens strebende Erasmus betonte, ein wahrhaftes Gebet besitze gewissermaßen eine spirituelle Süße, die wirksamer sei als aller äußerlicher Firlefanz: »Reine Gebete und Dankbezeugungen sind für Gott wie ein Parfüm, das viel angenehmer ist als jedweder Weihrauch, Myrrhe und Galbanum [holzig frisch riechendes Gummiharz]«. Allerdings behielten die Reformer und Reformatoren auch die ihrem Veränderungsdrang gesetzten Grenzen im Auge und passten von Zeit zu Zeit ihre Standpunkte an. Als Mittel zum Vertreiben der üblen Gerüche in der Kathedrale oder als Schutz gegen Pestluft wurde Weihrauch keineswegs infrage gestellt. Der Glaube an Weihrauch als Schutzschild gegen Miasmen und Dämonen hielt sich während des gesamten 16. Jahrhunderts.

## Von draußen herein

Als wäre die Mischung von menschlichen und tierischen Ausdünstungen, starken Parfüms, Harz- und Kräuterdüften in der Kathedrale noch nicht penetrant genug, wehte durch die offen stehenden Türen noch eine Vielzahl anderer Gerüche herein. Die Geruchspalette der Straßen im Zentrum Antwerpens hatte viel mit dem charakteristischen Aroma eines großen Bauernhofs gemeinsam, genau wie in anderen europäischen Großstädten.

Immerhin hatte Antwerpen bereits ein differenziertes Abfallmanagement vorzuweisen: Die sogenannten *moosmeiers* waren für den Straßenschmutz zuständig, die *gruismeesters* für Erde und Schutt, während die *beerruimers* die Senkgruben leerten. Doch die Effektivität des Ganzen ließ sehr zu wünschen übrig. Nach wie vor waren die Straßen von tierischen und sogar menschlichen Exkrementen übersät. Der Magistrat erließ deshalb eine ganze Reihe von Vorschriften, an die sich die Bürger halten mussten, wollten sie nicht ein Bußgeld riskieren. Zum Beispiel war vorgeschrieben, dass jedes neue Fenster zur Straße oder zu Nachbarhäusern hin so mit Gitterstäben versehen sein musste, dass die Bewohner »weder Nachttopf noch Ähnliches hindurchschieben« konnten. (Abb. 16) Die Gefahr, als zufälliger Passant den Inhalt eines Nachtgeschirrs auf den Kopf geschüttet zu bekommen, war offenbar sehr real. Abfallbeseitigung und sanitäre Einrichtungen verbesserten sich indes allmählich, und die Geruchsmischung in der Stadt wurde weniger penetrant. Das war auch dringend nötig, denn wie Quellen aus dem 16. Jahrhundert deutlich zeigen, störten sich die Bürger an der Geruchsbelästigung, vor allem aus Angst vor Epidemien oder aus wirtschaftlichen Erwägungen. Grund genug für die Stadt, dem Kampf gegen den Gestank wichtig zu nehmen.

Ein hartnäckiges Problem waren die vielen offenen Wasserläufe. Die Stadt war durchzogen von Entwässerungskanälen, Grachten und Festungsgräben. Im Jahr 1490 hatte man angefangen, den zahlreichen Grachten eine weitere hinzuzufügen, von der Wapper zum 500 Meter entfernten Festungsgraben des Blauwe Toren. Dass die Bewohner Antwerpens dieser Verbindung nach einiger Zeit den Namen Vuilrui, »Schmutzgracht«, verpassten, sagt wohl genug. Im Lauf der Jahrhunderte wurden zahlreiche Versuche unternommen, die Geruchsbelästigung durch die offenen Wasserläufe zu bekämpfen, doch ohne Erfolg. 1661 versuchte der Ingenieur und Astronom Michiel-Florent van Langren, den Magistrat davon zu überzeugen, dass man die Grachten regelmäßig reinigen müsse, um Antwerpen »von der pestartigen und ungesunden Luft zu erlösen, die aus den schmutzigen, fauligen und stinkenden Grachten kommt«. Leider vergeblich. Noch bis weit ins 19. Jahrhundert hinein waren längst nicht all die offenen Kloaken und stinkenden Transportwege überbaut oder zugeschüttet. Zahlreich sind deshalb die Berichte über Todesfälle nach direktem oder indirektem Kontakt mit dem Antwerpener Wasser. So starb der Maler Frans Pourbus 1581 nach einem Fieberanfall, der seinem Biografen zufolge durch das Einatmen von »übler Luft aus einer schmutzigen, stinkenden Abflussrinne« verursacht wurde.

Der Standort der Kathedrale hatte einen nicht zu unterschätzenden Einfluss auf die Geruchsmischung im Inneren des Bauwerks. Es war nicht nur das Aroma eines großen Bauernhofs, auch die Gerüche all der offenen Wasserläufe drangen herein. Die Schelde war nur 300 Meter entfernt, und bei starkem Regen liefen die Keller der Kathedrale und der umliegenden Häuser voll. Noch näher lag die Kaesrui genannte Gracht, von deren verschmutztem Wasser ebenfalls ein scheußlicher Gestank ausging. (Abb. 19) Besonders wenn bei Ebbe Wasser aus den Grachten ablief, sodass verfaulende Abfälle wieder an die Oberfläche kamen, war der Gestank kaum auszuhalten. Außerdem waren die Fundamente der Kathedrale auf morastigem Grund erbaut worden, weshalb große Teile des Fußbodens immer feucht waren. Unter dem Fundament des Nordturms soll aus diesem Grund sogar eine Schicht aus Ochsenhäuten liegen. Die Nähe des Grundwassers sorgte für modrig riechende Ausdünstungen. Papebrochius' Befürchtung, dass die modrige Luft die geistlichen Gewänder, Wand- und Altarbehänge und Gemälde beschädigen könnte, war nicht unbegründet. So mussten mehrere kostbare Wandteppiche der Liebfrauenlob-Gilde repariert werden, weil darin durch Fäulnis große Löcher entstanden waren.

Außerdem sorgte der Groenkerkhof für nicht unbeträchtliche Geruchsbelästigung. Wie damals üblich, umschloss der Friedhof die Kathedrale. Die geweihte Erde diente aber nicht nur als Gräberfeld, sondern war auch ein viel besuchter Treffpunkt für die Lebenden – und zwar in einem solchen Ausmaß, dass der Friedhof sogar schon einiges an Fläche hatte einbüßen müssen. Der sakrale Status des mit Weihwasser geweihten Grundes wurde ja fortwährend infrage gestellt; das Bevölkerungswachstum hatte zur Folge, dass geweihte Erde entweiht wurde, beispielsweise indem sich Stadtbewohner innerhalb der Grenzen des Friedhofs ansiedelten. Irgendwann wurde es einfach zu teuer, die Erde immer wieder aufs Neue zu weihen, und 1468 musste das Kapitel schließlich darum ersuchen, einen Teil des Friedhofs offiziell mit Gregoriuswasser, einer Mischung von Weihwasser mit Salz, Asche und Wein, entweihen zu dürfen.

Trotzdem blieb auch der geschrumpfte Groenkerkhof bei verschiedenen handwerklichen und sonstigen Erwerbszweigen als Marktplatz und Arbeitsstätte beliebt. Selbst als für die Krämer bereits Gebäude in der Nähe des neuen Rathauses zur Verfügung standen, wurden weiterhin illegal Stände auf dem Friedhof aufgebaut, was dem Magistrat ein Dorn im Auge war. Dass die Kleinhändler, Zahnbrecher, Quacksalber und Kürschner, die dort ihre Häute zum Trocknen aufhängten, den Friedhof nicht unbedingt in sauberem Zustand hinterließen, versteht sich von selbst. Im Antwerpener Gewohnheitsrecht waren nicht von ungefähr

Bußgelder für das Hinterlassen von Abfällen auf dem Groenkerkhof, dem Grote Markt, dem Vismarkt und vor fremden Häusern vorgesehen. Zudem musste der Magistrat regelmäßig an das Verbot erinnern, auf dem Groenkerkhof Ballspiele zu veranstalten, Versammlungen abzuhalten oder zu kämpfen. Auf dem Gemälde *Die Pest in der Löwener Sankt-Jakobs-Pfarrei im Jahr 1578* wimmelt es von wahrheitsgetreuen Details. (Abb. 20) Es ist ein Bild voll von Tod, Verderben und auch dem Chaos, das unweigerlich damit einhergeht. Im Vordergrund fährt ein mit Särgen überladener Pferdekarren vorbei, während auf dem Friedhof dahinter ein unübersichtliches Durcheinander von trauernden Überlebenden, Totengräbern bei der Arbeit, aufgestapelten Särgen und segnenden Priestern herrscht. Das Gemälde ist ein stiller Zeuge der schrecklichen Pestepidemie, die Löwen, damals schon seit anderthalb Jahrhunderten Universitätsstadt, 1578/79 heimsuchte, lässt aber auch deutlich erkennen, wie eng Kirche und Kirchhof zusammengehörten. Und das galt für Antwerpen sicher genauso.

Die Hinterlassenschaften von Mensch und Tier verursachten an sonnigen Tagen ekelhaften Gestank und wurden bei heftigen Regenfällen in Richtung der Kathedrale und der angrenzenden Straßen gespült. Und als wäre das nicht schlimm genug, wurden die Ecken des Friedhofs manchmal als öffentliche Toiletten benutzt. Bei ungünstigem Wind wehte noch dazu der Kadavergestank des nahebei gelegenen Metzgerviertels in die Kathedrale. Und wenn nicht die Schlachthäuser für diesen Gestank verantwortlich waren, dann waren es einzelne Schlachter, die ihre Fleischabfälle heimlich in den angrenzenden Straßen oder auf dem Friedhof abluden. Erst 1552 wurde vorgeschrieben, Fleischabfälle in geschlossenen Behältern zu der Pensgat genannten Schleuse an der Schelde zu transportieren. Die Schmutzspuren, die von den Gläubigen auf dem Kirchenboden verteilt wurden, bestanden also aus einem widerlichen Brei aus Schlamm, Abfällen, fauligem Wasser, geronnenem Blut und Exkrementen.

# 3 In Schmach und Schande

## Donnerstag, 14. Mai 1491
...

Der Fall ließ wenig Raum für Zweifel. Der Antwerpener Schultheiß als oberster Wahrer von Recht und Ordnung in der Stadt hatte nicht lange über eine Anklage gegen die Frauen nachzudenken brauchen. Lijsbet Gielys (»Lijse opte trappen«), Aechte Pietersdochter und Lijsbet Thessels waren in der Nacht zuvor zum Galgenfeld vor den Stadtwällen geschlichen (wo heute der friedliche König-Albert-Park liegt). Es diente als Hinrichtungsstätte: Hier wurden Kriminelle aufs Rad geflochten, enthauptet oder gehängt und ihre Leichname zur Schau gestellt, was für gottesfürchtige Passanten wie für hungrige Tiere gleichermaßen interessant war. Die verwesenden Überreste wurden schließlich am gleichen Ort in ungeweihter Erde begraben. Hier hatten die drei Frauen mitten in der Nacht den Kopf eines Enthaupteten und die Hände eines Gehängten entwendet. Die Hände hatten sie selbst erst abschneiden müssen.

## Ungeschriebene Regeln
•

Lijse, Aechte und Lijsbet – die in der Chronik aus dem 17. Jahrhundert, die von ihrer Verurteilung berichtet, als Huren bezeichnet werden – glaubten daran, dass die Gliedmaßen hingerichteter Verbrecher wundersame

Kräfte besaßen. Nicht zufällig: Hände und Finger von Dieben waren wegen des angeblichen Schutzes, der von ihnen ausging, vor allem bei Prostituierten begehrt. Gingen die Geschäfte schlecht, griffen sie auf solche Hilfsmittel zurück, und in der Hoffnung auf eine Belebung der Nachfrage wurde so mancher Diebesfinger unter dem Bett versteckt oder in der Nähe des Hauses begraben.

Die drei Frauen hatten mit den Körperteilen verschiedene Rituale vollzogen. Eine Hand und den Kopf begruben sie unter den Schwellen von Vorder- und Hintertür. Die zweite Hand kochten sie zunächst in Essig und hängten sie anschließend in den Schornstein. Mit dem Sud besprengten sie das Haus, um die Mauern und alle Öffnungen darin gegen jedwedes Übel zu schützen. Außerdem schnitten sie von einer der Hände vier Finger ab und versteckten sie an einem Altar der Liebfrauenkirche, wahrscheinlich unter dem weißen, leinenen Altartuch, das die Altarplatte bedeckte. Wenn ein ahnungsloser Priester dort nun eine Messe las, würde dank der Nähe des allerheiligsten Sakraments und dank des priesterlichen Gebets etwas von der sakralen Kraft der Messfeier auf die versteckten Finger übergehen.

Doch die Frauen wurden ertappt und sowohl durch die kirchliche als auch durch die weltliche Gerichtsbarkeit verurteilt. Das weltliche Gericht befand sie des Leichenraubs für schuldig und verurteilte sie zu einer Wallfahrt zum Kloster Einsiedeln in der Schweiz – eine praktische Art, Kriminelle für einige Zeit aus der Stadt zu entfernen. Das kirchliche Gericht verurteilte sie wegen Zauberei zu einer Ehrenstrafe: Sie wurden auf einer Schandbühne auf dem Grote Markt drei Stunden lang zur Schau gestellt, alle drei mit einem Zettel auf der Brust, auf dem ihr Verbrechen beschrieben war, mit rot gefärbtem Kopf und einem Papierhut, auf dem ein Totenkopf gezeichnet war. Anschließend verbrachten die drei eine Woche bei Wasser und Brot im Kerker und wurden danach für ein Jahr aus dem Bistum Cambrai verbannt, zu dem Antwerpen damals gehörte.

Die Tat der unternehmungslustigen Prostituierten war sicher kein Einzelfall; aus Brügge und Brüssel sind ähnliche Vorfälle überliefert. In Brügge wurde eine gewisse Babe, die im Verdacht stand, ein als Herberge getarntes Bordell zu führen, der Zauberei mit Diebesfingern beschuldigt. Nachdem drei oder vier Tage lang keine Kundschaft gekommen war, hatte sie ein paar ihrer Mädchen frühmorgens zum Galgenfeld geschickt, um die Hand eines gehängten Diebes zu rauben. Diesen Körperteil sollten sie in der Kirche unter dem Altartuch verstecken, damit der Priester eine Messe darüber las. Doch die Angst, vom Priester ertappt zu werden, war zu groß, und Babe beschloss, in ihrem Haus heimlich eine Messe über der Diebeshand lesen zu lassen. Sie hatte sogar schon geweihte Kerzen gekauft, als Gerichtsdiener erschienen und ihren Plan vereitelten.

Eine bestimmte Anzahl von Messen über einem Gegenstand lesen zu lassen, wurde auch in Handbüchern mit »geheimen« Rezepten für Heilmittel gegen die unterschiedlichsten Leiden aufgeführt. So empfiehlt ein Rezept gegen unerwiderte Liebe aus dem späten 15. Jahrhundert, neun Messen über einer herausgerissenen Spatzenzunge lesen zu lassen, die danach in den Mund gesteckt werden musste, damit die auf diese Weise angesprochene Frau in Liebe entbrannte.

Die Sache mit den Diebesfingern war Teil eines Kampfes um die Autorität über Körper und Seele, bei dem es um die gefährliche oder segensreiche Wirkung sinnlicher Wahrnehmungen und Gefühle ging. Die Kraft, die sich in den Worten und rituellen Handlungen eines Priesters verbarg, konnte einen alltäglichen Gegenstand, aber auch einen abgehackten Finger in ein heilkräftiges Amulett verwandeln. Ohne Zweifel war der Diebstahl von Körperteilen ein Verbrechen, doch was das Lesen von Messen über Gegenständen anging, war das Urteil weniger eindeutig. Wenn man sich an den richtigen Priester wandte, konnte man in der Antwerpener Kathedrale Messen über Säckchen mit Kräutern, Getreide oder tierischen Eingeweiden lesen lassen.

Wann also wurde eine Handlung als Zauberei bezeichnet? Und hatte dieser Begriff für alle die gleiche Bedeutung? Der Fall des Adrianus Wijffliet, Dorfpfarrer von Rijen, zeigt beispielhaft, wie komplex der Umgang mit den geltenden Regeln innerhalb des geistlichen Standes selbst war. Der Pfarrer wurde 1589 zusammen mit Adriana Gijsbrechts, einer Zimmerwirtin aus dem nahe gelegenen Breda, wegen des Verdachts der Zauberei festgenommen. Der Pfarrer hatte einige von Adrianas sogenannten Zauberbüchern gesegnet, damit sie mit deren Hilfe ihre verlorene Halskette wiederfinden konnte. Außerdem war der Pfarrer bekannt dafür, krankes Vieh zu heilen; er brachte allerdings zu seiner Verteidigung vor, dass es sich dabei keineswegs um Zauberkünste handle. Von seinen Amtsbrüdern wurde ihm Unterstützung zuteil, sodass er nach einer knappen Woche Bußübungen bei Wasser und Brot erneut das Priesteramt ausüben durfte. Dass seine Kollegen sich für ihn einsetzten, war angesichts des hervorragenden Rufs von Pfarrer Adrianus nicht verwunderlich. Außerdem hatte er im Grunde nur als guter Hirte einem seiner Schafe helfen wollen, eine Hauptaufgabe jedes Seelsorgers, der sein Amt ernst nimmt.

Adrianus hatte das Glück, sich auf seinen guten Namen berufen zu können; tatsächlich gab es auch »Zauberpriester«, die von den anderen Geistlichen verachtet wurden. Einen kritischen Ton schlägt der belesene Jacob Vallick in seinem 1559 veröffentlichten, von Erasmus beeinflussten humanistischen Traktat *Toveren, wat dat voor een werk is, welke krankheit, schade en hinder daarvan komende is, en weldke remedies men daarvoor doen zal* (Zaubern, was das für ein Werk ist, welche Art Krankheit, Schaden und Last davon kommt und welche Mittel man dagegen anwenden soll) an. Der Schreiber, seit 1541 der allseits beliebte Seelsorger des niederländischen Dorfs Groessen, bezeichnet Mönche wiederholt als Scharlatane: Angeblich verwendeten die Klosterbrüder unerlaubte Mittel wie Weihwasser, Wachskerzen und Erde vom Klostergelände zur Abwehr von Zauber. Da diese Mittel in den Evangelien nicht ausdrücklich legitimiert werden, konnte ein Anhänger des Erasmus diesem Brauch nur mit größtem Argwohn begegnen.

Was genau Zaubern bedeutete und wer sich der Zauberei schuldig machte, hing demnach mehr von den jeweiligen Umständen als von der Handlung an sich ab. Während für die einen die Ehrbarkeit des Ausführenden den Ausschlag gab, akzeptierten andere nur die Bibel als Richtschnur.

## Freund, Feind, Saufbruder

•

Man darf nicht vergessen, dass all die Priester und Mönche keine abstrakten Kategorien aus Geschichtsbüchern, sondern Menschen aus Fleisch und Blut waren, eingebunden in das gesellschaftliche Leben. Die lokalen Geistlichen waren Vertrauenspersonen, die als Beichtväter eine sehr persönliche Bindung zu ihren Gläubigen aufbauten. Als Prediger gaben sie sich die größte Mühe, die Zuhörer durch die Überzeugungskraft ihrer Worte zu gewinnen, manchmal auch mit dem Ziel eines moralischen Triumphs über Amtsbrüder, die eine andere Sicht vertraten. Vor allem aber war der Geistliche nicht grundverschieden von den Menschen um ihn herum, er war einer von ihnen. Unter seinen Pfarrkindern waren Verwandte, Jugendfreunde, Handelspartner, Nachbarn, Saufbrüder.

Menschen unterschiedlichen Schlages und aus allen Schichten der Bevölkerung fühlten sich berufen, das Wort Gottes zu verkünden. Bei Konflikten verfolgten Geistliche manchmal ihre eigenen Interessen, es konnte aber auch die Loyalität gegenüber der Gemeinde oder der kirchlichen Obrigkeit den Ausschlag geben. In der Kirche, auf der Straße und im Gasthof teilten sie mit ihren Gemeindegliedern Freud und Leid – und das gleiche Weltbild. Eine scharfe Trennung zwischen offiziellen kirchlichen Lehren und den zahlreichen lokalen Varianten religiöser, medizinischer und naturphilosophischer Vorstellungen war in der Alltagsrealität weder wünschenswert noch praktikabel. Die kirchlichen Instanzen fürchteten zwar unkontrollierbare Auswüchse, doch bei der täglichen Suche nach Heil und Heilung erwiesen sich die Rituale in ihrer jeweiligen örtlichen und persönlichen Ausprägung als offen für alle möglichen Interpretationen.

Dennoch bemühte sich das Kapitel der Liebfrauenkirche um einen angemessenen Abstand zwischen Geistlichen und Gemeindemitgliedern. 1422 legte es in seinen Statuten fest, dass es einem Kanoniker, Kaplan oder Priester verboten sei, innerhalb der Antwerpener »Freiheit« – dem von den Stadtmauern und -wällen begrenzten Gebiet – eine Schenke zu besuchen oder eine Konkubine zu unterhalten. Bei Zuwiderhandlung drohte ihnen, für einen Monat das Anrecht auf Vergütung für die obligatorische Anwesenheit beim Stundengebet zu verlieren. Laut einem um 1472 herausgegebenen Handbuch für Pfarrer waren eine maßvolle Lebensführung, Selbstbeherrschung und die Betonung des Unterschieds zwischen Kirche und Welt wesentlich, um die geistliche Vorbildfunktion zu erfüllen. Für den Fall, dass ein Geistlicher vorübergehend vom rechten Pfad abwich, empfahl das Handbuch allerdings Mitgefühl. Gläubige hätten die Geistlichen jederzeit zu respektieren und nicht über eventuelle Fehltritte zu urteilen. Sogar »offenkundige Sünden der Geistlichen soll man verschweigen«, denn letztendlich werde ja die göttliche Strafe für Gerechtigkeit sorgen. Zu den Grundüberzeugungen der schon erwähnten Lehrerin und Dichterin Anna Bijns gehörte denn auch, dass der Bogen nicht immer gespannt sein könne und Geistliche wie alle anderen ein Recht auf Spiel und Erholung hätten.

Besonders in Antwerpen scheint man es mit der Befolgung der Regeln nicht allzu ernst genommen zu haben. Zum Beispiel tauchen in den Kirchenrechnungen niemals Bußgelder auf, die für den Besuch von Gastwirtschaften eingezogen worden wären. Erst gegen Ende des 16. Jahrhunderts versuchte man ernsthaft, den allzu vertrauten Umgang zwischen Geistlichen und Gläubigen zu begrenzen; eigentlich hatte niemand ein Interesse daran, denn für Geistliche wie für Gemeindemitglieder bedeutete das eine Einschränkung ihrer Freiheit. Bis weit ins 17. Jahrhundert hinein sollte sich deshalb kaum etwas an den Gepflogenheiten ändern.

## In guten Händen
•

Ein Priester ist für den korrekten Vollzug eines religiösen Rituals unverzichtbar. Durch die Priesterweihe erlangt er die Befähigung, im Dienst der christlichen Gemeinschaft als Mittler zwischen der göttlichen und der menschlichen Sphäre aufzutreten. Dank dieser sakramentalen Kraft kann er den Menschen einer göttlichen Gunst teilhaftig werden lassen – man denke an Teufelsaustreibungen oder an das Segnen von Wasser, das den Kirchenbesuchern die Möglichkeit gibt, sich selbst am Weihwasserbecken spirituell zu reinigen und zu schützen. Die richtige Reihenfolge der Rituale ist dabei stets von entscheidender Bedeutung, da sie durch ihre transformierende Kraft den jeweils nächsten Schritt erst ermöglichen. Man könnte Rituale mit Dominosteinen vergleichen; jeder Schritt muss nach den allgemein akzeptierten Regeln vollzogen werden, bevor man zum nächsten übergehen kann. Keine Firmung ohne vorherige Taufe, keine Kommunion ohne vorherige Beichte.

Dank dieser Mittlerfunktion traute man Priestern zu, Kriege, Naturkatastrophen, Epidemien und dämonische Umtriebe zu beenden. Es sei denn, dass sich in den Vollzug des Rituals ein Fehler einschlich, durch den dann sogar noch größeres Unheil auf Menschen, Tiere oder Feldfrüchte herabgerufen werden konnte. Priester waren also unmittelbar für das soziale und spirituelle Gleichgewicht innerhalb ihrer Gemeinde verantwortlich. Auch Pfarrer Vallick aus Groessen war sich dieser Verantwortung voll und ganz bewusst. In seinem kritischen Traktat *Toveren* warf er sich explizit zum moralisch überlegenen Seelenarzt auf:

> Ich bin euer Hirte, ihr seid meine Schafe. Darum braucht ihr euch nicht zu schämen, sondern könnt freimütig zu mir kommen und mir allzeit eure Nöte offenbaren. Ich bin euer geistlicher Medizinmeister, ich werde all eure geistlichen Gebrechen mit der geistlichen Salbe von Gottes Wort meistern [behandeln].

Entsprechend hoch waren die Erwartungen der Gläubigen, die zu jedwedem Zeitpunkt die ordnungsgemäße Spendung der Sakramente verlangten. Vor allem Taufe, Eucharistie und Krankensalbung waren von fundamentalem Belang. Es war moralisch unverantwortlich, wenn ein Priester nicht rechtzeitig kam, um die Letzte Ölung zu vollziehen, denn dadurch drohte der Seele des Verstorbenen ewige Verdammnis. Außer den möglicherweise dramatischen Folgen für das Seelenheil spielte hier auch der Gerechtigkeitssinn eine große Rolle. Das Stereotyp vom habsüchtigen, autoritären Geistlichen hatte eine lange Geschichte. Allenthalben war zu hören, dass es sich um eine ökonomisch privilegierte Gruppe handle, die sich durch Vetternwirtschaft eine Stellung über dem Gesetz verschaffe. Tatsächlich waren Missstände, bei denen finanzielle Interessen im Spiel waren, eine häufige Ursache von Konflikten zwischen Geistlichen und Gläubigen.

Zum Beispiel schreckten die wohlhabenden Mitglieder des Kapitels der Liebfrauenkirche nicht davor zurück, in jahrelangen Prozessen die Entrichtung des Kirchenzehnten zu erzwingen. Bei dieser gängigen Form kirchlicher Abgaben mussten alle Gemeindemitglieder einen Anteil der durch Garten- und Feldfrüchte oder Nutztiere erzielten Erträge an das Kapitel abtreten. Bei einem der heftigsten Konflikte zwischen Kapitel und Stadtbewohnern, der sich in den Jahren 1444–1456 abspielte, kam es schließlich zur Eskalation. Obwohl das Kapitel vor Gericht Recht bekam, verweigerten die betroffenen Bürger die Zahlung des Zehnten. Daraufhin griff das Kapitel zum Mittel der Exkommunikation und schloss diese Gemeindeglieder aus dem alltäglichen religiösen Leben aus. Bei brennenden Kerzen und begleitet von Glockenläuten wurden in der Liebfrauenkirche die sieben Namen ausgerufen. Nach dem Aussprechen einer Formel warfen die Geistlichen die Kerzen auf den Boden und traten sie aus; diese theatralische Handlung symbolisierte die Rückkehr in die Finsternis, die Welt außerhalb der christlichen Gemeinschaft. Damit war die Exkommunikation vollzogen. Der Bann sollte Wirkung zeitigen: Die betroffenen Bürger gaben schließlich doch nach und bezahlten die Rechnung.

Ein anderes Ärgernis waren seit jeher die Zahlungen für Begräbnisse, vor allem, wenn die Erwartungen der Hinterbliebenen nicht erfüllt worden waren. Warum sollte die Familie eines Verstorbenen für alle Mitglieder des Kapitels zahlen, wenn nur die Hälfte zum Trauerzug erschienen war? Und als es die Minderbrüder nach der traumatischen Belagerung Antwerpens durch den gelderländischen Heerführer Maarten van Rossum im Jahr 1452 ablehnten, einen finanziellen Beitrag zu neuen Befestigungsanlagen zu leisten, steigerte das noch ihre Unbeliebtheit bei den Bürgern.

Das Problem bei all diesen Geschichten ist allerdings, dass sie nur anekdotische Momentaufnahmen aus einem viel größeren historischen Ganzen sind. Es ist fast unmöglich, auf der Grundlage einiger weniger Klagen über Geistliche in einer vielfältigen, teilweise konfliktreichen geistlichen Landschaft allgemeine Aussagen über die Antwerpener Geistlichkeit und die Qualität ihrer Seelsorge zu machen. Die Alltagswirklichkeit entsprach nicht unbedingt der Ansammlung von häufig recht billigen negativen Klischees, wie man sie in Liedern und auf satirischen Abbildungen findet.

# 4 Schöne Prozessionen, schmutzige Pilger

## Samstag, 24. Mai 1494
...

Man kam allmählich in Stimmung. Schon seit Tagen strömten verstaubte und verschwitzte Pilger aus exotischen Gefilden wie aus nahe gelegenen Weilern nach Antwerpen. Hatten zunächst nur einzelne und kleine Gruppen die Stadttore erreicht, so füllten bald wogende Menschenmassen die Straßen. Tiefe Frömmigkeit und fröhliche Trunkenheit gingen Hand in Hand. Zwei der vier wichtigsten Prozessionen standen kurz bevor. An diesem Abend ungefähr um sechs Uhr, gleich nach der Vesper, würden die Schützengilden und Zünfte die Feiern rund um die Heilige Vorhaut eröffnen. Am nächsten Tag, Trinitatis oder Dreifaltigkeitssonntag, würde die Antwerpener Vorhautreliquie zunächst in der überfüllten Liebfrauenkirche am Beschneidungsaltar gezeigt und anschließend in einer Prozession umhergetragen werden.

Vier Tage später würde die Fronleichnams- oder Sakramentsprozession ihren jährlichen Weg durch die Antwerpener Straßen nehmen. Da zwischen den beiden Prozessionen nur wenige Tage lagen, wurden dabei fast identische Prunkwagen oder punten eingesetzt. Die Festsaison hatte bereits gut einen Monat zuvor offiziell mit der Sankt-Georgs-Prozession begonnen, und am 17. August, dem ersten Sonntag nach Mariä Himmelfahrt, würde die Liebfrauenprozession den Sommer auf glanzvolle Weise abschließen.

## Eine Feststadt von Format

•

Die Feiern am Samstag und Sonntag standen im Zeichen der weithin verehrten Reliquie der Heiligen Vorhaut. Dieses Stückchen von Christus zählte – neben der Nabelschnur, Haaren und einigen Milchzähnen – zu den wenigen physischen Überresten, von denen man sagte, dass sie nach seiner Himmelfahrt auf Erden zurückgeblieben seien, war Jesus doch jüdischer Tradition gemäß als Säugling beschnitten worden. (Abb. 21) Weltweit waren ungefähr zwanzig Heilige Vorhäute oder Teile davon zu finden, aber in Antwerpen und Umgebung betrachtete man das lokale Exemplar voller Überzeugung als das einzig echte, obwohl manche Außenstehende das anzuzweifeln wagten. Nachdem gar die populäre Mystikerin Birgitta von Schweden in einer 1391 posthum veröffentlichten Schrift die Authentizität der Antwerpener Vorhaut bestritten hatte, war die Anzahl der Pilger und lokalen Verehrer allerdings eine Zeitlang stark zurückgegangen.

Als Reaktion darauf hatte das Liebfrauenkapitel 1410 ein Sendschreiben verbreitet, in dem die Echtheit der Reliquie bekräftigt und die von ihr gewirkten Wunder hervorgehoben wurden, und 1426 wurde die Bruderschaft »*van der heiliger Besnidenissen ons liefs Heeren Jhesu Christi in onser liever Vrouwen kercke*« gegründet. In dem Schreiben erklärte das Kapitel, dass die Liebfrauenkirche nicht die vollständige Heilige Vorhaut besitze, wohl aber »wichtige Teile« davon. Beide Initiativen hatten Erfolg, und bald wurde die Reliquie verehrt wie nie zuvor. Der Kult hielt sich bis zum Bildersturm des Jahres 1566, in dessen Wirren das Hautstück unwiderruflich verloren gehen sollte. Bis dahin hatte der Ansturm der Pilger während der öffentlichen Zurschaustellungen der Reliquie zu Neujahr (Fest der Beschneidung des Herrn) und am Dreifaltigkeitssonntag (Trinitatis) geradezu etwas Unwirkliches.

Neben den vier weithin berühmten Prozessionen waren die Festtage der Schutzpatrone von Zünften, Gilden und Bruderschaften zuverlässig wiederkehrende Glanzpunkte des Jahres. Jede Stiftung verehrte einen oder mehrere Schutzpatrone, die alle ihren eigenen Gedenktag hatten. Im Wesentlichen verliefen all diese Feiern sehr ähnlich. Nach alter Gewohnheit eröffnete am Vorabend des Festtages eine Prozession oder ein

Patronsfest in der Kathedrale oder Kirche, in der man den fraglichen Heiligen verehrte, die Feierlichkeiten. Das Heiligenbild oder die Reliquie wurde vom Altar genommen und vor dem Chor aufgestellt, wobei die Anwesenden in hierarchischer Reihenfolge Kerzen- oder Geldopfer darbrachten. Mit dem Protokoll war dabei nicht zu spaßen: In der Liebfrauenkirche war es schon aus geringerem Anlass zu Handgreiflichkeiten gekommen. Anschließend zog man in einer Prozession zum Rathaus, wo die Dekane und Älterleute (die Vorsteher der jeweiligen Zunft, Gilde oder Bruderschaft) den Abend mit einem ausgiebigen Trinkgelage fortsetzten. Am nächsten Tag ging das Feiern weiter: Das Heiligenbild oder die Reliquie wurde durch die Straßen getragen und am Nachmittag feierlich an ihren Platz zurückgebracht.

Bei der Ausgestaltung der Prozessionen und sonstigen Aktivitäten gab es allerdings große Unterschiede. Schließlich hatten nicht alle Gilden und Bruderschaften genug Zeit und Geld, um ein großartiges Fest außerhalb der Kirche zu veranstalten. Teilweise beschränkte man sich auf ein gemeinsames Frühstück der Vorsteher am Morgen des Gedenktages, gefolgt von einer kleinen Prozession innerhalb des Kirchengebäudes. Was genau bei einer Prozession umhergetragen wurde, lag in der Verantwortung der jeweiligen Körperschaft, auch wenn sich das mächtige Liebfrauenkapitel ein Vetorecht vorbehielt. Zur Standardausrüstung gehörten ein paar Hundert Prozessionskerzen, an denen das Symbol der Körperschaft baumelte, eine Monstranz mit dem Heiligen Sakrament, Reliquienschreine, Kruzifixe, Heiligenbilder und große Fahnen. Konflikte mit dem Kapitel blieben nicht aus. So kam es 1514 zu Reibereien zwischen dem Kapitel und den Augustinern, weil diese entgegen dem Brauch eine Prozession ohne Kruzifix veranstaltet hatten. Dazu ist anzumerken, dass diese Gruppe von Augustinern aus Nordholland sich erst im Vorjahr in Antwerpen niedergelassen hatte, und zwar ohne die Erlaubnis des Kapitels, weshalb das Verhältnis äußerst angespannt war.

Man durfte grundsätzlich davon ausgehen, dass die reicheren Vereinigungen alles daransetzten, sich und ihrer Stadt Ehre zu machen, und dafür weder Kosten noch Mühen scheuten. Prozessionen mit vielen Teilnehmern boten wie nichts anderes die Gelegenheit, Frömmigkeit und Prestige zur Schau zu stellen. Es wurde sogar erwartet, dass an den vier wichtigsten Prozessionen alle Antwerpener Vereinigungen teilnahmen.

Das bedeutete, dass bis zu hundert Heiligenbilder durch die Straßen getragen wurden: etwa fünfzig Schutzpatrone der Gilden und Zünfte und noch einmal so viele der Bruderschaften. (Abb. 22)

Bei der Liebfrauenprozession wurde die Marienstatue der Liebfrauenkirche von allen abwechselnd getragen. Von der Koepoortbrug bis zur Kipdorppoort trugen sie zwei Fischhändler, zwei Metzger und vier Gerber, wonach sie von zwei Kürschnern, drei Krämern, einem Seiler, einem Tuchscherer und zwei Wollfärbern übernommen wurde, und so weiter, bis sie durch die Hände sämtlicher anwesender Gilden, Zünfte und Bruderschaften gegangen war. In seinem Tagebuch notierte Albrecht Dürer, dass mehr als zwei Stunden vergingen, bis die Liebfrauenprozession des Jahres 1520 an seiner Unterkunft in der Wolstraat vorbeigezogen war. Angesichts der ständig wechselnden Träger der Marienfigur dürfte das eine realistische Schätzung sein.

> Jtem ich hab gesehen am sondag nach unser liben Frauen tag himmelfarth den grosen umbgang von unser lieben Frauen kirchen zu Antorff, do die gancze statt versamelt was von allen handwercken und ständen, ein jeglicher nach sein standt auf das köstlichs beklaidet. [...] Do wahren auch auff Teutsch viel pfeiffer und trummelschlager. Dis ward als hart geplasen und rumorisch gebraucht. [...] Do trugen 20 personen die Jungfrau Maria mit dem herren Jesu, auff das köstlichst geziert, zu ehren gott dem herren. Vnd jn diesen umbgang wahr gar viel freuden reichs dings gemacht und gar köstlich zugericht. [...] Auch ritten in dieser schaar, gar zierlich und auff das köstlichs beklaidet, knaben und mägdlein auff mancherley land sitten zugericht, anstat mancherley heiligen. Dieser umbgang von anfang bis ans end, ehe er für vnser hauß gieng, wehret mehr dann zwo stunde.

## Schöner Schein

•

Nicht nur Heiligenbilder, Fahnen und Reliquien verliehen den zahlreichen Umzügen Glanz, sondern auch die regelmäßig mitgeführten *punten* verschiedenster Art. Ein *punt* konnte sowohl ein Prunkwagen sein als auch die bildliche Darstellung einer Szene durch Skulpturen oder lebende Personen – oder beides gleichzeitig – auf einer tragbaren kleinen Bühne. Ein *punt* konnte sogar ein kurzes Schauspiel sein, das auf einem Wagen aufgeführt wurde, der in diesem Fall einen festen Standplatz neben dem Prozessionsweg hatte (ein sogenanntes Wagenspiel), oder auch ein Gemälde mit erklärendem Gedicht, das beispielsweise auf einem Prunkwagen mitgeführt wurde. In jeder Form waren *punten* ein fester Bestandteil der Prozessionskultur.

Schon seit ihrer Einführung im Jahr 1398 wurde die Sakramentsprozession durch allegorische Darstellungen und Wagenspiele bereichert, und hundert Jahre später gehörten *punten* mit Sicherheit zu allen vier großen Prozessionen. Die ältesten Antwerpener *punten* nahmen vor allem auf das Leben Christi und den blühenden Seehandel Bezug. Religiöse Szenen wie Mariä Verkündigung, die Geburt Jesu und die Anbetung der heiligen drei Könige wurden am Rand des Prozessionsweges aufgestellt oder mitgeführt. Dazu gesellten sich Darstellungen von Neptun, Elefanten, dem Riesen Druoon Antigoon – der nach der Gründungslegende von Antwerpen einst die Schiffer auf der Schelde tyrannisiert hatte – und Handelsschiffen.

Im Lauf der Jahre wurden die alten *punten* um allerhand neue Szenen ergänzt. Sie konnten sich auf aktuelle politische Ereignisse, lokale Themen, religiöse Trends oder auch die Leidensgeschichte Christi beziehen. Wie Predigten waren Prozessionen ein höchst wirksames Mittel der Kommunikation mit breiten Schichten der Bevölkerung. Dies kommt auch in dem beliebten Mysterienspiel *Mariken van Nieumeghen* zum Ausdruck, das wahrscheinlich erstmals 1515 in Antwerpen im Druck erschien. Nach sieben Jahren sündigen Lebens in Antwerpen kommt die Hauptfigur Emken, wie Mariken sich auf Geheiß des Teufels nennen musste, zur Besinnung, als sie in Nimwegen während der Marienprozession ein Wagenspiel sieht. Von Reue überwältigt ruft sie aus, das Hören dieses Wagenspiels wärme ihr Blut, und zwar besser als so manche Predigt. So viel ist in dem Spiel von Reue und Vergebung die Rede, dass sie von plötzlicher Angst um ihr Seelenheil ergriffen wird.

Bei den Prozessionen waren Religion und Politik eng miteinander verknüpft. Wenn die Einwohner Antwerpens durch eine Prozession, bei der biblische Themen den Ton angaben, Gott für einen militärischen Erfolg dankten, konnte von einer strikten Trennung zwischen Weltlichem und

Geistlichem kaum die Rede sein. Wurden bei einer politisch gefärbten Prozession zum Beispiel Wohlergehen und Glück für den Fürsten herabbeschworen, war das Umhertragen sakraler Gegenstände gewissermaßen die Form, in der einer bestimmten politischen Botschaft Ausdruck gegeben wurde. Das ging meistens Hand in Hand mit eigens zu dieser Gelegenheit gehaltenen Predigten und Messfeiern. Auf diese Weise konnten fürstliche Entscheidungen nicht nur eine göttliche Legitimation erlangen, sondern die Prozession sollte möglichst auch ein Gefühl der Verbundenheit zwischen dem Fürsten und den Bürgern herstellen, die »für die gute Sache« den Umzug organisierten, daran teilnahmen oder wenigstens zuschauten. Bei den feierlichen Einzügen eines Herrschers (*joyeuses entrées*), bei denen die Botschaft an den Fürsten ganz und gar im Vordergrund stand, setzten die städtischen Organisatoren auf eine italianisierende Bildsprache, die auf die Macht der römischen Kaiser anspielte, eine Macht, die ihr neuer Fürst im besten Fall noch übertraf.

Abhängig von Zweck und Prestige der jeweiligen Prozession traf man eine Auswahl aus den existierenden *punten* und entwarf gegebenenfalls neue dazu. Die Prunkwagen, Tableaux und Triumphbogen, die bei Anwesenheit des Landesfürsten oder anderer weltlicher Machthaber eingesetzt wurden, waren Elemente eines politischen Balztanzes an der schmalen Grenze zwischen der Demonstration städtischer Macht und der Verherrlichung des anwesenden Herrschers. In solchen Momenten kommunizierte man auf andere Weise als an Festtagen, an denen kein Fürst oder sonstiger weltlicher Würdenträger anwesend war. Bei feierlichen Einzügen des Herrschers wurden vor allem *tableaux vivants* gezeigt, statische Darstellungen von Szenen durch lebende Personen, die unmittelbar verständlich für die Zuschauer waren. So konnten die städtischen Veranstalter durch aufeinanderfolgende Tableaus eine vollständige Geschichte erzählen, ohne den Umzug durch gesprochene Szenen unterbrechen zu müssen. Es war allerdings eine kostspielige Angelegenheit und deshalb bei bescheideneren Umzügen eher die Ausnahme.

Die Entscheidung für ein religiöses, mythologisches oder allegorisches Tableau ging immer von den Auftraggebern aus. Je nachdem, um welche Art von Prozession oder Umzug es sich handelte und ob weltliche Würdenträger anwesend waren oder nicht, wurde die Auswahl von einer religiösen Körperschaft, etwa einer Bruderschaft, von einer Theatergesellschaft oder von einem vom Magistrat bestellten »Regisseur« getroffen. Während des Festeinzugs des neuen Herzogs Maximilian (des späteren Kaisers Maximilian I.) im Jahr 1478 waren zum Beispiel die Zünfte für die Stellagen mit den Tableaus verantwortlich. So hatten sie die Gelegenheit, gegenüber dem neuen Landesfürsten ihre Beschwerden und Wünsche auf ziemlich direkte Weise auszudrücken. Die Fischhändler und Metzger, deren Aufstand im Vorjahr unterdrückt worden war, zeigten die Ermordung Julius Caesars, eine kaum verblümte Warnung oder Drohung.

## Zur Belehrung und Unterhaltung

Schon seit dem Aufkommen der theatralischen Sakramentsprozessionen Anfang des 13. Jahrhunderts war gerade dieses Gepränge eine ständige Quelle des Ärgers. Seit 1398 wurden auch in Antwerpen Jahr für Jahr zahllose kostbare Skulpturen und Reliquien aus den Kirchen geholt, in denen sie sonst ruhten, um in ihrer ganzen Pracht auf dem von Zuschauern gesäumten Prozessionsweg zur Schau gestellt zu werden. Irgendwann trugen die Prozessionsteilnehmer eine solche Menge an sakralem Zierrat und Heiligenbildern umher, dass bei manchen Geistlichen die Befürchtung aufkam, das Allerheiligste, das Sakrament in der Monstranz, werde dadurch in den Hintergrund gedrängt. Die Klagen über exzessives äußerliches Gepränge waren Mitte des 16. Jahrhunderts ein gefundenes Fressen für die Reformatoren.

Bis dahin versuchte der Magistrat mit wechselndem Erfolg, den ehrwürdigen Charakter der Prozessionen zu bewahren. Im Jahr 1488 verfügte er, dass mindestens ein Bürger aus jedem Haus mit einer brennenden Kerze an den wichtigsten Prozessionen teilzunehmen habe. Spätestens seit 1494 mussten am Prozessionsweg gelegene Bordelle geschlossen bleiben, und von 1513 an hatten unehrbare Personen, also Prostituierte, sogar aus Stadtvierteln fortzuziehen, die von Prozessionen durchquert wurden. Während einer dreitägigen sogenannten Andachtsprozession im Jahr 1510 wollte der Magistrat allen Gesang und Tanz nach den Rosenkranzgebeten verbieten. Bei der Sakramentsprozession von 1529 scheinen einige Teilnehmer außer Kontrolle geraten zu sein; der

Magistrat berichtete, dass »einige junge Kerzenträger, die Unsern Herrn nicht fürchten, einander beworfen haben, sich ungehörig benommen und gelärmt haben, wodurch die guten Leute in ihrer Andacht gestört wurden«. Man müsse künftig dafür sorgen, dass die Teilnehmer »gesittet und in der Furcht des Herrn« seien. Doch es half nichts. Fünfzehn Jahre später verfügte der Magistrat, die Sakramentsprozession solle fortan als reine Andachtsprozession stattfinden, »da bei diesem Umgang mit Wagen, Kindern, Pferden und anderem Spektakel oftmals viele sittenlose Spiele und ähnliche Torheiten veranstaltet wurden, die sehr ungehörig sind und dabei mehr zu Eitelkeit führen als zu Andacht und Verehrung des Heiligen Sakraments«.

Auch diese Klagen und Verfügungen waren im Grunde so alt wie die Prozessionen selbst. Ob in den Niederlanden, in den deutschen Landen oder in Österreich, überall erließen die örtlichen Obrigkeiten während des Spätmittelalters ähnliche Gebote. Schließlich war es auch naiv zu glauben, dass man die gesamte Einwohnerschaft einer Stadt zusammenbringen könnte, ohne dass dabei einige Unruhe entstand. Eine große Menschenmenge, von so viel Spektakel in Erregung versetzt, bedeutete immer auch Ausgelassenheit, Trunkenheit und Zügellosigkeit; Menschen bleiben nun einmal Menschen. Noch zu Beginn des 17. Jahrhunderts wurde gegen die Gewohnheit gewettert, sich bei Prozessionen volllaufen zu lassen. So klagte der Kanoniker Breugel über die heillose Unordnung bei Prozessionen, weil alle wie vernunftlose Tiere kreuz und quer durcheinanderliefen, während die Geistlichen nur mühsam vorankämen.

Dieses Zügellose war kein Zufall, denn Prozessionen bildeten häufig den Abschluss oder Höhepunkt von Jahrmärkten, also von Veranstaltungen, die selbst teilweise oder ganz im Zeichen des Vergnügens standen. Das galt auch für die Sakramentsprozession und vor allem die Prozession anlässlich der Beschneidung Christi, die beide mitten in die turbulente Zeit des Pfingstmarktes fielen. Dieser berühmte Jahrmarkt hielt ganz Antwerpen in Atem; allein um seinetwillen reisten Tausende und Abertausende von Kauflustigen aus ganz Europa in die Scheldestadt. Vorsorglich mussten Herbergen, Schenken und Läden am Tag einer Prozession bis zu deren Ende geschlossen bleiben. Dass all diese Ge- und Verbote immer aufs Neue in Anordnungen des Magistrats auftauchen, lässt allerdings vermuten, dass sie kaum beachtet wurden.

Ein weiterer heikler Punkt: Was für den einen eine große Ehre war, bedeutete für den anderen finanziellen Verlust, weil nicht gearbeitet werden konnte. Dieses Problem ergab sich vor allem durch die zahlreichen neuen Prozessionen: Besonders Bittgänge, die regelmäßig, teilweise sogar wöchentlich veranstaltet wurden, um während Kriegen, Schlechtwetterperioden oder Pestepidemien göttlichen Beistand zu erflehen, konnten so manchen in Schwierigkeiten bringen, denn der Magistrat verpflichtete ja mindestens eine Person aus jedem Haus zur Teilnahme.

Seit der Mitte des 15. Jahrhunderts gebrauchten die Herzöge von Burgund Prozessionen immer häufiger als politisches Instrument, unter anderem, um ihre weltliche Macht und ihre politischen Entscheidungen mit der Aura sakraler Legitimität zu umgeben. Während der Herrschaft Karls V. wurden in Antwerpen pro Jahr durchschnittlich acht bis neun Prozessionen veranstaltet, allein zu dem Zweck, das familiäre oder staatsmännische Glück und Geschick des Kaisers zu erflehen oder seinen Erfolg zu feiern. Die Wirksamkeit einer Prozession wurde auch daran gemessen, wie häufig sie abgehalten wurde. Im Februar 1532 verfügte Maria von Ungarn, Karls fünf Jahre jüngere Schwester und Statthalterin der Niederlande, dass drei Monate lang jeden Sonntag eine Prozession mit dem allerheiligsten Sakrament zu veranstalten sei, um Glück für den Kaiser zu erbitten. Diese Frist verlängerte sie dann noch um zwei weitere Monate.

Innerhalb der Gilden, Zünfte und Bruderschaften reagierte man immer wieder mit Unmut auf die Verpflichtung zur Teilnahme. Im 15. und 16. Jahrhundert mussten die Vereinigungen sich ständig mit Beschwerden über die Abwesenheit von Mitgliedern während der Prozessionen herumschlagen. Deshalb legten einige in ihren Statuten genau fest, wer an welchen Prozessionen teilzunehmen hatte, um möglichem Streit vorzubeugen. Außerdem wurden bei den Prozessionen Bleimünzen verteilt, um die Anwesenheit von Mitgliedern kontrollieren zu können. Eine schwache Teilnahme konnte in den Augen der obrigkeitstreueren Mitglieder Gesichtsverlust bedeuten. Zum Beispiel klagte 1539 die Brüsseler Kupferschmiedezunft, dass »zu ihrer großen Schande« nur noch die Vorsteher der Zunft an den Prozessionen und Paraden teilnahmen.

Die Pflicht zur Teilnahme an einer Prozession konnte sogar Bestandteil einer Strafe sein. Im Jahr 1514 verkündete der Antwerpener

Magistrat, dass verheiratete Frauen, die in einem Bordell ertappt wurden, zusätzlich zu einer Geld- und Kerkerstrafe an drei Sonntagen weit vorn in einer Prozession mitzugehen hatten. Büßer und Büßerinnen trugen grundsätzlich ein weißes Gewand und gingen barfuß, sodass sie schon von Weitem erkennbar waren. Der Antwerpener Künstler Peeter (oder Pieter) Baltens verewigte in seinem Bild *Boerenkermis met een opvoering* (Dorfkirmes mit einer Aufführung, um 1570) zwei Büßer, die in einer Prozession unmittelbar hinter den Heiligenbildern mitlaufen. Was es bedeutete, ein Familienmitglied, einen Geschäftspartner oder aber einen Rivalen öffentlich um Vergebung bitten zu sehen, kann man sich vorstellen.

## Blut, Schweiß und schwere Parfüms

•

Die Menschenmassen, die besonders zu Prozessionen und Jahrmärkten zusammenkamen, trugen höchst unvorteilhaft zur Geruchspalette der schlecht gelüfteten Liebfrauenkirche bei. Viele Pilger hatten, wenn sie in Antwerpen ankamen, tage-, wochen-, ja monatelange Reisen hinter sich, teilweise lebensgefährliche Reisen, zu Fuß oder zu Pferd. Dass nicht jeder Pilger frisch duftete, versteht sich von selbst.

Die Scheldestadt war übrigens nicht unbedingt das Endziel ihrer Reise, auch Pilger auf dem Weg zum bekanntesten Wallfahrtsort, dem spanischen Santiago de Compostela, machten hier Station. In etlichen Straßen Antwerpens weisen noch heute kupferne Muscheln den Weg nach Santiago. Die Spanier hatten für die Wallfahrer sogar ein spezielles Ritual eingeführt: Einige Meilen vor Santiago mussten sich die übel riechenden Pilger erst einmal im dortigen Fluss waschen und frische Kleidung anziehen. Dank dieses Rituals, *lava mentula* genannt, waren sie spirituell gereinigt, bevor sie die Kathedrale betraten, mindestens ebenso wichtig war aber die körperliche Reinigung. Auch an anderen Wallfahrtsorten nahmen die Klagen über stinkende Pilger kein Ende. Zum Beispiel klagte der italienische Geistliche Antonio de Beatis in seinem Reisetagebuch über die enorme Geruchsbelästigung, die mit der Ankunft von »Zigeunern« am Siebenbrüdertag, dem 10. Juli, in Aachen einherging; noch im weiten Umkreis um die Kirche habe es gestunken.

Abgesehen von seiner symbolischen Funktion diente Weihrauch als Desinfektionsmittel und Schutz gegen den ranzigen Geruch von Kirchenbesuchern. Penetranter Körpergeruch war dabei nur eins von mehreren Problemen, denn hilfesuchende Wallfahrer litten auch unter stinkenden Wunden, Entzündungen und eiternden Abszessen. Außerdem trugen die Ingredienzen mancher angeblich heilkräftiger Öle, selbst hergestellter Salben und Balsame und all der Kräutermischungen und Teigkügelchen für Bisamäpfel zu dem schauerlichen Aroma der Menschenmassen bei. In der verzweifelten Suche nach Heilung oder Schmerzlinderung setzten Kranke ihre Hoffnung in die abwegigsten Rezepte. »Geheimmittel« wie Fledermauskötel, Ochsenmist, menschlicher Urin und Kot, Smegma, faulendes Sperma und Kinderblut wurden noch bis an die Schwelle zum 18. Jahrhundert auf so manchen leidenden Körper geschmiert.

Um die Körperhygiene Antwerpener Bürger war es dank der Badekultur der südlichen Niederlande eigentlich gut bestellt. Über diese Badepraxis runzelten nicht wenige Ausländer die Stirn, vor allem weil beide Geschlechter gemeinsam badeten. Der andalusische Edelmann Pero Tafur notierte 1438 missbilligend, das gemeinsame Baden von Männern und Frauen werde in den Niederlanden als ebenso normal betrachtet wie in seiner Heimat der Kirchenbesuch. Dass er nicht ganz unrecht hatte, zeigen die Klagen von Einwohnern Brabants über Badehäuser, die sich zu Bordellen entwickelt hatten. Doch abgesehen von den amourösen Möglichkeiten, die ein Badehaus bot, galt das Baden im geeigneten Moment vor allem als wichtiges Mittel zur Erhaltung des Gleichgewichts der Körpersäfte.

Wann abhängig vom Stand der Gestirne der beste Zeitpunkt für ein Bad war, konnte man in Almanachen und Rezeptbüchern für den Hausgebrauch nachlesen. Das populäre spätmittelalterliche Traktat *Tregement der ghesontheyt* widmete dem richtigen Wann und Wie (Temperatur, Dauer, hinzugefügte Kräuter) des Badens ein ganzes Kapitel. Nach damals verbreiteter Auffassung entfernte das warme Wasser nämlich nicht nur die äußere Schicht aus Schmutz und Schweiß, sondern zog auch überschüssige Körpersäfte zur Haut, wo sie über die Poren ausgetrieben wurden. Es stand allerdings auch einiges auf dem Spiel, denn wenn Badende die Regeln missachteten, gefährdeten sie ihre Gesundheit: »Das Bad, ungeziemend gebraucht, kann dem Menschen viel Last bringen, nämlich dass bei jenem, der lange Stunden darin verweilt, das Herz schwach wird.«

Zum Glück drohten solche Gefahren nicht bei der Säuberung einzelner Körperteile, weshalb das Waschen eine vergleichsweise routinemäßige Sache war. Fußsohlen, Hände oder Mund sollten »häufig« gewaschen werden, der Kopf mindestens alle zwanzig Tage, höchstens einmal wöchentlich. Füße und Hände wurden nicht nur des Geruchs wegen gewaschen, sondern auch, um Sehvermögen, Gehör und Gedächtnis zu erhalten. Ein erstmals 1484 erschienenes und oft nachgedrucktes Antwerpener Pesttraktat empfahl sogar das regelmäßige Waschen der Hände mit Essig, um sich so gegen gefährliche Pestluft zu schützen. Kurz und gut, Waschen war eine Kunst.

Häufig verwendete Ingredienzen für wohlriechende Seifen, unter anderem gegen penetranten Achselgeruch, waren Limone und Rosenwasser. Übler Mundgeruch, verursacht durch Zahnfäulnis oder einseitige Ernährung, wurde mit einer Mischung aus Rosmarin, Gewürznelke, Zimt, Muskatnuss und Honig bekämpft. Ein anderes Rezept, »die Gesundheit und den guten Geruch der Zähne zu erhalten«, empfahl, zweimal im Monat den Mund mit einer Mischung aus Wein und Bergminzenwurzel auszuspülen. Um ein gelbliches oder fauliges Gebiss weißer zu machen, rieb man die Zähne mit Brunnenwasser ein, worin man Salpeter und Alaun hatte ziehen lassen, oder mit einer Mischung aus zu Pulver zerstoßener Koralle, Mehrjährigem Bertram (einer krautigen Pflanze aus der Korbblütler-Familie, der Kamille sehr ähnlich), Mastix (bittersüßem Harz vom Mastixbaum), Macis (dem Samenmantel der Muskatnuss, milder im Geschmack als die Muskatnuss selbst) und Zucker. Für ihre Mundhygiene griffen die Bürger hauptsächlich auf diese aromatischen Mischungen zurück. Zungenschaber und Zahnstocher hielten erst in den Zwanziger- und Dreißigerjahren des 16. Jahrhundert in den wohlhabenden Antwerpener Haushalten Einzug, Ohrlöffel sogar erst ab 1585.

So oder so bemühte sich jeder Mensch mit einem Mindestmaß an Selbstachtung, keinen üblen Geruch auszuströmen. Schlechter Atem galt nicht nur als krankheitserregend, sondern auch als Zeichen von Armut, und ein solches soziales Stigma musste unbedingt vermieden werden.

Außerdem hatte die Kleidung einen beträchtlichen Anteil am jeweiligen Körpergeruch. Das ist gar nicht so verwunderlich, wenn man bedenkt, dass die Reibung sauberer Kleidung auf der Haut als sichere Alternative zum Baden galt: Wenn man frische Kleidung angezogen hatte, brauchte man eine Woche nicht zu baden. Das bedeutete im Umkehrschluss, dass die Kleidung nach einiger Zeit einen durchdringenden Geruch ausströmte, wobei die Mittel, mit denen Hemden, Beinlinge und andere Kleidungsstücke gepflegt wurden, zu dem besonderen Aroma noch beitrugen; Mischungen aus Kräutern, Holzasche, Urin und sogar Mist waren bewährte Reinigungsmittel. Nicht alle waren glücklich darüber, wie die Klage aus William Harrisons 1577 gedruckter *Description of England* zeigt. Des Autors Kleidungsstücke verbreiteten »einen solchen Geruch, dass ich es nicht aushalte, sie am Körper zu tragen«.

Zu all diesen Gerüchen kamen noch die Düfte der starken Parfüms, mit denen Männer wie Frauen ihre Kleidung durchtränkten. Diese Modeerscheinung griff spätestens seit dem 16. Jahrhundert immer weiter um sich, als die Reichen anfingen, praktisch ihren gesamten Besitz einschließlich Schoßhündchen und Schreibgeräten zu parfümieren. Die Kritik daran ließ nicht lange auf sich warten. In den Augen von Reformbefürwortern führte all dies nur zu Eitelkeit und Zügellosigkeit. Ein Minderbruder aus Ypern schimpfte, die Kleidung mancher Leute sei »so voll riechender Substanzen, und der Körper mit Damastwasser [süß duftendem Wasser] und noch viel kostbareren Substanzen so stark riechend [...] dass man dies in der Luft in den Straßen bis wer weiß wohin wahrnimmt«. Auch Ärzte rieten davon ab, den natürlichen Körpergeruch vollständig zu beseitigen oder zu überdecken, da dieser wichtig für die Anziehung des anderen Geschlechts sei. Ein starker Körpergeruch konnte nicht nur schädliche Luft fernhalten, sondern galt bei Männern auch als Zeichen von Virilität.

Vermutlich waren Kirchen nicht nur während Pestepidemien »wie ein Riechfläschchen«.

# 5 Selig machende Gefühlsregungen

## Ein Montagabend im Jahr 1498

Man musste sich durch eine dichte Menschenmenge kämpfen, um zu der Onze-Lieve-Vrouw op 't Stokske genannten Marienfigur zu gelangen. Diese Maria thronte bei einem Nebenaltar der Liebfrauenkirche auf einem Stock, dem sie ihren Namen verdankte. Ungefähr um 1473 hatte sie plötzlich angefangen, Wunder zu wirken, rein zufällig genau zu jener Zeit, als im nicht weit entfernten Lier die Sankt-Gummarus-Statue ihre Wunderkräfte offenbarte. Seitdem zogen immer mehr hoffnungslose und hoffnungsvolle Gläubige zur Liebfrauenkirche, um ein kleines Mirakel für sich selbst oder einen leidenden Nächsten zu erbitten. Die riesige Menge an Votivgaben rings um das Marienbild ließ keinen Zweifel daran, dass die Gebete tatsächlich erhört wurden.

## Ein Wunderbild ist geboren

Die Liebfrauenkirche beherbergte nicht weniger als zwei Marienfiguren. Die Muttergottes, die bei der Liebfrauenprozession von Träger zu Träger weitergegeben wurde, stand während der übrigen Zeit in der üppig ausgestatteten Marienkapelle, in der jeden Abend das Marienlob gesungen wurde. Es ist denkbar, dass die Verehrung des schlichten wundertätigen Standbildes eine Reaktion auf den Glanz der offiziellen Marienfigur in der Marienkapelle war. Eine ähnliche Situation gab es in Bergen op Zoom, wo *Onze-Lieve-Vrouw op 't Stexken* vor allem bei Binnenschiffern und Seeleuten beliebt war.

*Onze-Lieve-Vrouw op 't Stokske* wurde schnell zum lukrativsten Kultgegenstand ganz Antwerpens. Als die Maria auf dem Stock im Buchhaltungsjahr 1473/74 erstmals in den Rechnungen der Kathedrale auftauchte, wurde dort gleich die außergewöhnliche Einnahme von fünfzig Schillingen im dazugehörigen Opferstock genannt, ein Betrag, für den ein Maurergehilfe 129 Tage arbeiten musste. Einige Jahre, nachdem die ersten Spenden in den Rechnungen aufgeführt worden waren, zog das Marienbild schon so viele Schaulustige an, dass ein eisernes Gitter errichtet werden musste, um sie auf Abstand zu halten. Ein »silbernes Bild von Onze-Lieve-Vrouw op 't Stokske, mit Handgriffen« wurde sogar mit einer silbernen Kette gesichert, damit diebische Hände keine Chance hatten. Gemeint war hier möglicherweise eine sogenannte Paxtafel oder Kusstafel, eine Platte mit Handgriff auf der Rückseite und mit einer religiösen Darstellung, in diesem Fall Marias, auf der Vorderseite, die Gläubige gegen eine kleine Spende küssen durften.

Weil man ihr nachsagte, Glück und Heilung zu bringen, lockte die Marienfigur scharenweise Kranke, Büßer und andere Hilfesuchende an. Das Aufkommen an Opfergaben erreichte in den 1490er-Jahren seinen Höhepunkt und ging seit den frühen 1520er-Jahren wieder zurück. Als Andenken kauften dankbare Wallfahrer nicht selten ein Andachtsbild des oder der jeweiligen Heiligen. Auch von *Onze-Lieve-Vrouw op 't Stokske* kursierten solche Billigsouvenirs. Ein Exemplar eines undatierten Kupferstichs wird in der Bibliothek der Ruusbroecgenootschap aufbewahrt. (Abb. 25) Die im Vordergrund auf dem Boden liegenden Krücken sind stille Zeugen der heilenden Kraft des Marienbildes. Wallfahrer ließen an wunderkräftigen Orten allerlei Gegenstände zurück als Ausdruck des Danks für eine Heilung oder die Rettung aus einer Notlage oder als Ausdruck des Wunsches nach Heilung oder Rettung – ein weit verbreitetes, typisch christliches Phänomen. Der dargebrachte Gegenstand, Votivgabe oder Exvoto genannt, verwies immer auf die jeweilige Krankheit,

Notlage oder Gefahr: eine kleine Kuh aus Wachs auf krankes Vieh, ein hölzernes Schiffchen auf eine gefährliche Reise, für die himmlischer Schutz erbeten wurde, ein Metallplättchen mit eingraviertem Auge auf eine Augenkrankheit. Kirchlicherseits ließ man diese Gaben gern in der Nähe des Wunderbilds aufhängen, waren sie doch die beste Reklame.

## Hier wacht eine Frau

•

Bei Altären mit wundertätigen Bildern oder Reliquien wurden oft kleine Verkaufstische und Kollektenschalen aufgestellt. Auf dem Gemälde *Het biddend echtpaar de Baenst in de kloosterkapel* (Das betende Ehepaar de Baenst in der Klosterkapelle), ehemals Teil eines Altarbilds aus den Jahren 1470–1483, das in der Sankt-Ursula-Kapelle in Brügge hing, liegen auf dem Altar etwa ein Dutzend Münzen bei einem Turmreliquiar. (Abb. 23) Ein Geistlicher liest aus einem Gebetbuch vor und ermuntert die Gläubigen, ihr Herz und ihren Geldbeutel zu öffnen. Im Hintergrund verkauft eine Frau an einem Tisch Kerzen an eine gerade eingetretene Kirchenbesucherin, über ihr sind an einem Stab Votivgaben aufgehängt.

All das gab es auch in der Liebfrauenkirche von Antwerpen. Sobald *Onze-Lieve-Vrouw op 't Stokske* Wunder zu wirken begann, wurde eine gewisse Katlijne angestellt, die sich um die Votivgaben zu kümmern hatte. Wahrscheinlich trat sie auch als Zeugin auf, wenn sich ein Mirakel ereignete. In den Rechnungen finden sich außerdem Zahlungen an die »Kreuzfrau« und die »Jungfrau Marie im Heiligen Grab«. Die beiden wachten bei einer Reliquie und nahmen Opfergaben in Empfang: die Kreuzfrau bei einem Splitter des Heiligen Kreuzes, einem anderen wichtigen Relikt aus dem Leben Jesu, und Marie in der Kapelle des Heiligen Grabes. In dieser in den Jahren 1494–1499 erst im Bau befindlichen Seitenkapelle sollte von 1513 an die Heilige Vorhaut ihren Platz finden. Die sogenannte Weinfrau wiederum durfte an ihrem Verkaufstisch die Kapläne, die an den zahlreichen Nebenaltären tägliche oder wöchentliche Messen zu lesen hatten, mit Kerzen, Wein und Brot versorgen. Auch Digne, Neesken, Moyke und Lijnke gehörten zum festen Kirchenpersonal, das bei hohem Besucheraufkommen die offenen Kollektenschalen im Auge behielt.

All diese Frauen waren außerdem für das Sauberhalten und den Schmuck der Altäre und Kapellen und die Ausbesserung von Vorhängen, Wand- und Altarbehängen zuständig und halfen bei besonderen Anlässen wie dem Frühstück an den Prozessionstagen. Dass Frauen in einer Kathedrale so viele Aufgaben erfüllten, war nicht überall selbstverständlich. Der italienische Geistliche Antonio de Beatis äußerte sich in seinem Reisetagebuch missbilligend darüber, dass Frauen in den südlichen Niederlanden für Altäre und Reliquien verantwortlich waren. Immerhin entzückte ihn ihre große Frömmigkeit. Dass er mit diesem Eindruck vermutlich nicht falsch lag, beweist zum Beispiel das Testament der erwähnten Neesken, die ihren gesamten Besitz der Kirchbauhütte hinterließ, also der Institution, die sich um den materiellen Zustand der Liebfrauenkirche kümmerte.

## Sie hinterließ einen tiefen Eindruck

Doch auf welche Weise wirkte ein solches Wunderbild eigentlich? Zwei Erkenntnisse sind entscheidend, um die Vorstellungswelt der spätmittelalterlichen Antwerpener zu verstehen. Erstens betrachteten sie Körper und Geist als ein Ganzes. War der Körper krank, wirkte sich das unweigerlich auf den Geist aus, und umgekehrt. Zweitens sahen sie den Körper – und somit auch den Geist – gewissermaßen als ein mit der umgebenden Welt kommunizierendes Gefäß. Alles, was man sah, roch, hörte, fühlte oder schmeckte, beeinflusste die Seele und hatte deshalb Folgen für das Seelenheil. Das war natürlich von größter Bedeutung für jeden Gläubigen, der keine kleine Ewigkeit im Fegefeuer verbringen wollte.

Tausende von Poren und die Körperöffnungen wie Mund, Augen, Ohren und Nasenlöcher waren also Tore zwischen dem Inneren des Körpers und der Außenwelt. Über diese Kanäle drangen gute und schlechte Substanzen ins Innere und wurden schädliche Substanzen oder überschüssige Säfte durch Aderlässe oder ähnliche Eingriffe möglichst entfernt. Doch nicht nur Materielles wie beispielsweise Miasmen – die krank machenden, durch Fäulnis organischen Materials entstehenden Dämpfe – bahnte sich seinen Weg zu den inneren Organen, auch starke Emotionen wie Angst, Traurigkeit oder Ekstase drangen so zum Kern des Menschen vor.

Wie das nun genau vor sich ging, war Stoff für endlose Dispute in intellektuellen Kreisen. Und die Kenntnis dieser komplexen Theorien blieb auf ebendiese Gelehrten beschränkt und sickerte nicht zur Ebene der populären Almanache und Haushaltsratgeber durch.

In einem universitären Handbuch von 1496, das für Studenten der Medizin bestimmt war, findet sich eine vielleicht von einem eifrigen Studenten angefertigte Zeichnung, die schematisch die Funktionsweise der Sinne zusammenfasst. (Abb. 24) Für die verschiedenen Wahrnehmungen stehen eine Glocke (Hören), ein runder Spiegel (Sehen), ein blühender Zweig (Riechen), ein Kelch (Schmecken) und ein Feuer (Fühlen). Eine zubeißende Schlange mit dem Text *interiores tactus* steht für die inneren Sinne. Die Wahrnehmung vollzieht sich über die fünf Sinne, die auch als die äußeren Sinne oder »Sinne des Leibes« bekannt waren. Die Stufen, die bei der mentalen Verarbeitung der Sinnesreize durchlaufen werden, bezeichnete man entsprechend als innere Sinne. Zuerst passieren die Reize demnach den Verstand, der alle Wahrnehmungen (Farbe, Klang, Temperatur) in einen logischen Zusammenhang bringt. Anschließend werden die entstandenen mentalen Bilder für kurze Zeit gespeichert (*imaginatio*), und die Gefühle oder Leidenschaften nehmen Form an (*affectio*). Die Bilder hinterlassen dann einen Eindruck im Gehirn, wodurch sie für längere Zeit im Gedächtnis gespeichert werden (*memoria*). Im letzten Schritt wird das Ergebnis der Seele präsentiert. Anders als bei den Tieren spielen in diesem Verarbeitungsprozess auch der Intellekt und der freie Wille eine Rolle.

Der größte Unterschied zur heutigen Vorstellung von sinnlicher Wahrnehmung besteht in der Intentionalität oder Wirkungsmacht des wahrgenommenen Gegenstandes. Im Gegensatz zur modernen Auffassung war zum Beispiel eine Statue oder eine Tafelmalerei in der mittelalterlichen Vorstellung nicht das statische Abbild einer passiven Wirklichkeit, sondern konnte aus sich heraus Einfluss auf Körper und Seele ausüben.

Die vorgestellte Wirkung des Gegenstandes schimmert in zahlreichen Ausdrücken durch. Besonders gängig war der bildhafte Vergleich des Einflusses sinnlicher Wahrnehmungen auf Seele und Körper mit einem Siegelstempel, der in weiches Wachs gedrückt wird. Noch in der heutigen Sprache finden sich Spuren davon in Gestalt von Redewendungen wie »etwas dem Gedächtnis einprägen« oder »jemandem oder etwas seinen Stempel aufdrücken«. Anders als heute verwendeten Menschen des Mittelalters solche Ausdrücke eher im Wortsinn.

Ein Gegenstand rief im Gehirn nicht nur ein Bild hervor, das auf den äußeren Merkmalen des wahrgenommenen Objekts beruhte, es beeinflusste den Wahrnehmenden auch durch die ihm innewohnenden Eigenschaften, gute wie böse. Eine der Volksweisheiten aus den *Evangelien vanden spinrocke* (Die Evangelien des Spinnrockens), einem provokanten Bestseller aus dem Jahr 1480 über die abergläubischen Vorstellungen alter Frauen, verlangt zum Beispiel, dass der männliche Säugling bei der Taufzeremonie ein Schwert berühren muss, um sein Leben lang mutig zu sein. Physischer Kontakt mit dem Henker wiederum wurde immer und überall vermieden. Auch in der Antwerpener Liebfrauenkirche musste er von allen übrigen getrennt am Gottesdienst teilnehmen, meist hinten beim Glockenturm, und die Kommunion empfing er grundsätzlich als Letzter. Die soziale Isolation hing außer mit seinem Hauptberuf auch mit einem unehrenhaften Nebenverdienst zusammen, denn der Henker trieb Geld bei Prostituierten und Zuhältern ein. Man erwartete von ihm, dass er bei seiner Arbeit so oft irgend möglich ein neues Paar Handschuhe anzog, um die Übertragung bösartiger Einflüsse von der Leiche eines Missetäters auf zufällig berührte Passanten möglichst zu vermeiden.

Aus alledem folgt, dass schon die sinnliche Wahrnehmung eines heiligen Gegenstandes oder einer religiösen Handlung – das Berühren einer wundertätigen Statue, das Hören von Gebeten, das Riechen von Weihrauch, das Betrachten des allerheiligsten Sakraments und so weiter – in spiritueller Hinsicht von Vorteil war. Und je frömmer das Leben, desto kürzer die Zeit, die man im Fegefeuer würde verbringen müssen. Wenn also jemand ein Blatt Papier aß, das den Heiligsten Namen Jesu abbildete, hatte das nichts mit magischem Aberglauben zu tun, denn nach der allgemein akzeptierten Vorstellung von der Funktionsweise des Körpers und der Sinne wurden Körper und Seele durch den Kontakt mit jedwedem Gegenstand beeinflusst – und je nach den Eigenschaften dieses

Gegenstandes geheilt. Selbst wenn man die religiösen Rituale nicht genau verstand, minderte das ihre heilsame spirituelle Wirkung nicht; die rituelle Handlung und ihr Erleben waren wichtiger als das Erfassen durch den Intellekt.

Diese Verflechtung von Körper, Seele und Empfindung fand sich auch in der Naturphilosophie. Im Spätmittelalter war weiterhin die Naturphilosophie der Antike dominant, die von der Schule des Hippokrates ausgearbeitet und im 2. Jahrhundert nach Christus von dem griechisch-römischen Arzt Galenus verfeinert worden war. Es handelte sich um ein System, das letztlich alle Phänomene und Geschöpfe mithilfe von vier Elementen (Erde, Wasser, Luft, Feuer) und vier Primärqualitäten (warm, kalt, trocken, feucht) erklärte, auf deren unterschiedlichen Kombinationen (warm/feucht, warm/trocken, kalt/trocken, kalt/feucht) wiederum die vier Körpersäfte oder *humores* beruhten.

Laut dieser Philosophie waren Frauen aufgrund ihrer charakteristischen Körperqualitäten, nämlich kalt und feucht, empfänglicher für und formbarer durch äußere Eindrücke, denn einen Eindruck zu hinterlassen, war in feuchter Materie am einfachsten. Auf diesen Vorstellungen beruhten zahlreiche Erklärungen für Missbildungen bei Säuglingen. Wenn eine Schwangere Augenzeugin einer Hinrichtung war, bei der dem Delinquenten die Gliedmaßen gebrochen wurden, würden die Gliedmaßen ihres Kindes bei der Geburt entsprechend missgebildet sein. Auch in den *Evangelien vanden spinrocke* finden sich jede Menge hyperbolische Warnungen die Schwangerschaft betreffend. Beispielsweise sollten junge Mädchen keine Hasenköpfe essen, denn wenn sie später schwanger wurden und daran zurückdachten, würde ihr Kind mit einer Hasenscharte zur Welt kommen.

Nicht nur sinnliche Wahrnehmungen übten ihre Wirkung auf den formbaren Körper der Schwangeren und über diesen auf den Fötus aus, sondern auch emotionale Reize. Der Verlust einer Preiskuh während der Schwangerschaft bescherte dem Ungeborenen angeblich einen monströsen Kalbskopf. Philosophen versuchten diesen Einfluss zu erklären: Sogenannte *species* konnten den Leib dank des inneren *spiritus* durchfließen. Über die *species* vollzog sich jene Abfolge von Reaktionen, die durch die Wahrnehmung eines Gegenstands in Gang gesetzt wurde; sie waren die Ursache dafür, dass sinnliche Reize buchstäblich einen Eindruck in

Organen wie Gehirn, Herz oder Gebärmutter hinterließen. Da der Uterus durch alle nur erdenklichen äußeren Reize beeinflusst werden konnte, setzten Ärzte Düfte als Mittel gegen Schwangerschaftsprobleme ein. Man hielt Schwangeren verbrannte Federn vor die Nase, damit der widerliche Gestank eine »umherirrende Gebärmutter« abwärts trieb. Oder man verbrannte zwischen ihren Beinen süß duftende Kräuter, ebenfalls um den Uterus in die korrekte Lage zurückzulocken. (Abb. 26)

Der für alles Mögliche so durchlässige und empfängliche Leib war keine uneinnehmbare Burg, sondern ein Spielball von Gestirnen, Planeten – und verlorenen Preiskühen. Assoziatives Denken nahm in dieser Philosophie entscheidenden Raum ein. Da alles unter den Himmelssphären miteinander in Verbindung stand, konnte auch alles innerhalb dieses großen Zusammenhangs decodiert werden. Jedes Phänomen, jede Farbe, jedes Wort, jede Geste, jede Zahl konnte dem Leben eine andere Wendung geben. Zum Beispiel sollte ein schwarzes Lammfell wegen der farblichen Übereinstimmung die schwarzen Blattern heilen. Ein Code konnte aber auch recht komplex sein. Wenn eine Frau drei Messen für Sainte Avoye lesen ließ, eine der 11 000 Jungfrauen der heiligen Ursula, um keinen ehebrecherischen Gatten zu bekommen, so verband sich Zahlensymbolik (um die Zahl Drei) mit einer weiteren Assoziation, denn im spätmittelalterlichen Französisch bedeutete *se desvoyer* vom Weg abirren, die Ehe brechen; schon eine Ähnlichkeit im Klang reichte also aus, um einen Zusammenhang anzunehmen. Und es war lebenswichtig, all diese scheinbaren Zufälligkeiten richtig zu deuten, damit man dem Schicksal gut vorbereitet entgegentrat.

# 6 Ein süß duftender Paradiesgarten

## Sonntag, 2. Februar 1502, Mariä Lichtmess
...

Seit 1496 war Mariä Lichtmess nicht mehr auf einen Sonntag gefallen. In ungeduldiger Erwartung begannen die Gläubigen einen Tag voll feierlicher Zeremonien, schließlich war es einer der wichtigsten Festtage des christlichen Kalenders. Alle gewöhnlichen Sonntagszeremonien fielen aus oder wurden schlichter gestaltet, denn nichts durfte die Lichtmess-Feiern übertreffen. Kirchenräume verwandelten sich in Meere aus flackerndem Kerzenlicht. Die Antwerpener Bürger strömten in die Liebfrauenkirche, um ihre Kerzen weihen zu lassen, während Kerzenprozessionen durch die herausgeputzten Straßen zogen. Die endlosen Reihen von Flämmchen ließen das Innere der Kirche geradezu unwirklich erscheinen, denn das wenige Sonnenlicht, das in dieser dunklen Jahreszeit durch die dichte Wolkendecke drang, wurde noch durch die bunten Glasfenster gefiltert.

## Licht in der Dunkelheit

Der Tag, an dem die Heilige Jungfrau ihren Sohn – das Licht der Welt – im Tempel Gott »darbrachte«, wurde schon seit Jahrhunderten Mariä Lichtmess genannt. Das Fest ging auf die jüdische Tradition zurück, nach der eine Mutter sich vierzig Tage nach der Geburt eines Jungen und achtzig Tage nach der eines Mädchens zur rituellen Reinigung in den Tempel zu begeben hatte, da sie in diesem Zeitraum nach der Geburt als kultisch unrein galt. Ursprünglich hieß das Kirchenfest, der lateinischen Bezeichnung *Purificatio Beatae Mariae Virginis* entsprechend, Mariä Reinigung, doch seit dem 10. Jahrhundert gingen die Feiern mit Kerzenweihen und -prozessionen einher, weshalb sich der Name Mariä Lichtmess durchsetzte.

In der Liebfrauenkirche war die Feier von Mariä Lichtmess ein wahres Lichtspektakel, bei dem die flackernden Flammen tausendfach vom polierten Kupfer und Silber der Heiligenfiguren, Leuchter, Gitter, Lesepulte und Altargerätschaften widergespiegelt wurden. Die Liebfrauenlob-Gilde hatte bei einem Aachener Silberschmied für ihren Altar in der nördlich gelegenen und deshalb dunklen Marienkapelle einen glänzenden Aufsatz bestellt. Von 1500 bis 1504 arbeitete der Künstler an einer silbernen Skulpturengruppe der Heiligen Familie, einigen versilberten und vier vergoldeten Kupfertafeln mit Darstellungen biblischer Szenen, die in die Flügel des beeindruckenden Altaraufsatzes eingefügt werden sollten. Die Antwerpener Silberschmiede verdienten derweil gut mit dem regelmäßigen Polieren der liturgischen Gefäße. Auch die mit Goldfäden durchwirkten Wandteppiche, die zu festlichen Anlässen wie Mariä Lichtmess überall im Gebäude aufgehängt wurden, schimmerten wie nie zuvor.

Ebenso wie beim Weihrauch war die Menge der brennenden Kerzen eine Prestigefrage. Brennenden Kerzen wurden aber auch krankheitsabwehrende Eigenschaften zugesprochen. Für die Kirchenbesucher waren die vielen Kerzen also kein überflüssiger Luxus, denn je bedeutender das Fest, desto mehr Menschen, deren Körperausdünstungen die Krankheitsgefahr erhöhten, drängten sich zusammen. Nicht zufällig zeigt die schon erwähnte Abbildung aus dem einflussreichen Traktat *Fasciculus medicinae* links und rechts von dem Arzt, der den Pestkranken untersucht, zwei Männer mit großen brennenden Fackeln. (Abb. 11) In spätmittelalterlichen Chroniken wird im Zusammenhang mit Prozessionen und prächtigen Kirchenzeremonien die Zahl der Lichtquellen sorgfältig vermerkt; die Anzahl der Fackeln, Feuerkörbe oder auch Feuerwerkskörper ist deshalb ein guter Gradmesser für die religiöse oder politische Bedeutung einer Feier. Nicht von ungefähr notierte der konservative Kaplan Christiaan Munters aus Kuringen in seinem Tagebuch, dass bei einer Antwerpener Bittprozession »für Frieden und Eintracht« im Jahr 1536 mehr als 700 Fackeln vor dem allerheiligsten Sakrament hergetragen wurden.

Als Antwerpen 1556 die Kapitelversammlung des Ordens vom Goldenen Vlies beherbergen durfte, wurden während des dreitägigen Ereignisses alle Register gezogen. Für jede Stadt war es eine große Ehre, als Versammlungsort des exklusiven, 1430 von Burgunderherzog Philipp dem Guten gegründeten Ritterordens ausgewählt zu werden. Nur noch alle drei bis sieben Jahre kam der elitäre Kreis zusammen, um verstorbene Mitglieder zu ehren und neue aufzunehmen. Und so scheute Antwerpen weder Kosten noch Mühen, um den besten Eindruck zu hinterlassen. Der Magistrat, die Gilden und die zu *nationes* zusammengeschlossenen ausländischen Kaufleute schmückten die Straßen mit riesigen Triumphbogen, *tableaux vivants* und Feuerkörben.

Ein Ordensritter, der wegen Krankheit nicht teilnehmen konnte, ließ sich einen Bericht über die Festivitäten anfertigen, worin sogar die kurzlebige Dekoration in detaillierten Zeichnungen festgehalten wurde, damit er sich von allem ein Bild machen konnte. Das Manuskript vermittelt auch eine genaue Vorstellung von den höchst beeindruckenden Feuer- und Lichtkomponenten. Von den 29 Zeichnungen stellen sechs Personen dar (zum Teil unter Hervorhebung der Kleidung), dreizehn Triumphbogen und *tableaux vivants* (fast immer mit Feuerzubehör), und bei acht Bildern stehen Beleuchtungselemente im Mittelpunkt. Zum Beispiel schmückte ein riesiger, etwa zwölf Meter breiter Kandelaber den Hochchor der Liebfrauenkirche bei einer Trauerfeier, die am zweiten Tag der Versammlung stattfand. (Abb. 27) Er nahm die gesamte Länge des Hochchors ein und zählte ebenso viele Arme wie der Orden Mitglieder; die Kerzen der Verstorbenen wurden während der Zeremonie feierlich gelöscht. Der vergoldete hölzerne Kandelaber blieb noch drei Jahre stehen, bevor er zerlegt und durch einen Hängeleuchter ersetzt wurde, der im Bildersturm von 1566 verloren ging.

Das Ansehen einer Zunft, Gilde oder Bruderschaft ließ sich teilweise an der Anzahl der Kerzen ablesen, die auf oder neben ihrem Altar brannten und bei Prozessionen mitgetragen wurden. In den Rechnungen der Antwerpener Altareigner war der Ausgabenposten für die Beleuchtung in der Regel der größte. Leuchter, Fackeln und Kerzen sollten nicht nur durch ihre Helligkeit glänzen, sie wurden zudem mit Kränzen und farbenfrohen Motiven geschmückt. Zum Beispiel bestellte die Gilde der Fuhrleute für die Gedenktage ihres Schutzpatrons Kränze und Zierrat, um ihn an die Kerzen zu hängen. Auch für die gewöhnlichen Tage verausgabte sie alljährlich einen Posten »an Schmuck für die Kerzen auf dem Altar, für das ganze Jahr«. Während der Messfeiern standen die brennenden Kerzen leider gefährlich nah bei den kostbaren Altaraufsätzen, was einer der Gründe dafür ist, dass die Außenseiten der Flügel, also die Seiten, die im geschlossenen Zustand zu sehen sind, häufig schlicht schwarz waren oder in monochromen, meist grauen Farbtönen bemalt wurden. (Abb. 51) Die Flügel hatten nämlich neben ihrer dekorativen auch eine praktische Funktion; waren sie geschlossen, wurden die farbenfrohen Bilder der Festtagsseite, also des Mittelteils und der Innenseiten der Flügel, nicht verrußt oder versengt. Nicht zufällig verursachte auch das Entfernen von angesetztem Ruß und Schmutz regelmäßig Kosten.

All der flackernde, schimmernde, glänzende Schmuck hatte allerdings auch eine Schattenseite. In vielen Gotteshäusern fürchteten die Gläubigen an Mariä Lichtmess die Feuergefahr, die von dieser hell aufflammenden Frömmigkeit ausging. Bei Prozessionen und feierlichen Einzügen kam es manchmal zu ernsten, teilweise tödlichen Zwischenfällen, wenn zum Beispiel Feuerwerkskörper zu früh entzündet wurden. Im unseligen Jahr 1492 richteten Brände große Zerstörungen in der Sankt-Lambertus-Kirche der Nachbarstadt Ekeren und im Hof Zion an, dem ersten Antwerpener Beginenhof. Eine der schlimmsten Katastrophen ereignete sich 1533, als die Liebfrauenkirche fast vollständig in Flammen aufging, weil nachts Funken von einer Kerze Vorhänge und schließlich ein Büschel Schilfstroh in Brand setzten, mit dem man eine gesprungene Fensterscheibe abgedichtet hatte.

## Ich bin, also rieche ich

Christus als Licht der Welt, eine süß duftende Maria, Gebeine von Heiligen, die einen angenehmen Geruch ausströmen – Hauptgestalten der Religion wurden gern auf ausgesprochen sinnenhafte Weise charakterisiert, wobei der Geruchssinn eine wichtige Rolle spielte. Düfte, die allgemein als angenehm wahrgenommen wurden, waren Manifestationen des Göttlichen, des Paradieses und von vielerlei Formen von Heiligkeit. Ein Geruchstest war deshalb fester Bestandteil der Identifizierung von wahren Reliquien, denn nur die Überreste von Heiligen strömten einen süßen Duft aus, im Gegensatz zu Knochensplittern heimlich ausgegrabener gewöhnlicher Bürger, die fälschlich als Reliquien ausgegeben wurden. Bei einem Anflug von bitterer Myrrhe wiederum dachte man sofort an den leidenden, blutüberströmten Leib Christi.

Das süß duftende Himmelreich war der Gegenpol zur irdischen Allgegenwart von Tod, Verfall und Fäulnis – deren Gerüche Stadtbewohnern, die überall Miasmen fürchten und aus Fenstern geleerten Nachtgeschirren ausweichen mussten, nur allzu vertraut waren. Wie etwas oder jemand roch, verriet viel über dessen Charakter. Bereits von der Taufe an zeichnete sich der gute Gläubige dadurch aus, dass er den Wohlgeruch der Tugend verbreitete. Während des Taufrituals berührte der Priester die Nase des Täuflings mit den Worten »für guten/süßen Geruch«, um den Gestank der Sünde zu vertreiben. Leider währte dieser Schutz nicht ewig, denn Menschen sind Menschen, und zum Leben gehört ein endloser Strom von großen und kleinen Versuchungen. Außerdem konnten ebenso gut negative wie positive Kräfte ihre Eindrücke im Körper und damit in der Seele hinterlassen. Über die Sinne, die Einfallstore des Leibes und der Seele, konnte man sowohl zum Bösen verführt wie zu einem guten und tugendhaften Leben angespornt werden.

Nicht nur bei Heiligen, sondern auch bei gewöhnlichen Sterblichen konnte deshalb der Geruch verraten, ob es sich um eine tugendhafte oder eine schlechte Person handelte. Solche charakteristischen Gerüche waren allerdings nicht unveränderlich, ebenso wenig wie die Tugendhaftigkeit einer Person. Wenn jemand den Entschluss fasste, einen ganz und gar verwerflichen Weg einzuschlagen, sich zum Beispiel zu einem falschen Glauben bekehrte, fing seine Seele an zu stinken, was auch eine entsprechende Veränderung seines Körpergeruchs zur Folge hatte.

Diese Verknüpfung von Geruch und Tugend – oder deren Abwesenheit – kannte viele Variationen. Man denke zum Beispiel an den »Geruch der Heiligkeit«, der sich ursprünglich auf die Körper von besonders tugendhaften Menschen in der Nachfolge Christi bezog. Vor allem Mystikerinnen, die ihren ausgezehrten Körpern Nahrung und Pflege vorenthielten, durften sich glücklich schätzen, dass Gott ihre vergänglichen Hüllen für würdig genug befand, das süße Parfüm der Heiligkeit auszuströmen. Es demonstrierte die Macht Gottes, Sterbliche über Krankheit und Tod mit ihrem allgegenwärtigen Gestank zu erheben. Anders gesagt: Mit einem äußerst frommen Leben konnte man sich einen guten Geruch verdienen. Dagegen war der unerträgliche Verwesungsgeruch von Pesttoten für viele gottesfürchtige Menschen der Geruch der Sünde, die sich auf diese Weise verriet.

Der Zusammenhang zwischen Geruch und Identität offenbarte sich auf weniger drastische Weise auch bei einem Kirchenbesuch. Der fromme Geist wurde durch Gebet und Kontemplation gestärkt, was dem Frommen eine spirituelle Art von »Süße« bescherte. Doch auch auf der körperlichen Ebene kam es zu einer Veränderung, weil der Weihrauchduft, der alle Räume erfüllte, in der Kleidung und den Haaren hängen blieb und im besten Fall zugleich stigmatisierende Körperausdünstungen überdeckte. In den ersten Jahrzehnten des 16. Jahrhunderts standen in der Liebfrauenkirche – je nach Quelle – zwischen 57 und über 70 Nebenaltäre, an denen insgesamt pro Tag über einhundert Messen gefeiert wurden. (Abb. 2) Wenngleich bei den schlichten gelesenen Messen aufs Räuchern verzichtet wurde, war die Kirche von morgens bis abends von Weihrauchwolken erfüllt.

Allein schon wegen der angenommenen Wechselwirkung zwischen Körper und Seele reagierte man ablehnend auf Personen und Gegenstände, von denen unangenehme Gerüche ausgingen. Umgekehrt wurden aber auch sozialen Gruppen oder Individuen, die man als unangenehm empfand, üble Gerüche zugeschrieben. Und in der damaligen Gesellschaft, in der Ruf und Ansehen eine unvergleichlich viel größere Rolle spielten und ein gutes oder böses Wort eines anderen eine Person sozial und finanziell begünstigen oder ruinieren konnte, wehrte man sich gegen solche Beleidigungen mit der Faust oder vor Gericht. Vor allem, wer eines stinkenden Atems bezichtigt wurde, empfand das als äußerst kränkend, weil damit nicht nur Krankheit, Ansteckung und Armut, sondern sogar der Teufel in Verbindung gebracht wurde. Vicente Alvárez, ein weitgehend unbekannter Höfling Kronprinz Philipps, notierte während seiner Reise durch die südlichen Niederlande Mitte des 16. Jahrhunderts mit Bedauern, dass die Einheimischen schmutzige Hände und hässliche Zähne hätten. Doch zum Glück, »weil sie gesund sind und einen sehr guten Magen haben, stinkt ihr Atem nicht«.

Ganz unten im Spektrum der spirituellen Geruchspalette waberten die stinkenden Ausdünstungen der Sünde. Es war deshalb nur konsequent, über Hexen und Ketzer zu behaupten, dass ein ekelhafter tierischer Geruch von ihnen ausgehe. Für den angeblichen Gestank von Juden hatte man sogar einen speziellen Begriff: *foetor judaeicus*. Die einzige Möglichkeit, diese üblen Gerüche loszuwerden, war die Bekehrung zum rechten Glauben. Andersgläubigen einen schlechten Geruch zuzuschreiben, war sowohl bei Katholiken als auch bei Anhängern reformatorischer Lehren üblich, um die jeweiligen Gegner zu diffamieren. Mitten im religiösen Tumult des 16. Jahrhunderts klagte Anna Bijns: »Du [Gott] hast unsere Bosheit so lange ertragen, auf Besserung gehofft; doch schlimmer nur wird an allen Tagen der Gestank unserer Sünden, der die Luft befleckt.« Der Genter Katholik Marcus van Vaernewijck erwähnt in seinem Tagebuch eine beleidigende Bemerkung, die aus dem reformatorischen Lager kam. Die Genter Bilderstürmer, die in der Abtei die Gebeine von Heiligen und andere Reliquien aus den Fenstern warfen, behaupteten nämlich, dass die Gebeine »das gleiche Aussehen wie andere Gebeine [hatten] und stanken«. Van Vaernewijck bemerkte dazu: »Doch ob sie logen oder die Wahrheit sagten, das wissen sie sehr gut.«

Welch große Rolle Gerüche für den Ruf einer Person spielten, zeigen die Ereignisse nach der öffentlichen Verbrennung des wegen Ketzerei verurteilten Priesters Richard Wyche in London im Jahr 1440. Der Tower Hill, auf dem der Scheiterhaufen errichtet worden war, wurde nach der Hinrichtung rasch zu einer Wallfahrtsstätte für Wyches Anhänger. Seine Asche, die angeblich Weihrauchduft verströmte, war eine im ganzen Land begehrte Reliquie. Die Londoner Behörden, die dieser religiösen Bewegung nicht gerade wohlwollend gegenüberstanden, schlugen zurück, indem sie den Platz als Standort für eine neue Müllhalde auswählten, und so schlug den Wallfahrern bald nur noch der klebrige Gestank von Abfällen und Kot entgegen.

All diese Vorstellungen hatten aus damaliger Sicht nichts mit Aberglauben und Magie zu tun, sondern waren Teil des allgemein akzeptierten Weltbildes. Die Idee der Wechselbeziehung zwischen innerer, spiritueller Verfassung und Körpergeruch war Gemeingut. Betrachtet man Körper und Geist als ein Ganzes, liegt der Gedanke nahe, dass ein frommer Gläubiger einen süßen Duft verströmt. Weder aus theologischer noch aus medizinischer Sicht sprach irgendetwas dagegen.

Mehr noch: Vom 12. Jahrhundert an, als sich medizinische und philosophische Handschriften in zunehmendem Maße in Europa verbreiteten, beeinflusste der neue medizinische Wortschatz auch die religiösen Schriften. Die gemeinsame Grundlage war die naturphilosophische Auffassung, dass bestimmte Gerüche krank machende Dämpfe (Miasmen) vertreiben konnten. Der Funktionsweise des Riechorgans, der Form der Nase und der medizinischen Anwendung von Duftstoffen wurden manchmal komplexe spirituelle Bedeutungen zugeschrieben, wobei man einschränkend sagen muss, dass solche Vorstellungen meist auf Texte von Theologen und Mystikern beschränkt blieben. Der italienische Theologe Jacobus de Voragine, dessen Schriften weit verbreitet waren, behauptete zum Beispiel in einer Predigt, das Parfüm der Jungfräulichkeit Mariä vertreibe die tierischen Gelüste aus den Herzen der Zuhörer, »wie der Duft von Myrrhe und Zeder Würmer und Schlangen vertreiben konnte«.

Auch Erasmus brachte Gerüche ebenso mit medizinischen wie mit spirituellen Phänomenen in Verbindung, um seine Ansichten zu untermauern. Der hypochondrisch veranlagte Humanist verabscheute schlechte Luft und üble Gerüche wegen der angeblichen Ansteckungsgefahr, misstraute aber auch dem Geruch von Taufwasser und dem Atem von Beichtenden – kaum überraschend bei jemandem, der das Sakrament der Beichte kritisch sah. Luther wiederum gelangte auf der Suche nach einer theologischen Erklärung für die Pest zu der Auffassung, dass böse Geister die Luft vergifteten oder die Menschen mithilfe eines bösen Odems mit den tödlichen Giften ansteckten.

## Gerüche im Bild

Es versteht sich von selbst, dass diese weit verbreiteten Vorstellungen auch in der religiösen Kunst widergespiegelt wurden. So steht etwa die Vorstellung, dass ein übler Geruch üble Menschen umgibt, hinter einer Illustration der sogenannten Holkham-Bibel, einer etwa 1327–1335 in England entstandenen Handschrift mit biblischen und apokryphen Geschichten. (Abb. 29) Im Text beschuldigt Christus diejenigen, die sich lautstark ihrer Frömmigkeit rühmen, der Heuchelei: Sie stinken und sind wie ein Grab, das außen prachtvoll verziert ist, aber verwesende Leichen enthält. Die Miniatur dazu führt genau dies vor Augen: In einer Kirche hält sich eine betende Gläubige, die neben einem Grabmal sitzt, wegen des Leichengestanks die Nase zu. Auf einigen Umwegen geht die Geschichte auf das Matthäus-Evangelium zurück: »Weh euch, Schriftgelehrte und Pharisäer, ihr Heuchler, die ihr seid wie die übertünchten Gräber, die von außen hübsch aussehen, aber innen sind sie voller Totengebeine und lauter Unrat!«

Das Bemühen um einen guten Geruch auf körperlicher und geistiger Ebene findet sich bei einem faszinierenden religiösen Gebrauchsgegenstand wieder: der Gebetskette. Jeder Gläubige, der etwas auf sich hielt, besaß wenigstens eine solche Kette, auch Rosenkranz genannt. Sie diente als Hilfsmittel beim Rezitieren des Rosenkranzgebets, indem jede Perle für ein Vaterunser oder ein Ave Maria steht, und wenn man die Kette dreimal durchlaufen hat, ist das Rosenkranzgebet vollständig. Gebetsketten waren in allen Bevölkerungsschichten beliebt, und so gab es sie in vielerlei Varianten, von luxuriösen Prunkstücken aus Gold, Silber oder Bernstein bis zu billigen Ausführungen aus Zinn, Glas oder Holz. Außerdem zirkulierten Anleitungen zur häuslichen Anfertigung »wohlriechender Paternoster«. In dem weit verbreiteten Antwerpener Haushaltsratgeber *Een nieuwe tractaet ghenaemt dat Batement van recepten* von 1549 findet sich ein Rezept für Duftkügelchen aus einfachen Zutaten: schwarze Erde, Traganth (eine süßliche, gummiartige Substanz aus dem Pflanzensaft bestimmter Schmetterlingsblütler), Storax, Calamintha, Gewürznelke, Labdanum, Zimt und weißes oder gelbes Sandelholz. Sowohl Storax als auch Sandelholz sondern einen weihrauchartigen Duft ab, der an den Wohlgeruch im Kirchenraum erinnerte.

Für Luxusausführungen wurden häufig Perlen aus Bernstein verwendet, zu dessen besonderen Eigenschaften es gehört, dass er beim Verbrennen, in geringerem Maße aber auch bei Erwärmung einen harzigen, an Kiefern erinnernden Duft verströmt. Nach dem Rosenkranzgebet blieb ein wenig davon an den Fingern des Gläubigen haften. Um die Mitte des 16. Jahrhunderts wurde bei Gottesdiensten immer häufiger Bernstein statt Weihrauch verbrannt, weshalb die Gläubigen auch diesen Geruch mit Kirche und Messfeiern in Verbindung brachten. Die kunstvoll gestalteten Perlen oder Anhänger am unteren Ende von Gebetsketten konnten gleichfalls auf Nase und Geist wirken, handelte es sich doch häufig um Bisamäpfel. (Abb. 9)

Die aromatische Dimension dieser Gegenstände passte zur Bildwelt der volkssprachlichen Gebete und Gesänge, die voller Blumen- und Gartenmetaphern war. Zum Beispiel lautet der einleitende Satz des Andachtsbüchleins *Die geestelike boomgaert der vruchten* (Der geistliche Baumgarten der Früchte), das in der ersten Hälfte des 16. Jahrhunderts nicht weniger als siebenmal nachgedruckt wurde: »Hier beginnt ein beglückender und wonnevoller Lustgarten aus wohlriechenden Blumen, darin die einsame Seele mit ihrem Geliebten spazieren darf, und [dort] pflücken sie die beglückenden Blumen des geistlichen Baumgartens.« Auch meditative Gebete wie in diesem Andachtsbuch enthalten wurden mithilfe von Gebetsketten rezitiert.

Natürlich gehört die pestabwehrende Funktion von Gebetsketten ebenfalls in diesen Zusammenhang. Bernstein wurde von Apothekern wegen seines beschützenden Dufts verkauft, und manchmal wurde Patienten sogar geraten, Wasser zu trinken, in dem ein Rosenkranz aus Bernstein gelegen hatte.

Kurzum: Die Düfte, die beim Gebrauch dieser Gebetsketten freigesetzt wurden, symbolisierten Tugendhaftigkeit und wirkten sowohl innerlich (durch das Gebet) als auch äußerlich (über die Fingerspitzen).

In der bildenden Kunst schmückten üppige Paradiesgärten mit symbolgeladenen Blumen- und Pflanzendarstellungen die religiösen Szenen. Außer auf eine allgemein geteilte Pflanzensymbolik spielten sie auf vielfältige Weise auf die Sinnesvorgänge des Riechens und Schmeckens an. Das Betrachten dieser Darstellungen sollte deshalb auch als eine Art spiritueller Genuss verstanden werden, wobei die fromme Kontemplation als ein Nähren der Seele galt. Das heißt natürlich nicht, dass solche Werke von allen auf diese Weise verstanden wurden – für viele Betrachter war die auf Sinnengenuss zielende Bildsprache sicher nur ein populäres Motiv ohne tiefere Bedeutung. Ein vor allem in dieser Epoche ungeheuer beliebtes Bildthema war die »Madonna im Rosenhag«: Die Heilige Jungfrau hat sich mit dem Jesuskind auf einem weichen Grasteppich niedergelassen, umgeben von üppiger Flora, manchmal noch um einen plätschernden Brunnen und Engel ergänzt.

Aber auch in anderer Form begegnete man dem duftenden Paradiesgarten. Die sogenannten *Besloten Hofjes* (verschlossene Gärtchen) sind ein typisches Beispiel für eine Kunstproduktion, in der die Vorstellung von Gerüchen eine Hauptrolle spielte. Sie bestanden aus einem schrankartigen Schrein mit kleinen hölzernen Skulpturen darin, umgeben von einer verschwenderischen Fülle von Wachsmedaillons, Seidenblumen und Pergamentbanderolen. (Abb. 30) Heiligenfiguren wie Maria, Elisabeth und Ursula versinken zwischen purpurfarbenen Weintrauben, zinnoberroten Blüten und glänzend goldenem Laubwerk. Unten im Vordergrund schließt ein niedriger Zaun mit Tor das Ganze ab, damit die Illusion eines umschlossenen Gartens vollkommen ist. Diese kunstvollen Darstellungen verweisen auf das sinnliche Vokabular des alttestamentlichen Hohelieds, in dem die Liebe zwischen Braut und Bräutigam besungen wird: »Steh auf, Nordwind, und komm, Südwind, und wehe durch meinen Garten, dass der Duft seiner Gewürze ströme! Mein Freund komme in seinen Garten und esse von seinen edlen Früchten.« Es handelt sich ursprünglich um eine zweieinhalb Jahrtausende alte erotische Dichtung, die im 2. Jahrhundert schließlich doch noch in den jüdischen Kanon aufgenommen wurde, mit dem Argument, dass sie auf Salomo zurückgehe und als Allegorie auf Gottes Liebe zum Volk Israel aufgefasst werden müsse.

*Besloten Hofjes* waren im 16. Jahrhundert in zahlreichen Kirchen, Klöstern und Hauskapellen und auch in so mancher Wunderkammer des wohlhabenden Bürgertums zu finden, doch nur wenige haben überdauert. Es ist deshalb fast selbst ein kleines Wunder, dass eine Gruppe von sieben *Hofjes* von beachtlicher Größe aus dem Besitz der Zwartsusters (»schwarze Schwestern«, die nach der Augustinusregel lebten) von

Mecheln erhalten geblieben ist. Das ist allein ihrem ursprünglichen Aufstellungsort im Hospital der Schwestern zu verdanken, die sich um die Versorgung von Pestkranken kümmerten. Als eine Welle des Bildersturms und gewaltsamer religiöser Auseinandersetzungen die Niederlande überrollte, blieb das Hospital der Schwestern verschont, weil niemand so verrückt war, sich unter die Pestkranken zu wagen.

In den Kontext dieser duftenden Paradiesgärten und ihrer Pflanzensymbolik gehört auch die weit verbreitete Bildsprache, die sich um den Weihrauch rankte. Schon im 13. Jahrhundert erklärte der einflussreiche Philosoph und Theologe Thomas von Aquin das Beweihräuchern des Priesters und der Gläubigen folgendermaßen:

> Der Weihrauch ist das Symbol der Gnade, von der Christus erfüllt war wie von einem herrlichen Duft; wie die Schrift sagt: »Siehe, der Geruch meines Sohnes ist wie der Geruch eines Ackers voller reifer Ähren.« Und von Christus verbreitet sich dieser Geruch, durch die Vermittlung seiner Diener, über alle Gläubigen, wie der heilige Paulus sagt: »Er offenbart den Wohlgeruch seiner Erkenntnis durch uns an allen Orten.« Wenn darum der Altar, der Christus darstellt, beweihräuchert ist, überträgt man den Weihrauch der Reihe nach auf alle Anwesenden.

Die Verknüpfung von angenehmem Geruch und speziell Weihrauchduft mit Heiligkeit findet sich im niederländischen Sprachraum noch mehrfach in Kunstwerken und Texten. So bedient sich die 1543 in Antwerpen erschienene mystische Schrift *Van den tempel onser sielen* (Vom Tempel unserer Seelen) einer anonymen Verfasserin der folgenden Bildsprache: »Maria ist ein goldenes Weihrauchfass, weil sie mit dem Duft ihrer Tugend und dem ihres lieben Kindes das väterliche Herz sanft dazu bewegt, sich des Menschengeschlechts zu erbarmen.« Der Weihrauchduft wird also der Tugend der Muttergottes gleichgestellt.

Eine ähnliche Auffassung hat auf faszinierende Weise in einer beweglichen Christusfigur Gestalt angenommen, die 1494 von Pietro di Giovanni Tedesco geschaffen wurde, einem in Italien tätigen flämischen oder deutschen Meister, über den so gut wie nichts bekannt ist. (Abb. 31) Der lebensgroße Christus gehört in die Tradition spätmittelalterlicher

Passionsspiele, die in zahlreichen europäischen Kirchen aufgeführt wurden. Am Karfreitag wurde die Figur des leblosen Christus vom Kreuz abgenommen und bis zur Auferstehung in eine Gruft gelegt. Teilweise bediente man sich einer ganzen Reihe von Kunstgriffen, um die Zuschauer mitzureißen. Manche Christusfiguren hatten bewegliche Augen oder Stigmata, die bluten konnten; man goss in eine Öffnung am Rücken der Figur Tierblut, das durch dafür vorgesehene Kanäle im Inneren zu den Wunden an den Händen, den Füßen und der Seite floss und dort austrat. Die Christusfigur unseres Meisters wiederum hatte einen ausgehöhlten Kopf mit einem leider verloren gegangenen Mechanismus darin, der die Zunge bewegen konnte.

Im Bericht über eine Restaurierung der Figur wird ein starker Weihrauchgeruch erwähnt, der beim Öffnen des Hohlraums freigesetzt wurde. Höchstwahrscheinlich verströmte also der »sprechende« Christus aus seinem Mund Weihrauchduft, sodass die Skulptur der Vorstellung von Christus als Verbreiter eines herrlichen Dufts oder des »Wohlgeruchs seiner Erkenntnis« Gestalt verlieh. Aber nicht nur Christusfiguren konnten duften, auch manch goldene oder silberne Heiligen- oder Königsfigur barg in einem Hohlraum Zimt, der zu duften begann, wenn das Material von den Flammen der danebenstehenden Kerzen erwärmt wurde.

# 7 Pest, wieder einmal

## Dienstag, 17. April 1504
...

Es war wieder so weit. Eine Weile hatte es so ausgesehen, als wäre die Pest endgültig besiegt, doch das war nur Schein gewesen. Es hatte ja auch kaum anders sein können in einer Weltstadt wie Antwerpen, in der außer reichen Kaufleuten viele arme Schlucker aus nah und fern die Straßen bevölkerten. Wegen ihres wirtschaftlichen Erfolgs war die Scheldestadt zum Ziel für zahlreiche Menschen geworden, die sich dort eine bessere Zukunft oder schnellen Gewinn erhofften. Doch aus den Verordnungen des Magistrats, die Bettler und andere Arme betrafen, sprach nichts als Abscheu. Bettler, Landstreicher und Arme durften nicht die Kathedrale betreten, wenn sie dort »ihre hässlichen Wunden und ihre Krätze« zeigen würden. Grundsätzlich durften sie weder am Fuße des Turms noch an Nord- oder Südseite des Gebäudes (und damit an keinem der Portale) »sitzen, essen, in ihrer Verlaustheit Unreines tun, miteinander lärmen und sich streiten«. Unverhohlener Ekel also vor all dem Unappetitlichen, das sie an sich hatten. Die Angst, dass der bettelnde Pöbel Seuchen wie den Schwarzen Tod in die Stadt brachte, beherrschte das Denken. Der letzte große Ausbruch hatte sich 1492 ereignet, aber jeder pestartige Gestank brachte die Erinnerungen daran in aller Deutlichkeit zurück.

## Selber schuld

Immer wenn Seuchen und massenhaftes Sterben drohten, wurden Messen an den Altären der verschiedenen Pestheiligen gestiftet und Kerzenopfer dargebracht. Erst im Jahr 1500 hatte der Tuchscherer Geert van den Berghe dem Sankt-Rochus-Altar in der Liebfrauenkirche eine größere Spende zukommen lassen, und vier Jahre davor hatte der Metzger Claus Verdonck Janssone eine tägliche Messe am selben Altar gestiftet. Ein gewisser Widerspruch ist unübersehbar: Einerseits wurden in der Liebfrauenkirche Messen gestiftet und Spenden getätigt, andererseits versuchte der Magistrat etwaige Verbreiter der Seuche soweit irgend möglich vom öffentlichen Leben auszuschließen. 1504 verbot er den Kirchenbesuch für »arme Leute, die an Pocken und anderen Krankheiten leiden«. Wenn Kranke die viel besuchte Liebfrauenkirche betraten, war das nicht nur ein vermeidbares Risiko und egoistisch, es war sogar eine strafbare Handlung.

Im 15. Jahrhundert herrschte noch eine deterministische Einstellung gegenüber Krankheit und Tod vor; die Verantwortung lag in Gottes Händen. Doch allmählich wurde die heilende, transformierende Kraft religiöser Rituale mehr und mehr infrage gestellt, zuerst noch flüsternd, um die Mitte des 16. Jahrhunderts aber immer lauter und erregter.

Sowohl religiöse als auch naturphilosophische und medizinische Überzeugungen erfuhren im 16. Jahrhundert einen Wandel, der das Verhältnis zum Körper von Grund auf veränderte. Eines der ersten Anzeichen dafür war eine Akzentverschiebung in den Pestbüchern. Während die erste Generation volkssprachlicher Veröffentlichungen dieser Art, im letzten Viertel des 15. Jahrhunderts, Epidemien noch als Strafe Gottes darstellte, die man nur passiv erdulden konnte, wurde nach 1500 ein ganz anderer Ton angeschlagen. Der Mensch selbst galt nun als verantwortlich dafür, Krankheit zu vermeiden. Passivität wurde deutlich kritisiert, denn damit brachte man nicht nur sich selbst, sondern die ganze Gemeinschaft in Gefahr. Allerdings blieb die menschliche Bequemlichkeit in Zeiten der Unsicherheit und drohender Gefahr ein großes Hindernis; ein paar rasch ausgeführte pseudoreligiöse Handlungen waren dann um einiges attraktiver als die von den Ärzten verordnete mühsame Umstellung der Ernährungsweise und des übrigen Verhaltens.

Auf der Ebene der höheren Wahrheit kämpften mehrere Seiten, darunter die studierten Mediziner und die Geistlichen, um die Herrschaft über den Körper und somit auch den Geist. Dies lässt sich gut daran ablesen, welche Mittel gegen schwere Krankheiten sie propagierten. Der Einsatz von Weihrauch blieb dabei unangefochten, da sich die Miasmentheorie noch bis weit ins 19. Jahrhundert hielt. Über den Gebrauch von Weihwasser als Heilmittel wurde dagegen heftig gestritten.

Dabei ging es nicht um den Brauch, nach dem sonntäglichen Hochamt etwas vom übrig gebliebenen Weihwasser mit nach Hause zu nehmen, um Angehörige und Vieh vor Krankheit und Unheil zu schützen. Das war eine mehr oder weniger automatisierte Handlung, an der man festhielt, weil sie Tradition war und nach allgemeiner Auffassung zumindest nicht schaden konnte. Oder um es in den Worten des satirischen Bestsellers *Die evangelien vanden spinrocke* zu sagen: »Wer sonntags das Weihwasser nicht nimmt, dem darf der Teufel Nacht und Tag unsichtbar auf den Schultern sitzen.« Die Inschrift an dem Weihwasserbecken in der Löwener Sankt-Jakobs-Kirche, das aus dem Jahr 1467 stammt, schreibt der geweihten Flüssigkeit ähnliche Eigenschaften zu. Der in das kupferne Becken eingravierte lateinische Text zählt die sechs Wirkungen auf: »reinigt das Herz, vertreibt die Lauheit, löscht die lässlichen Sünden aus, vermehrt die Gnade, vertreibt den Feind und verjagt die Gespenster«. Dank der reinigenden Kraft des Weihwassers war man sowohl spirituell als auch physisch gestärkt und besser gegen die Verlockungen der Sünde geschützt. Für manchen Anhänger reformatorischer Strömungen war das Mitnehmen von Weihwasser zwar eine ganz und gar lächerliche Handlung, aber immerhin relativ ungefährlich.

Wenn Weihwasser aber zur Bekämpfung ansteckender oder lebensbedrohlicher Krankheiten dienen sollte, war die Volksgesundheit in Gefahr. Die Überzeugung, dass geweihtes, wundertätiges Wasser bei der Heilung körperlicher Leiden helfen könne, ging bis mindestens in die Antike zurück und war entsprechend schwer zu überwinden. Das frühe Christentum hatte die antiken Bräuche schnell übernommen, und im Lauf der Jahrhunderte wurden ihnen immer wieder neue religiöse Interpretationen zuteil. Zum Beispiel legte im 11. Jahrhundert der einflussreiche Lanfrank von Bec, Erzbischof von Canterbury, fest, dass es zu den Aufgaben des für die Krankenpflege im Kloster zuständigen

Infirmars gehöre, die Betten der Kranken täglich mit Weihwasser zu besprengen.

Dies war in den folgenden Jahrhunderten auch in den Niederlanden üblich. Zum Beispiel kennen einige mittelniederländische medizinische Traktate ein Rezept gegen Epilepsie, bei dem der Geistliche Weihwasser über den Körper des Kranken gießen und dazu bestimmte Formeln rezitieren sollte. Auch die Kanoniker der in Rom über dem Grab der heiligen Bibiana, der Schutzpatronin gegen Epilepsie, erbauten Kirche hatten nichts gegen eine Behandlung mit Weihwasser einzuwenden. Von der Mitte des 15. Jahrhunderts an erlebte die Verehrung dieser Heiligen einen gewaltigen Aufschwung, und das sogenannte Bibianakraut (Minze) als Mittel gegen Epilepsie, Kopfschmerzen, Trunksucht und Gefräßigkeit wurde nach ganz Europa exportiert. Nach einer 1463 erlassenen Vorschrift mussten Kranke zunächst Weihwasser trinken, in dem Bibianakraut aufgelöst worden war, bevor sie die Wallfahrt zum Grab der Heiligen in Rom unternehmen durften.

Ähnliche Wirkungen wurden dem Wasser im Ablutionsgefäß zugeschrieben. Dieses Gefäß etwa von der Größe eines Trinkbechers enthielt das Wasser, mit dem der Priester nach der Konsekration seine Fingerspitzen reinigte, damit auf keinen Fall etwas vom allerheiligsten Sakrament daran haften blieb. In der Kirche der heiligen Dimpna in Geel mussten Geistesgestörte, Kranke und Pilger neun Tage hintereinander von diesem Wasser trinken. Eine lokale Chronik hielt fest, dass es in Brabanter Städten üblich gewesen sei, nach der Messe das Ablutionswasser Kindern zu trinken zu geben, die an Keuchhusten litten. Diese Chronik stammt aus dem 17. Jahrhundert, doch auch in spätmittelalterlichen Rezepten kam das Trinken von Ablutionswasser vor, wenn auch weniger häufig als das von Weihwasser.

## Blendwerk, Zauber und Giftmischerei

•

Im reformatorischen Lager erweckte all dies Ärger In den Augen der Kritiker diente der Glaube an die heilkräftigen und Unheil abwehrenden Eigenschaften von Weihwasser vor allem der Bequemlichkeit. Es ist bezeichnend, dass satirische Texte die hergebrachten religiösen Bräuche gar nicht zu überzeichnen brauchten, um sie zu verspotten. Im calvinistischen Bestseller *Den byencorf der H. Roomsche Kercke* (Der Bienenkorb der Heiligen Römischen Kirche) von Filips van Marnix van Sint-Aldegonde genügte eine beiläufige Erwähnung: »Für alle alltäglichen und lässlichen Sünden reicht es schon aus, ein paar Paternoster und Ave Maria zu murmeln, sich auf die Brust zu schlagen, ein Schuldbekenntnis zu sprechen, Weihwasser zu benutzen und besonders, kurz bei einer Messe vorbeizuschauen.«

Dass der Glaube an die besonderen Kräfte des Weihwassers zur offiziellen kirchlichen Lehre gehörte, war manchem, der nach Reinheit im Glauben strebte, ein Dorn im Auge. So lehnte Pfarrer Vallick aus Groessen den therapeutischen Gebrauch von Weihwasser entschieden ab, weil davon in den Evangelien nirgends die Rede war.

Ärzte und Reformgesinnte verschiedener Couleur teilten außerdem die Sorge, dass das konservative Glaubenslager aus purem Trotz noch mehr als bisher ausschließlich auf den Glauben als Schutz gegen Krankheit setzen würde. Der lutherische Zimmermann Dierik van Eeno aus Brügge sagte höhnisch zu einer Nachbarin, sie solle doch besser auf medizinische Heilmittel vertrauen, als ihr fieberndes Kind zum Bildnis des heiligen Mauritius zu tragen. Die angeblich göttliche Kraft von steinernen oder hölzernen Heiligenbildern sei schließlich nichts anderes als ein Hirngespinst.

Allerdings waren Ärzte und reformgesinnte Geistliche in diesen Fragen nicht immer Verbündete. Pfarrer Vallick zum Beispiel wurde von Johann Wier angegriffen, dem Stadtarzt von Arnheim und Leibarzt des Herzogs von Kleve, Jülich und Berg. In seiner berühmten Schrift *Over duivelse begoochelingen en over betoveringen en gifmengerijen* (Über teuflische Blendwerke und über Zaubereien und Giftmischereien, 1563) kritisierte Wier in aller Schärfe den Hexenwahn und wies aus medizinischer wie aus juristischer Perspektive die Sinnlosigkeit von Hexenprozessen nach. Dabei verteidigte er nicht nur die betroffenen Frauen, die er für schwachsinnig oder besessen hielt, sondern attackierte vor allem die betrügerischen Geistlichen, wurden doch die sinnlosen Prozesse auf Betreiben von Päpsten, Bischöfen, Priestern und Mönchen angestrengt, die in seinen Augen wie regelrechte Magier, Quacksalber und Einfaltspinsel auftraten und ihre Macht missbrauchten. In diesem Zusammenhang griff er auch Vallick an, der sich »der Heilkunde erdreistete, von der er nichts verstand«. Während also Vallick mit dem Finger auf »Zauberpriester« zeigte, wurde er von Wier im Grunde in die gleiche Schublade gesteckt. Ob Wiers Abneigung nun einer zunehmend antikatholischen Haltung entsprang oder dem Drang, das eigene Revier zu verteidigen, seiner Ansicht nach hatte sich die Geistlichkeit jedenfalls in keiner Weise in Dinge einzumischen, für die studierte Ärzte zuständig waren.

Auseinandersetzungen wie diese zeigen, wie wichtig örtliche Rituale für das Gemeinschaftsgefühl waren. Wenn an einem Ort wie dem Antwerpen des 16. Jahrhunderts gar viele verschiedene kulturelle und soziale Gemeinschaften zusammenlebten, waren Rituale unverzichtbar, um sich seiner Zugehörigkeit zu einer bestimmten Gruppe zu vergewissern. Religiöse Rituale verhalfen der Gruppe zu einer klaren Identität und legitimierten sie. Sie sorgten für ihre Verankerung in der Geschichte und für den sozialen Zusammenhalt ihrer Mitglieder.

Gemäßigte Kirchenreformer betonten deswegen auch die Harmlosigkeit des religiösen Erbes. Der von Erasmus beeinflusste humanistische Altertumsforscher Arnoldus Buchelius bezeichnete in seinen zwischen 1583 und 1591 verfassten Gedichten die ikonoklastischen Taten der Bilderstürmer als feige: »Steine können sich nicht verteidigen, da sie kein Gefühl haben, ebenso wenig wie die Altäre unserer alten Vorväter, die diese in göttlicher Einfalt und einer Tugend, die von Betrug nichts wusste, der Übung der Frömmigkeit weihten.« Seiner Ansicht nach mussten die Heiligenbilder als »greifbarer Beweis der Gottesfurcht und Tugendhaftigkeit der Vergangenheit« erhalten bleiben.

Radikale Reformatoren, die bestimmte Praktiken abschaffen wollten, wandten deshalb gern die Taktik an, deren historische Wurzeln anzuzweifeln. Ein Antwerpener Traktat von 1566 beschuldigte Johannes Calvin, öffentlich Lügen zu verbreiten, da er die jahrhundertealte Tradition der Wallfahrten als »neue Erfindungen« abgetan habe.

Doch es waren nicht nur die neuen religiösen Strömungen, die Traditionen und lokale Identitäten infrage stellten. In der gleichen Epoche geschah dies auch dank der Entdeckungsreisen. . Mit den aus der »Neuen Welt« zurückkehrenden Schiffen gelangten zugleich neue Ideen nach Europa. Als Reaktion auf unbekannte Wundermittel aus Amerika, die plötzlich den Markt überschwemmten, wurde umso lauter die Werbetrommel für die einheimischen Heilpflanzen, Heilkräuter und Schutzheiligen gerührt, die angeblich besser vor Krankheit und Tod schützten. In medizinischen wie in theologischen Kreisen befürchtete man den Verlust von Einkommen, moralischer Autorität und kultureller Identität.

In einer Zeit, in der reformgesinnte Geistliche und Ärzte bestimmte Traditionen immer lauter kritisierten, betrachteten selbst manche konservativen Geistlichen alles, was auch nur den Verdacht der Zauberei erweckte, mit zunehmendem Argwohn. Schon ohne dergleichen gab es schließlich mehr als genug, wofür sie sich verteidigen mussten.

Eine heikle Angelegenheit waren etwa die Gegenzauber, die Geistliche unterschiedlichen Schlages vollzogen. Diese für gewöhnlich schlichten Handlungen dienten dazu, Gegenstände, Tiere oder Personen von einem angeblichen Schadenzauber zu befreien, sodass ihr normaler Zustand wiederhergestellt wurde. Häufig ging es dabei um alltägliche Probleme, deren Ursache nicht erkennbar war. In der bäuerlichen Sphäre waren das zum Beispiel Schwierigkeiten beim Buttern; es kam regelmäßig vor, dass der Rahm nicht fest werden wollte, ganz gleich, wie lange er geschlagen wurde. Dann wurde gern einer externen, bösen Macht die Schuld daran gegeben, etwa einer unbekannten Hexe, die entweder die Kuh oder die Milch verhext hatte. In einem der zahlreichen Hausrezepte, die Schadenzauber auf Milch aufheben sollten, heißt es:

> Man nehme ungereinigtes Wachs und mache daraus ein Kreuz, und dieses Kreuz lege man unter das Butterfass, und dann nehme man Weihwasser und besprenge damit den Rahm. Und man spreche diese Worte: »Solchermaßen zornig muss Gott sein, dass diese Milch verzaubert ist, weil Er zornig ist auf die Schöffen, welche dazu da sind, gerechte Urteile zu fällen, aber ungerechte Urteile fällen. In nomine Patris et Filii et Spiritus Sancti. Amen.«

Ein weiterer Kritikpunkt waren die vielen Qualitäten, die Gesundheits- und Haushaltsratgeber dem Weihwasser zuschrieben. Es konnte angeblich dazu dienen, Freundschaft auf ewig zu erhalten, Licht zu erzeugen, das nie erlöschen würde, oder verlorene Gegenstände wiederzufinden. Zur Verteidigung der Geistlichen wurde oft angeführt, dass all die umstrittenen Handlungen auch stattfanden, ohne dass ein Priester dabei anwesend war. Außerdem waren die Begriffe Aberglaube und Zauberei ohnehin reichlich vage, und es gab keine eindeutige Trennlinie zwischen erlaubten und unerlaubten Handlungen; ob ein Ritual legitim war oder nicht, war deshalb in erster Linie dem Urteil der ausführenden Person anheimgestellt. Dennoch: Aus eigener Überzeugung wie aus dem Bewusstsein heraus, dass sie in Zeiten religiöser Unruhe ihren Ruf riskierten, lehnten auch eher konservative Geistliche den unorthodoxen Gebrauch von Weihwasser und anderen Sakramentalien entschieden ab.

## Die Sinne als Ratgeber

Zum Glück konnten die eigenen Sinne dabei helfen, ein gesundes und glückliches Leben zu führen und sich in angemessener Weise auf das Jenseits vorzubereiten. Die Verantwortung für den richtigen Gebrauch der Sinne lag allein beim Menschen selbst; man brauchte nicht bei jedem Schritt all die Empfindlichkeiten zu berücksichtigen, die sich aus sozialer Identität, Religion und Medizin ergaben. Im Großen und Ganzen existierten hinsichtlich der Rolle der Sinne zwei Auffassungen, die sich teilweise überschneiden.

Gemäß der einen, die in allerlei Volkserzählungen Ausdruck findet, gewinnt der Teufel gerade über die fünf Sinne Macht über den Menschen, wobei der Mensch sich besonders leicht zur Sünde der Unkeuschheit verführen lässt. In *Des coninx summe* (Des Königs Summa oder Lehrbuch), einem Buß- und Beichtbuch, das erstmals 1478 im Druck erschien und vor allem ein städtisches Laienpublikum erreichte, wurden die Sinne ohne Umschweife als Ursache für gottloses Verhalten dargestellt:

> Man soll zur Beichte gehen zu den fünf Sinnen, mit denen man oft sündigt, wie mit den Augen, in Eitelkeit mit Wonnen zu sehen;
> oder mit den Ohren, Eitelkeit gern zu hören, wie die Sänger oder Spielleute, die Märchenerzähler, Lügner, Verleumder und manch andere Eitelkeit;
> oder mit dem Mund, wie töricht zu reden, zu viel zu essen oder zu trinken;
> oder mit der Nase, in mancherlei Gerüchen;

oder mit törichtem und unehrlichem Tasten an sich selbst oder seinem Weib, oder mit einem anderen, was schlimmer ist, sei es Mann oder Weib.

Andererseits wurden die Sinne als Ratgeber des Menschen gesehen, die ihm helfen, dem Teufel und seinen Verlockungen zu trotzen. In dem äußerst populären Bühnenstück *Den spyeghel der salicheyt van Elckerlijc* (Der Spiegel der Seligkeit des Jedermann) aus dem späten 15. Jahrhundert wirft der Tod dem Elckerlijc und damit jedermann vor, dass er seine Sinne sein Leben lang sträflich vernachlässigt habe. Das Stück wurde erstmals 1496 in Antwerpen während eines berühmten, alle drei Jahre stattfindenden, »Landjuweel« genannten Wettstreits der Redekammern von einer Löwener Dichtergilde aufgeführt; zahlreiche Übersetzungen, Aufführungen und Bearbeitungen sollten folgen. Im *spyeghel der salicheyt* zeigt der Tod sich fassungslos, weil der sterbende Mann ein so sündiges Leben geführt hat, obwohl er doch in seinen Sinnen über die notwendigen Mittel verfügte, den Teufel und die Sünde zu erkennen und ihnen deshalb zu widerstehen: »Wie seid Ihr so töricht, Jedermann, dass Ihr trotz Eurer fünf Sinne innerlich so unrein seid, und mein plötzliches Kommen so unerwartet ist.« Und das, obwohl jeder vernünftige Mensch weiß, dass er vor Gott Rechenschaft über sein Leben wird ablegen müssen.

Aus Texten wie diesem spricht deutlich der Wunsch nach einer Anleitung zum richtigen Gebrauch der Sinne, um die Seele vor Verderben und ewiger Verdammnis zu bewahren. Die Gläubigen bekamen diverse Ratschläge, denen gemeinsam war, dass sie zu Wachsamkeit und Mäßigung aufforderten. Wenn der Gläubige zur Wachsamkeit ermahnt wurde, lag die Verantwortung bei der vernunftbegabten Seele. Damit war in der Regel gemeint, dass man sich nicht von Gefühlen leiten lassen durfte, wenn der Verstand davon abriet. Ein Mensch hatte »seine fünf Sinne« beisammen oder war »bei Sinnen«, wenn er bei klarem Verstand war und sich unter Kontrolle hatte. Die moralisierenden Ratschläge sollten helfen, Laster und Sünde zu erkennen, die praktisch überall lauern konnten. Um das Erkennen zu vereinfachen, wurden die Verlockungen der Sünde zum Teil auf sehr sinnenhafte Weise beschrieben. Dabei waren unterschwellig Misstrauen und Angst vor schlummernden Gefahren stets mit im Spiel.

Die Geistlichen konnten sich bei der Anleitung der Gläubigen ihrerseits auf Fragenlisten und Handbücher für Predigt und Beichte stützen. In kirchlichen Bibliotheken und privaten Buchbeständen von Geistlichen fanden sich in der Regel einige dieser Hilfsmittel. Darin wurden zum Beispiel Sünden anhand alphabetisch geordneter Fragen oder kurzer Gebete erklärt, die die Geistlichen nach Belieben bei der Beichte oder Predigt einsetzen konnten.

In einem weit verbreiteten Predigthandbuch, *Tabula exemplorum*, wurde die Bedeutung der Beichte folgendermaßen erläutert: »Da gibt es jene, die wie die faule Dienerin handeln, die den gesammelten Schmutz in einem Winkel des Zimmers lässt, wo er sich noch vermehrt und riecht, diejenigen nämlich, die ihre Sünden zwar erwägen, sie aber aus Scham in einen Winkel ihres Gewissens schieben.« Der Gehorsam gegenüber Gott (*obedientia*) sei aber wie »eine Harfe von zehn Saiten, nämlich den zehn Geboten; wenn aber eine Saite nicht richtig gespannt ist, ist die ganze Harmonie gestört«. Ein schmutziges Gewissen und Dissonanzen im Gehorsam gegenüber dem Herrn – diese Bildsprache lässt an Anschaulichkeit nichts zu wünschen übrig. Das Handbuch betont, wie sehr die Seele von dem für Sinneseindrücke empfänglichen Körper abhängig ist. Die Hauptsünde Völlerei oder Maßlosigkeit (*gula*) sei wie »der Blinde, der von seinem Hund geführt wird. Der Hund sieht Aas am Wegesrand und zieht dorthin, und der Mann geht mit. So führt das Fleisch die geblendete Seele.«

Godschalk Rosemondt, der Rektor der Löwener Universität, variierte in seinem 1517 in Antwerpen gedruckten *Boecxken van der biechten* (Büchlein von der Beichte) eine bekannte Warnung: »Ich habe meine fünf Sinne nicht wohl gehütet, sondern oftmals einen Fehler begangen im Sehen, Hören, Riechen, Schmecken und Tasten. Ich bin oftmals in der Kirche, auf der Straße oder anderswo auf und ab gewandelt, um schöne Herzen zu sehen, und habe unziemlich und mit übler Begierde ein Auge auf sie geworfen und wäre willig gewesen, hätte ich Zeit und Muße gehabt.« Hier sind eindeutig die Sinne schuld, wenn weltlichen Verlockungen nachgegeben wird. Aber immerhin gilt ja: Ein gewarnter Mann ist halb gerettet.

Dass nicht zweifelsfrei zu erkennen war, in welchem Maße eine sinnliche Wahrnehmung an sich den Körper und damit die Seele beeinflussen konnte, erschwerte wiederum den rechten Lebenswandel. So konnte allein schon die visuelle Wahrnehmung von etwas oder jemandem physische Folgen haben, ohne dass die vernunftbegabte Seele darauf irgendeinen Einfluss hatte, zum Beispiel, wenn eine Schwangere mitansah, wie ein Verbrecher aufs Rad geflochten wurde. In den *Evangelien vanden spinrocke* werden solche Vorstellungen wie immer satirisch überspitzt, wenn etwa davon die Rede ist, dass es Unglück bringe, wenn man bei einer Reise einer Spinnerin begegne, außer wenn sie ihren Spinnrocken hinter dem Rücken oder im Schoß versteckt halte.

Die meisten Menschen nahmen an, dass das sinnliche Erleben wichtiger sei als das verstandesmäßige Begreifen. Bei einer Messfeier war es deshalb wichtiger, all die sinnlichen Reize auf sich wirken zu lassen, die damit einhergingen, als die ausgeführten rituellen Handlungen zu verstehen. Aus dem gleichen Grund waren manche der Ansicht, dass schon das Hören ketzerischer Rede ausreiche, um den Geist des Zuhörers mit sündigen Gedanken zu infizieren, während andere meinten, dass ein inhaltliches Verständnis des Gesagten die Voraussetzung dafür sei, dass der Geist in Mitleidenschaft gezogen werde.

Die *Tabula exemplorum* setzte alles auf die Karte des sinnlichen Erlebens. Wie das Wort Gottes (*Verbum Die*) wirkte, wurde folgendermaßen erklärt:

> Da sagte jemand zum Prediger:
> »Es ändert nichts, dass ich es höre, ich höre es zwar gern, aber ich behalte nichts davon.«
> »Aber es ist damit wie mit den Töpfen«, sagte der Prediger, »man gießt das Wasser hinein und hinaus, und es bleibt kein Wasser darin, und doch sind sie dadurch gesäubert worden.«

Aus einem ähnlichen Gedanken heraus kritisierte Anna Bijns in einem 1528 in Antwerpen gedruckten Gedicht das ihrer Ansicht nach hochmütige Unterfangen, die Heilige Schrift zu ergründen:

> O ihr törichten Menschen.
> Zimmerleute und Maurer sind nun unsere Doktoren. Zinngießer, Pfeifer, Pinsellecker und Schieferdecker, Fettkrämer [Verkäufer »fetter« Waren wie Öl und

Kerzen], Blaufärber und Tuchspanner, Barbiere und Zahnbrecher; sie wollen sich mit der Heiligen Schrift befassen.

Doch meines Erachtens, wenn jeder sich um das Seine kümmert, ist das für alle das Beste.

Die empfohlene Zurückhaltung, was das inhaltliche Verstehen von Gottes Wort anging, konnte allerdings aus Sicht der Geistlichkeit unerwünschte Folgen haben. Um einer Bestrafung für religiöses Fehlverhalten zu entgehen, reichte es manchmal aus, sich unwissend zu stellen. 1542 musste sich Jacob van Middeldonck, Leiter einer Antwerpener Theatergesellschaft, wegen Missachtung von Verordnungen gegen Ketzerei vor dem Schultheiß verantworten; es ging um die Aufführung eines Stücks voller »Ketzerei gegen unseren Heiligen Christlichen Glauben«. Van Middeldonck verteidigte sich damit, dass er zum Zeitpunkt der Aufführung erst fünfzehn oder sechzehn Jahre alt und deshalb zu jung gewesen sei, um die Heilige Schrift zu verstehen. Außerdem sei er nur »ein einfacher und schlichter Handwerker, der sich außerhalb seines Handwerks mit nichts beschäftigte, der zur Kirche ging, zur Beichte ging, die Heiligen Sakramente empfing, die Messe hörte und sich auch im Übrigen so betrug, wie es einem guten Christen geziemte«. Da er nie gelernt habe, den Sinn der Heiligen Schrift zu ergründen, könne er unmöglich Ketzereien erkennen und meiden. Er wurde freigesprochen.

In seinem *Lob der Torheit*, 1509 geschrieben und zwei Jahre später erstmals gedruckt, teilt Erasmus die Menschen grob in zwei Gruppen ein: jene, für die nur der körperliche Genuss zählt (äußere Sinne), und jene, die sich ausschließlich für die Seele interessieren (innere Sinne), während sie das Körperliche vernachlässigen. Beide Extreme verachtete der bissige Humanist gleichermaßen. Die erste Gruppe vergleicht er mit den angeketteten Gefangenen in Platons Höhlengleichnis, die davon überzeugt sind, dass nur die von ihnen wahrgenommenen Schattenbilder real sind. Die zweite Gruppe, zu der die Geistlichen zählen, glaubt dagegen, »die Seele sei verwickelt und verstrickt in die Fesseln des Leibes und seine massige Schwere hindere sie am Schauen und Genießen der Wahrheit«.

In der mittelalterlichen Ikonographie spielt das Motiv der Sinne als Ratgeber oder Verführer fast gar keine Rolle. Angesichts der Tatsache, dass in den Schriften so viel Nachdruck auf das Erkennen der Verlockungen gelegt wird, die über diese Einfallstore zur Seele zu gelangen versuchen, ist das verwunderlich. Denn wie könnte man dies besser illustrieren als durch bildliche Darstellungen?

Eine seltene und faszinierende Darstellung dieser Art bietet ein ungefähr 1480 entstandener deutscher Holzschnitt, der für ein breites Publikum bestimmt war. (Abb. 32) Er wurde im Auftrag der Benediktinerabtei Tegernsee angefertigt und im »ungebildeten Volk« verbreitet. Dank der emblematischen Bildsprache war die Aussage leicht zu verstehen. In fünf Reihen von Symbolen werden die zehn Gebote (obere zwei Reihen), die fünf Sinne (mittlere Reihe) und die sieben Hauptsünden, hier Todsünden genannt (untere zwei Reihen), versinnbildlicht. Für die Sinne stehen ein Spiegel, Musikinstrumente, ein Löffel, eine Blüte und eine Hand, die eine Geste macht. Nichts davon hat positive oder negative Konnotationen. Dass sie zwischen den zehn Lebensregeln (die den Weg in den Himmel weisen) und den Hauptsünden (die zur Hölle führen) stehen, betont ihre neutrale Position. Die Sinne haben hier nur die Funktion, die Richtung zum Guten oder zum Bösen anzuzeigen.

Eine andere Darstellung, bei der es um die Bedeutung der Sinne für Heil oder Verdammnis geht, stammt ebenfalls aus dem deutschen Sprachraum. Sie findet sich in einer Ende des 12. Jahrhunderts in der Zisterzienserabtei von Heilsbronn entstandenen Handschrift mit einem Sammelsurium von Bibeltexten. Gedanklich steht diese vollseitige Miniatur dem 300 Jahre jüngeren Tegernseer Holzschnitt nahe, wobei die Sinne das Verbindungsglied sind. (Abb. 33) Rechts unten kriecht ein nackter Mann aus dem Mund der Natur. Der Miniaturist wählte das beliebte Motiv der Leiter als Verbindung zwischen Paradies und Fegefeuer. Die ersten fünf Stufen, die zum diesseitigen Leben gehören, stehen für die fünf Sinne; dank ihrer kann der Mensch sein Leben auf Erden führen. Doch wie der Mensch sie nutzt, bleibt nicht ohne Folgen für Leib und Seele. Nach diesen fünf Stufen teilt sich die Leiter. Abhängig von den zu Lebzeiten getroffenen Entscheidungen gelangt man über den schmalen Zweig zur Himmelspforte oder über den breiten zum Abgrund der Hölle. Die Inschrift in der Umrahmung der Heilsbronner Miniatur betont, wie wichtig es ist, sich letztlich von den fleischlichen Gelüsten zu befreien:

> Während körperliche Verlockungen den Sitz des Verstandes quälen, verlangt der Geist des Nachfolgers Christi nach dem Weg zum Himmel. Strebe zum rechten Zweig der Erkenntnis, verachte den linken, denn rechts öffnet sich dir das Paradies, links die Hölle.

## Anfang und Ende

Die fünf Sinne zu reinigen und zu stärken, um dem Teufel widerstehen zu können, war eine Voraussetzung für die Aufnahme in die christliche Gemeinschaft. Während des Taufrituals berührte der Priester die Nasenlöcher des Täuflings, damit er den süßen Duft Gottes wahrnehmen konnte. Er legte dem Täufling eine Prise geweihtes Salz auf die Zunge und »öffnete« mit Speichel die Ohren für das Wort Gottes. Auf diese Weise wurden die Sinne als Pforten zur Seele empfänglich für die Einflüsse des Göttlichen. Während dieser Handlungen rezitierte der Priester Gebete, in denen dem Teufel geboten wurde, sich zu entfernen, damit das Neugeborene sein Leben im reinsten Zustand beginnen konnte. Wenn der Gläubige später dann doch sinnlichen Verlockungen nachgab und in die Falle der Sünde tappte, gab es zum Glück einige Wege zu einem spirituellen Neuanfang. Vor allem durch Beichte, Buße, Fasten und Gebet konnte man sich körperlich und geistig von dem Bösen heilen, das die Seele durch schädliche Sinnlichkeit und moralisch verwerfliche Entscheidungen besudelt hatte.

Die geistliche Begleitung während der letzten Augenblicke des Lebens spiegelte gleichsam das Taufritual an dessen Anfang. Allerdings war die Befürchtung weit verbreitet, dass die Spendung der letzten Sakramente den schon mit einem Bein im Grab Stehenden ganz dorthin befördern könnte, weshalb manche Schwerkranke keinen Priester kommen lassen wollten. Die Geistlichen betonten deshalb die eher beschützende, Hoffnung spendende Seite der Rituale. Denn während am Bett des Sterbenden die letzten Schritte vollzogen wurden – Beichte, Spendung des Heiligen Sakraments und Krankensalbung –, wütete ein geistiger Kampf auf Leben und Tod; der Teufel setzte ein letztes Mal alles daran, die Seele endgültig zur Hölle zu locken.

Nur dank der fünf Sinne als Ratgeber konnte man die moralisch richtigen Entscheidungen treffen. In den rituellen Handlungen am Sterbebett versuchte man, die einzelnen Sinne mit heilsamen Impulsen anzusprechen. Während brennende Kerzen den Raum erleuchteten, war der Blick des Sterbenden auf ein Kruzifix oder auf eine Ars-moriendi-Darstellung gerichtet. Diese die »Kunst des Sterbens« veranschaulichenden Holzschnitte oder Stiche zeigten den gekreuzigten Christus und rings um das Sterbebett versammelte Heilige, Engel und Dämonen, die den Kampf um die Seele des Sterbenden ausfochten. Die Blätter dienten zur Vorbereitung auf den Tod und zur Orientierung in den letzten Augenblicken. Der Sterbende hielt eine Kerze fest in den Händen, das Kruzifix wurde geküsst oder an die Brust gedrückt. Währenddessen rezitierte der Priester Gebete, das Zimmer füllte sich mit Weihrauch, der Körper wurde mit geweihtem Öl gesalbt. Wie bei der Taufe wurden die Pforten zur Seele geschützt: Auf Augen, Ohren, Nase, Mund, Hände und Füße wurde das duftende Öl aufgetragen. Auch Weihwasser wurde großzügig gebraucht. Nicht nur der Sterbende wurde mehr als einmal mit gesegnetem Wasser besprengt, sondern auch das Innere des Hauses und alle Anwesenden, während der Priester göttlichen Schutz für sie erflehte.

Ihr Herrengrachtgöttinen,
Ihr Burgwallmelusinen,
Schließt einen Trauerbund:
Streut auf ihn Wohlgerüche,
Webt ein Gewand aus Sprüchen,
Entsprungen seinem Mund.

Joost van den Vondel, *Lycksang over Dionys Vos*
(Nekrolog für Dionys Vos, 1633)

# 8 Den Blicken entzogen

## Anfang Dezember 1510, sieben Uhr morgens
...

Es fror Stein und Bein. Seit einigen Wochen war die Schelde vollständig zugefroren, und vor Mitte Februar würde sich das kaum ändern. Wassermühlen standen still, immer mehr Nahrungsmittel wurden knapp. Weiter südlich versuchten die Einwohner Brüssels sich mit ihrem schon damals legendären Schneefest Mut zu machen. Über hundert komische und vor allem frivole Schneeskulpturen schmückten Straßen und Plätze: wollüstige Meerjungfrauen, scheißende Kühe, ein Brunnen mit einem pinkelnden Kind. Und wenn am Ende des Winters Tauwetter einsetzte, war mit katastrophalen Überschwemmungen zu rechnen. Dieser harte Winter würde zu Recht als »der tote Winter« in die Geschichte eingehen.

Die Einwohner Antwerpens versuchten, diese rauen Monate zu überstehen, so gut es ging. Wie jeden Tag gingen zahlreiche Bürger frühmorgens auf dem Weg zur Arbeit durch das gerade fertig gestellte Transept der Liebfrauenkirche, das Querhaus zwischen Nord- und Südportal. (Abb. 18) Sie hielten sich ein bisschen länger als gewöhnlich dort auf, bevor sie sich wieder dem schneidenden Wind aussetzten. Die Knochenschnitzer priesen sich glücklich, ihre Waren in der Kirche verkaufen zu dürfen statt draußen auf dem Groenkerkhof. Ihr Stand mit Rosenkränzen und weniger frommer

Ware wie zum Beispiel Würfeln war höchstwahrscheinlich auch irgendwo im Querhaus aufgebaut.

Östlich vom Querhaus lag der Hochchor, umgeben vom Chorumgang und dem Kapellenkranz, und westlich die sogenannte wandelkerk, das Langhaus mit dem neuen Bereich für die Pfarrgemeinde und dem Gros der Nebenaltäre. Noch vor nicht allzu langer Zeit war ein Gang durch das Transept ein Gang an der frischen Luft gewesen; erst im letzten Viertel des 15. Jahrhunderts waren die beiden gotischen Bauteile der Liebfrauenkirche verbunden worden. Bis dahin waren es zwei »halbe« Bauwerke gewesen, die im Lauf von gut hundert Jahren in mehreren Anläufen aufeinander zugewachsen waren. Man kannte die Liebfrauenkirche im Grunde nur als ewige Baustelle. Die Stadt war erheblich gewachsen, und zu einer Weltstadt wie Antwerpen gehörte nun einmal die größte Kathedrale der Welt. Aber seit jeher war man es gewohnt, den Trampelpfad quer durch das Gebäude zu nehmen; wer zum Grote Markt wollte oder von dort kam, sparte dadurch mindestens hundert Schritt, was an eiskalten Tagen wie diesem besonders angenehm war. Und nun war die Abkürzung noch schöner geworden, denn man konnte täglich die leisen Klänge des Stundengebets hören, das zu dieser Morgenstunde im Hochchor gehalten wurde.

## Das schlagende Herz

•

Ein Hochchor diente vor allem als der Ort, an dem sich die Geistlichen zum Offizium oder Stundengebet versammelten. Das Offizium war auf mehrere Gebetszeiten verteilt, sodass über den gesamten Tagesverlauf hinweg zu festgelegten Zeiten Lobpreisungen an Gott gerichtet wurden. Das Abhalten des Stundengebets war obligatorisch für alle Klosterkirchen und solche Kirchen, mit denen ein Kapitel verbunden war, wie es bei der Antwerpener Liebfrauenkirche der Fall war. Das Offizium des ausgehenden Mittelalters umfasste Matutin, Laudes, Prim, Terz, Sext, Non, Vesper und Komplet. Aus organisatorischen Gründen hatte man in der Liebfrauenkirche die Gebetszeiten in drei Gruppen zusammengefasst: am frühen Morgen Matutin und Laudes, woran sich eine erste Messe anschloss, am Vormittag Prim, danach eventuell ein Requiem, Terz, danach meistens das Hochamt, Sext und Non, und gegen Abend

Vesper und Komplet. Länge und genaue Anfangszeit hingen von der Bedeutung eines Feiertags (an wichtigen Feiertagen dauerten die Gebete deutlich länger), von der Jahreszeit und dem Zeitpunkt des Sonnenauf- und -untergangs ab. Da man den Tag in eine feste Anzahl Stunden Tageslicht einteilte, war eine Stunde im Winter viel kürzer als im Sommer. Im Dezember dauerte eine Stunde in Antwerpen umgerechnet auf heutige, immer gleich lange Stunden nur 39 Minuten.

Ein Kaplan erhielt vom allmächtigen Liebfrauenkapitel nur dann die Erlaubnis, an einem Nebenaltar Messen zu lesen, wenn er sich verpflichtete, täglich an einer der drei Gruppen von Stundengebeten (früh morgens, vormittags, abends) teilzunehmen. Insgesamt waren rund hundert Menschen zur Teilnahme verpflichtet, darunter die 22 Kanoniker (die zusammen das Kapitel bildeten, oft aber nicht in Antwerpen wohnten), etwa 60 Kapläne, 12 Sänger (Vikare) und 8 Chorknaben, ergänzt um zahlreiche weitere Kapläne, die in Antwerpener Kapellen und Klöstern tätig waren.

Das Kapitel hatte 1410 begonnen, professionell geschulte Sänger einzustellen, die in der Lage waren, die komplexen mehrstimmigen Gesänge – die teils auskomponiert vorlagen, teils improvisiert werden mussten – auf zufriedenstellende Weise auszuführen. Weil ihr Beitrag von herausragender Bedeutung war, mussten sie an mindestens zwei der drei Stundengebetsgruppen teilnehmen. Sie übernahmen den Großteil des gregorianischen (einstimmigen) Gesangs und alles, was mehrstimmig ausgeführt wurde. Die Kanoniker und Kapläne mussten sich währenddessen still beschäftigen; nur wenn der Singmeister ihnen den Ton angab, vor allem an wichtigen Feiertagen, sangen sie mit.

Ein 1571 von Antonis van Leest nach einer Vorlage des Mechelner Stechers Pieter van der Borcht angefertigter Holzschnitt vermittelt eine realistische Vorstellung davon, wie es in einem Hochchor während des Offiziums zuging. (Abb. 34) Diese Momentaufnahme aus der Sankt-Rombouts-Kirche (der Kirche des heiligen Rumold) in Mecheln zeigt, wie die Kanoniker und Kapläne, die im Chorgestühl an den Seitenwänden des Chors sitzen, während eines Gesangs ins Gebet versunken sind oder mit einem Sitznachbarn plaudern. In der Mitte stehen drei Pulte: für die Lesungen aus den Episteln und Evangelien, für die gregorianischen Gesänge und für die mehrstimmige Musik. An diesem letzten Pult sind die

Sänger, Chorknaben und der Singmeister in Aktion wiedergegeben. Hier ist auch erkennbar, warum die Chorbücher (Antiphonare) so groß sind: Alle Sänger müssen in einem relativ dunklen Raum die Noten aus demselben Buch ablesen können.

Da die Teilnahme obligatorisch war und die Kapläne eine Kürzung ihrer Zuwendungen riskierten, wenn sie das Offizium versäumten, sollte man annehmen, dass sich Tag für Tag Geistliche in großer Zahl im Hochchor einfanden, um auf ihren Stammplätzen im Chorgestühl zu beten, zu singen oder zu psalmodieren. Die ständigen Klagen über die Vernachlässigung der Teilnahmepflicht vermitteln jedoch ein anderes Bild. Einer der Gründe war, dass das Offizium als bloße Routine, und als zeitraubende noch dazu, empfunden wurde. Martin Luther sagte später, Gott habe ihn 1520 „mit Gewalt ab horis canonicis gerissen". In solchen Fällen holte er am Samstag hintereinanderweg alle Gebete nach, die er in der Woche versäumt hatte, wobei er den ganzen Tag über weder aß noch trank.

Ein weiteres Problem in großen Städten mit mehreren dicht beieinander gelegenen Kirchen bestand darin, dass Kapläne von einem Chordienst zum nächsten eilten, um sich ihre Anwesenheit mehrfach vergelten zu lassen. Der Straßburger Humanist Sebastian Brant tadelte diese Unsitte in seiner 1494 gedruckten, viel gelesenen Satire *Das Narrenschiff* im Abschnitt »Vom Schwätzen im Chor«: »Von denen darf ich gar nicht drucken, / Die in den Chor nur grade gucken / Und zeigen sich zum Präsentieren / Und suchen wieder bald die Türen.« Das Liebfrauenkapitel versuchte zwar, die vorschriftsmäßige Teilnahme am Offizium durchzusetzen, doch es blieb ein ewiger Kampf.

Das sakrale Schauspiel im Hochchor blieb weitgehend den Blicken der Kirchenbesucher entzogen. Zwischen 1469 und 1475 wurde nicht nur das Querhaus fertiggestellt, sondern auch ein massiver steinerner Lettner errichtet, der Querhaus und Hochchor bis auf einen einzigen Durchgang vollständig voneinander trennte. Ein von Hendrik van Steenwyck dem Älteren und Jan Brueghel dem Älteren 1593 gemaltes Bild des Kathedralinneren zeigt möglicherweise diesen Lettner, über dessen genaues Aussehen leider wenig bekannt ist. (Abb. 35) Er bestand aus weißem Naturstein und blaugrauem Kalkstein, und auf Konsolen stehende Evangelistenfiguren schmückten seine Pfeiler.

Nicht lange nach dem Bau des Lettners wurden die beiden gotischen »Hälften« der Kathedrale zusammengefügt; die Wand wurde also gerade rechtzeitig fertig, um neugierige Gläubige aus dem Hochchor herauszuhalten, ein Problem, über das vielerorts geklagt wurde. Gewöhnliche Bürger hatten nämlich im Chor grundsätzlich nichts zu suchen, erst recht nicht während des Stundengebets oder anderer religiöser Feiern. Der Chor war das sakrale Herz der Kathedrale und hatte als solches respektiert zu werden. Dennoch sollen manche Kirchenbesucher die hierarchische Schranke einfach ignoriert und sich in aller Gemütsruhe unter die vielen Geistlichen gemischt haben. Sie machten es sich plaudernd im Chorgestühl bequem, wärmten sich an kalten Tagen an den dort brennenden Öfen und sahen sich in der Sakristei um. Das Kapitel war deshalb in Sorge, dass Kirchenbesucher die Sänger und Kapläne bei deren täglichen Verrichtungen zu sehr ablenken könnten.

In der Praxis erfüllte der Lettner verschiedene Funktionen; er war akustische Barriere und Klangverstärker zugleich. Innerhalb des Chors dienten die massive Wand und die hölzernen Chorgestühle als Barriere, wobei die Teppiche an den Wänden und auf dem Boden eine dämpfende Wirkung hatten; der Hall wurde verringert, was der Verständlichkeit des gesungenen und gesprochenen Worts zugutekam. Wenn die Sänger auf der vom Chor aus über Treppen zugänglichen Bühne oben auf dem Lettner standen, in etwa fünf bis sechs Metern Höhe, war die Musik wiederum im ganzen Kirchengebäude gut hörbar. Zumindest an Hochfesten bevölkerten außer Sängern auch Instrumentalisten diese Podien. Auf der Mitteltafel des Sankt-Nikolaus-Triptychons, im dritten Viertel des 16. Jahrhunderts von einem unbekannten Löwener Meister gemalt, ist die Aufstellung der Sänger vermutlich realistisch wiedergegeben. Sie stehen auf der rechten Seite der Empore vor einem Pult mit einem Antiphonar und sind dem Organisten auf der anderen Seite des Lettners zugewandt. (Abb. 36) Die Bühne des Lettners diente darüber hinaus für diverse weitere, auch weltliche Zwecke wie das Ablegen von Eiden, feierliche Bekanntmachungen oder die Verkündigung von Exkommunikationen.

Außerdem schützte der Lettner die Geistlichen bis zu einem gewissen Grad vor Kälte. In den Wintermonaten wurden Hochchöre ohnehin mit dicken Matten ausgestattet, die zwischen den Pfeilern befestigt wurden. Im Hochchor der Liebfrauenkirche wurden schon im November

Matten aufgehängt und kleine Öfen aufgestellt, damit man es dort aushalten konnte. Die Winter waren streng, und die Kälte drang durch offene Türen und zerbrochene Fenster herein. Der Abbruch eines Lettners konnte deshalb eine kleine Völkerwanderung in Gang setzen, wie es für den Mainzer Dom bezeugt ist. Nach dem Abbruch des Einbaus war der Hochchor so kalt und zugig, dass nichts anderes übrig blieb, als die Stundengebete und andere sakrale Handlungen in einen besser geschützten Teil des Bauwerks zu verlegen.

Ein Lettner bot aber nicht nur Schutz vor Kälte und Lärm, sondern machte den Hochchor auch zu einem mysteriösen Guckkasten, der Kirchenbesucher anzog wie eine Lichtquelle Motten; man wollte doch zu gern wissen, was sich dahinter abspielte. Außerdem fügte er sich meist architektonisch so harmonisch in die Kirche ein, dass er mit der Umgebung verschmolz, statt als Grenze wahrgenommen zu werden.

## Eine Verkehrsader

Der Lettner dämpfte den Trubel des Querhauses, der sonst die Gebete im Hochchor gestört hätte. Das lebhafte Treiben auf einer solchen innerkirchlichen Verkehrsader verursachte nun einmal Lärm, weshalb in manchen Kirchen sogar »Verkehrsschilder« aufgehängt wurden, mit denen man Störungen aus dem Querhaus während der religiösen Feiern zu begrenzen hoffte. Zum Beispiel wurde 1612 in der Utrechter Buurkerk eine Tafel aufgehängt, auf der zu lesen war, dass es verboten sei, »während der Predigt des Göttlichen Wortes oder anderer christlicher Übungen« Karren durch die Kirche zu schieben oder Vieh hindurchzutreiben.

Sogar Tiere nutzten die geschützte Verkehrsader. Die Antwerpener Straßen waren ja nicht nur von Menschen bevölkert, auch viel Groß- und Kleinvieh war darauf unterwegs. Wer vom Land in die Stadt zog, nahm außer Schränken, Truhen und Tischen auch seine gackernden und grunzenden Besitztümer mit. Vor allem freilaufende Schweine waren auf den Straßen der Scheldestadt kein seltener Anblick, und Friedhöfe waren dafür bekannt, dass sich viel Kleinvieh auf ihnen herumtrieb. Ein Teil davon mag seinen Weg auch in die Liebfrauenkirche hinein gefunden haben.

Obdachlose Bettler und Vagabunden mussten der Kälte in den Portalen zu trotzen versuchen. Seit 1447 war das Betteln in den Antwerpener Kirchen verboten, weil Bettler angeblich die Gottesdienste störten. Diese Verbote wurden endlos wiederholt, aber die geringe Anzahl von Verurteilungen für Verstöße lässt darauf schließen, dass sie kaum ernsthaft durchgesetzt wurden. Nur bei besonders hohem Aufkommen an Kirchenbesuchern wie zum Beispiel 1500, einem Heiligen Jahr mit außergewöhnlichen Ablässen, wurden Bettler nicht einmal in den Portalen geduldet: »Weder arme Leute noch ihre Kinder dürfen in den sieben Antwerpener Kirchen betteln, noch dürfen sie in deren Portalen sitzen.«

Die einzigen »armen Leute«, die sich in die Liebfrauenkirche begeben durften, waren Gemeindemitglieder, welche die Armenfürsorge an der Heilig-Geist-Tafel oder Armentafel in Anspruch nahmen. Die Armentafel fiel in den Zuständigkeitsbereich der Pfarrgemeinde und befand sich deshalb im selben breiten Seitenschiff wie der Gemeindealtar. Dort konnten sich Bedürftige zu festgelegten Zeiten für eine Speise, ein wenig Geld oder Kleidung anstellen.

Nicht nur die Pfarrgemeinde betrieb diese Art Armenfürsorge, auch wohlhabende Gemeindemitglieder finanzierten eine oder mehrere Almosenverteilungen. Als Gegenleistung erwarteten sie, dass bei der vorangehenden Messe für ihr Seelenheil gebetet wurde. Grob geschätzt fand mindestens alle zwei Wochen eine Ausgabe von Geld oder Speisen an etwa zwanzig bis achtzig Bedürftige statt. Vor allem in Zeiten großer Armut und während Hungersnöten dürfte Gedränge geherrscht haben. 1527 verkündete der Magistrat, dass »Landstreicher und Landstreicherinnen, stark genug, um ihr Brot zu verdienen«, nicht mehr teilnehmen durften, und die Kampflustigen unter ihnen wurden gewarnt, sich nicht etwa an den Almosenverteilern zu vergreifen und diese zu »*injureren*« (verletzen).

Eine Ansammlung von allerlei Volk vor einer Kathedrale hat kein Geringerer als Pieter Bruegel der Ältere in seinem Gemälde *Der Kampf zwischen Karneval und Fasten* von 1559 verewigt. (Abb. 37) Im Vordergrund tragen die Personifikationen von Karneval und Fastenzeit einen Zweikampf aus, während zwischen Herberge und Kathedrale ein Gewimmel von frommen und außer Rand und Band geratenen Gestalten zu sehen ist.

Links vor dem Portal sitzt ein Mann an einem Tisch mit einer Spendenschale und einem Reliquiar, das die Kirchenbesucher für einen kleinen Betrag küssen dürfen. Ihm gegenüber, rechts vor dem Portal, sieht man eine Frau, die Kerzen und wächserne Votivgaben verkauft. Das konnte zum Beispiel eine Kuh für krankes Vieh oder eine menschliche Figur für einen kranken Angehörigen sein. Im Eingangsbereich liegt rechts ein Kruzifix auf einem Tuch, auf dem man Münzen opfern kann; im Schatten gegenüber steht ein Bettler, der die vorbeigehenden Gläubigen mit ausgestreckter Hand erwartet. Ein drastisches Detail vor dem Tisch mit dem Reliquiar wurde übermalt, nämlich die zwei unter schmutzigen Decken auf dem Boden liegenden Bettelkinder, die auf späteren Kopien des Bildes noch zu sehen sind. (Abb. 38) Bei beliebten Festen muss all das Verkaufen, Spendensammeln, Betteln und Opfern vor und in den Portalen und im Querhaus ein großes Geschiebe und Gedränge verursacht haben.

## Abgeschlossen von der Außenwelt

Das siebenschiffige Langhaus der Liebfrauenkirche, das sich westlich an das Querhaus anschließt, war ein labyrinthisches Gewirr abgegrenzter Bereiche. Zig Nebenaltäre schmiegten sich dort an die Pfeiler und Wände. Von der heutigen Offenheit des Raums konnte damals keine Rede sein. Im 16. Jahrhundert war ein Altar gewöhnlich mit farbenfrohen Vorhängen ausgestattet, die links und rechts vom Altaraufsatz hingen. Altareigentümer besaßen meistens zwei oder mehr Vorhangpaare in unterschiedlichen Farben, die abhängig vom kirchlichen Festkalender gewechselt wurden. Sie konnten anderthalb Meter lang sein und hatten sowohl eine symbolische als auch eine praktische Funktion.

Zu Beginn der Messfeier waren die Vorhänge geöffnet. Erst vor dem eucharistischen Hochgebet wurden sie vom Priester oder einem Messdiener zugezogen, um Altar und Priester den Blicken der Gläubigen zu entziehen. Wie das *Boexken van der missen* (Büchlein von der Messe), eine erstmals 1506 in Antwerpen gedruckte populäre Erklärung der Messfeier, ausführte, wurde die Messe von diesem Moment an »heimlich mit geschlossenen Vorhängen gefeiert, auf dass der Priester nicht gestört werde«. Außerdem sprach der Priester dieses Gebet still, um sich ganz auf den Inhalt konzentrieren zu können, ohne an Artikulation oder Stimmvolumen zu denken. Es war ein Gespräch allein zwischen ihm und Gott, natürlich immer zum Nutzen des Seelenheils des Stifters oder der Stifter der Messe. Mit dem Schließen der Vorhänge wurden die der Messe beiwohnenden Gläubigen also vorübergehend von der Feier ausgeschlossen. Kurz vor der Elevation wurden die Vorhänge wieder geöffnet. Diese beiläufige Handlung betonte die Bedeutung des bevorstehenden visuellen Höhepunkts.

Um die Wende vom 15. Zum 16. Jahrhundert wurden an den vielen Nebenaltären in der Liebfrauenkirche über hundert Messen pro Tag gefeiert. Falls jeder Altar Vorhänge besaß, wurden also auch mehr als hundert Mal Vorhänge geschlossen und geöffnet, was eine kaum zu unterschätzende Wirkung auf das Raumerlebnis der Kirchenbesucher gehabt haben muss.

Wenn man mit der symbolischen Funktion der Vorhänge im Hinterkopf spätmittelalterliche Gemälde und Miniaturen betrachtet, bekommt ein unscheinbares Bildmotiv plötzlich mehr Bedeutung. Eine häufig vorkommende Hintergrundfigur in Darstellungen von Messfeiern ist ein Kirchenbesucher oder Messdiener, der einen Vorhang etwas zur Seite zieht, um die Elevation sehen zu können. Auf diese Weise betont der Künstler auf einfallsreiche Weise, welche Bedeutung der Schau des erhobenen Sakraments zukam.

Auf Darstellungen der sogenannten Gregorsmesse, eines populären Themas der christlichen Ikonografie, taucht diese Figur besonders häufig auf. (Abb. 44) In der bekanntesten Version der Wundererzählung, die dem Bildthema zugrunde liegt, äußert ein Diakon bei einer von Gregor I. (Papst 590–604) gefeierten Messe Zweifel an der Wandlung von Brot und Wein während des eucharistischen Gebets. Genau in diesem Moment erscheint Christus über der Altarplatte. Er wird grundsätzlich mit blutenden Kreuzwunden und umgeben von Leidenswerkzeugen aus der Passionsgeschichte wie Geißelsäule, Dornenkrone und Kreuz dargestellt. Die Gregorsmesse ist eine allegorische Veranschaulichung der leiblichen Gegenwart Christi in der Eucharistie (*praesentia realis*) – ein Thema, das in unmittelbarem Zusammenhang mit dem Bildmotiv der geöffneten Vorhänge steht, bei dem es ja um das Schauen der gewandelten eucharistischen Gaben geht. Im ausgehenden Mittelalter wurde die

Lehre von der Realpräsenz Christi erneut kontrovers diskutiert, und bildliche Darstellungen der Gregorsmesse wurden sehr populär. Die schon seit Jahrhunderten geführte Diskussion drehte sich um die Frage, wie die »Wandlung« von Brot und Wein in Leib und Blut Christi denn nun genau verstanden werden sollte.

Im unvollendeten *Stundenbuch des Charles de France*, 1465 für den Bruder des französischen Königs angefertigt, thematisiert der unbekannte Miniaturist das Spiel von Sehen und Nichtsehen in einer glanzvollen ganzseitigen Miniatur, die die Jungfrau Maria in einem Fantasie-Kirchenraum von unirdischer Pracht zeigt. (Abb. 39) Maria sitzt ruhig-erhaben im Vordergrund, von der Seite her beobachtet von ein paar sehr viel kleineren menschlichen Gestalten. Das gotische Säulenwerk lenkt unterdessen den Blick des Betrachters zum Altar im Hintergrund. Vereinzelte Gläubige steigen die gewaltige Treppe zum Altar hinauf, um die Messfeier sehen zu können. Links zieht jemand einen der meterhohen Vorhänge vor dem Altar ein wenig zur Seite, sodass der Priester am Altar sichtbar wird. Die Größe und die Art der Anbringung der Vorhänge sind wie die Überfülle an architektonischem Schmuck der Fantasie des französischen Künstlers entsprungen. Das Heimliche des eucharistischen Hochgebets, das jeden Moment sichtbar gemacht werden kann, kündigt jedoch die wirkliche Gegenwart Christi an. Und diese kommende Gegenwart spiegelt in gewisser Weise wider, was sich im Vordergrund abspielt, wo der Erzengel Gabriel der Jungfrau die Empfängnis Jesu ankündigt (Mariä Verkündigung).

Kapellen und Altäre wohlhabender Gilden und Bruderschaften waren in der Regel durch Gitter und Vorhänge vom umgebenden Kirchenraum abgetrennt, damit sie für Nichtmitglieder unzugänglich waren. Die schmiedeeisernen Gitter hielten Diebe und Hunde fern, erlaubten aber den Kirchenbesuchern, die reichhaltige Ausstattung der Altäre zu bewundern; sie verliehen Prestige, waren selbst Teil des dekorativen Programms und dienten als Halter für Leuchter. Drei Jahre nach ihrer Gründung im Jahr 1478 ließ die reiche Liebfrauenlob-Gilde ihre Kapelle mit einer Reihe kupferner Pfeiler, jeder etwa 26 Kilo schwer, vom übrigen Kirchenraum abgrenzen. Tagsüber durften sich alle Kirchenbesucher in der Kapelle aufhalten, doch eine halbe Stunde vor Beginn des Marienlobs wurden Nichtmitglieder durch den im Dienst der Gilde stehenden *cnape* (Knappen) hinausgejagt. Nur die Mitglieder der exklusiven Vereinigung, vor allem international tätige Kaufleute, durften in der Kapelle ungestört dem Gesang der Vikare und Chorknaben lauschen. Die Musik ließ sich natürlich nicht einschließen, aber für Fremde war kein Sitz- oder Stehplatz vorgesehen.

Der anonyme Kölner Maler, der als Meister des Aachener Altars bezeichnet wird, hat anschaulich das Spiel des Enthüllens und Verhüllens dargestellt, das sich durch die Vielzahl an trennenden Elementen ergab. Auf den Außenseiten der Flügel seines kurz nach 1500 geschaffenen Passionstriptychons ist eine Nebenkapelle abgebildet, in der links eine Gregorsmesse zelebriert wird, während rechts das Stifterehepaar in Anbetung kniet. (Abb. 40) Das Bildmotiv des geöffneten Vorhangs wird hier variiert, indem zwei Engel den herabhängenden Stoff des Altarbaldachins anheben. Gegenüber sind hinter den Stiftern drei betende Zuschauer hinter einem halb zur Seite gezogenen Vorhang zu sehen, die von dort die Verwandlung des Brotes in den Leib Christi erleben. Rechts neben dem Altar ist im Hintergrund ein zweifarbiger Wandteppich an einer steinernen Trennwand befestigt, und hinter den Stiftern hängt vor dem Trenngitter mit den Leuchtern darauf ein großes schwarzes Tuch mit zwei Wappen.

Dieses mehr als einen Meter hohe Passionstriptychon gehörte der Familie von Hermann Rinck, einem reichen Kaufmann und Bürgermeister von Köln; es wurde kurz nach seinem Tod als Altaraufsatz für die Familienkapelle in der Kölner Pfarrkirche Sankt Kolumba angefertigt. Mit all den Vorhängen, Gittern, Tüchern und den Wappenschilden darauf beansprucht das reiche Stifterehepaar die abgebildete Kapelle sowohl räumlich als auch visuell ganz für sich. Diese Details, die bei stilistischen Analysen oder der Suche nach Hinweisen auf die Identität des Künstlers oft übersehen werden, vermitteln einen realistischen Eindruck von der Gestaltung und Ausschmückung spätmittelalterlicher Kirchen und Kapellen.

Wegen der im Spätmittelalter wieder aufgelebten Kontroverse um die Realpräsenz Christi während der Messfeier war die Gregorsmesse ein beliebtes Bildthema für die Außenseiten von Altarflügeln. Weil Altaraufsätze viel häufiger geschlossen als geöffnet waren, bekamen die Kirchenbesucher an den meisten Tagen nur die Außenseiten der Flügel mit der darauf abgebildeten Gregorsmesse zu sehen. Auch Stifterporträts auf den Außenseiten von Altarflügeln waren sehr gefragt. Es war eine einfache Möglichkeit, sich selbst als frommen Christen in anbetender Haltung vor einem Schutzpatron darstellen zu lassen, sichtbar für alle Kirchenbesucher. Frömmigkeit und Prestigestreben gingen Hand in Hand.

Auf dem Tafelbild *Die Berufung des heiligen Antonius* des Leidener Malers Aertgen Claesz. Van Leyden ist hinter dem Prediger ein großes, einfarbig grünes Tuch an einer Reihe von Säulen aufgehängt. (Abb. 10) Es könnte sich um ein rein dekoratives Element handeln, wahrscheinlich ist es aber ein Beispiel für die sinnvolle Verwendung von Textilien zur Verbesserung der Akustik in einem sonst zu stark hallenden Kircheninneren.

Das Bild verrät noch etwas Interessantes über den Aufenthalt im sakralen Raum, nämlich im Hinblick auf Sitzgelegenheiten. Wenn man genau hinsieht, fällt auf, dass Menschen im Vordergrund auf Hockern oder Klappstühlchen sitzen. Es war üblich, seinen eigenen Kirchenstuhl, einen schlichten hölzernen Klappsitz, zur Messe mitzubringen. Im Gegensatz zu heute waren Kirchen ursprünglich nicht mit Bankreihen gefüllt, erst recht nicht mit frei verfügbaren Bänken oder Stühlen. Wie die Gläubigen auf Bruegels *Kampf zwischen Karneval und Fasten* mit Stühlen oder Hockern auf Kopf und Schultern die Kathedrale verlassen, mag eine komische Übertreibung sein, ist aber keinesfalls so absurd, wie es vielleicht auf den ersten Blick erscheint. (Abb. 37) In Details wie diesen steckt oft mehr Wahrheit, als man denkt. Die Unordnung, die das Mitbringen eigener Stühle verursachte, konnte ein solches Ausmaß erreichen, dass sich der Magistrat zum Eingreifen gedrängt fühlte. In Dordrecht wurde zum Beispiel das Mitbringen von Stühlen in die dortige Liebfrauenkirche verboten.

Es gab noch andere, allerdings kostspieligere Möglichkeiten, sich eine Sitzgelegenheit zu sichern. Gegen Ende des 13. Jahrhunderts war es durchaus üblich, dass in städtischen wie dörflichen Pfarrkirchen einige Stühle und Bänke standen. Es konnte sich um lose aufgestellte oder am Boden befestigte Möbel handeln, schlicht oder reich verziert mit bildlichen Darstellungen oder Wappenschilden. Gemeindemitglieder konnten von der Kirchbauhütte Sitzplätze mieten oder kaufen und sie so für sich reservieren. Man konnte sowohl einen Teil einer Bank mieten als auch einen Platz auf dem Boden, um darauf einen eigenen Stuhl aufzustellen. In Antwerpen zahlte zum Beispiel im Jahr 1509 »die Jungfer in de Munt, am Vlasmarkt« 25 Schillinge für einen Stuhl in der Kathedrale. Der italienische Reisende Antonio de Beatis stellte fest, dass die Schiffe und Kapellen südniederländischer Kirchen mit Bänken vollgestellt waren, die meisten davon in Privatbesitz. Er verglich sie mit Schulbänken, die bestenfalls dafür sorgten, dass lärmende Kinder mehr oder weniger geordnet im Klassenraum sitzen blieben. Auch wohlhabende Gilden und Bruderschaften ließen Bankreihen aufstellen, damit ihre Vorsteher den Messfeiern so bequem wie möglich beiwohnen konnten. Dass diese Bänke ausschließlich für Mitglieder bestimmt waren, geht zum Beispiel aus den Rechnungen der Liebfrauenlob-Gilde hervor. Darin kommen nicht nur Gitter und ein *cnape* vor, der Nichtmitglieder vertrieb, sondern auch ein Gestühl mit abschließbarer Tür, für die sich Mitglieder einen Schlüssel aushändigen lassen konnten.

Status spielte bei der Verteilung von Sitzplätzen eine große Rolle. Die Reihenfolge, in der die Bürger sich während der sonntäglichen Messe anstellten, um am Altar eine Paxtafel zu küssen, war nicht willkürlich. Im populären *Lay Folks' Mass Book*, einer vermutlich Ende des 12. Jahrhunderts nach einer französischen Vorlage entstandenen Anleitung für den Messebesuch, ist zu lesen, dass zuerst die Männer in der Reihenfolge ihres Ranges und danach die Frauen zum Altar kommen durften. Die Gemeindemitglieder, die ganz vorn anstanden, waren oft auch diejenigen, die einen Sitzplatz nah am Altar besaßen, sodass sie schnell den ihnen gebührenden Platz in der Schlange einnehmen konnten. Vor der Antwerpener Kathedrale kam es 1614 zu einem Handgemenge zwischen den Schmieden und den Altkleiderhändlern. Während des Seelenamts für ein Mitglied beider Gilden waren die Schmiede als Erste zur Kommunion gegangen, doch beim Verlassen der Kathedrale versuchten die Altkleiderhändler, sie abzudrängen, um als Erste dem Sarg folgen zu können. Beinahe wäre das Handgemenge in eine richtige Schlägerei ausgeartet.

Sitzmobiliar hatte nicht nur einen erheblichen Einfluss auf das Raumerleben, sondern schuf auch eine persönliche Verbindung zum Kirchengebäude. Die Bürger hatten ihren selbst gewählten Platz, der ihnen wenigstens theoretisch zu jeder Tageszeit zur Verfügung stand. Wenn jemand testamentarisch bestimmte, wo er bestattet werden wollte, wurde oft die Nähe zur gewohnten Kirchenbank bevorzugt. Außer besonders verehrten Nebenaltären, Grabstätten von Verwandten, der Kanzel oder dem Hochchor konnten im Laufe der Zeit also auch Sitzgelegenheiten eine besondere emotionale Bedeutung erlangen.

Wenn Kirchenbesucher einer Messfeier an einem der Nebenaltäre beiwohnten, standen oder saßen sie in der Regel seitlich des Altars. Da die Nebenaltäre relativ nah beieinander aufgestellt waren – der Abstand zwischen zwei Pfeilern im Langhaus der Kathedrale beträgt sieben Meter – war an den Seiten einfach mehr Platz. Auf Miniaturen von Kircheninteriuers ist häufig zu sehen, wie jemand kniend einer Messfeier beiwohnt und sich dabei auf ein hölzernes Brett stützt, das an der Seite des Altars angebracht ist. Aus dieser Position heraus betrachtet war auch die visuelle Rhetorik des Schließens und Öffnens der Vorhänge besonders wirkungsvoll.

Ungestört und würdevoll die Messe feiern zu können, war nicht unbedingt selbstverständlich. Begeisterte, neugierige, besserwisserische, fromme und querköpfige Kirchenbesucher drängten sich zum Ärger der Priester manchmal bis unmittelbar an den Altar vor. Besonders vor der Elevation versuchten ruhelose Gläubige, dem Altar möglichst nah zu kommen, um das Sakrament aus nächster Nähe schauen zu können. In den Statuten des Bistums wurde ausdrücklich festgelegt, dass Gläubige und insbesondere Frauen – zuweilen war auch von Beginen die Rede –, die der Messe beiwohnten, während der Elevation nicht zum Altar vordringen durften, um bei dem Ritual zu assistieren. Auch dem Verlangen, während oder nach der Messfeier die Altarplatte zu berühren, konnten manche Gläubige nur schwer widerstehen. In den *Evangelien vanden spinrocke* heißt es spottend, wer nach der gesungenen Messe den Altar küsse, dürfe in der Woche darauf nur die eigene Frau küssen. Und wieder waren es Frauen, die gemeint waren, wenn über Kirchenbesucher geklagt wurde, die während der Messfeier die Kerzen ausbliesen.

## Die Kathedrale gehört allen (oder doch fast)

Die Einwohner Antwerpens hatten zahlreiche Gründe, sich in der Liebfrauenkirche aufzuhalten, oft abhängig von der Tageszeit. Das Querhaus diente als Abkürzung auf dem Weg zum oder vom Grote Markt. Die »Hausarmen« suchten die Kirche auf, um dort an der Armentafel der Pfarrgemeinde Almosen in Empfang zu nehmen. Eltern flehten an einem Nebenaltar einen Pestheiligen um Heilung für ihr erkranktes Kind an. Wallfahrer hinterließen Votivgaben bei *Onze-Lieve-Vrouw op 't Stokske*. Daneben gab es Leute, die in der Kirche ihrer Arbeit nachgingen, wie die Totengräber und Hundeschläger. Und der Handwerksmeister, der sich morgens mit anderen Meistern seiner Zunft zu einer Besprechung am Zunftaltar traf, konnte abends die Marienkapelle aufsuchen, um bei den Klängen des Marienlobs ins Gebet zu versinken.

Nicht alle hatten aber Zugang zu allen Teilen des Gebäudes. Die Kapläne erlebten den Hochchor auf eine andere Weise als Kirchgänger, die sich dort einschlichen. Die erste Gruppe war verpflichtet, täglich am Stundengebet teilzunehmen, während der Chorbereich für die andere verbotenes Terrain war. Auch das Langhaus war eine Art territorialer Flickenteppich, wie die abschließbaren Gitter und Gestühle für den Privatgebrauch zeigen. Und schließlich hing es auch von der jeweiligen Lebensgeschichte ab, wie jemand die Liebfrauenkirche wahrnahm; bestimmte Orte darin hatten für mache Kirchenbesucher eine sehr persönliche Bedeutung. Da war die Grabstelle, bei der die Seele eines geliebten Verstorbenen ruhte, und an einem Altaraufsatz blieb etwas von der Aura des Stifters haften. Wegen der üblichen Verehrung von Namensheiligen fühlten sich viele dem Nebenaltar des Heiligen, dessen Namen sie trugen, besonders verbunden. Und die Liebfrauenkirche beherbergte eine riesige Familie von Heiligen, sodass fast jeder sich an den Heiligen seines Vertrauens wenden konnte.

Die Kathedrale bot also in jedem Moment des Tages eine Vielzahl an Möglichkeiten, und ebenso vielfältig waren die Bedeutungen, die dem Kirchenbesuch beigemessen wurden, und das persönliche Erleben. Wenn das Verhalten eines anderen zu einem Ärgernis wurde, hatte das nicht unbedingt etwas mit religiösen Überzeugungen zu tun.

# 9 Veränderung und Verankerung

## Ein Mittwoch im Jahr 1513
...

Veränderung lag in der Luft. Acht Augustinereremiten waren von ihrem Kloster im nordholländischen Enkhuizen zur Mission nach Antwerpen geschickt worden und hatten sich ohne Erlaubnis des Liebfrauenkapitels in der Ridderstraat niedergelassen. Zwei Bürger hatten ihnen dort ein Haus und ein Grundstück geschenkt, auf dem eine Kapelle gebaut wurde, die dieses Jahr bereits geweiht worden war. Die Augustinereremiten waren ein Bettelorden, der einem strikten Armutsideal verpflichtet war und gegen Missstände in der Römischen Kirche aufbegehrte, ähnlich wie die Minderbrüder, die schon seit Langem in der Scheldestadt wohnten. Sie kritisierten vor allem den dekadenten Lebensstil der höheren Geistlichkeit und deren lasche Haltung gegenüber den christlichen Werten. Angesichts der aufwieglerischen Reden der Minderbrüder, die donnernd von der Kanzel herab verkündeten, dass die Seelsorger der Liebfrauenkirche Opfergeld für den Kauf luxuriöser Kleidung verwendeten, löste die Ankunft der Augustinereremiten beim Liebfrauenkapitel vielleicht schon die schlimmsten Befürchtungen aus. Jedenfalls wollten die Kanoniker sich mit der unautorisierten Niederlassung des Bettelordens nicht abfinden und strengten mehrere Prozesse dagegen an.

Doch schon 1514 musste das Kapitel nachgeben, denn die Augustiner erhielten die Unterstützung des Magistrats. Und was alles noch schlimmer machte: Der Magistrat bot sogar an, den Bau ihres Klosters auf dem Grundstück neben der Kapelle zu finanzieren. Die Ruhe war aber nur von kurzer Dauer. 1523 sollten zwei Augustiner aus diesem Kloster die ersten als Ketzer verurteilten Märtyrer der Reformation in ganz Europa werden …

## Anders und besser
•

Obwohl die Ankunft der Augustiner zu Spannungen führte, herrschte in der Liebfrauenkirche Feststimmung. Die Bruderschaft von der Beschneidung Jesu Christi hatte 1513 endlich ihre neue Kapelle einweihen können, die nicht weniger als fünfmal so groß war wie ihre frühere, eine der kleinen Kranzkapellen, die an den Chorumgang grenzten. (Abb. 2) Um das Jahr 1427 hatte sie sich dort mit ihrer geliebten Reliquie, der Heiligen Vorhaut, an einem Altar häuslich eingerichtet. Von 1497 an hatte sie sich diese kleine Kapelle sogar mit einer anderen Vereinigung, der Sankt-Gregorius-Gilde, teilen müssen, die in jenem Jahr mit der Gilde der Seifensieder verschmolzen war. Die Gregorius-Gilde hatte die große Venerabelkapelle, unmittelbar hinter dem neuen Altar der Pfarrgemeinde gelegen, verlassen, nachdem es zu Konflikten mit der Bruderschaft vom Heiligen Sakrament gekommen war, mit der sie sich den dortigen Altar geteilt hatte.

Wie diese Verwicklungen zeigen, war es nicht ungewöhnlich, dass sich zwei Vereinigungen einen Alter teilten; weniger selbstverständlich war, dass dies ohne Reibungen abging. Es durften nicht zwei Messen gleichzeitig für denselben Altar eingeplant werden, und Messfeiern an benachbarten Altären durften ebenfalls nicht gestört werden. Der Umzug an einen neuen Standort konnte einige organisatorische Probleme mit sich bringen.

Die kleine Kranzkapelle hatte sich die Beschneidungs-Bruderschaft, soweit bekannt, nur mit der Sankt-Gregorius-Gilde teilen müssen, sodass sich der Betrieb in der Kapelle noch in Grenzen hielt. Im angrenzenden Durchgang zur Sakristei der Kanoniker herrschte wahrscheinlich wesentlich mehr Unruhe. In den Jahren 1482–1487 hatte die Bauhütte an der Südseite des Kapellenkranzes die neue Sakristei der Kanoniker, die deutlich kleinere neue Sakristei der Kapläne und eine Bibliothek errichtet, allesamt in unmittelbarer Nähe zu der fraglichen Kranzkapelle. (Abb. 42) In der Bibliothek wurden die Bücher aufbewahrt, die Eigentum der Kathedrale oder der dort tätigen Geistlichen waren, in den Sakristeien waren Dokumente und Altargerät untergebracht. In der Sakristei der Kanoniker wurden an den Wänden zahlreiche Schränke aufgestellt, bis zu drei Reihen übereinander, ähnlich wie Schließfächer in einem Sportverein. Die Stiftungen, die in der Kathedrale aktiv waren – Bruderschaften, Zünfte, Gilden, Kaplaneien –, konnten hier Schränke für Altargerät und Papierkram mieten. Es spricht deshalb viel dafür, dass der Durchgang zur Sakristei der Kanoniker neben der kleinen Kapelle einer der meistgenutzten Wege im ganzen Gebäude war. Zur Erinnerung: In dieser Zeit wurden in der Liebfrauenkirche über hundert Messen täglich gefeiert. Folglich könnten allein zweihundert Mal am Tag Kapläne in diesem Durchgang unterwegs gewesen sein, um Altargerät zu holen oder zurückzubringen.

Für das viele Altargerät waren nämlich die Kapläne verantwortlich. Von dem Lohn für ihre Dienste mussten sie auch für den Unterhalt der geistlichen Gewänder und des Altargeräts aufkommen; wenn etwas verloren ging oder beschädigt wurde, mussten sie selbst dafür bezahlen. Was aber nicht bedeutete, dass sie alles eigenhändig putzen oder waschen mussten. Die meisten Bruderschaften beschäftigten einen *cnape*, der diese Arbeiten übernahm. Allerdings konnte auch der Dekan der Bruderschaft, der von den Mitgliedern für ein Jahr zum Vorsitzenden gewählt wurde, dafür verantwortlich sein. So hatte der Dekan der Sankt-Antonius-Bruderschaft nicht nur für die Unterhaltskosten des Altargeräts aufzukommen, sondern der *cnape* brachte die Gewänder sogar zu ihm nach Hause, damit sie dort gewaschen wurden. Die entsprechenden Reglements unterschieden sich von Stiftung zu Stiftung. Wenn außergewöhnliche Ausgaben notwendig wurden, zum Beispiel für den Kauf oder die Reparatur eines kostbaren Altaraufsatzes, konnte der Mitgliedsbeitrag einmalig erhöht werden, sodass alle Mitglieder an den Kosten beteiligt wurden.

Ob die Beschneidungs-Bruderschaft all ihre Habseligkeiten in die neue Kapelle mitgenommen hat? Dazu sind leider keine Dokumente erhalten geblieben. Ausreichend Platz für Truhen und Schränke wäre jedenfalls vorhanden gewesen. Viel Stauraum war auch nötig, denn die Liste der für Messfeiern benötigten Gegenstände war lang: von Weihrauch, Ampullen und Weihwassersprengeln bis zu Kaseln (ärmellosen Messgewändern), Vorhängen und Kerzen. Für normale Tage gab es eine Alltagsausstattung aus Weihrauchfässern, Weihwasserkesseln, Kelchen, Altartüchern und Vorhängen, die schlichter und aus billigeren Materialien gefertigt waren. Für Festtage und feierliche Zeremonien wurden die besten Stücke hervorgeholt; anstelle von Weihrauchfässern aus Messing nahm man silberne Exemplare, und die schönsten Seidenvorhänge wurden aufgehängt.

All das musste natürlich irgendwo aufbewahrt werden. Die Schränke in der Sakristei reichten bestimmt nicht für alle Stiftungen aus. Dennoch kommen in bildlichen Darstellungen nur selten Kisten, Schränke und Truhen in Kircheninnenräumen vor. Auf Gemälden und Stichen aus jener Epoche sind sie nämlich nur abgebildet, wenn sie etwas zur Aussage des Bildes beitragen. War das nicht der Fall, sah man offenbar wenig Grund, die gemalten oder gestochenen Kircheninterieurs zu überladen und ihr Verständnis zu erschweren, indem man sie mit solch banalen Gegenständen vollstopfte. Wenn doch einmal eine Kiste oder Truhe zu sehen ist, handelt es sich meist um ein Bild, das die Plünderung eines Kirchengebäudes darstellt. Die aufgebrochenen Behältnisse betonen dann die Zerstörungswut der Menge, die sich auf sie stürzt, um die darin aufbewahrten Besitztümer zu rauben oder zu vernichten. Zum Beispiel sind auf einer Radierung des Mechelner Künstlers Frans Hogenberg, die den Bildersturm von 1566 darstellt, zwei Truhen zu sehen, die in ikonoklastischer Raserei aufgebrochen werden. (Abb. 43) Auf dem Boden neben einer der Truhen liegen außer dem zertrümmerten Deckel ein halb zerrissenes Buch und ein zerbrochener Leuchter. Von solchen Zeugnissen abgesehen, scheinen sich Künstler kaum für Truhen und Schränke interessiert zu haben. Manchmal ist in der Wand neben einem Altar eine Nische mit Gerätschaften zu sehen, oder man blickt in den abschließbaren Kasten einer Gebetsbank wie auf den Flügelaußenseiten des Kölner Passionstriptychons. (Abb. 40)

Aus den Rechnungen der Kapläne, Kanoniker und Bruderschaften sowie der Bauhütte geht hervor, dass es eine Vielzahl unterschiedlicher Aufbewahrungsmöbel gab, natürlich passend zu den jeweils unterzubringenden Gegenständen. Kostbare Objekte wurden in Truhen mit Hängeschlössern aufbewahrt, weniger kostbare zum Beispiel in dem Hohlraum eines Kastenaltars, der über ein kleines Türchen an der Seite nutzbar sein konnte. Bücher in den allgemein zugänglichen Räumen waren festgekettet oder hinter Gittern gesichert. Spezielle Schränke für Kaseln, Schränke mit stabilen Hängeschlössern für silbernes Altargerät und niedrige bemalte Truhen für Urkunden waren in Sakristeien, Seitenkapellen und bei Nebenaltären zu finden.

Manche dieser Möbel wurden sogar passend zu einem bestimmten Nebenaltar mit Bildmotiven geschmückt: 1528 erwarb zum Beispiel die Liebfrauenlob-Gilde zur Aufbewahrung ihrer Bücher, Urkunden und Juwelen eine abschließbare, mit Leder bezogene Truhe mit einer gemalten Darstellung der Verkündigung des Herrn. Und die Gilde der *kolveniers*, der Schützen, ließ 1592 einen Schrank bei ihrem Altar, der zur Aufbewahrung von Kaseln diente, von Abraham Grapheus und dem viel bekannteren Maerten de Vos künstlerisch gestalten. Dieser malte ein Bild des heiligen Christophorus, das auf dem Schrank aufgestellt wurde.

## Reise nach Jerusalem

Die Liebfrauenkirche bot zahlreichen Altarbesitzern Platz. Dazu gehörten die Kaplaneien, private Stiftungen, deren Anzahl sich von der Mitte des 13. Jahrhunderts bis zum Jahr 1477 um mindestens 84 erhöhte. In der Zeit von 1477 bis 1515 kam es nochmals zu einem starken Anstieg, nämlich um 33 Stiftungen, die wöchentlich etwa 129 Messen feiern ließen, doch dann war der Höhepunkt überschritten; nach 1515 kamen nur noch drei neue Kaplaneien hinzu. Diese Stagnation wurde aber durch den Zuwachs an Zunft-, Gilden- und Bruderschaftsaltären mehr als ausgeglichen. Die älteste Erwähnung eines Bruderschaftsaltars stammt aus dem Jahr 1349. Insgesamt unterhielten im ausgehenden Mittelalter 32 Bruderschaften, wenn auch nicht unbedingt gleichzeitig, einen Altar in der Liebfrauenkirche.

Dass so viele Zünfte und Gilden Altäre stifteten, lag einfach daran, dass der Magistrat immer mehr Berufsgruppen anerkannte. Die älteste Erwähnung eines Zunftaltars war die des Altars der Leinenweber im

Jahr 1430. Vor allem in der zweiten Hälfte des 15. Jahrhunderts nahm die Anzahl der Zunftaltäre kontinuierlich zu; bis 1560 erhöhte sich in Antwerpen die Zahl der anerkannten Berufe um insgesamt 21 Handwerke.

Um möglichst vielen Stiftungen und Pfarrkindern Obdach bieten zu können, wurde die Liebfrauenkirche im späten Mittelalter immer wieder erweitert, und auch im Inneren herrschte rege Bautätigkeit. Besonders im ersten Viertel des 16. Jahrhunderts wurde ständig gearbeitet, fortwährend standen um die zwanzig Steinmetze im Dienst. So viel war an den Wänden, Pfeilern, Altären und Gewölben, am Lettner und eigentlich überhaupt allem in Veränderung begriffen, dass die Raumwirkung eine ganz andere sein konnte, wenn man sich eine Weile nicht darin aufgehalten hatte.

Dem Liebfrauenkapitel und den Kirchenvorstehern waren die neuen Stiftungen sehr willkommen. Dass ihre Kirche dank der vielen Nebenaltäre, die ihr immer mehr Glanz verliehen, noch an Prestige gewann, kam auch ihnen zugute. Obwohl der Bau der Kapellen und anderen Kirchenräume nicht von den Vereinigungen finanziert wurde, die ihre Altäre darin aufstellten, trugen doch allein sie die Kosten für die Einrichtung und die Instandhaltung »ihres« Teils des Bauwerks.

Auf jede Erweiterung folgte eine Art Reise nach Jerusalem von alten und neuen Altareigentümern. Dabei wurde zunächst der traditionellen Architektursymbolik Rechnung getragen: Altäre, die der Muttergottes geweiht waren, hatten ihren Platz üblicherweise in der Nähe des Hochchors. Ein zweiter wichtiger Faktor war der Status einer Stiftung: Je höher ihr Ansehen, desto mehr Mitspracherecht hatte sie. Ein Standort in der Nähe des Hochchors oder des Tabernakels war schon von jeher besonders begehrt und kam nur für die angesehensten Vereinigungen infrage.

Natürlich konnten unmöglich alle Stiftungen einen eigenen Nebenaltar aufstellen, dafür reichte der Platz beim besten Willen nicht aus. Trotz der vielen Erweiterungen blieb die Nachfrage größer als das Angebot, weshalb sich häufig zwei oder mehr Vereinigungen einen Altar teilten. Außerdem verfügten nicht alle über die finanziellen Mittel, die nötig waren, um einen Altar allein zu unterhalten. Das Kapitel unterzog Interessenten sogar einer Solvenzprüfung, um auszuschließen, dass Altäre hinterher schlecht instandgehalten wurden.

Bruderschaften, Gilden und Zünfte übernahmen in dieser Periode oft schon bestehende Altäre oder kauften sich darin ein. Davon profitierten beide Seiten: Die Beteiligung einer neuen Vereinigung verschaffte den ursprünglichen Altareigentümern das nötige Kapital für die Instandhaltung des Altars und den Erwerb von Altarschmuck. Die meisten Altäre fanden auf diese Weise allmählich ihren Platz an den Wänden und Pfeilern des Langhauses oder in einer Kapelle.

Die ganze Kathedrale muss ein Raum voller Hindernisse gewesen sein. Darauf lässt ein Bericht über einen Streit schließen, der im Jahr 1563 eskalierte. Nachdem ein Antwerpener Bürger auf dem Groenkerkhof einen Goldschmied namens Hans Pynappel mit einem Poignard, einem Dolch, hatte erstechen wollen, flüchtete Pynappel in die Kathedrale, verfolgt von dem brüllenden Angreifer. Pynappel gelang es mit knapper Not, zwischen den Kirchenbesuchern zu entkommen und sich zu verstecken, »wieder und wieder um die Altäre laufend«.

Die vielen Altäre folgten einer komplexen Choreografie, die von neuen Stiftungen durch Privatpersonen und Vereinigungen, von Zusammenlegungen, Verlegungen und Abgängen bestimmt wurde.

Mit steigender Zahl der Altareigentümer stieg natürlich auch die Zahl der Messfeiern. Jede Vereinigung hatte den Ehrgeiz, möglichst viele Messen zu stiften. Je nach der finanziellen Situation konnte die Anzahl der regelmäßig gefeierten Messen einer Kaplanei, Bruderschaft, Gilde oder Zunft im Lauf der Jahre zu- oder abnehmen.

In der Kathedrale wurden mehrere Messen gleichzeitig gefeiert. Vom theologischen Standpunkt aus war das kein Problem. Der Leib des Herrn konnte sich während simultan zelebrierter Messen an allen Orten gleichzeitig befinden. Es gab aber zahlreiche praktische Probleme. Zum Beispiel war es schon keine leichte Aufgabe, all die täglichen und wöchentlichen Feiern auf angemessene Weise zu veranstalten, ohne sich gegenseitig in die Quere zu kommen. In einem Dokument aus dem Jahr 1539 wird beklagt, dass die Messen am Pfarraltar und am nicht weit davon entfernten Sakramentsaltar sich gegenseitig störten.

An den wichtigsten Feiertagen musste man flexibel sein. Zum Beispiel durfte dann die Messe am Heilig-Kreuz-Altar »nach eigenem Gutdünken« zu einer ruhigeren Stunde gefeiert werden. In den Gründungsdokumenten für eine neue Stiftung wurde es dem jeweiligen Kaplan häufig freigestellt, einen geeigneten Zeitpunkt für eine Messfeier auszuwählen. Trotzdem blieben Überschneidungen von Messfeiern unvermeidlich. Die Barbiere durften sich nur unter der Bedingung am Maria-Magdalena-Altar beteiligen, dass sie die gesungene Messe der etablierten Kaplanei nicht störten.

In einer Epoche beschleunigter Stadtentwicklung versuchten die Antwerpener Händler, ihre neue Bedeutung sichtbar zu machen, auch innerhalb der Kathedrale. In einer zunehmend international ausgerichteten Wirtschaft gewann Status weiter an Bedeutung. Die kontinuierlichen Erweiterungen des Bauwerks und die steigende Nachfrage nach Altären spiegelten diese urbane Mentalität wider. Was heute noch als aufgestapeltes Baumaterial herumlag, war ein paar Monate später zu einem neuen Stückchen Kirche geworden, in dem eine Zunft oder Bruderschaft einen eigenen Altar ausschmücken konnte. Alles in der Scheldestadt expandierte. Das war die Situation, in der über Nebenaltäre verhandelt wurde, Retabel und Weihwassersprengel bestellt und Messen gestiftet wurden.

Doch wie viele Altäre und Messfeiern waren es? In den Quellen finden sich unterschiedliche Angaben, weshalb die genaue Anzahl ein Geheimnis bleiben wird. Ein unbekannter Mailänder Kaufmann notierte in seinem Reisetagebuch aus den Jahren 1517–1519, dass die Antwerpener Kathedrale über 37 Altäre verfüge, »alle schön geschmückt«. Das erscheint als eher niedrige Zahl für eine Zeit, in der die Hauptbauphasen bereits abgeschlossen waren. Außerdem vermeldeten einige Chronisten nur 15 Jahre später doppelt so viele Altäre.

Beim großen Brand von 1533 gingen nämlich nach Angaben des damaligen städtischen Sekretärs Cornelis Grapheus und des in Antwerpen ansässigen Italieners Lodovico Guicciardini 57 Altäre in Flammen auf; die Anzahl unbeschädigt gebliebener Altäre erwähnen beide nicht. Als die Nachricht von dem Feuer Kuringen erreichte, waren die Zahlen aber wieder andere. Einige Tage nach dem Brand sprach Christiaan Munters in seinem Tagebuch von insgesamt fünfzig Altären: »Da waren gar dreißig Altäre verbrannt; doch der Liebfrauenchor [Hochchor], der Chor des

ehrwürdigen Heiligen Sakraments [Venerabelkapelle], der Turm und noch zwanzig Altäre blieben unverbrannt stehen.«
Laut einem Ende des 18. Jahrhunderts verfassten Dokument im Antwerpener Stadtarchiv, der *Beschrijvinge van Onse L:V:Kerke met alle de schilderijen autaeren en beelde tot Antwerpen* (Beschreibung der Liebfrauenkirche mit allen Gemälden, Altären und Standbildern zu Antwerpen), blieben nur der Chorumgang und der Turm vom Feuer verschont. Der dem Dokument beigefügte Grundriss markiert dreizehn Altäre rings um den Hochchor und den Hochaltar. Zusammen mit den 57 Altären, die nach Guicciardinis Bericht in Rauch aufgingen, wären es also insgesamt 71 gewesen. Weil aber nicht alle Altäre aus dem 16. Jahrhundert auf dem Grundriss vorkommen, bleibt das Puzzle kompliziert.

In dem um 1602 entstandenen umfangreichen Geschichtswerk *De bello Belgico decades duae, 1555–1590*, ist von ungefähr siebzig Altären die Rede. Die Kathedrale sei in ganz Europa berühmt gewesen »für ihre Größe und Weite und für die Kostbarkeit vieler Standbilder und Gemälde nebst den etwa siebzig schönen Altären«.

Die Problematik bei all diesen historischen Informationssplittern liegt darin, wie der Begriff *altaar* im Mittelniederländischen und später verwendet wurde. Es ist nämlich nicht klar, ob die Autoren damit immer einen Altar im eigentlichen Sinn meinen, der zur Feier der Messe dient, oder ob die Bedeutung weiter gefasst ist. In diesem Fall könnten auch andere, für gottesdienstliche Verrichtungen bestimmte Tische gemeint sein, auf denen zum Beispiel Reliquiare oder Heiligenbilder ihren Platz fanden, ohne dass sie für Messfeiern benutzt wurden.

Der älteste bekannte Grundriss mit Altären, der darüber Aufschluss geben könnte, stammt jedoch erst vom Beginn des 18. Jahrhunderts. Es handelt sich um eine Federzeichnung mit ausführlicher Legende in einer zweibändigen Handschrift des Kanonikus Petrus Henricus Goos, *Encronologium van de bisschoppen, dekens en kanunniken van de Onze-Lieve-Vrouwekathedraal van Antwerpen*. Hier sind nur 36 Nebenaltäre und der Hauptaltar eingezeichnet, wobei sofort auffällt, dass der Pfarraltar im südlichen Seitenschiff fehlt. Auch andere Grundrisse aus dem 18. Jahrhundert vermitteln keine realistische Vorstellung vom Zustand der Kathedrale im 16. Jahrhundert.

Schätzt man die Anzahl der Altäre auf mindestes 57 bis etwas über siebzig, verteilt über die gesamte Kathedrale, und die Anzahl der täglichen Messen auf über hundert, dürfte man zumindest annähernd richtig liegen. Zum Vergleich: Im berühmten Dom zu Münster standen im 15. Jahrhundert sechzig Altäre, an denen ungefähr siebzig Messen pro Tag gefeiert wurden. Die anderen Pfarrkirchen Antwerpens überragte die Liebfrauenkirche jedenfalls auch in dieser Hinsicht bei Weitem: 1533 zählte die Sankt-Jakobs-Kirche »nur« neunzehn Altäre.

## In guter Gesellschaft

Als Mitglied der Beschneidungs-Bruderschaft hatte man außer Pflichten vor allem zahlreiche Vorteile. Wie die Mitglieder anderer Bruderschaften hatte man die jährliche Gedächtnismesse und die Messen an den Festtagen der Schutzpatrone zu besuchen, an Prozessionen, den Begräbnisfeierlichkeiten für verstorbene Mitglieder und den jährlichen Mahlzeiten teilzunehmen, bei denen auch die neuen Vorsteher gewählt wurden. Wer eine dieser Pflichten versäumte, musste eine Buße zahlen. Doch all dies zahlte sich in religiöser und sozialer Hinsicht aus.

1447 scheute Anselmus Fabri, der damalige Dekan der Liebfrauenkirche, also das Haupt des Kapitels, weder Kosten noch Mühen, um der Verehrung der Vorhaut-Reliquie neue Impulse zu geben. Es gelang ihm, ein päpstliches Privileg für die 24 Mitglieder der Beschneidungs-Bruderschaft zu ergattern: Sie konnten zweimal im Leben Vergebung für all ihre Sünden erlangen, das zweite Mal beim Erhalt der Sterbesakramente. Dafür wurde von ihnen erwartet, dass sie an jedem Freitag fasteten. Wer dies als zu schwer empfand, durfte seinen Beichtvater nach einer Alternative fragen. Angesichts der umfangreichen Bautätigkeit jener Zeit war eine Schenkung an die Bauhütte als Beitrag zu den Baukosten genau das richtige fromme Werk. Von solchen Übereinkünften profitierten also die Mitglieder, die Kirchenvorsteher und alle Besucher der Kathedrale.

Aus der Mitgliedschaft in einer Bruderschaft zog man auch in religiöser Hinsicht Gewinn, nämlich in Gestalt zahlloser Gebete und Messfeiern. Gemeinsam konnte man viel mehr für das Seelenheil der Gründer, Mitglieder und eventueller Wohltäter tun, als jeder Einzelne es hätte tun können. Zum Beispiel wurde im Auftrag der Beschneidungs-Bruderschaft dreißig Tage lang nach der Bestattung eines Mitglieds täglich eine Messe für das Seelenheil des Verstorbenen zelebriert.

Und schließlich war da noch der soziale Aspekt: die Bruderschaft (oder Gilde oder Zunft) als erweiterte Familie. In spätmittelalterlichen Statuten wurde zum Teil ausdrücklich hierauf verwiesen, so etwa bei der Bruderschaft vom Heiligen Kreuz, bei der »jeder Gildebruder sich dazu verpflichtet, seinen Gefährten, als sein aufrichtiger Bruder, über alles zu unterrichten, was er hören oder vernehmen sollte hinsichtlich der Ehre, des Lebens, des Gutes und all dessen, was seinem Bruder Schaden oder Nachteil zufügen würde«. Eine religiöse Form von Kameradschaft.

# 10 Die höchsten Regionen

## Sonntag, 1. September 1518
...

Auf den Straßen und Plätzen um die Liebfrauenkirche standen die Menschen dicht zusammengedrängt. Alle spähten mit angehaltenem Atem zu einer Stelle weit oben – in 123 Metern Höhe, um genau zu sein –, zur Helmspitze des Nordturms. Man hätte eine Stecknadel fallen hören können. Fast hundert Jahre lang hatte Antwerpen diesen Moment herbeigesehnt. Als Krönung des Werks wurde an diesem Tag das große Kreuz auf der Turmspitze befestigt. Der Weihbischof des Bistums Cambrai, zu dem Antwerpen gehörte, hatte das Kreuz geweiht. Anschließend hatte sich eine Gruppe kräftiger Arbeiter damit auf den langen Weg nach oben gemacht.

Plötzlich ertönte ein Schrei, gefolgt von ohrenbetäubendem Applaus. Tatsächlich schien sich ganz oben etwas zu bewegen. Die Arbeiter bestiegen das Gerüst um den Turmhelm, hielten sich und das riesige Kreuz im Gleichgewicht. Und als wäre all das ein Traum, stand es schon nach wenigen Augenblicken aufrecht auf der Helmspitze, thronte himmelhoch. Unten brach die Menge in unbändigen Jubel aus. Es war unmöglich, die ausgelassene Stimmung in Worte zu fassen. Das Ereignis ging deshalb in einer eher trockenen Schilderung in die Geschichte ein:

Anno 1518. Den 1. September, da war der Turm Unser Lieben Frauen vollendet, und nachdem erst das Kreuz auf den Turm gesetzt ward, welches zuerst geweiht und gesalbt worden war, und man tanzte um das Kreuz auf dem Gerüst, das dort rundum errichtet war, sodass alle Leute es sahen.

## Die Sprache der Glocken

•

1422 hatte man mit dem Bau des gotischen Nordturms begonnen, auch als Liebfrauenturm bekannt. Bis 1480 hatten Handwerker unaufhörlich an der quadratischen Basis und den ersten beiden Obergeschossen gearbeitet. Mit 65 Metern Höhe war der Turm damals halb fertig und hoch genug, um das Geläut aufnehmen zu können. Man ersann eine raffinierte Methode zur Überführung der schweren Glocken aus dem alten Turm, dessen letzte Überreste 1482 abgebaut wurden, in die Glockenstube des Nordturms. Danach vergingen noch knapp vier Jahrzehnte, bis der Turm wirklich fertig war.

Die Glocken im Nordturm wurden außer zu kirchlichen Zwecken auch vom Magistrat genutzt, weshalb der Turm im Grunde gleichzeitig Kirchturm und Belfried war. Jede Glocke – und gegen Ende des 15. Jahrhunderts waren es zwölf bis fünfzehn – hatte ihre eigene Tonhöhe, Klangfarbe und Funktion. Die Glocken sprachen eine spezielle Klangsprache, die von den Bürgern mühelos verstanden wurde. Sie sagten ihnen, wie spät es war, wann an einem Werktag die Stadttore geöffnet wurden (Morgenglocke), wann der Arbeitstag zu Ende war, dass ein Erlass verkündet oder ein Urteil vollstreckt wurde (Bannglocke), dass ein Feuer ausgebrochen war, dass auf dem Markt der Verkauf beginnen konnte (Marktglocke), dass ein heftiges Unwetter oder andere Gefahr drohte, dass Verbannte auf Antwerpener Gebiet zurückkehren durften, ohne verhaftet zu werden (Diebesglocke), dass Trauungen und Begräbnisse anstanden und noch viel mehr.

Die Glocken hatten klangvolle Namen, zum Beispiel Orida, die Sturmglocke, die schon seit 1316 Dienst tat und vor feindlichen Angriffen warnte; mit »Sturm« war hier also kein Wetterphänomen, sondern ein Sturmangriff gemeint. Wenn man sie hörte, machte man sich besser auf das Schlimmste gefasst. Daher kommt auch ihr Name: »Orida vocor«, so lautet die Inschrift auf der zentnerschweren Glocke, »Ich werde die Schreckliche genannt«. Im 15. Jahrhundert gesellten sich unter anderem Gabriel, Maria und Diana hinzu. Hörte man die Abendglocke Diana, die seit 1465 allabendlich von zehn bis halb elf ihre Stimme erhob, wusste man, dass der Tag zu Ende war. Herbergen und Kneipen durften kein Bier mehr ausschenken, Prostituierte keine Kunden mehr bedienen, und wer noch auf den dunklen Straßen unterwegs war, brauchte eine Laterne und gute Gründe. Nachtwächter beobachteten vom Nordturm der Kathedrale aus genau, was sich innerhalb der Stadtmauern und -wälle tat. Wenn eine dunkle Gestalt über einen der Wälle zu steigen versuchte oder ein Flackern in einem Haus auf eine mögliche Feuergefahr hinwies, wurde gleich Alarm geschlagen. Das Läuten der Glocken war der Herzschlag der Scheldestadt. Sie schenkten den Bürgern nicht nur Zerstreuung und erfreuten sie mit der Schönheit ihres Klangs, sondern gaben ihnen auch Sicherheit und strukturierten ihren Alltag. Als am 11. Mai 1507 auf dem Groenkerkhof die 6434 Kilo schwere Carolus-Glocke gegossen wurde, geschah das denn auch mit der gebührenden Feierlichkeit. Unaufhörlich ertönten Gesänge, Weihrauch wurde verbrannt und Gebete gesprochen, derweil die Bürger in sicherem Abstand außerhalb des Friedhofs bleiben mussten. Auch das allerheiligste Sakrament war während des Gießens anwesend. In Erfurt hatte man für den Guss einer Glocke auf einem Friedhof sogar einen Altar für das Aller-eiligste errichtet, geschmückt mit Blumen, duftenden Kräutern und Kerzen.

Bruderschaften, Zünfte, Gilden und Kaplaneien, die einen Altar in der Liebfrauenkirche besaßen, bedienten sich ebenfalls der einladenden Klänge. In einigen Stiftungsdokumenten ist ausdrücklich festgehalten, dass vor einer Messe die Altarschellen und eine der großen Glocken zu läuten waren. Die Sankt-Nikolaus-Kaplanei, die sich den Altar mit den Einzelhändlern teilte, ließ 1487 festlegen, dass die Bürger nach dem Elf-Uhr-Stundenschlag mit »Glockengeklöppel« dazu aufgerufen werden sollten, an ihrer täglichen Messe teilzunehmen. Auf das Stundenläuten folgte also vermutlich das Anschlagen einer der Läutglocken im Nordturm nur mithilfe des Klöppels, ohne die ganze Glocke in Bewegung zu setzen. Im Gründungsdokument der Liebfrauenlob-Gilde von 1478 steht eine ähnliche Anweisung.

> Eine halbe Stunde vor dem Lob wird zweimal die große Glocke Maria mit fünf anderen Glocken herrlich geläutet, wie es auch in der Osternacht geschieht. Vor und zwischen dem vorgeschriebenen Läuten wird das Glockenspiel auch zweimal in der besten möglichen Manier spielen, und wenn das vorgeschriebene Läuten und Spielen eine halbe Stunde gedauert hat, soll eine Schelle geläutet werden, so lange wie nötig, um den Herrn des Kapitels, die Herren des Rathauses und den guten Mann zu Hause rechtzeitig zur Liebfrauenkirche kommen zu lassen.

Ob man sich nun gerade in der Kirche oder irgendwo im Umkreis aufhielt, auf jeden Fall wurde das tägliche Marienlob mit genügend klanglichem Aufwand angekündigt, um alle Bürger daran zu erinnern.

Das Zusammenspiel verschiedener Glocken und die sich daraus ergebenden Melodien verliehen den jeweils angekündigten Aktivitäten ihren einzigartigen, leicht erkennbaren Klang. Vor der Elevation kamen zum Beispiel die große Konsekrationsglocke und die kleine Altarschelle zum Einsatz. In einer Chronik des Hennen van Merchtenen aus dem Jahr 1414, *Cornicke van Brabant*, heißt es: »Kaum hatte er die Brücke über den Fluss überquert, da hörte er die Glocke der nahe gelegenen Kirche des heiligen Franziskus läuten zum Zeichen der bevorstehenden Elevation: Er läuft in großer Eile in die Kirche, um wie gewohnt das Heilige Sakrament am Altar anzubeten.« Wer es nicht rechtzeitig in die Kirche schaffte, konnte sich beim Vernehmen der Konsekrationsglocke dem Kirchengebäude zuwenden, niederknien und das Sakrament aus einiger Entfernung verehren. Ob in der Antwerpener Kathedrale tatsächlich vor jeder Elevation – ungefähr hundert pro Tag – diese Glocke geläutet wurde, ist jedoch fraglich.

## Ein falscher Ton

Glockengeläut und andere Klänge wurden bewusst eingesetzt, um die religiöse Identität einer Glaubensgemeinschaft zu bekräftigen. Vor allem bei kleinen Gemeinschaften, die sich in Tälern angesiedelt hatten, diente Glockengeläut dazu, die Grenzen der Pfarrgemeinde zu markieren; deren Gebiet reichte so weit, wie der Klang der Glocken trug. Auf dem flachen

Gelände der Scheldestadt, noch ganz ohne Hochhäuser und mit sich überschneidenden akustischen Zonen, konnte die Markierung der Grenzen nur symbolischen Charakter haben.

Die identitätsstiftende Funktion von Klängen hing auch damit zusammen, dass sie eine wichtige Rolle spielten, wenn es darum ging, Anordnungen der kirchlichen oder städtischen Obrigkeit zu verkünden. Offizielle Mitteilungen aller Art erhielten erst dadurch ihre Legitimität, dass sie von einem bestimmten Klang oder einer Melodie begleitet wurden. Um Verunsicherung und Unruhe zu vermeiden, wollten die städtischen Instanzen auf diese Weise echte Verlautbarungen von Gerüchten unterscheiden. Nur vor offiziellen Proklamationen ertönte ein besonderer Glockenschlag, dazu ein Trompetensignal oder Schellengeklingel. Ein Glockenschlag galt sogar als endgültige Bekräftigung einer richterlichen Entscheidung. Der Bericht in der *Chronycke van Nederlant, besonderlyck der stadt Antwerpen* über die Verkündung des von Karl V. erlassenen, von Antwerpen aber nicht angewandten »Blutgesetzes« aus dem Jahr 1550, wonach schon der Verdacht von Ketzerei brandgefährlich werden konnte, ist in dieser Hinsicht vielsagend:

> In Antwerpen wurde die Inquisition verlesen. Aber es war oder stand niemand beim Schultheiß von Antwerpen. Und derjenige, der es las, blies auch kein Horn, noch war jemand von den Bürgermeistern oder Schöffen dabei. Und es wurde sehr leise gelesen, sodass man es kaum hätte verstehen können.

Seit Ende des 14. Jahrhunderts erfüllen in religiösen Schriften und Predigten Glockenklang, Gesang und Musik immer häufiger die Funktion, Glaubensüberzeugungen zu bekräftigen. Etliche Autoren behaupteten, der Klang einer Schelle oder Glocke bedeute mehr als nur eine Warnung oder Ankündigung; den Klängen wurde eine tatsächliche, bestärkende und aktivierende Funktion zugeschrieben. Bei religiösen Feiern und Prozessionen diente ostentatives Schellengeläut deshalb auch dazu, die Zusammengehörigkeit und Identität einer Gemeinschaft zu festigen.
Folgt man dem 1555 von Jean Crespin verfassten *Recueil de plusieurs personnes qui ont constamment enduré la mort*, einem weit verbreiteten Werk über die Leben protestantischer Märtyrer, kam es bei der Hinrichtung von vierzehn Protestanten in der nordfranzösischen Bischofsstadt

Meaux sogar zu einer Art Gesangsduell zwischen ihren Sympathisanten und der katholischen Geistlichkeit. Als Reaktion auf die nicht enden wollenden Hymnen der Protestanten stimmten die anwesenden Geistlichen noch lauter ihren eigenen Gesang an. Nach der Machtübernahme der Calvinisten in Antwerpen im Jahr 1578 wiederum wurde den Katholiken auferlegt, ihre Begräbnisfeierlichkeiten »ohne *pompe* und Geklinge, sondern bedeckt« zu veranstalten. Also ohne Trauerzüge durch die Straßen – die Rituale durften nur noch hinter geschlossenen Kirchentüren stattfinden.

Die Konfessionen nutzten das Geläut als Mittel, um die Grenzen innerhalb der sakralen Geografie einer Stadt zu kennzeichnen. Manchmal wurden in einem konfessionell gemischten Stadtteil bewusst Prozessionen mit Gesang und Instrumentalmusik veranstaltet, um die anderen zu provozieren. Das religiöse Klangspiel konnte Menschen zusammenbringen, sie aber auch gegeneinander aufhetzen.

Abgesehen von ihrem religiösen Einsatz dienten Klänge ähnlich wie Weihrauchduft und Feuer auch zum Schutz vor Miasmen und somit vor Seuchen. Akustische Schwingungen bildeten zwar keinen Schutzschild wie angenehme Gerüche, hielten aber nach den damaligen Vorstellungen die Luft in Bewegung, sodass faulendes organisches Material nicht dauerhaft an derselben Stelle schweben konnte. Diese Eigenschaft von Schellen und Glocken wird auch in Haushaltsratgebern erwähnt, neben der schützenden Wirkung all der aromatischen Mischungen, die man verbrennen konnte, um für gesunde Luft im Haus zu sorgen. Südniederländische Glocken trugen aus diesem Grund häufig die Inschrift *fugo pestem*: Ich vertreibe die Pest.

Glocken dienten also unter anderem auch dazu, eine gesunde und festliche Umgebung zu schaffen, in der man jemand auf angemessene Weise empfangen konnte. So wie große Feuerkörbe auch zu dem Zweck entzündet wurden, die Atmosphäre zu reinigen, wenn hochgestellter Besuch eintraf, war es Ehrensache, die hohen Gäste mit Glockengeläut zu empfangen, um sie vor schädlichen Substanzen zu schützen, die sonst in der unbewegten Luft hängen geblieben wären. Fürsten wurden deshalb ebenso wie das allerheiligste Sakrament stets mit festlichen Klängen begleitet.

# Unerhört schön

In den Jahren 1480–1482 erwähnen verschiedene lokale Quellen erstmals ein Glockenspiel in Antwerpen; die Rede war von *spelen op de klokken* oder *beiaarden*. Hier ist eine gewisse terminologische Vorsicht geboten, da sich die Bedeutung des Worts *beiaarden* im ausgehenden Mittelalter veränderte. Noch bis in die Jahre 1480–1482 war damit nämlich kein Carillonspiel gemeint, sondern das rhythmische Anschlagen der Läutglocken durch die Klöppel, die man mittels daran befestigter Riemen bewegte (*beieren*). Erst später wurden Glockenspiele mit eigens dafür gegossenen, auf unterschiedliche Tonhöhen gestimmten Glocken konstruiert, angeschlagen von Hämmern, die vermutlich schon durch einfache Stockmanuale über Hebel und Zugdrähte in Bewegung gesetzt wurden. So konnte der Carilloneur vollwertige Melodien spielen.

Die alte Form des Turmglockenspiels, das *beieren*, hat sich aber in den Niederlanden noch ungefähr ein Jahrhundert gehalten, in manchen Regionen Europas sogar bis zum heutigen Tag. So oder so bekamen die Glocken der Antwerpener Liebfrauenkirche im vorletzten Jahrzehnt des 15. Jahrhunderts eine neue, musikalische Funktion. Wenn die älteste Quelle dazu behauptet, dass »man das *beyaerden* zu Antwerpen zum ersten Mal vernahm«, meint der Chronist ein melodisches Glockenspiel. Weiterhin warnten die Glocken vor Gefahr (Feuer, Angriff, Aufstand), läuteten das Öffnen der Tore oder den Markttag ein und erinnerten die Bürger an Zahltermine für Steuern. Doch zugleich dienten sie als neues Musikinstrument.

Bald sollte das beliebte Carillonspiel vielerorts die städtische Klanglandschaft bereichern. Vor allem in den vergleichsweise stark urbanisierten Gebieten der südlichen Niederlande setzte es sich durch und wurde zu einer Mode, die im frühen 16. Jahrhundert auch auf Nordfrankreich und die nördlichen Niederlande überschwappte. Die Tagebücher von Reisenden lassen aber darauf schließen, dass die prächtigen Klangspiele vor allem eine Spezialität der südlichen Niederlande blieben.

1540 wurde das Geläut im Nordturm der Kathedrale um mehrere leichte bis mittelschwere Glocken ergänzt, auf denen kurz vor dem Schlagen der vollen, halben oder Viertelstunden eine kurze Tonfolge oder Melodie gespielt wurde, der sogenannte Vorschlag. Er war das Signal dafür, dass man in wenigen Augenblicken Schläge zählen musste, um zu wissen, wie spät es war. Um 1552 begannen die Antwerpener, den Vorschlag und das musikalische Spiel mit sämtlichen normalen Läutglocken zu kombinieren, was noch komplexere und schönere Melodien ermöglichte. Der Begriff Vorschlag wurde schließlich im Niederländischen sogar durch *beiaard* ersetzt, was die Verschmelzung beider Glockenfunktionen widerspiegelt.

Tagebuchnotizen und Briefe ausländischer Reisender sind voll des Lobes über die wundervollen Glockenspiele. 1564, etwa zwanzig Jahre nach seinem Aufenthalt in den südlichen Niederlanden, schwelgte der italienische Dichter Annibale Caro noch in Erinnerungen daran. Auch der Basler Botaniker und Arzt Thomas Platter der Jüngere, der Ende des 16. Jahrhunderts als Medizinstudent durch die Niederlande reiste, nahm sich Zeit, seine Eindrücke in seinem Tagebuch festzuhalten. Er war tief beeindruckt von der Glockenkammer im Nordturm der Antwerpener Kathedrale und vom Glockenspiel.

> In diesem thurn sahe ich erstlich, wie man daß zierlich geleüt in den niderländischen stetten anrichtet. [...] Daß ist gewiß, daß ich mein lebtag so zierlich unndt lieblich nicht hab hören leüten als in den fürnemmen niederländischen stetten, glaub auch nitt, daß man es ihnen in der christenheitt mit dem geleüt vorthüe, welches auf obgemelte manier beschicht.

Sowohl das melodische Glockenspiel als auch die Musik, die während der Gottesdienste in den Städten Brabants zu hören war, waren bis weit über die Grenzen hinaus bekannt und zeugten von einer hoch entwickelten Musikkultur. (Abb. 45) Die Antwerpener Liebfrauenkirche war eine Attraktion für Gläubige wie für Musikliebhaber. Ausländer ergingen sich in Superlativen, wenn sie über die musikalische Umrahmung der Messfeiern schrieben, so zum Beispiel die venezianischen Botschafter Vincenzo Quirini und Federico Badoero, der florentinische Kaufmann Lodovico Guicciardini und der spanische Historiker Juan Cristóbal Calvete de Estrella. Quirini zählt 1506 unter den herausragenden künstlerischen Leistungen der Niederlande nicht zuletzt die musikalischen Darbietungen auf. Außer den »vielen sublimen und schönen Gemälden aus

Holland« und den »prachtvollen Wandteppichen mit Figuren aus Brabant« beeindruckte ihn die Musik, »von der man gewiss sagen kann, dass sie perfekt ist«.

Von den aufwendig geschmückten Altären abgesehen lockte also wohl auch das katholische Klangspiel viele Besucher in die Kirchen Brabants. Deshalb wurden berühmte Musiker engagiert, die ebenso wie bekannte Prediger als Publikumsmagneten wirkten.

Das französisch-niederländische *vocabulaer* oder Konversationsbuch *Seer gemeyne tsamencoutingen van Jan Berthout schoolmeester tot Bruessel* (Allgemeine Plaudereien …), erstmals um 1540 gedruckt, lässt erkennen, dass die Bürger mit den großen Namen der damaligen Musikwelt vertraut waren. Typisch für Büchlein dieser Art sind ihre Alltagsdialoge, mit denen man sein Französisch oder Niederländisch verbessern konnte. In einem fiktiven Dialog zwischen zwei Einwohnern Brüssels wendet sich das Gespräch Messen zu, denen die Gesprächspartner beigewohnt haben, wobei unter anderem die Leistung der Musiker bei einer sonntäglichen Messe in der Brüsseler Kirche Notre-Dame du Sablon oder Onze-Lieve-Vrouw ten Zavel kommentiert wird. Die Gesprächspartner kennen nicht nur die Namen der Musiker, sondern wissen auch, woher sie stammen. Sie drücken explizit ihre Wertschätzung für die musikalische Ausführung aus, und auch die ästhetische Qualität der Kompositionen und die Laufbahn der Komponisten kommen zur Sprache. Und als man nach der Messfeier ein opulentes Mittagsmahl zu sich nimmt, kehrt das schon leicht benebelte Gespräch auf Umwegen zur Musik zurück. Ein Buch mit mehrstimmigen Gesängen wird hervorgeholt, und die fröhliche Gesellschaft trällert in den Nachmittag hinein »gute Liedchen«, die von keinen Geringeren als den Singmeistern des Kaisers und des Bistums Cambrai stammten.

*Mit dem Klang meines Grundtons bringe ich Kirche und Welt, den Himmel und die dunkle Unterwelt, die sterntragenden Winde und die Wälder in Bewegung; aber mit meiner tiefen Stimme dringe ich auch ins Gemüt von Jung und Alt. Solch eine Glorie gab es nicht, seit Häuser gebaut wurden.*

Fragment der Inschrift auf der Salvator-Glocke, die 1505 für den Utrechter Dom gegossen wurde

# 11 Du sollst hören

## Ein Sonntag im Herbst 1522
...

Die Stimmung war gereizt. Man spürte, dass nicht viel zu geschehen brauchte, damit die Anspannung sich entlud. Dicht gedrängt wartete man ungeduldig auf den Prediger, der in wenigen Augenblicken die Kanzel besteigen würde. Heute sollte ein Minderbruder sprechen, und das bedeutete meistens besonders viel Unruhe. In neun von zehn Predigten wurde lautstark gegen die verderblichen Lehren Martin Luthers gewettert, seit einigen Jahren ein Lieblingsthema vieler Prediger. Die Minderbrüder schreckten aber auch nicht davor zurück, den Klerikern der Liebfrauenkirche in groben Worten die Leviten zu lesen. Im Grunde musste man mit allem rechnen ...

## Den Mund gestopft
·

Seit 1519 herrschte Unruhe in der Scheldestadt. Das Augustinerkloster in der Ridderstraat hatte in diesem Jahr einen neuen Prior bekommen, den aus Ypern stammenden Jacob Proost, in Deutschland als Jacobus Probst bekannt. Er war ein Bekannter und Anhänger Luthers, mit dem er sich in Erfurt sogar eine Klosterzelle geteilt haben soll. Bald fingen die Antwerpener Augustiner an, die lutherischen Lehren zu predigen. Sie waren die Ersten, die Luthers Schriften übersetzten, die daraufhin über

Antwerpener Drucker in ganz Europa Verbreitung fanden. Es war der Beginn einer turbulenten Epoche. Immer lauter wurden in den Straßen Antwerpens widerstreitende religiöse Überzeugungen verkündet.

Der Magistrat ließ die Anhänger Luthers lange gewähren, da ungestörter Handel höchste Priorität hatte, doch die kaiserlichen Behörden beobachteten die religiösen Entwicklungen aufmerksam. Karl V. ging konsequent gegen alles vor, was für ihn im Verdacht der Ketzerei stand. Schon in seiner Jugend war er für seine ausgeprägte, kirchentreue Frömmigkeit bekannt, und so war es nicht verwunderlich, dass er das lutherische Gedankengut entschieden ablehnte. 1521 ergriff er drastische Maßnahmen. Der 21-jährige Kaiser fertigte am 8. Mai das Wormser Edikt aus, mit dem die Einziehung und Vernichtung der lutherischen Schriften angeordnet wurde; es begann eine Zeit der Einschüchterungen, Verhaftungen und Bücherverbrennungen. Im Dezember dieses Jahres wurde auch Probst erstmals angeklagt und in ein Brüsseler Gefängnis geworfen. Diesmal kam er frei, indem er Widerruf leistete, begann jedoch erneut zu predigen und wurde erneut verhaftet. Dank der Hilfe eines Minderbruders konnte er nach Wittenberg entkommen, womit er der Todesstrafe entging.

Die übrigen Antwerpener Augustiner mussten im Juni 1522 auf dem Lettner der Liebfrauenkirche ihre lutherischen Lehren öffentlich widerrufen. Zwei Brüder blieben jedoch standhaft und bezahlten dafür später mit dem Tod auf dem Scheiterhaufen. Ebenfalls 1522, an dem Tag, an dem in Antwerpen die zweite Bücherverbrennung stattfand, wurde auch der städtische Sekretär Cornelis Grapheus gezwungen, auf dem Lettner öffentlich seinen ketzerischen Irrtümern abzuschwören.

Das Augustinerkloster wurde schließlich im Oktober 1522 aufgelöst, die Eingänge des Gebäudes zugemauert, das gesamte Inventar öffentlich versteigert.

In den Jahren vor 1522 hatte die Kirchbauhütte noch Pläne für eine Vergrößerung der Liebfrauenkirche geschmiedet, die der ganzen Welt die Überlegenheit der christlichen Religion vor Augen führen sollte. Ungefähr 1519 wurde ein megalomanes Projekt aus der Taufe gehoben, das sogenannte *Nieuwerck* (Neuwerk), das eine Erweiterung der Kathedralfläche um ein Drittel vorsah. (Abb. 41) 1521 waren die Baupläne fertig, und

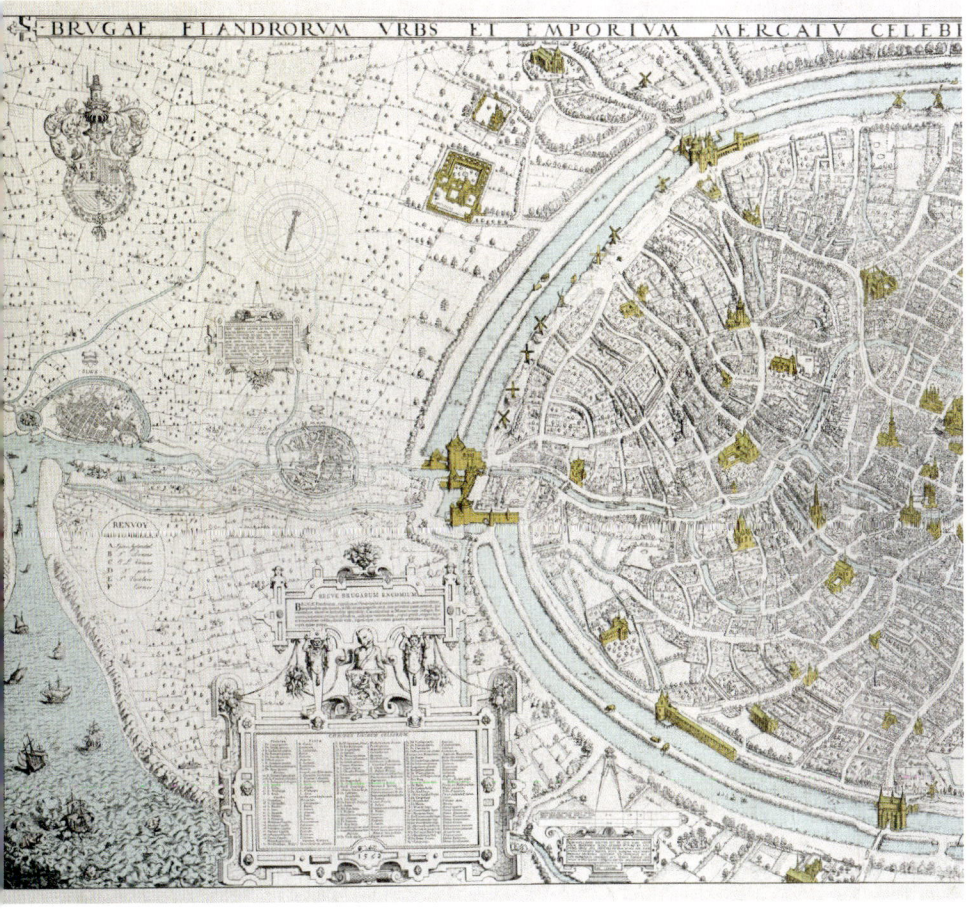

↑ Abb. 1 Bevor Antwerpen zur Drehscheibe des weltweiten Handels wurde, lag der wirtschaftliche Schwerpunkt in Brügge. Von der Nordsee (links unten) gelangten Schiffe auf dem Zwin über Sluis und Damme bis ins Zentrum Brügges. Marcus Gerards der Ältere, *Brugae Flandorum urbs et emporium mercatu celebre* (1562, Ausschnitt).

# Grundriss der Liebfrauenkirche.
Bauphase 1492–1521.

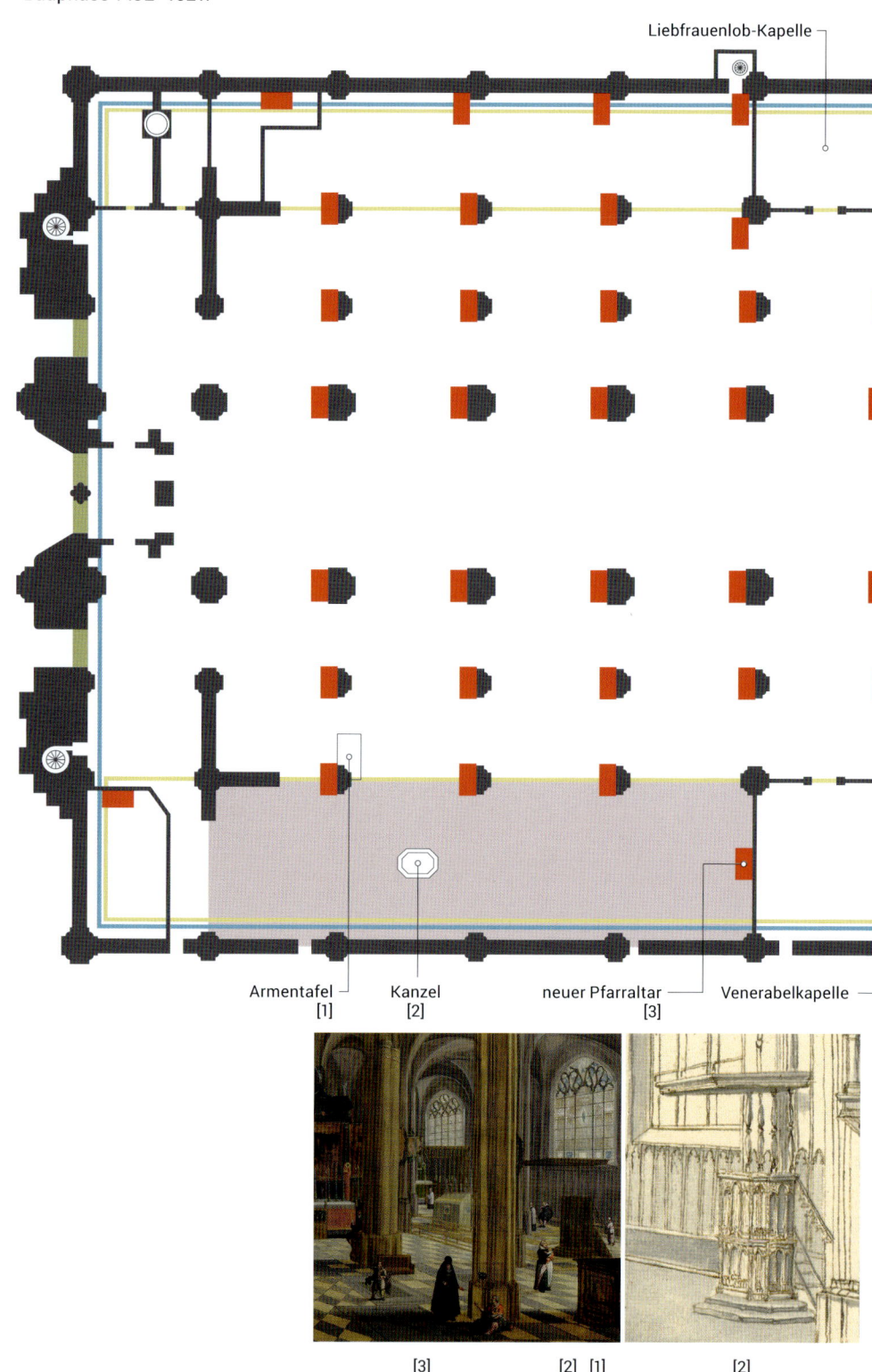

Liebfrauenlob-Kapelle

Armentafel [1]   Kanzel [2]   neuer Pfarraltar [3]   Venerabelkapelle

[3]   [2] [1]   [2]

← Abb. 2

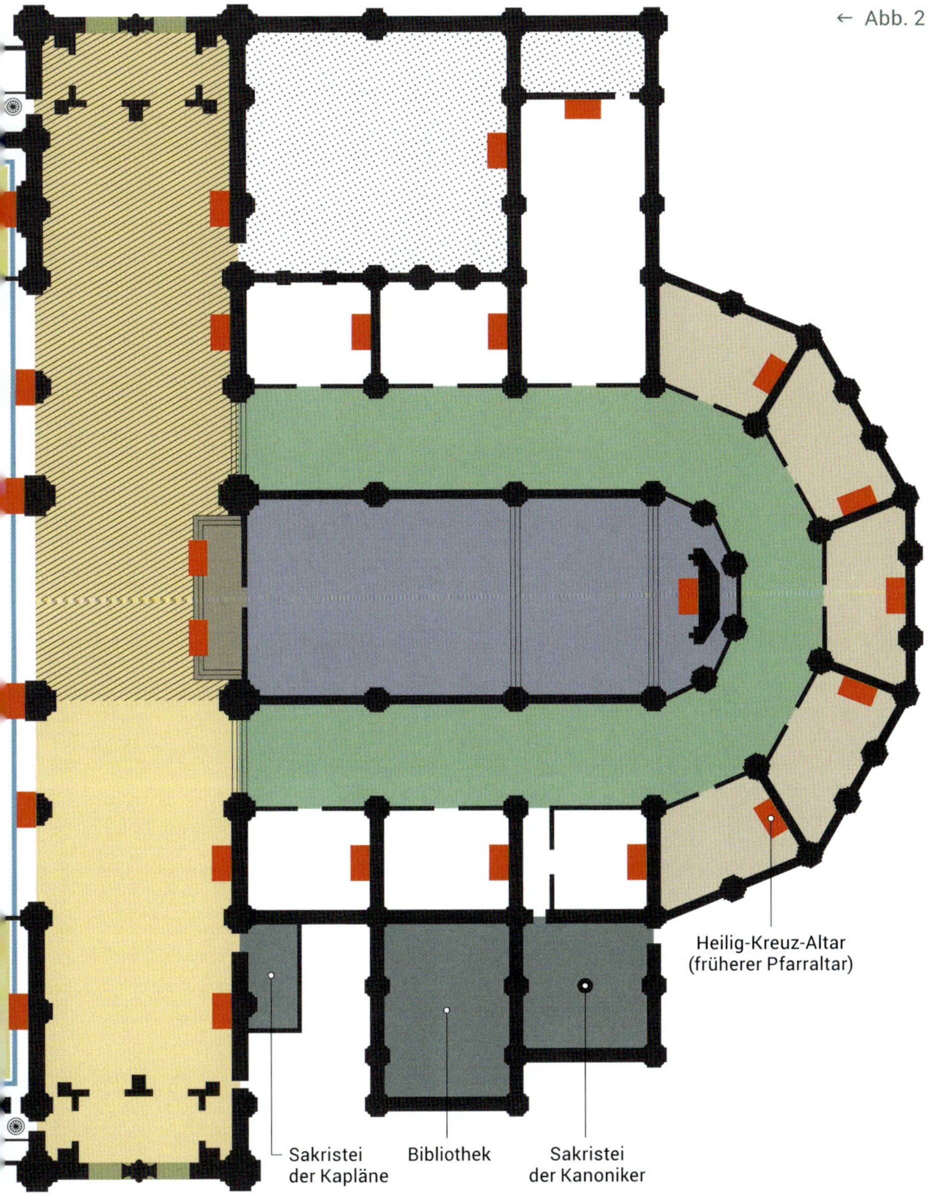

Heilig-Kreuz-Altar
(früherer Pfarraltar)

Sakristei         Bibliothek       Sakristei
der Kapläne                        der Kanoniker

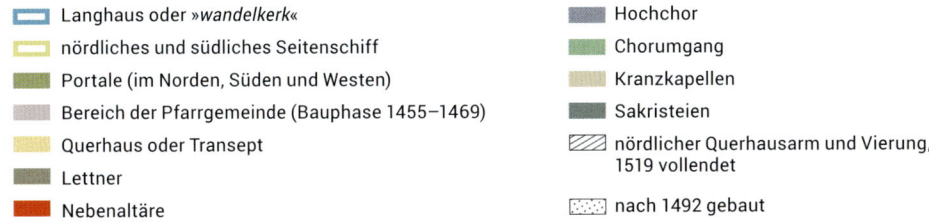

- Langhaus oder »wandelkerk«
- nördliches und südliches Seitenschiff
- Portale (im Norden, Süden und Westen)
- Bereich der Pfarrgemeinde (Bauphase 1455–1469)
- Querhaus oder Transept
- Lettner
- Nebenaltäre (hypothetische Rekonstruktion)
- Hochchor
- Chorumgang
- Kranzkapellen
- Sakristeien
- nördlicher Querhausarm und Vierung, 1519 vollendet
- nach 1492 gebaut

↑ Abb. 3 Antwerpen, von links nach rechts Schelde, spätmittelalterliche Stadtmauer, Sankt-Michaels-Abtei, Turm der Kronenburgpoort, Liebfrauenkathedrale. Zeichnung der sogenannten »Meister des Antwerpener Skizzenbuchs« (1543).

↓ Abb. 4 Die fünf Pfarrkirchen Antwerpens: A) Kathedrale, B) Sankt-Walburgis-Kirche, C) Sankt-Jakobs-Kirche, D) Sankt-Georgs-Kirche, E) Sankt-Andreas-Kirche. Anonym, *Blick auf Antwerpen aus der Vogelperspektive von Westen* (1524–1528).

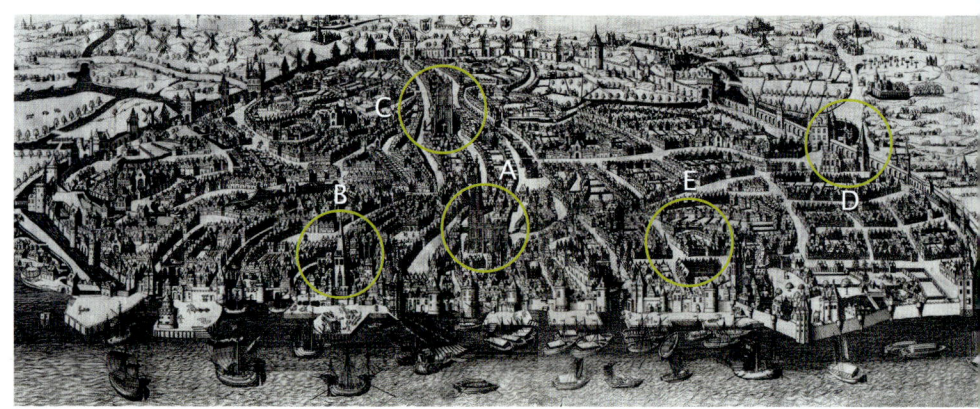

→ Abb. 5 Der künftige Kaiser Karl, Jugendbildnis. Südliche Niederlande, *Karl V.* (um 1514–1516).

↓ Abb. 6 Anonym (möglicherweise aus Antwerpen), *Blick auf die Meir*, die Haupteinkaufsstraße Antwerpens (17. Jahrhundert).

IN dese Figuere machmen mercken hoe dye. rij. teekenen des menschen lichaem doeruaren En men behoort na te volghen die nauolgende regulen/ want dye contrarie doende ware mochte schaden daer van crighen.

Aries is een werm eñ drooch goet teecken eñ regeret dat hooft. Eñ als die mane in dit teecken is/en sal men thooft met gheen yser rueren/noch die ooren oft die hooft ader en suldi niet laten/noch den baert scheren/mer ghi moecht vry baden.

Taurus is een cout eñ drooch quaet teecken/aensiet dē hals. Als die mane in dit teekē is en salmē dē hals

← Abb. 7 Jeder Körperteil ist einem Tierkreiszeichen zugeordnet. *Tierkreismann*, Holzschnitt in *Der schaepherders kalengier* (»Schäferkalender«, 1539).

→ Abb. 8 Der Text rings um das Monogramm lautet übersetzt: »Der süße Name unseres Herrn Jesus Christus und seiner glorreichen Mutter und Jungfrau Maria sei gesegnet in Ewigkeit. Amen.« Der Text unten: »Habe Jesus oftmals in deinem Mund, trage Jesus immer in deinem Grund, stelle Jesus voran in deinen Werken, so wird dich Jesus in seiner Liebe stärken.« Auf Papier gedruckter und nachträglich kolorierter Holzschnitt, südliche Niederlande, *Der süße Name Jesu* (um 1500).

↓ Abb. 9 Luxusausführung eines Rosenkranzes mit Bisamapfel oder Pomander. Bartholomäus Bruyn der Ältere, *Diptychon mit Gerhard und Anna Pilgrum* (1528, Ausschnitt).

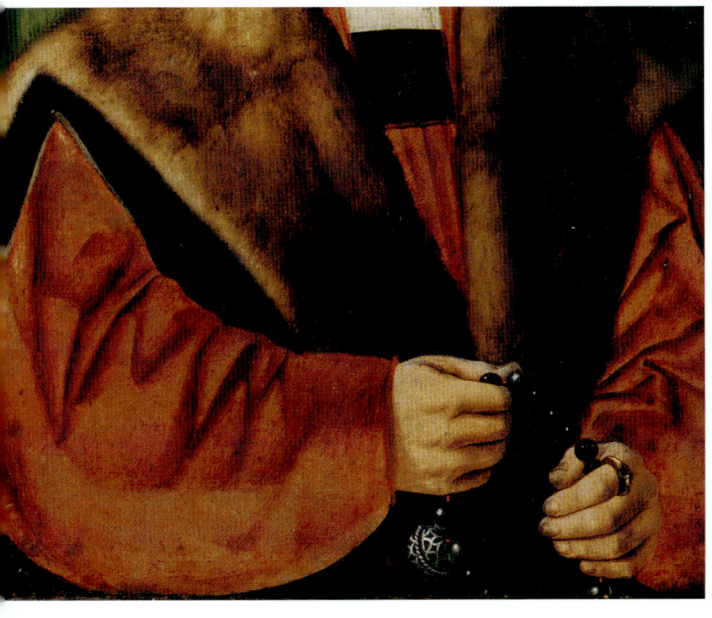

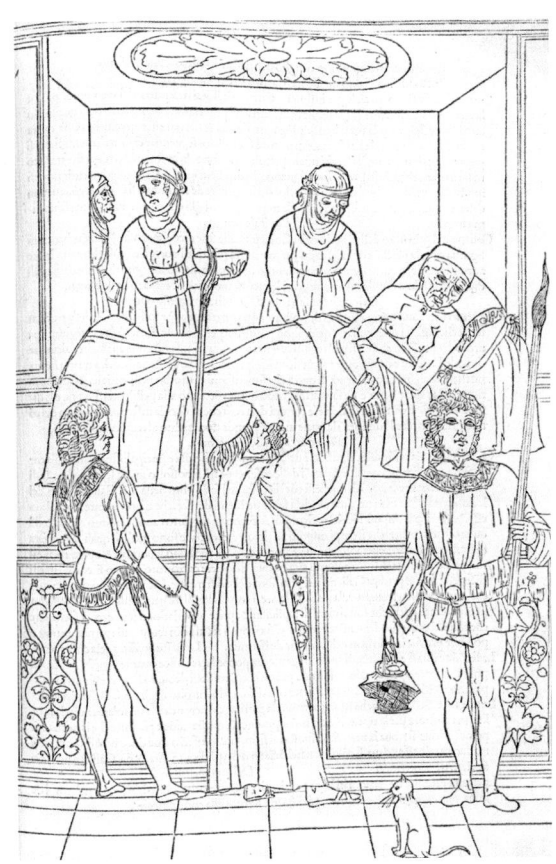

← Abb. 10 Antoniusfeuer oder Ergotismus ist eine Vergiftung durch den Mutterkornpilz (*ergot de seigle*), der bei Feuchtigkeit besonders auf Roggenähren gedeiht. Vor allem die Armen waren betroffen, da die Wohlhabenderen meist Weizen- statt Roggenbrot aßen. Die Folgen der Vergiftung konnten sehr ernst sein, von Halluzinationen bis zum Absterben von Fingern und Zehen. Im Hintergrund verteilt der heilige Antonius, der Schutzheilige gegen Ergotismus, Brot an eine Gruppe von Krüppeln. Sie verkörpern die Krankheit, da sie wegen ihrer brandigen Füße nicht mehr ohne Hilfsmittel gehen können. Aertgen Claesz. van Leyden, *Die Berufung des heiligen Antonius* (um 1530).

↑ Abb. 11 *Arztbesuch bei einem Pestkranken*, Illustration im *Fasciculus medicinae* von Johannes de Ketham (1494). Das Traktat behandelt zahlreiche medizinische Themen, von Anatomie bis zur Pestbekämpfung. Eine spätere, 1512 in Antwerpen gedruckte Ausgabe war das erste illustrierte medizinische Handbuch, das in den Niederlanden Verbreitung fand.

↑ Abb. 12 Umherstreunende, knurrende oder urinierende Hunde erscheinen oft als pittoreske Details von Kircheninterieurs aus dem 17. Jahrhundert. Hendrick Cornelisz. van Vliet, *Inneres der Nieuwe Kerk in Delft mit einem Totengräber* (1626–1675, Ausschnitt).

→ Abb. 13 Ausschnitt aus einem Zyklus von zwölf Gemälden in der Antwerpener Sankt-Jakobs-Kirche, die das Leben des Pestheiligen Rochus darstellen. Der Priester im Vordergrund bedeckt aus Angst vor Ansteckung seine Nase. Everard van Orley, *Szene aus dem Leben des heiligen Rochus* (1517, Ausschnitt).

↓ Abb. 14 Hundeschläger bei der Arbeit. Lancelot Blondeel zugeschrieben, *Szenen aus dem Leben der Heiligen Rochus und Paulus* (erste Hälfte 16. Jahrhundert, Ausschnitt).

↑ Abb. 15 Grüne Zweige an der Hauswänden als kurzlebige Dekoration. Denis van Alsloot, *Die Prozession in Brüssel im Jahr 1615* (1616, Ausschnitt).

← Abb. 16. Jan Bathen und Steven Wouters, *Vom Schaden beim Ausschütten* (1561).

↑ & → Abb. 17 **Zwei hölzerne Engelskulpturen mit beweglichem Arm. Von einem unbekannten Künstler aus der Region Kleve und Geldern etwa 1535–1544 gefertigt. Möglicherweise standen die Skulpturen auf schlanken Säulen bei einem Hochaltar, wie hier auf einem Ausschnitt aus *Das Leben und die Wunder der heiligen Godelieve* (etwa 1475–1499) vom Meister der Legende der heiligen Godelieve zu sehen.**

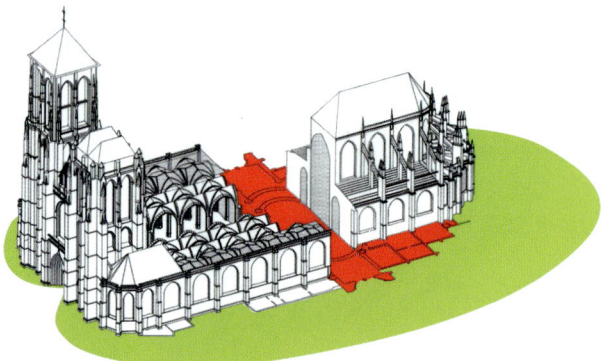

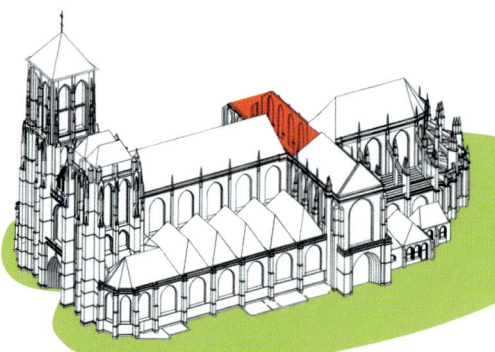

← Abb. 18 Ein Transept oder Querhaus liegt rechtwinklig zum Langhaus, sodass sich die charakteristische Kreuzform ergibt. Im 15. Jahrhundert bestand die Liebfrauenkirche lange aus zwei »Hälften«, die aufeinander zu fertiggebaut wurden. Die Überdachung des Querhauses (rot) erfolgte ganz am Ende der spätmittelalterlichen Bauphase.

↑ **Abb. 19** Ausschnitt aus dem Stadtplan von Virgilius Bononiensis (1565) mit der Kathedrale. An der Südseite liegt der Groenkerkhof mit Gracht (grün), im Westen plätschert die stinkende Kaesrui (blau).

← **Abb. 20** Anonym (vielleicht in Löwen entstanden), *Die Pest in der Löwener Sankt-Jakobs-Pfarrei im Jahr 1578* (1578?, Ausschnitt).

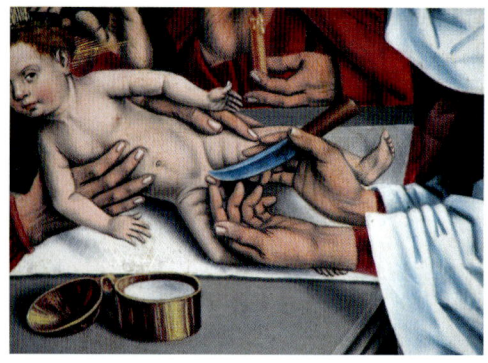

← Abb. 21 Je nach Quelle wurden im Mittelalter bis zu 21 »wahre« Heilige Vorhäute verehrt. Als Diebe 1983 das Exemplar des italienischen Dorfs Calcata entwendeten, verschwand das letzte Stückchen Heilige Vorhaut für immer. Friedrich Herlin, *Beschneidung Jesu* (1466, Ausschnitt).

↓ Abb. 22 Bei den vier größten Prozessionen trugen die Zünfte, Gilden und Bruderschaften insgesamt etwa hundert Heiligenfiguren durch die Straßen Antwerpens. Büßer gingen barfuß und in weißen Gewändern mit. Peeter Baltens, *Bauernkirmes mit einer Aufführung des Schwanks »Een cluyte van Plaeyerwater«* (Eine Posse aus Plaeyerwater), um 1570, Ausschnitt.

↑ Abb. 23 Das rosafarbene Tuch an der Vorderseite des Altars ist das Antependium. Beidseitig des Altars hängen grüne Vorhänge, die kurz vor der Konsekration zugezogen werden, sodass der Priester sich auf das Gebet konzentrieren kann. Meister der Legende der heiligen Ursula, *Das betende Ehepaar de Baenst in der Klosterkapelle* (1470–1483, Ausschnitt).

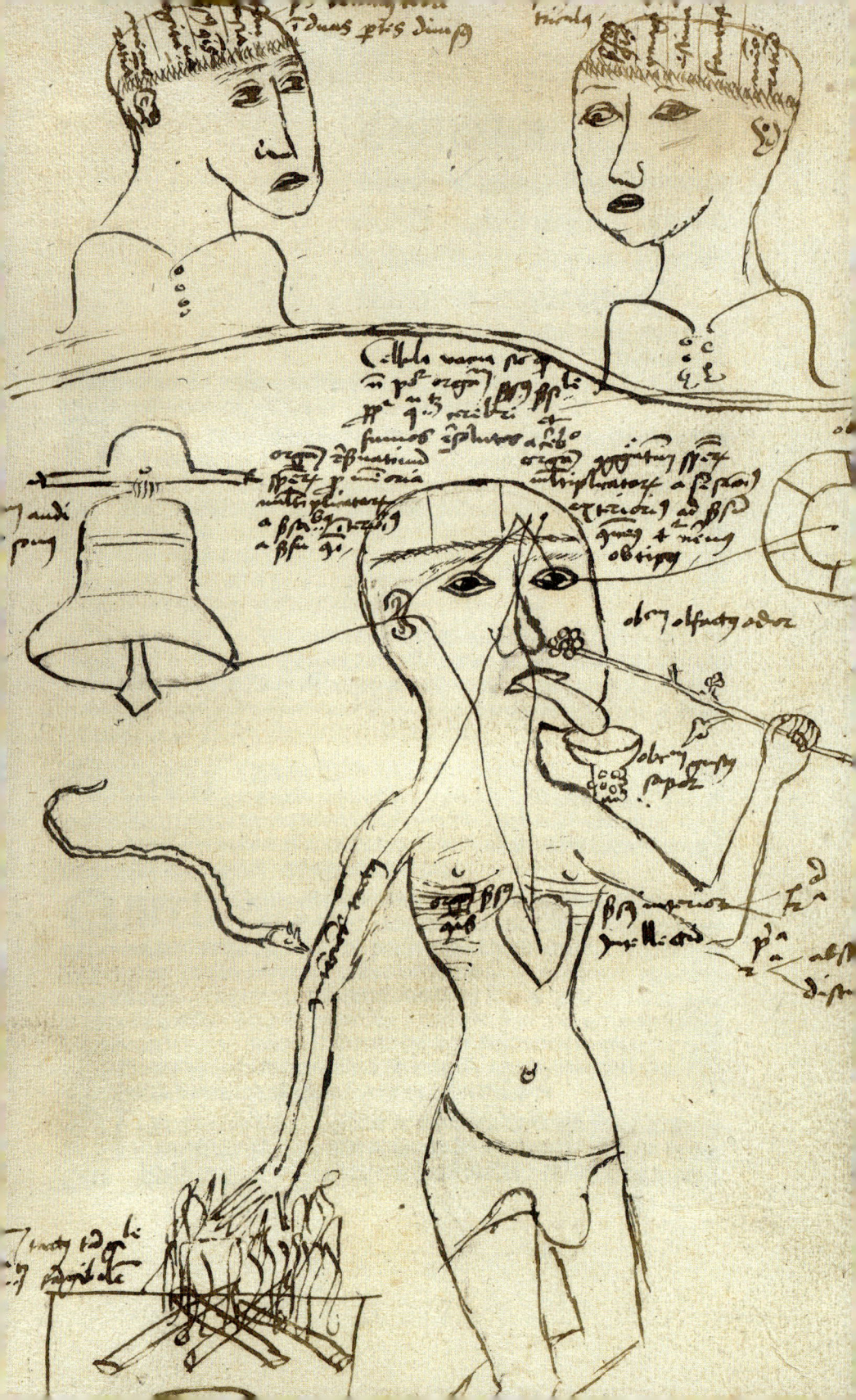

← Abb. 24 Schematische Darstellung der Funktion der Sinne, Federzeichnung in Gerardus van Harderwyck, *Epitomata seu Reparationes totius philosophiae naturalis Aristotelis* (1496).

→ Abb. 25 Unter dem Marienbild liegen hölzerne Krücken, die von Gläubigen als Zeichen ihres Dankes oder ihrer Bitte um Heilung zurückgelassen wurden. *Verehrung der Onze-Lieve-Vrouw op 't Stokske*, undatierter Stich.

↘ Abb. 26 Die Gebärmutter galt als geruchsempfindlich. Adriaen van de Venne, *Das Feuer und die Liebe*, Stich in Jacob Cats, *Spiegel van den ouden ende nieuwen tijd* (1632).

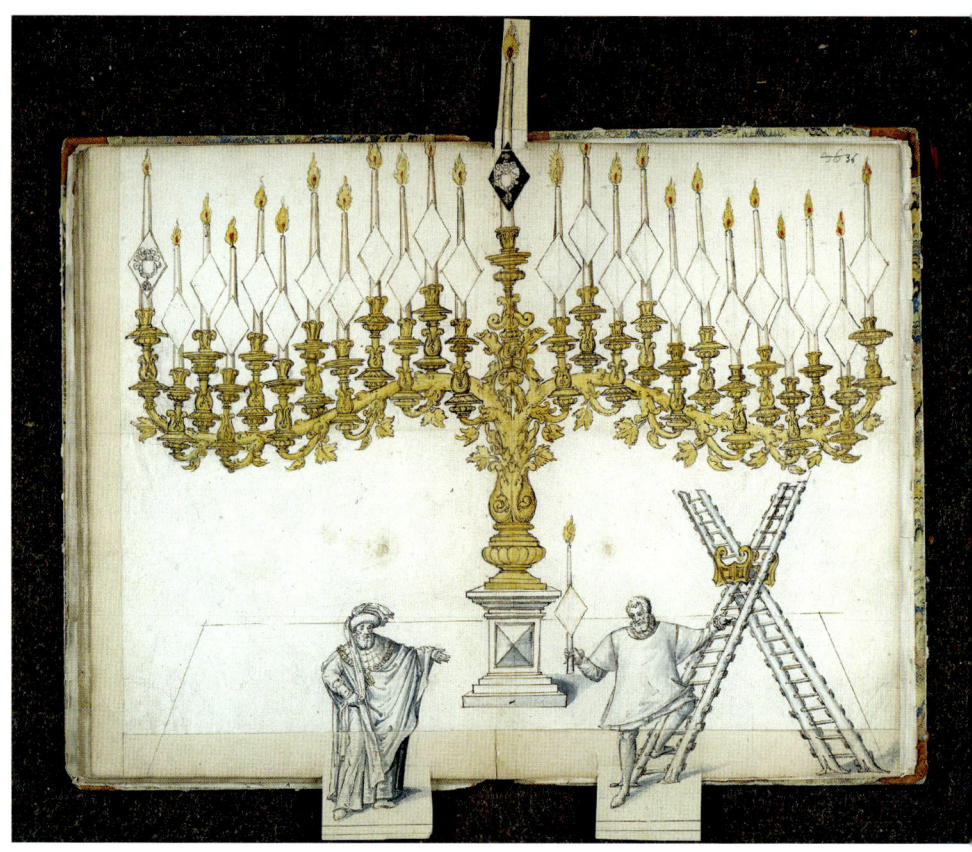

↑ Abb. 27 Für die Zeremonie des Ordens vom Goldenen Vlies wurde im Hochchor ein riesiger Kandelaber aufgestellt. Er nahm die ganze Länge des Hochchors ein und hatte 51 Arme, was der Anzahl der Mitglieder des Ordens entsprach. Abbildung aus *Triomphe d'Anvers lors du chapitre de la Toison d'or de 1556* (Nordfrankreich, 1556).

→ Abb. 28 Ein Foto von 1917 oder 1918 zeigt ein (bisher spurlos verschwundenes) Ewiges Licht, das an dem 12,5 Meter hohen Sakramentshaus befestigt war. Der steinerne Sakramentsturm wurde 1450 für die Löwener Sankt-Peters-Kirche angefertigt.

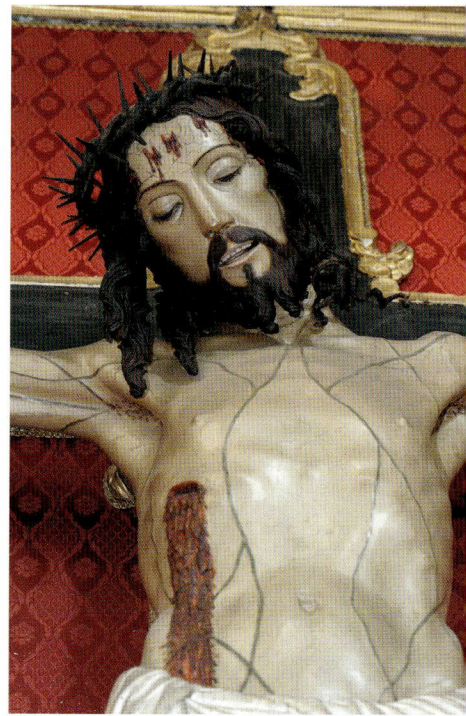

↑ Abb. 29 In einer Kirche hält sich eine betende Gläubige, die neben einem Grabmal sitzt, wegen des Leichengestanks die Nase zu. *Holkham Bible Picture Book* (südöstliches England, möglicherweise London, um 1327–1335).

↑ Abb. 30 Eins der sieben prachtvollen *Besloten Hofjes* der Zwartsusters von Mecheln. *Verschlossenes Gärtchen mit den Heiligen Ursula, Elisabeth und Katharina* (1510–1540).

← Abb. 31 Im ausgehöhlten Kopf der Christusfigur befand sich ein Mechanismus, mit dessen Hilfe man die Zunge bewegen konnte. Die Skulptur hängt in der Kathedrale Santa Maria Argentea der italienischen Kleinstadt Norcia. Pietro di Giovanni Tedesco, *Beweglicher Christus mit Mechanismus* (1494).

← Abb. 32 Die fünf Sinne stehen zwischen den zehn Geboten und den sieben Hauptsünden. Anonym (Benediktinerabtei Tegernsee), *Die zehn Gebote, die fünf Sinne, die sieben Todsünden* (um 1480).

↗ Abb. 33 Die fünf Sprossen der Leiter, die zum diesseitigen Leben gehören, stehen für die fünf Sinne. *Die Leiter zum Himmel und zur Hölle*, Zeichnung in Interpretation (Glosse) zu den Klageliedern Jeremias (Heilsbronn, Ende 12. Jahrhundert).

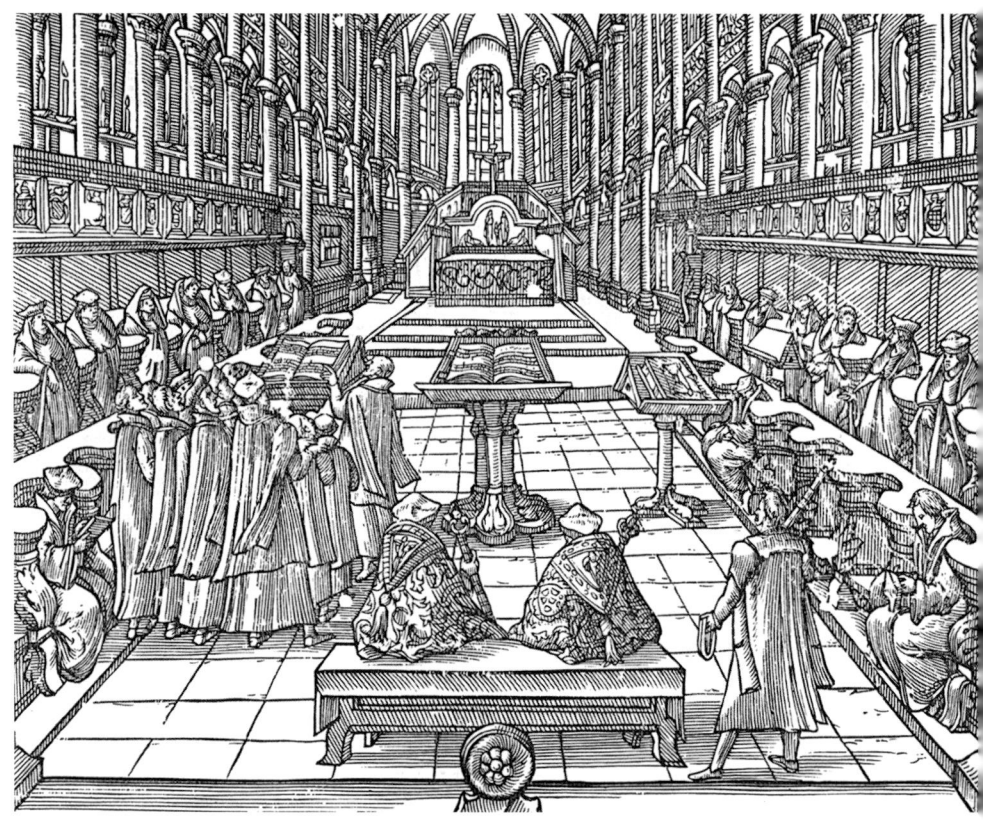

↑ Abb. 34 Stundengebet im gut besetzten Hochchor der Sankt-Rombouts-Kirche von Mecheln. Die Abbildung zeigt, warum die Chorbücher (Antiphonare) so groß waren: Mehrere Sänger mussten in einem relativ dunklen Raum die Noten aus demselben Buch ablesen. Antonis van Leest (nach Pieter van der Borcht), *Ausführung des Chordienstes in der Sankt-Rombouts-Kirche, Mecheln,* Holzschnitt im *Psalterium* (1571).

↗ Abb. 35 Dieses Detail zeigt möglicherweise den ältesten gotischen Lettner der Kathedrale. Der Maler hat allerdings den Durchgang unrealistisch breit dargestellt, um ein wenig vom Inneren des Hochchors sichtbar machen zu können. Hendrik van Steenwyck der Ältere und Jan Brueghel der Ältere, *Innenansicht der Liebfrauenkathedrale* (1593 und 1609, Ausschnitt).

→ Abb. 36 An wichtigen Feiertagen standen die Musiker oben auf dem Lettner. Meister des Nikolaus-Triptychons, *Die Weihe des heiligen Nikolaus* (1550–1574, Ausschnitt).

← **Abb. 37** Mit seinem *Kampf zwischen Karneval und Fasten* (1559) vermittelt Pieter Bruegel der Ältere eine lebendige Vorstellung von den Aktivitäten in einer gut besuchten Kirche und vor allem rund um sie herum. Das Werk enthält eine Fülle realistischer Details wie die Kirchenbesucher, die mit ihren Stühlen aus dem Portal strömen. Im Gegensatz zu heute waren Kirchen im späten Mittelalter noch nicht mit kostenlos verfügbaren Bankreihen ausgestattet, weshalb viele Menschen zur Messe ihre eigenen Sitzgelegenheiten mitbrachten.

↓ **Abb. 38** Auf dem Gemälde von Pieter Bruegel wurden zwei auf dem Boden liegende bettelnde Kinder übermalt; die Umrisse ihres Lagers sind vor dem weiß gedeckten Tisch noch zu erahnen. Auf einer durch Bruegels Sohn angefertigten Kopie sind die Kinder aber zu sehen. Pieter Bruegel der Jüngere, *Der Kampf zwischen Karneval und Fasten* (1579–1638).

↑ Abb. 39 Meister des Stundenbuchs des Charles de France, *Mariä Verkündigung* im *Stundenbuch des Charles de France* (Bourges, 1465).

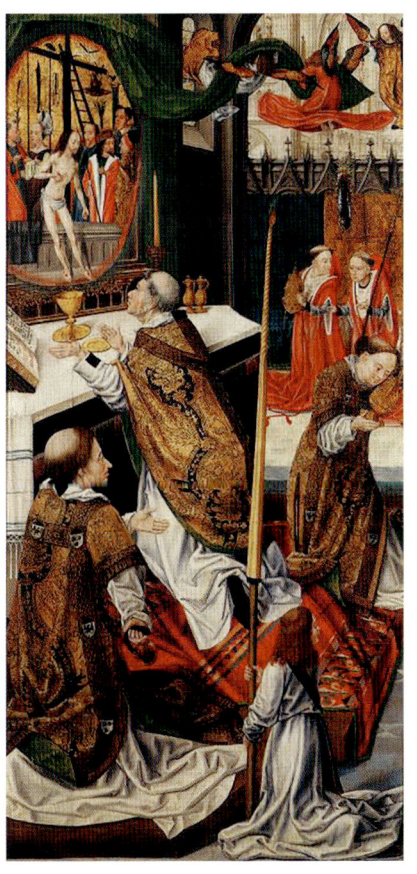

↑ Abb. 40 Der Raum ist voller Trennelemente aus Holz oder Stoff, die ein raffiniertes Spiel des Enthüllens und Verhüllens ermöglichen. Meister des Aachener Altars, *Passionstriptychon*, auf den Außenseiten der Flügel eine *Gregorsmesse* und ein *Knieendes Stifterehepaar* (um 1500).

↑ Abb. 41 Hypothetische Rekonstruktion des megalomanen *Nieuwerck*-Projekts durch Kasper Dupré. Der Straßenverlauf rings um die Kathedrale folgt bis heute den Erweiterungsplänen aus dem Beginn des 16. Jahrhunderts.

↗ Abb. 42 Die Sakristeien der Kapläne und der Kanoniker sowie die Bibliothek (erbaut 1482–1487) sind von außen deutlich sichtbar. Pieter van der Borcht, *Die Kathedrale von Antwerpen*, kolorierte Radierung in Lodovico Guicciardini, *Descrittione di tutti i Paesi Bassi* (Antwerpen, 1581).

→ Abb. 43 Auf Abbildungen von Kircheninnenräumen kommen Kisten, Schränke und Truhen fast nur vor, wenn es um Plünderungen geht. Frans Hogenberg, *Bildersturm, 1566* (1566–1570).

La bella & magnifica Chiesa di nostra Donna, ritratta al naturale.

Nach wenigh Predication      Das bildenst stürmen fiengen an      Kay Mai:Frantz, solch, auch die altar      Zerbrochen all in kurtzer stunde
Die Calvinsche Religion      Das nicht ein bild davon bleib stan      Und was sonst dort vor handen war      Gleich gar vil leuten das ist kundt.
                              Anno Dñi M. D. LXVI. XX. Augusti.

↑ Abb. 44 Der Messdiener läutet die Altarschelle, während er den Vorhang zur Seite zieht. Christus wird sowohl visuell als auch auditiv angekündigt. Colijn de Coter, *Gregorsmesse* (1522).

← Abb. 45 Eine Darstellung der Gregorsmesse in Grisaille-Technik auf den Außenseiten der Flügel eines Altaraufsatzes. *Gregorsmesse,* südliche Niederlande (erste Hälfte 16. Jahrhundert).

↓ Abb. 46 Hans Holbein der Jüngere, *Die Torheit steigt von der Kanzel.* Randzeichnung zu Erasmus' *Lob der Torheit* (1515).

↑ Abb. 47 Im Gegensatz zu den typischen Kircheninterieurs, wie sie seit Ende des 16. Jahrhunderts in Serie produziert wurden, stellt dieses höchst originelle Gemälde einen lebendigen Kirchenraum dar, in dem sich die Menschen drängen. Vielleicht ist es kein Zufall, dass der Künstler der Schwiegervater von Hendrik van Steenwyck dem Jüngeren war, einem bekannten Maler jener Antwerpener Standardinterieurs. Marten van Valckenborch (tätig 1559–1612), *Inneres einer Kirche*.

↑ Abb. 48 Marten van Valckenborch arbeitete in den Jahren 1564–1566 in Antwerpen. Es ist denkbar, dass er sich zu seinem lebhaften Kircheninterieur von Pieter Bruegels Stich *Fides* inspirieren ließ, der 1559 oder 1560 von Hieronymus Cock reproduziert wurde. Vor allem das Gedränge vor der Kanzel erinnert an Bruegels Komposition.

→ nächste Seite: Abb. 49 Auf der rechten Seite der brennenden Kathedrale ist eine acht Meter hohe Mauer mit massiven Strebepfeilern zu sehen. Nach den Plänen für das *Nieuwerck* sollte dort der neue Hochchor gebaut werden. *Clein gensteren ontsteken wel groote kercken* (»Kleine Funken können große Kirchen entzünden«), Aquarell in Loys van Caukercken, *Chronyck van Antwerpen* (17. Jahrhundert).

A°1532
M    Dit jaer
      Rentmer[...]

ED     [...]
mctor   [...]

egeen
cornel[...]

A° 1533
[...]

Auñ[...]
[...]

A° 1533
Autel
egen
[...]

M S
egen
Antel

A° 1533 In dit
K.C.    [...]

Dorsel Caemer [...]
                    [...] de tol caemer [...]

hier siet met grouwelijck spectakel vanden brande
dorss [...] niet wel waeren uijtgedaen dit is versae[...]
der dorssen steen van goede ijsere[...] wat van nieu[...]
en noch op dij dag van godts lemsen dat gr basij[...]
oijten sonder midtz niet besparen, oock hier men s[...]
hooren tegen de [...] Alemaens Cramer dit de ker[...]
daer den datum op staet is een Craemejuijst Als
[...] van de [...] stadt met de [...] heeft desc[...]
met sijn [...] ende groote gestaen sij do [...]

[...] figueren [...] dij Coninck [...] Autalijsa [...] tasten [...]
[...] [...] dorsen dij Coninck [...] quam dit [...] verlo[...]
[...] dan gou[...] duijssen[...] man [...] [...] den [...] van

← Abb. 50 Kostbare Kunstwerke hingen in 2,7 Meter Höhe (sieben Antwerpener Fuß), wie hier während der Ausstellung *Reünie: van Quinten Metsijs tot Peter Paul Rubens* (2009) zu sehen. In dieser Höhe korrespondierte die gemalte Perspektive auf den Retabeln mit der wirklichen Umgebung und dem natürlichen Lichteinfall in der Kathedrale. Außerdem blieben sie so außer Reichweite gieriger Hände, und der Betrachter musste zu den abgebildeten Heiligen aufblicken.

→ Abb. 51 Die Flügelaußenseiten des Triptychons der Möbeltischler mit monochromen Heiligenfiguren in Rotbrauntönen. Auf dem Foto von der Ausstellung *Reünie* (Abb. 50) ist das Triptychon aufgeklappt zu sehen. Wenn die dunklen Flügel geöffnet wurden, kam die farbenfrohe Festtagsseite mit der großen Mitteltafel umso mehr zur Geltung. Quentin Massys, *Beweinung Christi* (1509–1511).

← Abb. 52 *Der Teufel bringt zwei Frauen während einer Messfeier zum Plaudern*, Holzschnitt in Geoffroi de La Tour Landry, *Der Ritter vom Turn* (1493).

→ Abb. 53 Die Predigten calvinistischer und lutherischer Prediger vor den Antwerpener Stadtwällen lockten Tausende von Anhängern und Neugierigen an. *Heckenpredigt außerhalb Antwerpens*, Stich in Pieter Christiaanszoon Bor, *Nederlantsche oorloghen, beroerten, ende borgerlijcke oneenicheyden* (»Niederländische Kriege, Aufruhre und bürgerliche Streitigkeiten«, 1621).

↑ Abb. 54 Skulpturen und Gemälde waren während der Fastenzeit mit weißen Fastentüchern der Sicht entzogen. Meister der Houghton-Miniaturen, *Gregorsmesse*. Loses Blatt aus dem *Emerson-White-Stundenbuch* (vor 1482).

↑ Abb. 55 In zahllosen europäischen Städten und Dörfern war es Brauch, am Palmsonntag eine lebensgroße Christusskulptur auf einem hölzernen Esel durch die Straßen zu ziehen. 1487 hielt der Palmesel auch in Antwerpen Einzug. *Palmesel* (Deutschland, 15. Jahrhundert).

← Abb. 56 Meister der David-Szenen im Breviarium Grimani (Werkstatt), *Fastenzeit mit einem Altar mit Opferkorb im Vordergrund, im Hintergrund der Prediger* im Stundenbuch des Domenico Grimani (Brügge, 1525–1530).

↑ Abb. 57 Zwei von vielen gleichartigen Kircheninterieurs, wie sie seit Ende des 16. Jahrhunderts in Antwerpen gemalt wurden. Sie zeigen eine idealisierte Wirklichkeit mit braven Kirchgängern und einem ordentlichen, offenen Raum. Peeter Neeffs der Ältere, *Inneres der Antwerpener Kathedrale* (um 1650–1655).

↑ Abb. 58 Peeter Neeffs der Ältere, *Inneres einer gotischen Kirche mit eleganten Figuren* (1659).

← & ↙ &. ↑ 59 Foto des *Schmerzensmanns* (Anfang 15. Jahrhundert) und Übersichtszeichnung von van Dijck und Ghisdal. Das lebensgroße Wandgemälde in einer der Kranzkapellen der Kathedrale war Teil eines größeren visuellen Programms, das die gesamte Kapelle und die angrenzenden Pfeiler in rote Farbe tauchte. Rekonstruktionszeichnung des südlichen Chorumgangs zu Anfang des 16. Jahrhunderts von de Clercq.

→ Abb. 60 Vielleicht waren die roten Kapellenwände in ähnlicher Weise mit figurativen Elementen bemalt, wie bei diesen aus dem 16. Jahrhundert stammenden Wandbemalungen in der Antwerpener Sankt-Jakobs-Kirche zu sehen.

→ Abb. 61 Dieser Schlussstein mit der Darstellung Christi als Retter der Welt befindet sich im Hochchor. In Christi Mund führt ein Röhrchen durch den Stein nach oben und endet in einem trichterförmigen Gefäß über dem Gewölbe. Möglicherweise ließ man während der Pfingstmesse von dort oben rote Blütenblätter oder brennendes Flachs in die Tiefe rieseln. *Salvator Mundi* (um 1411).

← Abb. 62 Innenansicht der Kathedrale mit Gewölbemalereien von Himmelskörpern (1472–1479), Symbolen der Bogenschützengilde »Jonge Handboog« (1596), der Bäckerzunft (um 1476 und nach 1533) und Darstellungen der Heiligen Barbara und Katharina (1451–1475). Die Gewölbe waren ein Flickenteppich von erbaulichen, zeremoniellen, allegorischen und prahlerischen Darstellungen.

← Abb. 63 Übersichtszeichnung zur Anordnung der Holzschnitte von Louis Dekoninck. Die Bildchen wurden im nördlichen Querhaus hinter dem Altar der Möbeltischler in einem rhythmischen Muster an die Wand geklebt.

↑ & → &. ↓ Abb. 64 Drei kolorierte Holzschnitte (16. Jahrhundert) eines anonymen Antwerpener Grafikers: *Das Lamm Gottes, Zirkel mit Banderole, Kelch mit Schlange*. Schon aus wenigen Metern Abstand sind die Holzschnitte kaum noch erkennbar.

→ nächste Seite: Abb. 65 Die mit den Holzschnitten verzierte Wand wurde durch die *Kreuzaufrichtung* von Peter Paul Rubens verborgen. 1816 wurde dieses Retabel als prestigeträchtiger Blickfang im Querhaus aufgestellt.

man konnte anfangen, das Fundament für den riesigen neuen Hochchor zu legen. Auf dem östlichen Teil des Groenkerkhof begannen Aushebungs- und Maurerarbeiten, und schon bald wurden massive Strebepfeiler zur Stabilisierung der neuen Mauern hochgezogen. Unmittelbar an die neuen Mauern wurden in den folgenden Jahren Häuser angebaut, deren Mieteinnahmen zur Finanzierung des *Nieuwerck* beitragen sollten. Die heutigen Straßen vom Lijnwaadmarkt bis zum Groenplaats folgen immer noch den Linien des damaligen Grundrisses. Die vorbereitenden Arbeiten für den Bau des gewaltigen Hochchors wurden gerade rechtzeitig zur Grundsteinlegung durch Karl V. am 15. Juli 1521 abgeschlossen. Begleitet von dem dänischen König Christian II. und von Karls Tante Margarete von Österreich, der Statthalterin der habsburgischen Niederlande, legte der junge Kaiser feierlich den geweihten ersten Stein. Währenddessen schallten die feierlichen Klänge der schweren Carolus-Glocke, die nach dem Kaiser benannt war, über die unruhige Liebfrauengemeinde.

## Das tönende Wort

•

In der Kathedrale war die Lärmbelästigung durch die Bauarbeiten möglicherweise gar nicht besonders stark. Jedenfalls erwähnt keine einzige Quelle entsprechende Klagen, im Unterschied zu dem schier endlosen Lamento über umherlaufende und schwätzende Kirchenbesucher. Vor allem im weit genug entfernten Bereich der Pfarrgemeinde dürfte man kaum oder gar nicht gestört worden sein.

Seit die Messe der Liebfrauengemeinde nicht mehr in der kleinen Kranzkapelle, sondern am Altar im breiten südlichen Seitenschiff gefeiert wurde, stand dort auch die Kanzel. (Abb. 2) Von diesem Platz im relativ offenen Kirchenschiff aus trug die Stimme des Predigers ziemlich weit, und mit dem üblichen großen Stimmaufwand vorgetragen übertönte die Predigt gewiss auch jedes entfernte Hämmern und Klopfen. Manche Prediger brüsteten sich damit, dass sie mit einer Stimme wie eine Glocke die Kathedrale bis in den letzten Winkel füllten. Predigen war physisch anstrengend, vor allem in großen Kirchenräumen. Die Liebfrauenkirche hatte sogar eine Ruhekammer für erschöpfte Prediger eingerichtet, in der sie wieder zu Atem kommen konnten.

Der Aufbau einer spätmittelalterlichen Predigt variierte je nach Gusto des Predigers. In der Regel gehörten mehrere illustrierende Exempel dazu, außerdem jede Menge rhetorische Spielereien; Wiederholungen, Reime und Metaphern dienten dazu, die Verständnisschwelle möglichst niedrig zu halten. Inhaltlich konnten Prediger sich durch im Druck erschienene Predigten bekannter Geistlicher aus dem In- und Ausland inspirieren lassen oder auch durch die zahlreichen Heiligenviten und Exempelsammlungen. Diese Bücher brauchten sie nicht unbedingt selbst zu erwerben, denn sie wurden von Kloster zu Kloster oder Kirche zu Kirche weitergegeben und abgeschrieben. Sie zirkulierten vor allem unter Minderbrüdern und Dominikanern, den beiden Orden, die sich intensiv mit dem Predigen beschäftigten. Zum persönlichen Buchbesitz Antwerpener Geistlicher gehörte mindestens eine solche Predigt- oder Exempelsammlung, die als Leitfaden dienen konnte.

Eins der bekanntesten Exempelbücher war die *Tabula exemplorum*, Ende des 13. Jahrhunderts von einem unbekannten Minderbruder verfasst. Charakteristisch für diese Art franziskanischer Predigthilfe sind die Sympathie für die Ärmeren, die Ablehnung von irdischem Besitz und die Kritik an weltlichen und geistlichen Obrigkeiten. Anhand alphabetisch geordneter Wortlisten gab der Verfasser beispielhafte Erklärungen für verschiedene Sünden:

> Ypocritas: Scheinheilige sind wie die Häuser von Templern, die außen ein Kreuz tragen; oder wie Häuser, die mit einem Kreuz bemalt sind, damit niemand sein Wasser daran abschlägt; oder wie die Schleiereule, die in der Kirche wohnt, nicht aus Frömmigkeit, sondern des Öls der Lampe wegen.

Ähnliche Handreichungen gab es für die Abnahme der Beichte. Es zirkulierten Fragenlisten für die lässlichen Sünden und die Hauptsünden samt der entsprechenden Bußtarife, anhand derer die Geistlichen vorgehen konnten.

Spätmittelalterliche Predigten waren aber vor allem für ihre komplizierte Struktur bekannt. In *Ecclesiastae sive de ratione concionandi*, einem 1535 publizierten, scharfzüngigen Traktat über die Kunst des Predigens, klagte Erasmus über weitschweifige, gekünstelte und unnötig komplexe Predigten. Seiner Ansicht nach schmückten die Prediger das Evangelium schamlos mit frei Erfundenem aus und spickten ihre Tiraden mit übertrieben plastischen Schilderungen sündigen Verhaltens. Außerdem ärgerte es ihn maßlos, wenn in einer Predigt willkürlich verschiedene Themen kombiniert wurden, ohne dass ein Zusammenhang erkennbar war. 1515 fertigte der siebzehnjährige Hans Holbein der Jüngere, der später als Maler zu Ruhm gelangen sollte, auf Bitten seines Lateinlehrers Federzeichnungen zu Erasmus' *Lob der Torheit* an. Eine der subtilen Illustrationen zeigt, wie ein Prediger mit Narrenkappe von einer Kanzel steigt, vor der sich eine Gruppe ebenfalls närrischer Zuhörer versammelt hat. (Abb. 46) Erst um die Mitte des 16. Jahrhunderts änderte sich der Predigtstil; an die Stelle hochkomplexer Kanzelreden voller rhetorischer Kunstgriffe und Stilfiguren traten einfachere und klarere Predigten.

In einer Zeit erbitterter Diskussionen über den rechten Lebenswandel scheuten sich die Prediger nicht, auch das Leben ihrer Zuhörer zum Gegenstand der Predigt zu machen, immer in der Hoffnung, sie auf ihre Seite zu ziehen. Denn je mehr Gläubige sich hinter einen Prediger scharten, desto mehr Gewicht hatte sein Wort in der Gemeinschaft. Nichts besaß so viel Überzeugungskraft wie eine Herde treuer Schafe, die für ihren Hirten Partei ergriff. Heftige emotionale Reaktionen waren deshalb keine Ausnahme. Ein erfahrener Prediger konnte sein ganzes Publikum zum Weinen bringen.

Die Predigten befassten sich häufig mit den Armen, die aber nicht persönlich angegriffen wurden, ganz im Gegensatz zu den Bessergestellten, deren individuelles Fehlverhalten gern aufs Korn genommen wurde. Der *Spiegel van exempelen*, ein regelrechter Wälzer mit Beispielgeschichten aus dem Jahr 1481, erzählt zum Beispiel von einem Schuhmacher und einem Prediger, der gegen das Tragen von Schnabelschuhen wettert. Die Predigt erweckt den Zorn des Schuhmachers; der brüllt dem Prediger Verwünschungen zu und stürmt aus der Kirche, doch draußen ereilt ihn unverzüglich die Strafe. Aus dem Nichts erscheint ein Teufel, der ihn so fest an den Haaren packt, dass sie ihm samt Kopfhaut ausgerissen werden.

Die Antwerpener Minderbrüder schreckten nicht davor zurück, ihre Zuhörer persönlich hart anzugehen. Im Februar 1566 geriet ein betrunkener Mann während einer Predigt in der Liebfrauenkirche so außer sich, dass er den predigenden Mönch von der Kanzel zu zerren versuchte. Den anderen Kirchenbesuchern gelang es nur mit Mühe und Not, eine Prügelei zu verhindern; um weiteres Unheil zu verhindern, wurde der Mönch umgehend von einer Gruppe von Bürgern nach Hause eskortiert. Wenn die Ansichten des Predigers über den rechten Lebenswandel nicht mit denen seiner Zuhörerschaft übereinstimmten, brauchte es nicht viel, um die Gemüter zu erhitzen.

Zu regelrechten Prügeleien scheint es aber selten gekommen zu sein. Wir wissen für das spätmittelalterliche Antwerpen nur von sechzehn Gewalttätigkeiten im kirchlichen Umfeld, was vier Prozent der Gesamtzahl ausmacht. Die meisten Gewalttaten ereigneten sich in Herbergen (24 Prozent) oder auf der Straße (20 Prozent). Anscheinend blieb es in den Kirchen meist bei wütendem Geschrei, ein paar Rempeleien und den unvermeidlichen Schelmenstreichen. So berichtet die *Chronijck der Stadt Antwerpen*, dass im Winter 1477 zwei Frauen dem Sohn eines Bäckers die verrückte Idee in den Kopf setzten, die Kathedrale während einer Predigt im Adamskostüm zu betreten. Er kam nicht weit, weil er sofort von ehrbaren Frauen und Männern umringt und hinausgetragen wurde, bevor er die zahlreichen Zuhörer vor der Kanzel erreichen konnte. Natürlich musste er sich vor dem Schultheiß verantworten, und er und die beiden Frauen wurden verurteilt. Der Bericht endet abrupt mit der Information, dass im folgenden Jahr alle drei an der Pest starben.

Wer einen Gottesdienst störte, riskierte empfindliche Strafen: »Wenn durch jemandes Missetat die Kirche oder der Kirchhof entweiht wird und dadurch der Gottesdienst unterbrochen wird oder aufhört, dann ist dieser Missetäter verpflichtet, diese Störung ungeschehen zu machen und die Kosten dafür zu tragen, sofern er dazu imstande ist, und sonst dafür ewig gebannt zu werden.«

Das hielt allerdings Gesetzlose nicht davon ab, in Kirchen Zuflucht zu suchen. Jeder konnte sich auf das kirchliche Asylrecht berufen und sich dadurch zumindest vorübergehend in Sicherheit bringen; solange jemand Kirchenasyl in Anspruch nahm, hatte die weltliche Obrigkeit keinen Zugriff auf ihn. Das Problem war, dass nicht nur unschuldig Verfolgte, sondern auch gewalttätige Kriminelle dies ausnutzten. Sobald sie sich in dem Bereich der kirchlichen Immunität rund um die Kathedrale aufhielten, in dem nur das kirchliche Recht galt, durfte die städtische

Obrigkeit sie nicht verhaften und vor Gericht stellen, jedenfalls nicht, solange sie sich an die dort geltenden Regeln hielten.

Doch weder die Stadt noch das Liebfrauenkapitel legten Wert auf herumlungernde Verbrecher, und im Lauf des 15. Jahrhunderts wurde das Asylrecht systematisch eingeschränkt. Von 1435 an durften Flüchtige sich nur noch höchstens drei Tage in der Kirche aufhalten, bevor sie unwiderruflich vor die Tür gesetzt wurden. 1461 reagierte man mit einer weiteren Einschränkung auf den wachsenden Zustrom von allerlei Gesindel zu den immer beliebteren Jahrmärkten. Der Magistrat durfte nun Verbrecher auch auf dem Gebiet der Antwerpener Kirchen und anderer geweihter Orte verfolgen, wenn das Bistum oder die Vorsteher der jeweiligen Kirche dem zustimmten.

Während des 16. Jahrhunderts wurde das Asylrecht weiter ausgehöhlt. Für die städtische Obrigkeit hing es vor allem von der Schwere des Verbrechens ab, ob das Asylrecht zu achten war oder nicht. Der italienische Kaufmann Guicciardini notierte hierzu, in Antwerpen werde gewöhnlich das Asyl in allen Kirchen und Klöstern respektiert, außer wenn das fragliche Verbrechen allzu schändlich und grässlich sei; dann müsse der Verbrecher anderswo Zuflucht suchen. So ließ der Magistrat in den Jahren 1517 und 1545 jeweils einen Mörder aus der Kathedrale holen, weil ihre Taten das eben rechtfertigten.

Die Kirchenoberen wehrten sich allerdings, wenn dergleichen ohne ihre Zustimmung geschah. 1545 sah ein Richter des bischöflich-kirchlichen Gerichts, der Offizial, sich aus diesem Grund genötigt, Antwerpen eine *cessatio a divinis* anzudrohen, sollte der für die Sache zuständige Markgraf seine Entscheidung nicht zurücknehmen. Eine *cessatio a divinis*, eine Einstellung des Gottesdienstes in sämtlichen Kirchen der Stadt, war eine extreme Maßnahme, die tiefer Empörung oder Trauer Ausdruck verlieh. Im 16. Jahrhundert kam es häufiger zu solchen Konflikten, und immer war es der Offizial, der für das Asylrecht eintrat, nicht das Liebfrauenkapitel. Vielleicht war die lokale Geistlichkeit weniger geneigt, die städtische Gemeinschaft, in der sie lebte, vor den Kopf zu stoßen.

## Gesagt, getan?

In der Regel wurde an allen Sonn- und Feiertagen eine einstündige oder längere Predigt in der Volkssprache gehalten, während der Advents- und Fastenzeit sogar täglich oder zumindest mittwochs, freitags und sonntags. Laut der *Chronycke van Nederlant, besonderlyck der stadt Antwerpen*, einer im 17. Jahrhundert aus älteren Chroniken entstandenen Kompilation, wurde beispielsweise in der Fastenzeit des Jahres 1560 jeden Tag um sechs Uhr morgens in der Liebfrauenkirche gepredigt. Anfang des 16. Jahrhunderts hatte die Nachfrage nach Predigten stark zugenommen, vielleicht weil sich die Bürger der Kathedrale immer mehr verbunden fühlten, seit ihre Altäre darin eine so bedeutende Rolle spielten.

Eine ganz andere Frage war, inwieweit Feiertage respektiert wurden und man die Pflicht zur Teilnahme an Messfeiern erfüllte. In einem Brief aus den Jahren 1548/49, vielleicht von Roger de Tassis, dem zehnten Dekan des Kapitels, wird darüber geklagt, dass die offiziellen Feiertage nur unzureichend beachtet würden, trotz aller Predigten. »Manche sieht man an diesem Tag bei offenen Türen arbeiten, zum Ärgernis vieler, und unter diesen sind nicht wenige, die am Wochentag nach ihrem Gutdünken Feiertag halten.« Indirekt spiegelt der Brief auch einen Konflikt zwischen religiösen Regeln und ökonomischen Zwängen. Einerseits gab es Menschen, die aus religiösen Gründen lieber in der Anonymität der Großstadt aufgingen, andererseits waren auch finanzielle Interessen im Spiel. Wer konnte überhaupt an 52 Sonntagen und 34 bis 37 Feiertagen auf Einkünfte verzichten? Heute haben Arbeitnehmer in den meisten europäischen Ländern zehn bis zwölf gesetzliche Feiertage und im Schnitt mindestens 24 Urlaubstage, an denen sie allerdings Lohnfortzahlung durch den Arbeitgeber erhalten. Früher verdiente man, wenn man nicht arbeitete, auch kein Geld.

Die Statuten der Zünfte und Gilden verboten zum Beispiel das Arbeiten am Heiligabend nach der Mittagszeit und schrieben für Verstöße eine Buße von einem halben *denier* vor. Da ein Maurergehilfe durchschnittlich 4,6 *denier* am Tag verdiente, war es für ihn eigentlich günstiger, eine Buße zu riskieren, als das Arbeitsverbot zu beachten. Dass die Pflicht zur Sonntagsheiligung häufig missachtet wurde, ist aus den zahlreichen Wiederholungen entsprechender Verbote ersichtlich. So wurde

1526 verkündet, dass an Sonn- und Feiertagen nichts verkauft werden dürfe. Fünf Jahre später wurde speziell der Verkauf von Haselnüssen, Pfefferkuchen, Tauben und anderen Vögeln auf der Eisernen Brücke beim Rathaus verboten, und 1562 wieder etwas allgemeiner das Arbeiten sowie das Verkaufen von allerlei Kleinwaren, Büchern und Bildern auf den Straßen. Bei der Börse und auf der Meir, heute noch eine wichtige Einkaufsstraße, konnte man damals nämlich an vielen Sonn- und Feiertagen vormittags noch Einkäufe tätigen.

Außer ökonomischen Gründen für die Missachtung von Sonn- oder Feiertagen waren auch die Verlockungen des Nichtstuns und feuchtfröhlichen Feierns ein Problem. Sonntage waren für junge Männer eine Gelegenheit, von morgens bis abends zu trinken, zu tanzen oder zu fischen. Eine Brabanter Synode verhängte deshalb 1607 sogar ein offizielles Ausschankverbot für Herbergen und Schenken, das an allen Sonn- und Feiertagen während der Predigt, des Hochamts und der Vesper gelten sollte. Dieses Verbot wurde in Antwerpen geschickt umgangen, indem die Herbergen jeweils in der Stunde, bevor es galt, Alkohol zu reduzierten Preisen an den Mann brachten – was mit Sicherheit zu noch mehr Trunkenheit unter den Kirchgängern führte.

Rom hob erst »einige Zeit von Jahren vor 1568« die Verpflichtung auf, an jedem Feiertag die Kirche zu besuchen. Von den Anhängern reformatorischer Strömungen wurde diese Entscheidung begrüßt, doch konservative Katholiken runzelten die Stirn. Während einer Predigt in der Genter Sankt-Jakobs-Kirche versicherte der Bischof von Gent, dass es sich hierbei um kein religiöses Zugeständnis handele, sondern dass die Römische Kirche einzig die Belange des arbeitenden Familienvaters im Sinn habe. Und außerdem gelte ja: »Besser wenige Heiligentage gut gefeiert als viele schlecht gefeiert.«

## Mit viel Trara

Wer in Antwerpen eine Kanzel besteigen wollte, brauchte die Erlaubnis des Liebfrauenkapitels. Das hing zum Teil damit zusammen, dass man wegen der mit Predigten verbundenen Einnahmen aus Opfergaben die Konkurrenz eindämmen wollte, vor allem aber mit der Werbewirkung von Predigten. Ein bekannter Prediger konnte viele Menschen mobilisieren und so beträchtlichen Einfluss ausüben. Wenn die Kirchenvorsteher einen berühmten Geistlichen als Prediger gewonnen hatten, kamen Gläubige aus nah und fern.

Marcus van Vaernewijck, ein Genter Dichter, der auch wichtige städtische Ämter bekleidete, berichtet in seinem Tagebuch voller Abscheu von einem solchen Massenereignis am Sonntag, dem 16. Februar 1567, in der Genter Sankt-Jakobs-Kirche. Zur Predigt eines weithin bekannten Mönchs namens Jan Vanderhaghen drängten sich so viele Menschen in der Kirche zusammen, dass manche sogar auf die Altäre stiegen. Zum Entsetzen des Autors berührten sie die Altäre mit »zwei unwürdigen Teilen des Körpers: dem Hinterteil und den Füßen«. Van Vaernewijck verabscheute die Geistlichen, die etwas dermaßen Ungehöriges durchgehen ließen, andererseits aber gegen alles reformatorische Gedankengut wüteten. Zur gleichen Zeit lockten auch die sogenannten Heckenpredigten lutherischer und calvinistischer Prediger auf den Feldern vor den Antwerpener Stadtwällen Tausende von Neugierigen und Bekehrten an ...

Regelmäßig kam es zu Konflikten um die Inhalte einer so bedeutenden Kommunikationsform wie der Predigt. Man denke an die belehrende Haltung der Antwerpener Minderbrüder, die so weit gingen, die Geistlichen der Liebfrauenkirche von der Kanzel aus als Hurenböcke und Diebe zu beschimpfen. Der Magistrat griff nur ein, wenn sozialer Aufruhr drohte, wie etwa während der ersten reformatorischen Welle ungefähr in den Jahren 1518–1525, denn das Gros der Gläubigen kam wahrscheinlich über die wöchentlichen Predigten erstmals in Kontakt mit reformatorischen Ideen.

Die Antwerpener Augustiner ließen bis 1521 keine Gelegenheit aus, ihre reformatorischen Überzeugungen zu verkünden. Inhaltlich unterschieden sich ihre Predigten stark von denen der Minderbrüder, doch der Fanatismus war beiden gemeinsam. Die militanten Minderbrüder und die Predigerbrüder (Dominikaner) trugen scharfe Angriffe auf Luther vor. In den Jahren 1521/22 wurde zum Beispiel in Bergen op Zoom Sonntag für Sonntag über nichts anderes als den verderblichen Einfluss Luthers und seiner Anhänger gepredigt. Weil damit aber anscheinend das Gegenteil des Beabsichtigten erreicht wurde, verbot die Obrigkeit drei Jahre später, den Namen Luther in Predigten zu erwähnen.

1522 wurde das Predigen außerhalb der Antwerpener Pfarrkirchen verboten. »Welches bald schon anders war, denn man predigte in und um Antwerpen in weltlicher Kleidung, [es waren] Prediger, die man nicht kannte.« Ein Augustiner namens Nicolaas aus Ypern bezahlte die Missachtung des Predigtverbots mit dem Leben. Unter lautstarkem Protest der Bürger wurde er an einem tristen Montag des Jahres 1525 in einen Sack eingenäht und in die Schelde geworfen. Am Sonntagvormittag hatte er von einer Treckschute aus gepredigt, die in der Nähe des Frauenklosters der Falcontinnen (am heutigen Falconplein) festgemacht war, eines Ordens, der ebenfalls nach den Regeln des heiligen Augustinus lebte. »Welchen Glauben hast du, den Prediger- oder den Augustinerglauben?« war 1525 in Antwerpen eine häufig gestellte Frage.

Die Fähigkeit, Kontrolle über Lautäußerungen aller Art auszuüben, war ein Zeichen von Macht, auf kirchlicher wie auf weltlicher Ebene. Lehrer, Richter und Priester hatten gemeinsam, dass sie andere zum Schweigen ermahnen konnten. In stark urbanisierten Gebieten gab es eine Fülle einschlägiger Bestimmungen. Lärm auf öffentlichen Plätzen wurde eingeschränkt, »gottlose« Äußerungen wurden bestraft. In Antwerpen wurde 1534 und erneut 1554 verboten, an Sonn- und Feiertagen in der Öffentlichkeit »irgendwelche Lieder oder Refrains« zu singen oder zu verlesen. Vielleicht hoffte der Magistrat, dadurch die Würde dieser Tage zu gewährleisten, genau wie mit dem Verbot von Verkaufsständen auf der Straße und von Alkoholausschank während Predigt, Hochamt und Vesper.

Zur Strafe für Gotteslästerung konnte man sogar teilweise des Sprechvermögens beraubt werden. 1501 verkündete der Magistrat, dass Blasphemie künftig mit dem Durchbohren der Zunge bestraft werde. Ein Makler namens Michiel Bramaerts musste 1525 diese Verstümmelung erleiden, nachdem er sich lästerlich über die Muttergottes geäußert hatte. Vier Jahre später wurde einem Altkleiderhändler aus Wilrijk namens Kerstiaene Boye für die Lästerung des Allerheiligsten die Zungenspitze abgeschnitten. Beides fiel in die Zeit der Nachwehen der lutherischen Agitation in der Scheldestadt. Außerdem waren beide Männer nicht zum ersten Mal ketzerischer Äußerungen beschuldigt worden.

Im Wesentlichen ging es bei all diesen Konflikten um den Zweck von Predigten: einen Ansporn zu geben zum »rechten« Lebenswandel um der Rettung der Seele willen. Und zum rechten Lebenswandel gehörte nun einmal, dass man an Sonn- und Feiertagen seine Pfarrkirche besuchte, pünktlich den Kirchenzehnten zahlte und ein wenig Geld opferte, wenn man an einem der Altäre einer Messfeier beiwohnte.

Der Prediger stimmte seine Rede auf die Zuhörer ab: Ein Publikum, das er für unwissend hielt, bekam viel über die Liebe Gottes zu hören, während vermeintlich starrsinnige Zuhörer scharf angegriffen wurden. Man gebrauchte Zuckerbrot und Peitsche, sparte nicht mit Kritik am Magistrat, an Andersgläubigen und sogar den Anwesenden selbst. Einmal wurde Erasmus von dem Löwener Karmeliter Nicolaas van Egmond lautstark attackiert, als er während einer von dessen Predigten nichtsahnend die Sankt-Peters-Kirche betrat. Der scharfzüngige Humanist äußerte immer wieder seine Verachtung für diese aufrührerische Art des Predigens, nicht ohne auch gegen die Zuhörer auszuteilen:

> Dank meinem [der Torheit] Segen finden sie aber genug Hörer, die einen Demosthenes oder Cicero auf der Kanzel glauben, hauptsächlich was Kaufleute und Frauenzimmer sind. Denen suchen sie ja auch besonders zu gefallen, weil jene manch hübsches Stück vom ergaunerten Gewinn zu spenden pflegen, sobald man ihnen zweckmäßig um den Bart streicht; und die Frauen sind den Klosterleuten vor allem deshalb zugetan, weil sie so gern in ihre Brust das Herz ausschütten, wenn es Ärger gab wegen der Männer.

# 12 Sehen heißt glauben

## Oktober 1525, ein Donnerstagmorgen um sieben Uhr
...

Am Donnerstag machte man sich am besten so früh wie möglich auf den Weg zur Liebfrauenkirche. Wenige Augenblicke konnten darüber entscheiden, ob man sah oder nicht sah. Kam man auch nur ein bisschen zu spät, stieß man rings um die Venerabelkapelle auf eine undurchdringliche Masse frommer Gemeindemitglieder. Denn Punkt sieben Uhr begann eine der beliebtesten Messen der südlichen Niederlande: die Sakramentsmesse.

Jede Kirche, die etwas auf sich hielt, hatte einen Sakramentsaltar und eine gleichnamige Bruderschaft, die für die Messfeiern an diesem Altar sorgte, sodass sich der Ansturm der Gläubigen wenigstens ein bisschen verteilte. Auch in den Pfarrkirchen Sankt Georg, Sankt Walburga und Sankt Jakob sowie in der »hässlichen dunklen Kirche« der Dominikaner, etwa vierhundert Meter entfernt, wurden an den Donnerstagen Sakramentsmessen gefeiert. Und in fünf Jahren sollte auch die Sankt-Andreas-Kirche einen Sakramentsaltar weihen lassen, doch jetzt war sie noch ein verfallendes, zugemauertes Gebäude. Drei Jahre zuvor, 1522, waren die Augustiner gefangen gesetzt und am Tag danach ihr Kloster vermauert worden. Die Grundeigentümer in der Nachbarschaft setzten sich aber schon seit einiger Zeit für einen Wiederaufbau der verfallenden Kirche als neue, selbstständige Pfarrkirche des entstehenden Stadtviertels ein.

## Nur nichts verpassen

Während der gesamten Sakramentsmesse stand das allerheiligste Sakrament sichtbar auf dem Altar. Das Zurschaustellen des Sakraments, also der konsekrierten Hostie, in einer kostbaren, aus Edelmetall gefertigten Monstranz mit einem kreisförmigen Fensterbereich für die geweihte Hostie unterschied diese Messe von anderen Messfeiern, bei denen das Sakrament für die Gläubigen nur bei der Elevation sichtbar war. Spätestens seit dem ausgehenden 14. Jahrhundert muss es irgendwo in der Liebfrauenkirche einen Sakramentsaltar gegeben haben; wegen der vielen Erweiterungsbauten und dem Reise-nach-Jerusalem-Spiel der Altareigentümer lässt sich aber nicht mehr herausfinden, wo genau. 1475, nicht lange nach der Fertigstellung der Venerabelkapelle, richtete sich die Bruderschaft des Heiligen Sakraments jedenfalls dort ein. (Abb. 2) Von Anfang an gab sie große Summen für die Ausstattung der Kapelle aus. 1496 erfahren wir von einem majestätischen neuen Altar »aus Marmor, Alabaster und Basanit, der viele Tausende gekostet hatte«. Ganz fertig sollte er auch 1566 noch nicht sein, als die Bilderstürmer ihn in Stücke schlugen.

Zu Beginn des 16. Jahrhunderts hatte sich die Kapelle zu einem reich geschmückten, abgeschlossenen Raum mit eigener Orgel entwickelt. Der Aufwand, mit dem die Sakramentsmesse mittlerweile gefeiert wurde, passte zur kostbaren Ausstattung. 1506 ließ die Bruderschaft festlegen, dass die Sakramentsmesse nach dem Vorbild der Messfeiern, die an den wichtigsten Feiertagen (den sogenannten Hochfesten) im Hochchor gefeiert wurden, besonders ausführlich zelebriert werden sollte. Hochfeste bildeten die Höhepunkte des religiösen Festkalenders, und es gab nur eine Handvoll davon. Neben Ostern standen in der Regel Pfingsten, Allerheiligen, Weihnachten und Mariä Lichtmess auf der Liste. In der erhaltenen Stiftungsurkunde der »schön gesungenen« Sakramentsmesse ist auch vom vielfältigen Einsatz von Klängen die Rede. So begann schon eine halbe Stunde vor Beginn der Messfeier das Glockenläuten, »drei große Weilen, und zwar die erste und die letzte Weile mit der großen Glocke neben der allergrößten Glocke«. Und zwischendurch wurde »herrlich geklöppelt, wie es an Feiertagen üblich war«.

Bei der Messfeier wurde der Priester von dem Diakon, dem Subdiakon, dem Singmeister, den Sängern und sechs Chorknaben unterstützt. Die Stiftungsurkunde legt gleich zu Beginn fest:

> Der Priester, Diakon und Subdiakon werden sich in der Sakristei ankleiden, wonach sie mit zwei Chorknaben, jeder mit einem Weihrauchfass, zum Altar gehen, um kurz zu knien. Dann wird der Priester aufstehen und mit großer Achtung und Ehrerbietung das Heilige Sakrament holen, zusammen mit den zwei Chorknaben mit Weihrauchfässern und vier Chorknaben mit jeweils einer brennenden Kerze in der Hand. Diese Kerzen werden brennen, bis die Messe zu Ende ist, das heißt, bis das Heilige Sakrament wieder zu seinem Aufbewahrungsort zurückgetragen wurde. Beim Holen und Zurücktragen wird man jeweils eine Altarschelle läuten. Und wenn der Priester das Heilige Sakrament holt und berührt, so werden die Sänger anfangen zu singen und die Chorknaben Weihrauch schwenken. Und wenn der Priester das Heilige Sakrament auf den Altar gestellt hat, so wird er Weihrauch schwenken, wie es sich gehört.

An Feiertagen, wenn die Venerabelkapelle sich noch schneller füllte als sonst, mussten sich die Sänger aus Platzgründen außerhalb der Kapelle aufstellen, »unter dem gewöhnlichen Volk«. 1570 beantragten die Kapellmeister der Bruderschaft, hinten in der Kapelle einen »Hochsaal«, gemeint war ein kleiner Lettner, für die Sänger bauen zu dürfen. Er sollte nicht nur das Platzproblem lösen, sondern wie der Lettner beim Hochaltar dafür sorgen, dass der Gesang besser zu hören war. Der Antrag wurde bewilligt, und sieben Jahre später begann der Bau.

Und doch waren es weniger die großartige musikalische Begleitung und das ausgiebige Räuchern, die diese Messe so beliebt machten, als die ständige Sichtbarkeit des Heiligen Sakraments auf dem Altar. Zu dieser frühen Stunde – sieben Uhr morgens – waren allerdings Kerzen und Öllampen die einzigen Lichtquellen, man konnte also gar nicht sicher sein, dass man in flackerndem Licht und Weihrauchwolken und zwischen den vielen anderen Anwesenden hindurch überhaupt etwas von der Monstranz zu sehen bekam. Wenn Weihrauchwolken die Sicht trübten, waren es denn auch die Träger der Weihrauchfässer, die den Unmut zu spüren bekamen. Manch ein liturgisches »Drehbuch« warnte deshalb sogar vor übermäßigem Gebrauch von Weihrauch während der Elevation, damit die Sicht nicht behindert und der Priester nicht gestört wurde.

## Hokuspokus
•

Seit dem frühen 13. Jahrhundert verkündete die Kirche verstärkt die Lehre von der Realpräsenz Christi während der Messe. Nach dieser Lehre verwandeln sich beim eucharistischen Hochgebet Brot und Wein in Leib und Blut des Herrn. Diese Wandlung, in gelehrten Schriften als Transsubstantiation bezeichnet, geschah im Moment der Konsekration.

Dabei sprach der Priester die Worte, die in den Evangelien von Jesus während des letzten Abendmahls beim Brechen des Brotes gesprochen wurden, in lateinischer Form: *Hoc est corpus meum* (Dies ist mein Leib). Gleich danach erhob er das konsekrierte Brot, die Hostie, damit die Gläubigen den eucharistischen Christus sehen und verehren konnten. Anschließend geschah das Gleiche mit dem Kelch mit Wein. Weil das *Hoc est corpus meum* leise gesprochen wurde und die meisten Gottesdienstbesucher kein Latein konnten, soll es, wie zumindest eine spätere Überlieferung will, als »hocus pocus« verstanden worden sein, seitdem die bekannteste Zauberformel – und ein nicht zufälliger Verweis auf Taschenspielertricks.

Nach der Konsekration sprach man nicht mehr von Brot und Wein, sondern vom allerheiligsten Sakrament, dem Leib Christi oder dem Leib des Herrn, der mit größter Achtung behandelt werden musste. Zunächst wurde das Betrachten des Allerheiligsten durch die Kirchgänger noch als befremdlich oder sogar respektlos empfunden. Doch bis zum Beginn des 15. Jahrhunderts waren die Elevation und die Sakramentsmesse immer populärer geworden, was sich gut an der Beliebtheit von Darstellungen der Gregorsmesse ablesen lässt. Man konnte kaum eine Kirche betreten, ohne irgendwo auf ein Altarbild oder eine Wandmalerei von Christus mit Kreuzwunden und Leidenswerkzeugen zu stoßen.

Allerdings schätzten nicht alle die Verehrung des Heiligen Sakraments im gleichen Maße. Wie anderswo in Europa wurde auch in Antwerpen immer heftiger über die richtige Form des Glaubens gestritten. Dieser Streit hatte seit Oktober 1517 an Schärfe zugenommen, als der

34-jährige Martin Luther seine 95 Thesen gegen den Ablasshandel und andere kirchliche Missstände veröffentlichte. Dass er sie an die Tür der Schlosskirche in Wittenberg nagelte, ist vielleicht nur eine Legende, die aber auf die enorme Wirkung seiner Ideen schließen lässt.

Jedenfalls war das Jahr 1525 anders als andere. In Antwerpen herrschte eine angespannte Atmosphäre; Gespräche beim Bäcker oder in der Herberge konnten schnell in Streit und gegenseitige, immer undifferenziertere Beschuldigungen ausarten. Der ehemalige Pfarrer des ostflämischen Dorfs Melsen, ein gewisser Gillis, der inzwischen lutherische Ideen vertrat, zog zusammen mit einem Augustiner aus Ypern durch die Straßen Antwerpens und bat öffentlich um Vergebung für seine früheren Irrtümer. Er erklärte, die Priester legten es bei der Messfeier viel zu sehr darauf an, die Gläubigen in Ekstase zu versetzen: »So tun alle Priester in ihren ›Spektakelmessen‹, welche die Hostie zeigen, sie aber niemandem geben.« Seit der Arrestierung der Antwerpener Augustiner drei Jahre zuvor machte sich bei vielen Bürgern eine latente Unzufriedenheit bemerkbar. Der Morgen des 31. Juli 1525 brachte einen traurigen Höhepunkt der religiösen Spannungen. Der Augustinerprediger Nicolaas aus Ypern, wahrscheinlich der erwähnte Gefährte des Pfarrers Gillis, wurde unter lautstarkem Protest einer Gruppe von Bürgern in der Schelde ertränkt. In Antwerpen war es die erste Hinrichtung wegen Ketzerei – die beiden 1523 verurteilten Augustinereremiten waren in Brüssel verbrannt worden –, doch nun wuchs auch der Widerstand gegen die harten Verfolgungsmaßnahmen.

Dies äußerte sich unter anderem in Übergriffen auf religiöse Standbilder. Das Bild des heiligen Franziskus, das auf der Brücke der Minderbrüder stand, wurde von »den guten Christen, genannt die Lutheraner« in einen Entwässerungskanal geworfen. Der Autor der *Chronycke van Nederlant, besonderlyck der stadt Antwerpen* erwähnt, dass etwa zur gleichen Zeit auch ein Standbild im Stadtteil Luythagen, heute Mortsel, ins Wasser geworfen worden sei. Die Kreuzigungsgruppe mit der Muttergottes und dem Apostel Johannes, die in der Nähe des Berchemer Galgenfelds und des Leprosenhauses Ter Zieken stand, wurde gar zertrümmert.

Immer wieder wurde über die Frage gestritten, ob das physische Schauen des Heiligen Sakraments tatsächlich die beste Art sei, Christus zu verehren. Auf der einen Seite waren da die Gläubigen, für die es undenkbar war, diese Äußerung höchster Verehrung in Zweifel zu ziehen; auf der anderen die nach Reinheit im Glauben strebenden Christen, die darin nur einen gedankenlosen Automatismus oder gar einen gefährlichen Aberglauben sahen; dazwischen gab es ein weites Feld schwankender Überzeugungen.

Die Gläubigen konnten auf zwei verschiedene Arten zur Kommunion gehen: auf sakramentale Weise mit dem Empfang der Hostie und auf rein geistliche Weise, ohne sie zu empfangen. Zu dieser geistlichen Kommunion kam es besonders dann, wenn ein Besucher der Messe das Sakrament während der Elevation in frommer Geistesverfassung schaute. Zu jeder Messe, so schlicht sie auch sein mochte, gehörte eine Elevation. Andere geeignete Momente waren das Schauen des Sakraments in einer Monstranz auf dem Altar oder bei einer Prozession. Theologen propagierten vor allem die geistliche Kommunion als Vereinigung mit Christus als unverzichtbar für das Seelenheil. Als Argument dafür wurde gern der Kirchenvater Augustinus zitiert: »*Crede et maducasti*«, »Glaube, und du hast gegessen«. Der Unterschied zur sakramentalen Kommunion bestand also darin, dass die Hostie nicht verzehrt wurde. Nur zu Weihnachten und Ostern durften die Messbesucher sie in materieller Gestalt zu sich nehmen, nachdem sie zuerst gefastet und gebeichtet hatten, sich also in einer würdigen, gereinigten Geistesverfassung befanden. Um die Mitte des 16. Jahrhunderts setzte sich der Empfang der Hostie auch an Mariä Lichtmess, Pfingsten und Allerheiligen durch. Zum Sterberitual gehörte es ohnehin, ein letztes Mal zu beichten und das Sakrament zu empfangen.

Dies musste immer mit größtmöglicher Ehrerbietung geschehen. Während des kollektiven Empfangs des Sakraments in der Kirche wurde deshalb zwischen den Gläubigen und dem Priester ein Tuch aufgespannt, damit nur ja kein Krümel vom Leib des Herrn auf dem Boden landete. (Abb. 48) Allerdings löste die sakramentale Kommunion zunehmend Ängste aus. Die Geistlichkeit betonte nämlich gern, dass der Empfang des Sakraments in unwürdiger geistiger Verfassung die ewige Verdammnis zur Folge habe. Zahlreiche drastische Horrorgeschichten über Ketzer, die nach der Kommunion tot umfielen oder grässliche Entstellungen erlitten, machten die Runde. So erzählte der konservative

Kaplan Munters 1534 in seinem Tagebuch die Geschichte vom Tod »eines sehr reichen Mannes aus Holland, der lutherisch war«:

> Er wird krank, ein Priester ermahnt ihn zu beichten, damit er das ehrwürdige Heilige Sakrament empfangen kann. Nach vielem Bitten beichtet der Mann und empfängt das Sakrament und die letzte Ölung. Er stirbt, und nachdem alle Zeremonien in der Kirche beendet sind, will man den Sarg anheben, um ihn der Erde zu übergeben. Doch wegen seines schweren Gewichts kann ihn niemand heben. Sein Beichtvater wird geholt und öffnet den Sarg. Sie finden nicht mehr als seinen Kopf, der so schwarz wie Kohle ist, und sie sehen auf seiner Zunge das ehrwürdige Heilige Sakrament liegen. Sie nehmen dies mit großer Ehrerbietung weg, und sobald das Heilige Sakrament nicht mehr auf seiner Zunge liegt, verschwindet auch der Kopf. Er hatte bei der Beichte geheuchelt und das Heilige Sakrament unwürdig empfangen ...

Derartige Schrecken waren bei der geistlichen Kommunion nicht zu befürchten, weshalb viele Gläubige sie bevorzugten.

Bei all der propagandistischen Unterstützung hatte sich das Schauen des Sakraments bis zum Ende des 15. Jahrhunderts zu einer eigenständigen Routine entwickelt, und volkssprachliche Schriften zählten gern die konkreten, irdischen Vorteile auf, die es mit sich bringe. Weit verbreitet war zum Beispiel die Überzeugung, das bloße Sehen des Sakraments sorge dafür, dass man an diesem Tag keines plötzlichen Todes sterben könne. Ein zu Beginn des 16. Jahrhunderts erschienenes Gebetbuch führte diese Behauptung auf Augustinus zurück, der angeblich geschrieben habe:

> An dem Tag, an dem der Mensch den Leib Christi sieht, [wird] er keinen übereilten Tod sterben. Seine alltäglichen Sünden werden ihm vergeben, und zur Kirche gehend und zurückkehrend, werden seine Schritte von den Engeln gezählt. Und falls er innerhalb dieser Anzahl von Tagen stirbt, hält man ihn für kommuniziert.

Anders gesagt, befindet er sich in der gleichen reinen Geistesverfassung wie nach dem Empfang des Sakraments. Auch physische Vorteile wurden behauptet. So alterte man angeblich nicht, während man einer Messe beiwohnte.

Ein Nebeneffekt solcher Ansichten war, dass manche Gläubige nur wegen der schützenden Wirkung, die man dem Schauen des Sakraments zuschrieb, zur Messe gingen. Auch viele, die sich um die kirchlichen Gebote (jährliche Beichte und Kommunion, Fasten, wöchentliche Messe) sonst kaum kümmerten, gingen auf Nummer sicher und sorgten dafür, dass sie regelmäßig einen Blick auf das Sakrament werfen konnten. Hier gerät man natürlich leicht auf Glatteis, denn wer außer Gott könnte wissen, was im Kopf eines Messebesuchers vorgeht, wenn er oder sie auf das Sakrament schaut. Nicht von ungefähr waren es vor allem Anhänger reformatorischer Bewegungen, die in diesem Zusammenhang katholische Gläubige des Aberglaubens bezichtigten. Thomas Cranmar, der 1533 der erste anglikanische Bischof von Canterbury wurde, fragte sich, was Priester dazu trieb, das Sakrament so hoch über ihren Kopf zu heben. Ihm fehlte auch das Verständnis für Gläubige, »die durch die Kirche riefen, dass sie nicht still sein könnten, wenn sie nicht einmal am Tag ihren Schöpfer gesehen hätten«.

Außer dem Schutzbedürfnis und der Tradition waren auch Respekt und die Sorge um den eigenen Ruf nicht zu unterschätzende Faktoren bei der Verehrung des Sakraments. Wer dem christlichen Glauben treu bleiben wollte, aber die Bedeutung, die andere der Elevation und dem Schauen des Sakraments zuschrieben, für übertrieben oder falsch hielt, suchte sich einfach einen Platz seitlich vom Altar, wo er die Elevation nicht sehen konnte, »im Gedanken, dass der Glaube ebenso viel tut wie das Sehen«.

Nicht immer blieb es bei einer stillen kleinen Rebellion, sie konnte auch offen vollzogen werden. Manche kehrten dem Sakrament ostentativ den Rücken zu, wenn es in einer Prozession vorbeigetragen wurde oder ein Priester es zum Haus eines Sterbenden brachte (Wegzehrung oder Viaticum). Dennoch wussten auch sie, wie man sich in solchen Momenten zu verhalten hatte: Man kniete und betete, bis das Sakrament vorbeigetragen war. Kurz bevor sich der Priester auf den Weg zu einem Sterbenden machte, wurde außerdem die Glocke geläutet, damit die Gläubigen zur Kirche eilen und ihn betend begleiten konnten. Doch nur dem Sterbenden wurde das Sakrament gezeigt, bevor ihm der Priester die Hostie auf die Zunge legte.

Auf dem Weg von der Kirche zum Sterbebett wurde das Sakrament deshalb in einem geschlossenen Behältnis getragen, damit es für andere nicht sichtbar war. Übrigens war vorgeschrieben, dass der Priester eine zweite konsekrierte Hostie bei sich trug, damit die Gläubigen nicht unpassend niederknieten, wenn er von dem Kranken zurückkehrte. Voller Empörung notierte Kaplan Munters 1537 in seinem Tagebuch, ein Pfarrer aus dem limburgischen Dorf Gutschoven habe nach dem Besuch bei einem Sterbenden die ganze Nacht mit dem Sakrament in der Tasche in einer Schenke herumgelungert.

Respekt war in der ehrempfindlichen spätmittelalterlichen Gesellschaft, in der von einem guten Ruf alles abhing, von nicht zu unterschätzender Bedeutung. In Gegenwart des Sakraments nicht zu knien, den Kopf nicht zu entblößen oder – noch viel schlimmer – ketzerische Gedanken auszusprechen, war ein grober Regelverstoß, zumal er sich in der Öffentlichkeit ereignete. Einem solcherart Respektlosen wurde eine *amende honorable* auferlegt, eine öffentliche Buße zur Wiederherstellung der Ehre des Sakraments. In ein Büßergewand gekleidet, musste der Missetäter vor dem Tabernakel oder dem Sakramentshaus knien, dem Aufbewahrungsort des Sakraments in der Kirche, und eine brennende Kerze opfern, um Vergebung zu erlangen.

## Ich schenke euch mein Leichenwasser

Kerzen – anders gesagt: Licht – waren eine häufige Opfergabe an das Sakrament. Manche Gläubige gingen aber noch einen großen Schritt weiter. Die Leichenflüssigkeit der 1658 im Alter von 53 Jahren verstorbenen Maria Margaretha van Valckenisse aus Antwerpen, allen Ernstes »die auslaufende Nonne von Oirschot« genannt, wurde auf deren Bitte hin zur Speisung des Ewigen Lichts in ihrem Kloster verwendet. Üblicherweise ist das Ewige Licht eine Öllampe, die beim Tabernakel aufgehängt wird. Der Legende zufolge soll Maria Margaretha darum gebetet haben, sich nach ihrem Tod in Öl zu verwandeln, damit sie das Ewige Licht zu Ehren des Heiligen Sakraments speisen könne – was vollkommen ihrer tiefen Frömmigkeit zu Lebzeiten entsprach. Sie gehörte dem Orden der Karmelitinnen an, einer abgeschieden lebenden Gemeinschaft von

Frauen, die sich ganz dem Gebet und der Meditation widmeten, und hatte sogar ein eigenes Kloster gegründet, Bleyendael im nordbrabantischen Dorf Oirschot. Ihr Wunsch wurde erfüllt: Bis zur Schließung des Klosters im Jahr 1701 wurde ihr »wohlriechendes« Leichenwasser als Brennstoff für die Öllampe gebraucht. In deren flackerndem Schein lebte die Verstorbene fort.

Weniger extreme Gläubige zahlten ein jährliches Lampengeld, um Öl für das Ewige Licht zu kaufen. Andere ließen der Kirche testamentarisch eine Spende für Öl zukommen, »in der Lampe zu verbrennen«. Reichere Gemeindemitglieder schenkten ihrer Kirche eine silberne Öllampe.

Die wichtigsten Motive hinter einer Schenkung für das Ewige Licht waren also Ehrfurcht vor dem Heiligen Sakrament, dies vor allem in Klostergemeinschaften, und die Sorge um das Seelenheil, besonders in den Pfarrgemeinden reicher Handelsstädte. In der Regel hatte man bei einer solchen Schenkung die Auswahl zwischen einer bestimmten Menge Öl oder Wachs, einer Kerze, Fackel oder Lampe oder einem Geldbetrag. Die Kerzen waren von sehr unterschiedlicher Qualität. Es gab Unschlittkerzen oder Talgkerzen aus tierischen Fetten, die eine niedrige Schmelztemperatur hatten, weshalb sie stark rußten und rochen und im schlimmsten Fall mehr Qualm als Licht produzierten. Bienenwachskerzen rußten deutlich weniger, waren aber um einiges teurer. Öl- oder Wachsgaben für das Ewige Licht oder Kerzenspenden konnten sogar durch die Dekane von religiösen Stiftungen oder das Gericht als Buße auferlegt werden. Das Gute an derartigen Schenkungen, ob freiwillig oder nicht, war ihre Erschwinglichkeit.

Ewige Lichter wurden keineswegs nur zu Ehren des Heiligen Sakraments gespendet. Schon seit frühchristlichen Zeiten brannten Ewige Lichter und Kerzen bei Reliquien, Heiligenbildern und Gräbern von Märtyrern, ein Brauch, der im Spätmittelalter noch lebendig war. Man konnte also nicht nur die Kerzenart wählen, sondern auch den genauen Ort innerhalb des Kirchenraums und den Zeitpunkt, wann eine Kerze entzündet werden sollte. Neben den geschenkten Kerzen gab es natürlich auch noch die Kerzen, die zu den festen Ausgabenposten der Kirchbauhütte, der Bruderschaften, Zünfte, Gilden und Kaplaneien gehörten, vor allem an deren Nebenaltären, und die festgeschriebene Anzahl von Kerzen, die während der Messfeiern brennen sollten.

Anzahl, Größe und Gewicht der Kerzen, ihr Aufstellungsort (auf einem Altar, bei einem Standbild) und der Zeitpunkt, an dem sie entzündet oder gelöscht wurden (zur Elevation, bei einem Gedenkgottesdienst), wurden schriftlich genau festgelegt. In der Stiftungsurkunde für die wöchentlichen Messen am Altar der heiligen Digna in der Liebfrauenkirche wurde zum Beispiel bestimmt, dass jeden Abend während des gesungenen Marienlobs eine Wachskerze vor der Skulptur des heiligen Adrianus zu brennen habe, die neben Sankt Digna stand. Das Gleiche galt für alle Feiertage. Wahrscheinlich hatten die Begründer des Digna-Kultes den Adrianus-Altar übernommen und dabei wie üblich versprochen, die Verehrung des ursprünglichen Heiligen fortzusetzen. Die Meister und Regenten der Liebfrauenlob-Gilde wiederum ließen festhalten, dass bei ihrem täglichen Marienlob »bis in Ewigkeit« eine Wachskerze zu brennen habe. Seit dem Siegeszug des Vorhaut-Kults hatte auch diese beliebte Reliquie ihren Anteil an ewigen Lichtern sicher. Anselmus Fabri, die treibende Kraft hinter der Verehrung der Heiligen Vorhaut, stiftete der Reliquie 1426 oder 1427 auf eigene Kosten eine ewig brennende Wachskerze. Einige Jahre später ließ er im Stiftungsdokument der Kaplanei der »Neuen Beschneidung« festlegen, dass auch an deren Altar Tag und Nacht eine Wachskerze brennen sollte.

Kirchen waren keine gleichmäßig beleuchteten Räume, sondern ein Flickenteppich aus Licht- und Schattenzonen, die sich im Rhythmus der Jahreszeiten, Messfeiern und durch Stiftungen vorgeschriebenen Riten abwechselten. Je nachdem, wo gerade eine Messe gefeiert wurde, stand ein Altar mit all seinem Schmuck in flackerndes Licht getaucht oder in rußige Rauchschwaden gehüllt. Weil wir heute an elektrisches Licht in Kirchen und Museen und an perfekt belichtete Fotos von Kunstwerken gewöhnt sind, haben wir vergessen, wie veränderlich die Sichtbarkeit von Räumen und Kunstwerken sein kann. Doch auch ein weitgehend im Schatten verborgenes Kunstwerk blieb nicht ohne emotionale Wirkung.

Welche Bedeutung dem Schauen des Heiligen Sakraments beigemessen wurde, hatte Einfluss auf den Verlauf und das Ansehen der Messe. Dieser eine Moment der Messfeier wurde vom Priester immer stärker betont, was mit der Lehre von der Realpräsenz zusammenhing. Zur Verbesserung der Sichtbarkeit wurden hinter dem Altar grüne oder dunkle Tücher als Kontrast zur weißen Hostie aufgehängt, die man zusätzlich mit einer Kerze auf einem langen Stock beleuchtete. Auch diese Kerzen »zum Mitleuchten bei der Elevation« waren beliebte Opfergaben. Die geschlossenen Vorhänge kurz vor der Elevation, die einen langen Schlagschatten auf den Altar warfen, trugen im dämmrigen Kirchenraum noch zur Erwartung des Mysteriums bei.

Man konnte aber auch zu viel des Guten tun. Seit der zweiten Hälfte des 13. Jahrhunderts wurden in Statuten und Handbüchern solche Priester scharf getadelt, die das Sakrament bis zu dreimal hintereinander erhoben, es längere Zeit möglichst hoch über ihren Kopf hielten oder sichtbar nach links und rechts drehten. Diese Art der Zurschaustellung beeinträchtigte die Würde der Messfeier und war Wasser auf die Mühle der Kritiker, die der Ansicht waren, dass die Verehrung des Sakraments einen zu hohen Stellenwert habe.

Als Folge dieser Entwicklungen nahm ein faszinierendes Einrichtungselement Gestalt an: das Sakramentshaus, ein oft turmartiger Einbau aus Holz, Stein oder Metall, in dem das Allerheiligste aufbewahrt wurde. (Abb. 28) Zuvor wurden die konsekrierten Hostien in einem Kästchen aufbewahrt, dessen Inneres aus Edelmetall bestehen sollte. Das Kästchen wurde in einem Hohlraum unter oder über dem Altar oder in einer Wandnische in der Nähe untergebracht. Die verschließbare Nische und angrenzende Wandflächen wurden meistens mit eucharistischen Motiven wie Hostie und Kelch verziert. Wenn das Tabernakel keine konsekrierten Hostien enthielt, standen die Türen offen, und das Ewige Licht brannte nicht. Seit dem frühen 15. Jahrhundert hielten dann Sakramentshäuser Einzug in immer mehr Kirchen. Zahlreiche südniederländische Kirchen bestellten ein Exemplar, doch nur wenige sollten die folgenden Bilderstürme und Kriege überleben.

Die Antwerpener Liebfrauenkirche konnte natürlich nicht zurückstehen. 1493, achtzehn Jahre, nachdem sich die Bruderschaft des Heiligen Sakraments in der Venerabelkapelle eingerichtet hatte, wurde der Auftrag zum Bau eines Sakramentshauses erteilt. Es sollte vor einem Pfeiler der Kapelle stehen und gut vier Meter hoch sein.

Alles deutet jedoch darauf hin, dass dieses Sakramentshaus nie gebaut wurde. Das Stiftungsdokument der Sakramentsmesse, das immerhin dreizehn Jahre nach Erteilung des Auftrags niedergeschrieben wurde, erwähnt als Aufbewahrungsort des Allerheiligsten lediglich eine *stede*, womit ganz unspezifisch eine Stelle, ein Platz bezeichnet wird. Noch 1533 ist nicht von einem Sakramentshaus die Rede; kurz nach dem Brand in der Liebfrauenkirche wurden einige Gesellen für Aufräumarbeiten bezahlt, darunter auch »jemand, der das Heilige Sakrament beim Chor abholte«.

Noch aussagekräftiger ist, dass keine einzige der Chroniken, die über den Bildersturm von 1566 berichten, das bestellte Sakramentshaus erwähnt. Im *Antwerpsch chronykje* steht lediglich, dass das Allerheiligste 1569 an »seinen alten Platz«, hinter dem Sakramentsaltar in der Venerabelkapelle, zurückgebracht worden sei. Möglicherweise stand das Tabernakel also in einem Altaraufsatz mit eingearbeiteter Nische oder einer verzierten Wandnische. In der Sankt-Jakobs-Kirche wurden die konsekrierten Hostien zum Beispiel in einer mit einem Gitter gesicherten Wandnische über dem Sakramentsaltar aufbewahrt, sodass die silberne Monstranz immer sichtbar war.

## Eine klingende Schelle

•

Das Allerheiligste wurde niemals bewegt, ohne dass dies mit Schellengeläut begleitet wurde. Sowohl bei großen Prozessionen als auch beim Gang des Priesters zu einem Sterbenden oder bei Messfeiern läuteten der Priester oder ein Messdiener in bestimmten Momenten mit einer Schelle. In der Stiftungsurkunde der Sakramentsmesse heißt es: »Beim Holen und Zurücktragen wird man jeweils eine Altarschelle läuten.« Auch unmittelbar vor der Elevation erklang kurz das Schellengeläut zur feierlichen Ankündigung des Allerheiligsten.

In theologischen Schriften wurde das Schellensignal denn auch als Aufforderung zur Anbetung des Allerheiligsten gedeutet. Zur Rechtfertigung des Geklingels verwies man ausdrücklich auf jene Erzählung des Alten Testaments im 4. Buch Mose, in der Gott Mose gebietet, zwei silberne Trompeten anfertigen zu lassen, die unter anderem geblasen werden sollten, um die Gemeinde zu versammeln. Das plötzliche Schellengeläut übertönte die Umgebungsgeräusche und richtete die Aufmerksamkeit der Anwesenden auf den Altar. Wer zuvor in Gedanken versunken war, konnte sich nun ganz auf die Realpräsenz Christi konzentrieren. Die Wandlungsworte wurden ja hinter geschlossenen Vorhängen und sehr leise gesprochen.

Zum Geklingel der Schelle wurden die Vorhänge geöffnet, und die Elevation fand vor den Augen der Gläubigen statt. Es sei noch einmal daran erinnert, dass in der spätmittelalterlichen Ikonografie die Figur des Neugierigen, der mit einer Hand einen Vorhang zur Seite zieht, an Bedeutung gewinnt. Es fällt auf, dass diese Figur, wenn es sich um einen Geistlichen handelt, in der anderen Hand häufig eine Altarschelle hält. Ein Triptychon des Brüsseler Malers Colijn de Coter, das auf den Außenseiten der Flügel eine Gregorsmesse zeigt (1522), bildet die auditive und visuelle Ankündigung der Gegenwart Christi in aller Deutlichkeit ab. (Abb. 44) Ein Messdiener läutet mit einer Hand die Altarschelle, während er mit der anderen den Vorhang offen hält, sodass Christus für die Zuschauer im Bild ebenso wie für die Betrachter des Bildes sichtbar ist. Bei spätmittelalterlichen Darstellungen der Gregorsmesse gehört die Altarschelle sogar zu den am häufigsten abgebildeten Gerätschaften.

Gerade in Kirchenräumen, in denen viel Unruhe herrschte, waren Altarschellen kein überflüssiger Luxus. Kirchenbesucher am anderen Ende des Gebäudes hatten beim Klingeln einer Schelle noch die Gelegenheit, zum jeweiligen Altar zu eilen und die Elevation mitzuerleben. Wenn in einer Kirche aber mehrere Messen gleichzeitig gefeiert wurden, konnte die klingende Einladung schnell zu störendem Hin-und-her-Gerenne führen. Die Klagen darüber nahmen kein Ende.

In ganz Europa machten vor allem Geistliche ihrem Ärger über die dadurch verursachten Störungen Luft. Anfang des 15. Jahrhunderts geriet William Thorpe, Priester der Sankt-Chads-Kirche in der englischen Stadt Shrewsbury, in Zorn, weil Gläubige beim Hören der Altarschelle lärmend forteilten, während er eine Predigt hielt. Auch der anglikanische Erzbischof Thomas Cranmer fragte sich, warum die Kirchenbesucher »von ihrem Sitzplatz zum Altar und von Altar zu Altar und von Konsekration zu Konsekration rannten, suchend und spähend und auf das starrend, was der Priester in die Höhe hielt«.

In der volkssprachlichen Literatur wurden diese häufigen Störungen schnell zum Gegenstand von Spott. In dem 1531 in Antwerpen gedruckten Büchlein *Van den olden en nieuwen God* (Vom alten und neuen Gott), das Thomas Müntzer zugeschrieben wird, wütet der Autor gegen das Gerenne zwischen Altären, sobald eine Schelle ertönt. Die Kritik richtete sich natürlich auch gegen den wichtigsten Grund für all das Rennen, nämlich den Wunsch, einen Blick auf das Allerheiligste zu werfen. Man kann sich allerdings fragen, ob es überhaupt möglich war, in einem riesigen Raum wie der Antwerpener Liebfrauenkirche schnell genug von einem Altar zum anderen zu kommen.

Manchmal gingen Gläubige noch einen Schritt weiter, wie aus der vermutlich um 1400 verfassten *Laienregel* des Chronisten Dietrich Engelhus hervorgeht, der voller Empörung bemerkt, man solle nicht von einem Altar zum anderen laufen und nicht auf die Bänke steigen. Neben dem Erklimmen von Kirchenmobiliar waren Drängeln und Rempeln kurz vor der Elevation ein häufiger Anlass zu Klagen. Es ist bemerkenswert, dass auch in dieser Hinsicht vor allem Frauen beschuldigt wurden. So zeigte im 15. Jahrhundert unter anderem Gottschalk Hollen, Augustinermönch und begnadeter Volksprediger, mit dem Finger auf gutgläubige Frauen.

Er kritisierte außerdem, dass viele Leute, sobald die Elevation vorbei war, aus der Kirche stürmten, als sei ihnen der Teufel auf den Fersen. In dem um 1540 verlegten französisch-niederländischen Konversationsbuch *Seer gemeyne tsamencoutingen* kommen sowohl das rechtzeitige Erscheinen zur Messe als auch die Dauer des Verweilens zur Sprache. In dem fiktiven Dialog zwischen zwei Bürgern Brüssels stellt der eine fest, dass es kurz vor neun sei und deshalb Zeit, zur Messe zu gehen. Er fragt seinen Gesprächspartner, wo sie die Messe hören sollen, und sie entscheiden sich für die Kirche, in der auch der Kaiser anwesend sein wird – jedenfalls, wenn sie nicht zu spät kommen. Als sie eintreffen, hat die Messe indes schon begonnen, und die Kirche ist gedrängt voll. Die beiden finden gerade noch einen Platz, werden aber auch das Ende der Messfeier versäumen, denn um nicht von der Menge niedergerannt zu werden, die sich hinterher durch die Portale nach draußen zwängen wird, verlassen sie die Kirche, während noch das *In te Domine speravi* gesungen wird. Sowohl das rechtzeitige Erscheinen als auch die Anwesenheit bis zum Schluss sind hier offensichtlich zweitrangig.

Dass es sich um ein weit verbreitetes Problem handelte, zeigen die Versuche der Geistlichkeit, die Gläubigen zum Verweilen bis zum Ende der Messfeier zu bewegen. Zum Beispiel konnte man sich einen Ablass verdienen, wenn man den Priester die Worte aus dem Johannes-Evangelium sprechen hörte, und die sprach er erst, kurz bevor oder während er sich vom Altar entfernte. Und in Antwerpen wurden 1557 sogar Bußen verhängt, wenn »die Meister und Schulfrauen nicht in der Kirche blieben, bis der Dienst zu Ende war«.

# 13 Ein nie gesehenes Schauspiel

## Samstag, 30. Dezember 1539
...

»Im Jahr 1539 am vorletzten Tag des Monats Dezember erscheinen vor mir, Notar Adrianus Martini de Gheele, die Dekane und der vollzählige Vorstand der Gilde der meerseniers zu Antwerpen einerseits und andererseits Willem Van der Borcht.« Diese feierlichen Worte leiten einen seitenlangen Vertrag ein. Der Notar brauchte einige Zeit, um ihn ganz zu verlesen, aber die Entscheidung war gefallen: Die Bestellung des neuen Altaraufsatzes für die Krämergilde war soeben von allen Beteiligten offiziell abgesegnet worden.

Es sollte der schönste, größte, modernste Altaraufsatz der ganzen Liebfrauenkirche werden. Bis zum Jüngsten Tag sollten bewundernde Blicke auf dem Polyptychon ruhen, es sollte allen Betrachtern die soziale Stellung der Gilde vor Augen führen, die ein solch kostbares und kunstvolles Werk hatte anfertigen lassen. Schon das bisherige Retabel der Gilde war etwas Besonderes gewesen, nur leider war ihm kein langes Dasein beschieden. Sechs Jahre zuvor, im Oktober 1533, hatte das Verhängnis zugeschlagen, unzählige Kunstschätze waren beim Brand der Liebfrauenkirche für immer verloren gegangen. Das Ereignis hatte eine Narbe in der Seele der Stadt hinterlassen, doch mit erstaunlicher Energie hatten die Bürger die Kathedrale aus ihrer Asche neu erstehen lassen, glanzvoller als je zuvor.

## Ein feuriges Schauspiel

Weniger als drei Monate vor der verhängnisvollen Nacht vom 5. auf den 6. Oktober 1533 hatten Arbeiter den Richtbaum auf der gerade vollendeten Vierungskuppel befestigt. Die runde Kuppel krönte den Raum im Überschneidungsbereich von Lang- und Querhaus, der den Chor vom Langhaus trennte. Auf den Plätzen rings um die Liebfrauenkirche hatte man ausgelassen gefeiert und getanzt, in den Augen der Bürger war Antwerpen mehr denn je die großartigste Stadt der Welt. Leider gaben sie sich ähnlichen Illusionen hin wie die Erbauer des Turms zu Babel. Funken von einer nicht richtig gelöschten Kerze am Nebenaltar von Sankt Gummarus lösten eine Katastrophe aus. Die Vorhänge und das Holz des Altaraufsatzes gerieten in Brand, und bald sprang das Feuer auf ein Büschel Schilfstroh über, mit dem man eine kaputte Scheibe gedichtet hatte. Von da an gab es kein Halten mehr.

In Tagebucheinträgen und veröffentlichten Gedichten ist der Verlauf der Nacht überliefert. Stadtsekretär Cornelis Grapheus drückte sein Entsetzen in einem virtuosen lateinischen Akrostichon aus, in dem die Anfangsbuchstaben aller Zeilen das Jahr der Katastrophe in römischen Zahlen bezeichnen.

> Von dort sprang das Feuer mit aller Gewalt auf die höchsten Dachbinder über und ließ unbarmherzig alles verkohlen, worauf es auf seinem Wege traf. Überall wüteten dichte Flammen und Rauch, war ein Zischen und Krachen und unerträgliche Hitze mit donnernden Einstürzen.

Die im 17. Jahrhundert entstandene Handschrift *Chronyck van Antwerpen* enthält ein eingeklebtes Aquarell mit einer Darstellung des Brandes. Besonders herausgehoben ist das gewaltige Flammenmeer, das die Dächer von Lang- und Querhaus durchbrochen hat. Rings um die Kathedrale eilen Bürger mit Wassereimern, Brandleitern und Brandhaken herbei. (Abb. 49)

Kunstvoll bestickte Vorhänge, kostbare Wandteppiche, reich verzierte Chorbücher und riesige Flügelaltäre, alles ging in Flammen auf. Metall schmolz, Holz verkohlte, Pergament verschwand für immer. Schwere brennende Dachbalken stürzten herab, durchschlugen die hölzernen

Deckengewölbe des Querhauses und Mittelschiffs. Erst nach dem Brand sollten in diesen Bereichen steinerne Deckengewölbe entstehen. Für die hier aufgestellten Nebenaltäre gab es keine Rettung.

Auch das gewaltige Standbild des heiligen Christophorus vor einem der Portale überlebte die Katastrophe nicht. Nach Angaben von Grapheus hatte es eine Höhe von nicht weniger als hundert Ellen (69 Meter), was eine dichterische Übertreibung sein mag. Nach weit verbreiteter Überzeugung schützten Christophorus-Bilder vor einem plötzlichen Tod, wenn man im Vorbeigehen einen Blick darauf warf – ganz so, wie es für das Schauen des allerheiligsten Sakraments galt. Dies war die Erklärung dafür, dass riesige Skulpturen dieses Heiligen häufig an Kirchenportalen zu finden waren. Und aus den *Colloquia familiaria* des Erasmus erfahren wir, dass Soldaten angesichts der ständigen Gefahr eines gewaltsamen Todes den heiligen Christophorus mit Kohle auf die Innenseite der Zeltplanen malten.

Außer dem genannten Gedicht widmete Grapheus dem Geschehen einen langen Prosatext, *De vuurzee* [Flammenmeer] *van de tempel van de Heilige Maria van Antwerpen*, in dem er vor allem dem Bürgermeister Lancelot van Ursel eine heroische Rolle zuschreibt. »Dank der Führung durch den großen Ursel entging der Turm den Flammen des schrecklichen Brandes! Ohne seinen Heldenmut und sein mitreißendes Pflichtgefühl würde der Turm nun in Trümmern liegen!« Abgesehen davon, dass es fraglos zu seiner Funktion als städtischer Sekretär passte, Antwerpen und seine tapferen Einwohner möglichst schmeichelhaft darzustellen, hatte Grapheus auch etwas gutzumachen. Nachdem er 1521 wegen seiner Vorrede zu einem reformatorischen Traktat in Ungnade gefallen war, hatte er nur dank der versöhnlichen Haltung van Ursels seine frühere Position wiedererlangen können.

Auch Cornelis Crul, Einzelhändler und Mitglied einer Redekammer, blieb nicht unbeeindruckt. Wie Grapheus dichtete er ein komplexes, allerdings niederländisches Akrostichon, bei dem die Anfangsbuchstaben der Zeilen die Unheils-Jahreszahl in der Gestalt MCCCCCVVVVVIII bildeten.

Man braucht nicht tief in der Erinnerung zu graben, um sich die Folgen eines solchen Brandes vorzustellen. Am 15. April 2019 abends um zehn vor sieben kamen die ersten Meldungen über Rauchentwicklung in der Kathedrale Notre-Dame. Paris hielt stundenlang den Atem an, völlig unvorbereitet auf das schreckliche Schauspiel, das folgen sollte. Bilder von betenden, weinenden, verzweifelt singenden Menschen beherrschten weltweit die Nachrichten. z Mitgefühls und der Solidarität kamen von nah und fern, Flaggen wurden auf halbmast gesetzt, in ganz Europa läuteten die Kirchenglocken eine halbe Stunde lang Trauer. Es war nicht nur ein Bauwerk von unschätzbarem kulturhistorischem Wert schwer beschädigt worden, sondern auch das Gesicht einer Stadt, das Symbol einer nationalen und gesellschaftlichen Leistung. Nach alter Tradition begann schon am Tag danach das Spendensammeln. In einigen Kommentaren wurde kritisiert, dass die säkulare Gesellschaft offenbar eher bereit sei, Geld für ein religiöses Bauwerk auszugeben als zur Linderung menschlichen Leids infolge von Hunger oder Krieg. Identifikation, Verbundenheit, Profilierungsdrang, das Bewusstsein der Einzigartigkeit und des Symbolwerts des beschädigten Bauwerks erwiesen sich wieder einmal als ausschlaggebend.

## Ich will den größten haben

In den ersten Jahren nach dem Brand bot Antwerpen all seine Kräfte für die Reparatur der Liebfrauenkirche auf. Die Baustruktur wurde einer fachkundigen Prüfung unterzogen, die beschädigten, feuergeschwärzten Pfeiler des Langhauses wurden mit Baukalk ausgebessert und neu verputzt, umfangreiche Reinigungsarbeiten in Angriff genommen. Schwere Eichenbalken von zwölf Metern Länge zur Reparatur des Dachstuhls wurden in die Höhe gehievt. Am 18. Juli 1535, genau zwei Jahre nach der ersten Aufstellung, wurde ein neuer Richtbaum auf die birnenförmige Spitze der Vierungskuppel gesetzt. Man bestellte Glas für neue Fenster, da viele in der Hitze gesprungen waren, Wände und Gewölbe wurden farbenfroh bemalt. In den Jahren 1539/40 arbeiteten mehrere Bildhauer an den lebensgroßen Apostelskulpturen, die nach alter Tradition an den Pfeilern des Mittelschiffs ihren Platz hatten, als die zwölf tragenden Säulen von Gottes Kirche.

Die Reparatur- und Wiederaufbauarbeiten lassen sich Schritt für Schritt in den Rechnungen der Bauhütte, der Zünfte, Gilden, Bruderschaften und anderer Stifter verfolgen. Die allgemeine Instandsetzung des Gebäudes fiel unter die Zuständigkeit der Bauhütte. Hin und wieder wurden kleinere Summen von Bruderschaften, Zünften und Gilden beigetragen, die grundsätzlich aber nur für den Bereich rund um ihren eigenen Altar aufkommen mussten.

Nicht alle Projekte und auch nicht alle Kulte überstanden die Nachwehen des Brandes. Die megalomanen *Nieuwerck*-Planungen, mit denen man 1519 begonnen hatte, wurden zu den Akten gelegt und nie wieder aufgenommen. Die neuen Außenmauern am Kapellenkranz um den Hochchor waren allerdings zum Zeitpunkt des Feuers schon acht Meter hoch, die neuen Pfeiler an ihrer Innenseite hatten ebenfalls eine beachtliche Höhe erreicht, und an der Außenseite waren die massiven Strebepfeiler zum größten Teil fertiggestellt. Wahrscheinlich entschied die Bauhütte ungefähr 1537, die Arbeiten am *Nieuwerck* einzustellen. Noch ganz abgesehen von den hohen Reparaturkosten überstiegen nämlich von diesem Jahr an die Einnahmen der Bauhütte nicht einmal mehr die normalen Ausgaben. Auch der Kult der *Onze-Lieve-Vrouw op 't Stokske* sollte nie wieder so populär sein wie früher; das Wunderbild war schwer beschädigt, vielleicht sogar völlig zerstört worden, und wurde erst 1537 ersetzt.

Der prachtvolle Sankt-Nikolaus-Altar, den sich die Krämer bis 1476 mit der Nikolaus-Kaplanei, der Nikolaus-Gilde, den Bäckern und Müllern sowie den Küfern und Möbeltischlern geteilt hatten, überlebte den Brand nicht. Er stand an einem Pfeiler mitten im Langhaus etwa auf Höhe des Pfarraltars – wo heute die barocke Kanzel steht –, und genau dort stürzte das Dachgewölbe ein. 1524 hatten die Händler noch viel Geld in ein neues Gestühl für ihre Vorsteher investiert, das vor dem Pfeiler gegenüber vom Altar aufgestellt und zu Ehren der Vorstände mit einem dachförmigen Baldachin aus kostbarem rotem Stoff mit Fransenborten versehen wurde. Auch davon blieb nichts übrig.H

Doch die Krämer resignierten nicht. Bei der Neuausstattung ihres Bereichs in der Kirche überließen sie nichts dem Zufall. Alle sollten sehen, dass ihre Gilde die erfolgreichste und angesehenste der Stadt war. Wenn man den 1539 bestellten Altaraufsatz mit einem Wort beschreiben sollte, wäre »monumental« durchaus angemessen. Er wurde von dem Bildschnitzer Willem vander Borcht nach Anweisungen des Antwerpener

Steinmetz- und Kathedralbaumeisters Philips Lammekens entworfen. Im Vorjahr waren schon die Altarschranke und die Sitzbänke rings um den Nebenaltar unter Lammekens' Aufsicht entworfen worden.

Der neue Altaraufsatz sollte sich »an beiden Seiten gegen die Pfeiler der Kathedrale wenden« und an der höchsten Stelle sogar bis ans Deckengewölbe reichen. Unter der Voraussetzung, dass der Auftrag wörtlich erfüllt wurde, muss der Aufsatz also sechs bis sieben Meter hoch und bei geöffneten Flügeln fast elf Meter breit gewesen sein. Das steinerne Retabel bestand aus einer raffinierten Kombination aus Nischen, Pfeilern und Friesen, bemalten Heiligenskulpturen und Flügeln mit biblischen Szenen in Flachrelief. Auf dem Mittelstück waren Szenen aus dem Leben und Wundertaten des heiligen Nikolaus, des Schutzpatrons der Gilde, dargestellt. Auch die mittlere der drei Nischen im oberen Teil des Altaraufsatzes beherbergte einen ungefähr einmetergroßen sitzenden Nikolaus, flankiert von drei kleineren, knieenden Figuren. Ganz oben thronte unter einem großen Alabasterbogen Gott in den Wolken. Außen standen Christus als Retter der Welt (Salvator Mundi) und Mose mit den Gesetzestafeln einander in weiteren Nischen gegenüber. Die Künstler hatten fünf Jahre, um das Ganze zu vollenden.

1536 hatten die Einzelhändler bereits ein Glasfenster nach einem Entwurf von Pieter Coecke van Aelst, dem Lehrmeister Pieter Bruegels des Älteren, einbauen und zwei Jahre später »ihr« Gewölbe von dem ebenso berühmten Antwerpener Maler Jan Crans ausmalen lassen. In den Jahren nach 1540 bestellten sie noch einen Schrank für ihre kostbare Kasel (ein Messgewand), ließen rings um ihren Nebenaltar Majolikafliesen verlegen und einen Altarbaldachin anbringen. So wurde ihr Bereich im Mittelschiff zu einer vollwertigen Kapelle, einem umgrenzten Ort voller Pracht und Überfluss mitten im Langhaus. Kein Wunder, dass der monumentale Altaraufsatz 1566 nicht von der Zerstörungswut der Bilderstürmer verschont blieb.

Nur wenige Altaraufsätze aus der Zeit vor dem Bildersturm sind erhalten, wovon die einzigen völlig unbeschädigten von den Altären der Möbeltischler (seit 1511) und der Almoseniere (seit 1524/25) stammen. Für den Altar der Möbeltischler malte Quentin Massys ein riesiges Triptychon, die *Beweinung Christi*, einen Flügelaltar, dessen Mitteltafel allein

2,6 Meter in der Breite und Höhe misst. Bei geöffneten Flügeln verdoppelt sich die Gesamtbreite. (Abb. 50/51) Vierzehn Jahre später hielt bei den Almosenieren ein fast ebenso großes Triptychon Einzug: *Das Jüngste Gericht* von Bernard van Orley. Zum Vergleich: Der verloren gegangene Altaraufsatz der Einzelhändler hatte die doppelte Breite von Massys' *Beweinung Christi* im aufgeklappten Zustand! Bis Mitte des 16. Jahrhunderts herrschten in der Kathedrale Altaraufsätze vor, die aus einem hölzernen oder steinernen Schrein mit bildhauerisch gestalteten szenischen Darstellungen darin bestanden und zuweilen, aber nicht immer mit bemalten Flügeln versehen waren. Die riesigen Gemälde von Massys und van Orley dürften vielen Kirchenbesuchern den Atem verschlagen haben.

An gewöhnlichen Wochentagen wurde die Messe vor dem geschlossenen Altaraufsatz gefeiert. Wie vorgeschrieben wurden die Flügel nur an den wichtigsten Feiertagen aufgeklappt, also den Hochfesten und den im Rang niedriger stehenden Doppelfesten, außerdem an den Gedenktagen des jeweiligen Schutzheiligen des Altars. Allzu lange blieben die Festtagsseiten allerdings nicht verborgen, wurden doch in der Scheldestadt fünf Hochfeste und ungefähr sechzig Doppelfeste gefeiert. Flügelaltäre waren also durchschnittlich mehr als einmal pro Woche geöffnet. Außerdem konnten sie, ebenso wie Reliquiare, auf Bitten von Durchreisenden geöffnet werden, die sich dafür mit einer Spende erkenntlich zeigten. So zahlte auch Albrecht Dürer während seiner Reise durch die Niederlande mehrmals einen kleinen Betrag, um die Festtagsseite eines Triptychons betrachten zu dürfen.

Die Flügelaußenseiten der beiden vollständig erhaltenen Altaraufsätze sind der damaligen Mode entsprechend mit Heiligenfiguren in monochromen Farbtönen bemalt. Wurden die dunklen Flügel aufgeklappt, sprang die Farbenpracht der Mitteltafel umso mehr ins Auge. Das Auf- und Zuklappen war wegen des beachtlichen Gewichts der Kunstwerke kein Kinderspiel: Van Orleys *Jüngstes Gericht* wiegt nicht weniger als 450 Kilogramm.

## Prunken und prahlen

•

Ich frage mich verwundert, woher all die Pracht der Altäre kommt. In diesem Augenblick erzählt mir ein Kanoniker, dass jede Bruderschaft einen Altar wählt und ihn auf eigene Kosten verziert. Und jeder strebt danach, seinen Altar besser zu schmücken.

Der Nürnberger Arzt und Vielreisende Hieronymus Münzer hielt in seinen Reisenotizen aus dem Jahr 1495 eine lange Lobrede auf die Antwerpener Kathedrale. Ihn berührte die Schönheit der Altäre, von denen er 51 zählte. Sie seien »unerreicht schön verziert« mit Kandelabern und steinernen Figuren.

Wie es am Altar zu einem bestimmten Zeitpunkt im Kirchenjahr auszusehen hatte, wurde in der Regel in einer Art liturgischem Drehbuch (*liber ordinarius*) festgehalten, das von Generation zu Generation, je nach den sich verändernden religiösen Bräuchen und dekorativen Moden, ergänzt und umgeschrieben wurde. Darin war genau festgelegt, wann die Altarflügel zu öffnen waren oder an welchen Tagen Kissen in welcher Farbe rings um den Altar ausgelegt werden sollten. Auch Ausnahmen zur Regel wurden aufgeführt und praktische Ratschläge für Situationen wie schlechte Wetterbedingungen erteilt. Aus diesen liturgischen Büchern geht hervor, dass nicht nur das Aufklappen der Altarflügel für mehr Farbe sorgte. Wurden die Altaraufsätze geöffnet, wurden in der Regel auch Teppiche ausgerollt und Kissen ausgelegt. An Hochfesten war es außerdem üblich, dass die Altareigentümer einen Beitrag zur Ausschmückung der Kirche insgesamt leisteten. Altäre und Kapellen wurden dann mit bunten Tüchern, Bändern, Seidenblumenkränzen und aromatischer Einstreu verschönert; man holte seine schönsten Gemälde, Skulpturen und silbernen Altargeräte hervor, was von Mal zu Mal für mehr Farbenpracht und Glanz in der ganzen Kathedrale sorgte. Je nachdem, ob gerade eine Messe gefeiert wurde oder nicht, ob es ein gewöhnlicher Wochentag oder ein Feiertag war, konnten derselbe Altar und die Kirche insgesamt also völlig unterschiedlich aussehen.

Die vielen täglichen Messen nahmen an dem einzelnen Altar nur eine sehr begrenzte Zeit in Anspruch, weshalb sich die meiste Zeit über keine oder nur wenige Gegenstände auf oder bei den Altären befanden. Auf einem Altar, an dem keine Messfeier stattfand, standen nur zwei Leuchter und ein Kruzifix (außer wenn schon der Altaraufsatz eine Kreuzigung zeigte) auf dem Altartuch, manchmal auch nichts. An der Vorderseite hing immer ein Altarbehang aus Stoff, das Antependium, das oft mit Heiligenfiguren oder Ornamenten in Goldstickerei reich verziert war. (Abb. 23) Für eine Messfeier wurden die Kerzen entzündet; ein Pult mit Messbuch, eine Paxtafel (Kusstafel), ein Kelch und weiteres liturgisches Gerät wurden auf der Altarplatte bereitgestellt, eine Altarschelle und ein Weihrauchfass in Reichweite auf den Boden gelegt. Aber auch weniger offizielle Gegenstände konnten den Rang von Altargerät erreichen, von vielerlei Blumenvasen bis hin zu ungewöhnlichen Opfergaben wie einem Harnisch.

Je prestigeträchtiger und außergewöhnlicher die Zeremonie, desto mehr Zeit und Geld wurden in ein raffiniertes Dekorationsprogramm investiert. Man denke an den riesigen, zwölf Meter breiten Kandelaber mit seinen 51 Armen, der 1556 bei der Kapitelversammlung des Ordens vom Goldenen Vlies im Hochchor stand. (Abb. 27) Mehr noch als für Kaplaneien und Bruderschaften war für die Gilden und Zünfte der Wunsch, sich in der Öffentlichkeit zu präsentieren, ein wichtiger Beweggrund für die Unterhaltung eines Altars in der Liebfrauenkirche. Manche Gilden und Zünfte besaßen zwar schon einen Altar in einer anderen Kirche, einer Kapelle oder einem Zunfthaus, wollten aber zusätzlich einen Altar in der Kathedrale. Die Ausstattung der verschiedenen Altäre ein und derselben Vereinigung konnte sich beträchtlich unterscheiden. Als die Einzelhändler 1599 ihren Altar in der Kathedrale vollständig ersetzen ließen, zog der »alte« Aufsatz von 1586 in die Kirche in der Lange Nieuwstraat um, während die Gilde bei Otto van Veen, dem Lehrmeister von Peter Paul Rubens, ein neues, prunkvolles Retabel für die Kathedrale bestellte, denn dort erreichte man ein ganz anderes Publikum. Die Antwerpener Kapellen und kleineren Kirchen zogen hauptsächlich weniger wohlhabende Bürger an.

In flackerndem Kerzenlicht, Schellengeklingel und Weihrauchwolken wütete ein Wettkampf um die Ehre, den schönsten und größten Altar zu besitzen. Die Kontrakte, in denen Bruderschaften, Gilden und Zünfte ihre Aufträge für Ausstattungsstücke erteilten, belegen ihre ehrgeizigen

Absichten. Jede Neuerwerbung sollte unbedingt »das Allerbeste« sein oder zumindest besser als das, was die anderen Altäre gerade zu bieten hatten. Wenn man schon in einen Altaraufsatz oder eine Kasel investierte, musste es auch das kunstvollste und kostbarste Stück der ganzen Kirche werden. Deshalb wurden in den Verträgen regelmäßig Retabel, Skulpturen oder Gitter nahe gelegener Altäre erwähnt, die von den beauftragten Künstlern und Handwerkern übertroffen werden mussten.

Eine Skulptur der Maria Magdalena, die vor der Spitalkirche im Stadtteil Klapdorp Aufstellung fand, sollte nach dem Vertrag aus dem Jahr 1471 »in der gleichen Manier und mit den gleichen Farbstoffen gemacht werden wie das Bild der Maria Magdalena, das in der Liebfrauenkirche steht, nicht schlechter, sondern besser«. Und 1520 bestellten die Krämer für den Sankt-Nikolaus-Altar »eine Kasel mit einem muschelförmigen Kragen, fein mit Goldfaden und dazu geeigneten Stoffen gearbeitet, so gut wie die beste, die es in der Liebfrauenkirche gibt, oder besser als der Chormantel des Dreikönigsaltars, oder die allerbeste«.

Allerdings setzte sich diese Üppigkeit nur allmählich durch. Unter anderem der Sankt-Anna-Altar soll »lange Zeit unverziert« gewesen sein, bis die Strumpfmacher sich 1487 seiner annahmen. Wobei die Zunft von Anfang an klarstellte, dass damit »große Unkosten« verbunden sein würden. Die Sankt-Lambrechts-Gilde beanspruchte mindestens zwei Jahre lang einen Altar für sich, ohne einen Altaraufsatz zu besitzen; erst nachdem sie sich mit der Zunft der Entbeiner zusammengetan hatte, konnte sie die Kosten dafür aufbringen. Noch 1530 gab es schmucklose Altäre. In diesem Jahr statteten die Sattler den Altar der heiligen Lucia und der heiligen Gertrud zum ersten Mal mit einem Aufsatz aus, und nur drei Jahre später wurde alles durch den Brand zerstört.

Natürlich konnten nicht alle Stiftungen bei diesem Wettbewerb mithalten. Die finanzielle Situation der jeweiligen Gilde oder Zunft gab vor, wie viel oder wenig für solche außergewöhnlichen Investitionen zur Verfügung stand. Auf jeden Fall waren diese Objekte stets für mehr als eine Generation gedacht – katastrophale Brände oder Plünderungen nicht einkalkuliert.

Es fällt auf, dass dieser Konkurrenzkampf nicht die jährlich wiederkehrenden Ausgaben betraf, die für den Altarschmuck und die Messfeiern anfielen, für die Entlohnung von *cnape* und Kaplan, die Ausbesserung der Gewänder, die Teilnahme an Prozessionen, den Erwerb von Kerzen, festtägliche Dekoration und Musik. Für all dies gaben die Kaplaneien, Bruderschaften, Gilden und Zünfte ungefähr die gleichen Beträge aus, unabhängig von ihren Finanzen. Vielleicht galt unter den Altarbesitzern eine ungeschriebene Regel hinsichtlich des angemessenen Budgets für die jährlichen Kosten. Und weil niemand zurückstehen wollte, blieb den weniger wohlhabenden Zünften kaum etwas anderes übrig, als dem Beispiel der reicheren zu folgen.

Eine Ausnahme waren nur die Einzelhändler. Sie gaben Jahr für Jahr mehr als das Doppelte, manchmal sogar das Dreifache des Üblichen für die Ausschmückung ihres Altars aus.

# 14 Sprachlos

## 29. Juli 1542, ein Mittwochmorgen
...

Normalerweise war die Scheldestadt in den Sommermonaten in höchster Feststimmung. Die Beschneidungs- und die Sakramentsprozession hatten sich Anfang Juni in vollem Glanz durch die Straßen bewegt, und am Sonntag, dem 16. August, sollte die ebenso glanzvolle Liebfrauenprozession stattfinden. Doch man hatte nicht mit dem Machthunger ausländischer Herrscher gerechnet. 1542 schlossen der französische König Franz I., der gelderländische Herzog Wilhelm V. von Jülich-Kleve-Berg und der dänische König Christian III. ein Bündnis gegen Kaiser Karl V. Sie bündelten ihre Kräfte, um in die Niederlande einzufallen, die damals von Karls jüngerer Schwester Maria von Ungarn als Statthalterin regiert wurden. Dafür nahmen sie die Dienste des berüchtigten Heerführers Maarten van Rossum in Anspruch, auch Schwarzer Maarten genannt, weil er bei seinen Kriegszügen eine Spur niedergebrannter Dörfer und Städte hinterließ.

Am 12. Juli wurde es ernst: Der französische König erklärte Karl V. den Krieg. Gleich darauf überschritt van Rossum mit einem ungefähr 15 000 Mann starken Heer die Maas und fiel ins Brabanter Binnenland ein. Antwerpen, das keine Garnison hatte, wurde in Verteidigungsbereitschaft versetzt, das Umland blieb keinen Moment mehr unbeobachtet. Am Abend des 24. Juli, eines Freitags, wurden die schlimmsten Befürchtungen der Bürger wahr, das feindliche Heer stand vor den Toren. Es folgte eine zweitägige Belagerung, während derer die Dörfer vor den Wällen verwüstet wurden. Die Verteidiger Antwerpens sahen sich sogar genötigt, mit ihren Kanonen mehrere Kirchen und Klöster im Vorland zu beschießen, damit der Feind sich nicht darin verschanzen konnte.

Die Stadt hielt stand, und van Rossum, der in der Regel verlustreiche Abnutzungskämpfe vermied, ließ schon am 27. Juli zum Rückzug blasen. Allerdings nicht, ohne zuerst Dambrugge, Merksem, Deurne, Borgerhout und Berchem fast vollständig niederzubrennen.

## Nicht Worte, sondern Taten

.

In jenen Tagen herrschte auf den Straßen eine beklemmende Stille. Auch in der Liebfrauenkirche war es ruhiger als sonst. Es war noch früh am Morgen, und aus dem Hochchor drangen die leisen Klänge des Stundengebets. An einigen Nebenaltären im Langhaus wurden stille Messen zelebriert, ohne anwesende Gläubige, nur mit dem Priester, der die Messe las, und den Messdienern. Das war nicht ungewöhnlich; an vielen der wöchentlichen und täglichen Messen nahmen nur wenige Gläubige teil, und das waren meist die Vorsteher der Gilde, Zunft oder Bruderschaft, die die Messe gestiftet hatte.

Die Priester brauchten deshalb für diese Art von Messfeier die Stimme nicht zu erheben, um noch am anderen Ende des Kirchenraums verstanden zu werden. Einige Teile der Messe wurden sogar ganz der Wahrnehmung der Gläubigen entzogen, nicht nur visuell durch Vorhänge, sondern auch akustisch. Wenn kurz vor der Konsekration die Vorhänge zugezogen wurden, wurde das Sprechen des Zelebranten zu einem für andere unhörbaren Murmeln. Da er Gott im Namen der Gläubigen anrief, war es nicht wichtig, dass diese das Gebet mitanhören konnten.

Sobald die Vorhänge geöffnet wurden, sprach er das beliebte Paternoster, wieder etwas lauter, damit jeder es deutlich hören und mitbeten konnte. Nach Ansicht des Reisenden Antonio de Beatis beteten die südniederländischen Priester jedoch auch dann noch zu leise, denn angeblich hörte man nur unverständliches Gemurmel. Außerdem stellte der italienische Geistliche enttäuscht fest, dass der Zelebrant während der gesamten Feier weder die Messdiener noch andere Teilnehmer der Messfeier sprechen ließ, wie das in seiner Heimat üblich war.

Im Grunde konnte man die Messe vollständig anhand der Bewegungen des Priesters und der Messdiener verfolgen. Weil sich die meisten ohnehin mit dem Verständnis der Worte schwertaten, gaben vor allem nonverbale Mittel dem Geschehen Bedeutung. Ausladende Gesten und theatralische Seufzer konnten zum Beispiel Assoziationen mit der Leidensgeschichte wecken. Im Laufe des Mittelalters kamen für jede einzelne Handlung des Priesters immer mehr Erklärungen in Umlauf. Bis zum Beginn des 15. Jahrhunderts war das eklektische Sammelsurium von Erklärungen schon so komplex, dass Bedarf an einer neuen Gattung von Büchern entstand: volkssprachlichen Erklärbüchlein zur Messfeier.

Das älteste bekannte in Antwerpen gedruckte Buch dieser Art, in niederländischer Sprache für ein breites Publikum geschrieben, ist Simon van Venlos *Boexken van der officien ofte dienst der missen* (Büchlein vom Offizium oder der Messfeier) von 1481. Schon im ersten Jahr musste es nachgedruckt werden und erreichte auch in den folgenden Jahren eine außergewöhnliche Verbreitung. Es erklärte die einzelnen Teile der Messfeier, und Gesten wie das Ausbreiten der Arme oder der Handsegen (und wie oft er wiederholt wurde) erhielten eine allegorische Deutung. Im Abschnitt über den Beginn der Messfeier, kurz nachdem der Priester sich zum Altar begeben hat, heißt es:

> Viertens, so stellt sich der Priester vor den Altar und küsst den Altar im Gedenken daran, dass Unser Lieber Herr von seinen Gebeten aufstand und seinen Feinden entgegenging und seinen Verräter auf den Mund küsste, wonach Er sagte: »Bedauernswerter Freund, warum bist du gekommen.«

Publikationen wie diese sollten die Abfolge der liturgischen Handlungen strukturieren und die Leidensgeschichte hinter dem Messopfer für die Gläubigen anschaulich machen. Ein Ausschnitt aus einem von Erasmus' fiktiven Dialogen in den *Colloquia familiaria* – einer Sammlung, die ursprünglich als Lehrbuch für Lateinschüler gedacht war, aber zu einem einflussreichen Lesebuch wurde – verrät, wie man sich die Teilnahme an einer stillen Messe vorzustellen hat:

> Wenn möglich, begebe ich mich in die Nähe des Altars, um deutlich hören zu können, was der Priester liest, vor allem die Epistel und das Evangelium.
> Betest du währenddessen nicht?
> Doch, aber eher innerlich als mit den Lippen. Wenn aber eine stille Messe gefeiert wird oder ich nicht in die Nähe des Altars kann, versuche ich das Büchlein in die Hand zu bekommen, in dem das Evangelium und die Lesung des Tages aufgeschrieben sind, und daraus sage ich dann selbst auf oder lese still.

Immer und überall wurde den Gläubigen eingeschärft, dass man nur mit der rechten, frommen Geisteshaltung die Wohltaten des Gebets empfangen könne. Die Gründe für die Teilnahme an der Messe waren ebenso verschieden wie die Gläubigen selbst, dennoch sind ein paar allgemeine Aussagen möglich.

Eine wichtige Motivation war die Suche nach Halt und Orientierung im Alltagsleben, wozu auch der Umgang mit Verlust und anderen traumatischen Erlebnissen gehören konnte. Neue Frömmigkeitsformen und Rituale entstanden nicht zufällig oft in Zeiten von wirtschaftlichem Rückgang, Katastrophen oder Epidemien. Außerdem versprach man sich vom Besuch der Messe die Reinigung von Leib und Seele, was ja grundsätzlich zusammengehörte. Indem man sich über die fünf sensorischen Einfallstore (Augen, Ohren, Nase, Poren, Mund) ganz dem religiösen Ritual öffnete, konnte die reinigende Kraft dieses Rituals auf Leib und Seele einwirken. Ein angenehmer Geruch des Körpers war gleichbedeutend mit dem süßen Duft der Seele eines frommen Gläubigen, und die Kraft eines guten Gebets half bei der Genesung von Krankheiten. Die Teilnahme am Gottesdienst diente also sowohl dem physischen als auch dem spirituellen Wohlergehen.

Ein Gebet für das Seelenheil eines Verstorbenen war nichts, womit man leichtfertig umging. Kaplan Munters notierte in seinem Tagebuch, dass die Einwohner von Hasselt es ablehnten, ein Vaterunser für die Seele eines Lutheraners zu beten, nicht nur wegen seiner religiösen Gesinnung, sondern vor allem, weil er Selbstmord begangen hatte, bevor die kirchliche Obrigkeit ihn zur Rechenschaft ziehen konnte.

# Pssst!

Es war allerdings nicht immer leicht, sich voll und ganz auf eine Messfeier zu konzentrieren. Die Liebfrauenkirche war ein lebhafter Ort, an dem sich die Wege von Totengräbern, Hausierern, Hundeschlägern, neugierigen Reisenden und Stammbesuchern kreuzten. Unzählige Bürger, die auf dem Weg zu ihrer bevorzugten Messfeier waren, schnell einen Blick auf das allerheiligste Sakrament werfen oder vor einem wundertätigen Heiligenbild für die Erhörung ihrer Gebete danken wollten, durchquerten das Gebäude auf ihrer gewohnten Route. Solange man in Ruhe an einer Messe teilnehmen konnte, war dieses Menschengewirr kein Problem. Doch in einer riesigen Kathedrale, in der täglich über hundert Messen stattfanden, war es unvermeidlich, dass Kirchenbesucher einander regelmäßig störten.

Ende des 16. Jahrhunderts berichteten reformgesinnte Kanoniker, dass der Hochchor wegen der dort herrschenden Unruhe im Volksmund »der Taubenschlag« hieß. Auch anderswo in der Kathedrale konnte es unruhig zugehen. In einem 1548/49 vermutlich von Roger de Tassis, dem Dekan des Kapitels, verfassten Brief heißt es: »Was wir auch zu beenden wünschen, ist das Umherspazieren in der Kathedrale während der Predigt und der Gottesdienste, was hier so schlimm ist, dass manche Fremde, die es sehen, darum weinen, und wir fürchten, dass viele dieser Umherspazierer mit Absicht kommen, um die Predigten und Gottesdienste zu stören. Kurz und gut, der Zustand unserer Kathedrale wird babylonisch.«

Im fünfzig Kilometer entfernten Gent ging der Bischof energisch gegen diese Unsitte vor. Er forderte 1568 vom Magistrat ein ausdrückliches Verbot des Umhergehens während der Gottesdienste. Beide Klagen stammen aus einer Zeit, in der reformatorische Strömungen für besonders viel Unruhe sorgten und die Stimmung in den Kirchen ohnehin aufgeheizt war. Doch auch in Zeiten ohne konfessionelle Spannungen wurde über den von Kirchenbesuchern verursachten Lärm geklagt.

Vor allem das Langhaus wurde als Treffpunkt genutzt. Das erwähnte Buß- und Beichtbuch *Des coninx summe*, beim städtischen Lesepublikum sehr beliebt, warnt vor respektlosem Verhalten in der Kirche. Der Autor bedauert, früher statt aus Frömmigkeit häufig nur deshalb zur Kirche gegangen zu sein, um den neuesten Klatsch zu hören und um gesehen zu werden. Vor allem während der Gottesdienste sei er mit seinem Anwalt durch die Kirche spaziert und habe über Geschäfte oder Streitfälle gesprochen. Außerdem habe er das andere Geschlecht anschauen wollen. Tatsächlich konnte man in Antwerpen, wenn man einen Notar brauchte, in der Kathedrale immer welche finden, da die meisten von ihnen auch Kapläne waren.

Vor und nach Messfeiern nutzten manche Gilden und Zünfte ihre Nebenaltäre als Kontore. Wenn sie am Altar, eventuell in Gegenwart einiger Geistlicher als Zeugen, einen Vertrag abschlossen, verlieh die religiöse Umgebung der weltlichen Übereinkunft zusätzliches Gewicht. Altäre wurden sogar als ein Sammelpunkt genutzt, an dem man Arbeit finden konnte. Das geht aus einer Verordnung aus dem Jahr 1525 gegen Ansammlungen von Maurern, Zimmerleuten und anderen Handwerkern beim Sankt-Andreas- und beim Sankt-Nikolaus-Altar hervor, wo sie sich einfanden, »um bei den guten Bürgern in Arbeit zu kommen«. Offensichtlich wurde das Verbot häufig missachtet, denn später wurde noch mehrmals über dieses Ärgernis geklagt.

Besonders vormittags waren die Antwerpener Altäre beliebte Treffpunkte. Ein päpstlicher Erlass aus dem Jahr 1423 lässt erkennen, was genau den Zorn der lokalen Geistlichen heraufbeschwor. So wird ausdrücklich verboten, Treffen an einem Altar auszumachen und davor oder daneben herumzulungern, sodass man während der Messfeier dem Priester zu nahe kam oder zwischen die Sänger geriet. Ähnliches kommt in dem vermutlich von Roger de Tassis stammenden Brief zur Sprache, wenn beklagt wird, dass »unter den anwesenden Besuchern manche sind, die während der Gottesdienste lachen«. In der Kathedrale versank man also nicht nur fromm ins Gebet, sondern pflegte auch Kontakte, tauschte den neuesten Klatsch aus und kam, um »Kaufmännisches oder Liebschaften zu besprechen«.

Ein recht extremer Fall von weltlicher Unterhaltung in einem Gotteshaus ist aus dem Jahr 1433 dokumentiert. In der Sankt-Hermes-Kirche in der ostflämischen Stadt Ronse vergnügten sich Laien wie Geistliche mit dem Jeu de Paume, einem ursprünglich mit der Handfläche gespielten Ballspiel, aus dem später das Tennis entstehen sollte. Das verursachte nicht nur Lärm, sondern auch beträchtliche Schäden im Kirchenraum. Dazu kam, dass die Kirche neu geweiht werden musste, wenn die Situation derart aus dem Ruder gelaufen war. Allein schon wegen der hohen Kosten hierfür bat das Kapitel den Magistrat, das Spielen des »*jeu de palme*« im Gebäude zu verbieten.

Ein solches Treiben wie in Ronse war aber doch eher die Ausnahme. Worüber im ausgehenden Mittelalter am häufigsten geklagt wurde, waren Leute, die nur zu einer Predigt kamen, um zu debattieren, kreischende Kinder und Kirchenbesucher, die ihre Hunde oder abgerichteten Falken mitbrachten. Vor allem der Mangel an Ehrerbietung, der sich hierin ausdrückte, ging den Geistlichen offenbar gegen den Strich. Es war weniger die Anwesenheit eines Haustiers, die sie störte, als die Haltung des Besitzers. So erregte zum Beispiel eine Frau, die ihr Schoßhündchen küsste, kurz bevor sie die Kommunion empfing, großen Unmut; desgleichen ein Mann, dessen Hund ein Halsband mit vielen Glöckchen trug. Das *Boexken van der missen* hält auch hierzu Regeln bereit: »So sollen diejenigen, welche die Messe hören wollen, ihre Vögel und Hunde zu Hause lassen, und werden Hunde und Tiere vom Altar entfernt.«

Es fällt auf, dass vom 15. bis 17. Jahrhundert praktisch überall in Europa unverändert über solches und anderes ungebührliches Verhalten geklagt wird. Das Buch *Der Ritter vom Turn*, die 1493 gedruckte deutsche Übersetzung des *Livre du chevalier de la Tour Landry pour l'enseignement de ses filles* (1371/72) von Geoffroi de La Tour Landry enthält hierzu zwei prägnante Illustrationen. Auf einer ist zu sehen, wie ein Dämon oder Teufel während der Messfeier zwei Frauen zum Plaudern bringt, indem er mit den Händen ihre Köpfe zueinander hindreht, sodass sie ins Gespräch versinken und sich ganz aufeinander konzentrieren. (Abb. 52) Auf der zweiten Abbildung notiert ein Dämon auf einer Art Anzeigetafel, wie oft die Frauen mit ihrem Geplauder die Messe stören.

Auch in den südlichen Niederlanden geben künstlerische Darstellungen immer wieder Hinweise auf Unruhe aller Art in Kirchen. Gemälde von Kircheninterieurs, ein seit dem ausgehenden 16. Jahrhundert sehr beliebtes Genre und auch von Antwerpener Malerwerkstätten quasi in Serie produziert, sind grundsätzlich von spielenden Kindern und umherrennenden Hunden bevölkert. Für die Maler waren es verspielte Details, die den Bildern eine komische Note verliehen, während in Wirklichkeit sowohl die Kinder als auch die Hunde sicher beträchtlichen Lärm verursachten.

Wie das Verhalten der Kirchgänger in der Antwerpener Liebfrauenkirche und anderen südniederländischen Kirchen wahrgenommen wurde, war von Person zu Person sehr unterschiedlich, manche Aussagen dazu widersprechen einander sogar völlig.

In einem Reisebericht von 1445, der die Genter Sankt-Jans-Kirche (heute die Sankt-Bavo-Kathedrale) erwähnt, erscheint das Umherwandern als Teil des Gesamterlebens. Der Bericht stammt vom Hofchronisten Philipps des Guten, des Herzogs von Burgund. Als er glaubte, dass sich im Hochchor nichts Besonderes mehr ereignen würde, schreibt der Chronist, sei er »von dort weggegangen mit den anderen seiner Art, um die Kirche zu besichtigen, die voll war von Leuten und wichtigen Personen, die alles betrachteten«. Die Kunstwerke und reich verzierten Altäre luden geradezu dazu ein, im Gebäude auf Entdeckungsreise zu gehen.

Eine Tagebuchnotiz des Antonio de Beatis von 1517/18 dagegen erweckt den Eindruck, in den südniederländischen Kirchen habe friedliche Stille geherrscht: »In den Niederlanden spaziert niemand in den Kirchen, und noch weniger spricht man, wie es in Italien oft der Fall ist.« Und wie bereits erwähnt war das Erste, was Albrecht Dürer 1520 auffiel, als er die Kathedrale betrat, die angenehmen Akustik: »Jtem unser Frauen kirchen [...] ist übergroß, also das man viel ampt auf einmal darinnen singt, das keins das andere jrt [stört].« Möglicherweise herrschte in Italien und Deutschland noch mehr Lärm in den Kirchen, möglicherweise verhielt man sich zu Beginn des 16. Jahrhunderts allgemein ruhiger, aber vieles deutet doch darauf hin, dass in den Antwerpener Kirchen auch damals geräuschvoller Betrieb herrschte.

Übrigens achtete das Kapitel sehr genau auf die Geräuschkulisse in der unmittelbaren Umgebung der Kathedrale. Um die Kirche und den Groenkerkhof herum durften sich zum Beispiel keine Handwerker niederlassen, »die irgendwelche klopfenden Arbeiten verrichten, wie Schmiede, Kesselmacher, Küfer und dergleichen, da der Gottesdienst in der Kathedrale dadurch gestört oder verhindert werden könnte«.

Friedhöfe waren allerdings in jener Zeit auch Orte, wo Prostituierte ihre Dienste anboten. 1449 verbot deshalb der Magistrat den Frauen, nicht zum ersten und sicher nicht zum letzten Mal, die Nacht auf dem Groenkerkhof zu verbringen. Die Kathedrale scheint aber im Hinblick auf die Lärmbelästigung, die mit Prostitution einhergehen konnte, noch Glück gehabt zu haben. Vor allem in der unmittelbaren Umgebung der Sankt-Walburga-Kirche bei den Kais, der Kirche der Minderbrüder im Kauwenberg und des Klosters der Klarissen bei den alten Stadtgräben war Prostitution ein Problem. Die Minderbrüder sahen sich wegen der nächtlichen Ruhestörungen durch Ausschweifungen aller Art sogar zum Umzug genötigt, schließlich mussten sie jeden Tag vor Sonnenaufgang aus dem Stroh, um die Matutin zu beten. Nach drei erschöpfenden Jahren erhielten sie von Papst, Herzog und Magistrat endlich die Erlaubnis zum Bau eines neuen Klosters auf dem ruhiger gelegenen Raamveld gegenüber der heutigen Minderbroedersstraat.

# 15 Mit verblümten Worten

## 1559, mitten in der Fastenzeit
• • •

Antwerpen hatte bessere Zeiten erlebt. Und das ist ein starker Euphemismus. Zwei Jahre zuvor hatte der spanische Staat seinen Bankrott erklärt. Der gewaltige finanzielle Krater, der nach der Regierungszeit Karls V. zurückblieb, ließ sich nicht mehr füllen. Während seiner Herrschaft, bis 1555 als Landesherr der Niederlande und bis 1556 als spanischer König und römisch-deutscher Kaiser, hatte er bei großen Banken und kleineren Financiers schwindelerregende Summen geliehen, um seine kostspieligen Kriege zu finanzieren. Sein Sohn Philipp II. machte noch einige Zeit auf die gleiche Art weiter, doch am 10. Juni 1557 blieb ihm kaum etwas anderes übrig, als sich für zahlungsunfähig zu erklären, weil die Zinslasten bereits das Staatseinkommen überstiegen. Für den Antwerpener Kapitalmarkt war das ein schwerer, unvorhergesehener Schlag. Mehrere Chroniken berichten von den Folgen: »Das Jahr 1557 war in den Niederlanden durch große Teuerung und grimme Hungersnot gezeichnet. Das Getreide war so knapp, dass man Brot aus Hafer, Erbsen und Bohnen backte.«

Auch was die religiösen Konflikte anging, gab es nicht viel Gutes zu berichten. 1558 war die Anzahl der Hinrichtungen wegen Ketzerei in Antwerpen stark angestiegen. Die Exekutionen fanden im Geheimen statt, um mögliche Proteste von vornherein zu unterbinden. Ertränken betrachtete man als gute Alternative zur öffentlichen Verbrennung, und in den folgenden drei Jahren sollten noch etwa fünfzig Menschen ihr Leben in der Schelde verlieren.

Mitte des 16. Jahrhunderts wurde die calvinistische Lehre wieder lauter verkündet, und bis 1555 gelang es einem ihrer militanten Vorkämpfer, dem in Antwerpen lebenden Prediger Caspar van der Heyden, ein gut strukturiertes Netzwerk aufzubauen. Auch die Heckenpredigten lockten nach wie vor zahlreiche Menschen an. In den Alltagsgesprächen der Antwerpener Bürger äußerte sich wachsende Sorge über die Lage. Ende 1558 befürchtete man, dass die statthalterlichen Behörden in Brüssel rigoros gegen die Heckenpredigten vorgehen würden, was freilich nur dazu führte, dass sie noch mehr Zuhörer anzogen: In der Annahme, dass die ganze Sache bald Vergangenheit sein werde, strömten Horden von neugierigen Städtern – die Chroniken sprechen von zwei- bis viertausend – zu den calvinistischen Predigten. (Abb. 53)

Dann gab es da noch die Gerüchte über die Erhebung des Kirchsprengels Antwerpen zum Bistum und der Liebfrauenkirche zur Kathedrale. Rom versprach sich davon, effektiver gegen lokale religiöse Auswüchse vorgehen zu können. Wovon allerdings das Kapitel, seit Jahrhunderten an seine Autonomie gewöhnt, nicht begeistert war …

Kurz und gut, die Bürger hatten mehr als genug Gründe, in dieser Fastenzeit regelmäßig zu beten und Buße zu tun, in der Hoffnung, dass Gottes Zorn die Scheldestadt nicht ganz und gar zugrunde richten werde.

## Aus nichts wird etwas wird alles

•

Vom Winter bis ins Frühjahr hinein wurden Fastnachts- oder Umkehrungsfeste gefeiert, womit verschiedene religiöse Feste bezeichnet werden, bei denen soziale Hierarchien auf den Kopf gestellt wurden. Diese Festperiode dauerte vom Martinstag (dem elften Tag des elften Monats) bis Ostern, also vier bis fünf Monate lang. In diese Zeit fielen unter anderem das Nikolausfest (6. Dezember), das Fest der unschuldigen Kinder (28. Dezember) und das Dreikönigsfest (6. Januar); den Höhepunkt bildeten jedoch die drei Tage vor Beginn der vierzigtägigen Fastenzeit: Fastnachtssonntag, -Montag und »Fetter Dienstag«.

In jeder Stadt und jedem Dorf hatten sich im Lauf der Jahrhunderte eigene Bräuche entwickelt, sodass sich die Feste in ihrer Dauer und Ausprägung von Ort zu Ort und von Zeit zu Zeit unterschieden. Standardelemente aller Umkehrungsfeste waren Narren, die zu Königen gekrönt wurden, Bettler, die als Untertanen fungierten, Turniere, Tanzvergnügen, Verkleidung und Maskerade, Theater und Spottreden, in denen eine groteske Verkehrung des normalerweise erwünschten Verhaltens ins Gegenteil gepredigt wurde. Narrenkönige riefen allerorten zu wüsten Gelagen auf, eine närrische Reaktion auf die gängige Mahnung zur Mäßigkeit.

Im *Kampf zwischen Karneval und Fasten* hat Pieter Bruegel auf sublime Weise den Zusammenstoß von unbändigem Festvergnügen und karger Fastenzeit ins Bild gebracht. (Abb. 37) Die linke Hälfte des Tafelbilds wird von singenden, prassenden, trinkenden und tanzenden Figuren beherrscht, während in der rechten Hälfte Buße, Nächstenliebe und Frömmigkeit dargestellt sind. In der Mitte wird im Vordergrund ein Lanzenstechen veranstaltet zwischen der Personifikation des Karnevals, einem dickleibigen Mann auf einem Weinfass, der als Waffe einen Bratspieß in der Hand hält, und der Personifikation der Fastenzeit, einer ausgemergelten Frau. Die beiden Heringe auf der Backschaufel, die ihr als Lanze dient, sind eine typische Fastenspeise, denn Fleisch war in der Fastenzeit streng verboten, außer man zahlte für eine Sondererlaubnis. Zum Beispiel konnte man eine solche Genehmigung in Antwerpen 1538 schon für die geringe Summe von vier brabantischen *stuivers* erwerben.

Was für die einen ein notwendiges Ventil war, ein Ausgleich zum geregelten Leben in einer hierarchisch geordneten Gesellschaft, wurde von anderen beargwöhnt. So verurteilte die theologische Fakultät der Sorbonne 1444 in einem Brief an die Bischöfe und Domkapitel des Königreichs Frankreich die Narrenfeste scharf. Im Jahr 1495 dagegen verteidigte ein Geistlicher in einem Schreiben an die Sorbonne die Narreteien des Karnevals voller Überzeugung:

> Unsere Vorväter, die große Menschen waren, erlaubten dieses Fest; lasst uns leben wie sie und tun, was sie taten. Wir tun all diese Dinge nicht im Ernst, sondern allein zu unserem Vergnügen; um uns nach alter Gewohnheit zu belustigen, damit unsere angeborene Torheit sich wenigstens einmal im Jahr

austoben kann. Weinfässer würden bersten, würde nicht hin und wieder der Spund entfernt, um sie zu belüften. Wir sind nicht anders als schlecht gefügte Fässer und Tonnen, aus denen der Wein der Weisheit auszulaufen droht, wenn wir ihn nur mit unausgesetzter Frömmigkeit und Gottesfurcht bewahren würden. Der Wein bedarf der Luft, damit er nicht verloren gehe. Deshalb ergeben wir uns einige Tage dem Spiel und Kapriolen, um danach mit umso mehr Freude und Eifer zum Dienst Gottes zurückkehren zu können.

In der Fastenzeit veränderte sich das Aussehen der Kirchenräume vollkommen. Zu den auffälligsten Eingriffen gehörte das Aufhängen von Fastentüchern. Große und kleine Gemälde, Skulpturen, meterhohe Altaraufsätze, ja ganze Wände und Hochchöre wurden mit großen Stoffstücken, Vorhängen und Teppichen bedeckt. Vom ersten Samstag der Fastenzeit bis nach der Feier der Passion Christi am Karfreitag blieben alle Kruzifixe abgedeckt. Die übrigen Heiligenbilder waren noch einen Tag länger verschleiert, bis zur Osternacht.

Der Genter Marcus van Vaernewijck erwähnte 1567 in seinem Tagebuch, dass am Karfreitag der Chor des Tempelhuis (einer Kirche im Stadtzentrum) von allen Seiten mit Tüchern verhängt war, die aus Gold gewirkt schienen, und dass die Wände im vorderen Teil der Kirche mit allerlei Teppichen bedeckt waren. Im Chor lag unten an den Stufen, die zu dem beeindruckenden Altar hinaufführten, auf einer schwarzen Decke ein hässliches schwarzes Kruzifix, um das ein dünner schwarzer Leinenstoff gewickelt war. »Dahin kroch man und küsste es, sowohl die spanischen Soldaten als auch das Stadtvolk, und alles drängte heftig.« Auch außen konnten Kirchen vorübergehend mit Dekorationen versehen werden. Wie van Vaernewijck weiter berichtet, hatte man an einem Baum neben dem Portal des Tempelhuis eine lebensgroße Judasfigur aufgehängt, »mit einem faux visage und mit Kleidern an«, und dort »saß viel armseliges Volk, um Almosen in Empfang zu nehmen«.

Auch auf Bruegels Bild fällt der Blick durch das geöffnete Kirchenportal auf einige typische Accessoires der Fastenzeit, wie die verhüllten Heiligenfiguren und ein großes Kruzifix auf einem Tuch, auf dem auch einige Münzen liegen.

Vierzig Tage lang war die Kathedrale also praktisch vollständig verschleiert, ein von flackernden Kerzen erleuchtetes Labyrinth aus drapierten Tüchern. Eine Miniaturdarstellung einer Gregorsmesse, die sich auf einem losen Folioblatt aus dem vor 1482 entstandenen Emerson-White-Stundenbuch befindet, vermittelt einen Eindruck davon. Die vier Altarengel um den Hochaltar sind verhüllt, und an eisernen Stangen hängen lange weiße Vorhänge. (Abb. 54) Eine Randillustration in einem Stundenbuch aus Brügge aus den Jahren 1525–1530 zeigt ebenfalls die Ausstattung eines Kirchenraums während der Fastenzeit. Vor den Leuchtern auf der Altarplatte stehen schlichte Kreuzesabbildungen, das große Kruzifix ist mit einem schwarzen Tuch verhängt. Ein Priester sitzt auf einem Stuhl neben einem großen Korb für Opfergaben, während ein kniender Mann einen Hahn als Geschenk darbringt. Im Hintergrund wird eine Predigt auf einer Kanzel gehalten, von der ein Tuch mit einer Kreuzigungsszene herabhängt. (Abb. 56)

In dieser Zeit der Buße und Entsagung bestiegen die Priester nahezu täglich die Kanzel, um die Gläubigen nach Kräften zu Besinnung und Frömmigkeit anzuhalten. Dabei neigten sie dazu, nicht nur die Sprache, sondern den ganzen Körper einzusetzen. Man sah aschgraue und vor Feuereifer rot angelaufene Prediger; in der Fastenzeit galt es, die Kanzel möglichst blass und müde zu erklimmen. In seinem satirischen Bestseller *Das Lob der Torheit* macht Erasmus seiner Empörung über diese Geistlichen Luft:

> Wenn ein solcher Prediger auf der Kanzel deklamiert, wer wollte noch Komödianten oder Marktschreiern zuhören? Lächerlich ist es und doch allerliebst, wie sie die alten Rhetoren und ihre Vortragskunst nachäffen. Großer Gott, wie sie fuchteln, wie sie passend die Stimme variieren, wie sie trillern! Wie blähen sie sich auf, wie wechseln sie fix ihre Maske, wie dröhnt ihr Gedonner!

## Göttliches Theater

Das Theatralische war ein Schlüsselelement der Karwoche. Von Palmsonntag bis zum österlichen Hochfest nahm die Anzahl der rituellen Handlungen und der dafür erforderlichen Anpassungen in der Kirchendekoration stark zu. Am Palmsonntag zum Beispiel wurde unter lautem Jubel der Bürger ein hölzerner Palmesel in die Kathedrale gerollt.

(Abb. 55) Von der Messe am Gründonnerstag bis zur Messe am Karsamstag ersetzte eine hölzerne oder silberne Ratsche die Altarschelle. Mit zahlreichen großen und kleinen, mehr oder weniger theaterhaften Inszenierungen wurde die Leidensgeschichte Christi so lebendig wie nur irgend möglich dargestellt, vom Einzug in Jerusalem auf einem Esel bis zur Auferstehung. Die Weihrauch ausatmende Christusskulptur des flämischen oder deutschen Künstlers Pietro di Giovanni Tedesco gehört in diese Tradition. (Abb. 31)

Am Gründonnerstag begann außerdem der Jahrmarkt im nahen Bergen op Zoom, weshalb auf den Straßen Antwerpens und in der Liebfrauenkirche noch mehr Betrieb herrschte als sonst. Die Geistlichen zogen bei ihren Inszenierungen der Passionsgeschichte alle Register, um in den Seelen der vielen Gläubigen einen unauslöschlichen Eindruck zu hinterlassen. Zum Teil wurden detaillierte Regieanweisungen inklusive Rollenverteilungen und Dialogen in der Volkssprache in den liturgischen Drehbüchern (*ordinarii*) festgehalten. Eines der ganz wenigen erhaltenen Bücher dieser Art, um 1540 für den Küster der Utrechter Sankt-Salvator-Kirche geschrieben, vermittelt einen Eindruck vom damals Üblichen. Zum Beispiel bei der Lesung der Passionsgeschichte am Karfreitag: Wenn der Priester die Worte »Sie verteilten meine Kleider unter sich« sprach, hatten der Küster und der Subdiakon (oder zwei Schüler) ihren Auftritt. Sie mussten »nach Diebesart« die schwarzen Tücher vom Altar »stehlen« und sich danach eilig hinter den Altar zurückziehen.

Christus als das Licht der Welt wurde in allen Kirchen in Gestalt der Osterkerze symbolisch zum Leben erweckt. In der Nacht von Karsamstag auf Ostersonntag, zu Beginn der Osternachtsfeier, wurde diese Kerze in der sonst völlig dunklen Kirche entzündet. Während der Feier durften die Gläubigen dann ihre eigenen Kerzen daran anzünden, sodass der Raum mehr und mehr von flackerndem Kerzenlicht erhellt wurde. Selbstverständlich appellierte man auch an die Freigebigkeit der Gläubigen. Am Karfreitag stellten die Kirchenvorsteher der Liebfrauenkirche zwei bekannte Reliquien aus, Geißelsäule und Dorn, und platzierten in ihrer Nähe strategisch günstig eine Spendenschale.

Den absoluten Höhepunkt bildete Ostern, das traditionell der jährlichen sakramentalen Kommunion vorbehalten war. Nach vierzig Tagen

Fasten und der Beichte waren die Gläubigen geistig gereinigt und würdig, die Kommunion zu empfangen. Alle Einwohner Antwerpens von vierzehn Jahren an waren verpflichtet, mindestens einmal im Jahr zur Kommunion zu gehen. Etliche Priester standen an Ostern bereit, um den vielen Tausend Gläubigen die Beichte abzunehmen und die konsekrierten Hostien an sie auszuteilen.

Diese Fülle von sinnlichen und emotionalen Reizen war nichts Beliebiges, wurden doch Körper und Seele als Einheit betrachtet. Wurde die Seele berührt, hatte das Auswirkungen auf den Körper und umgekehrt. Das Erleben theatralischer Darstellungen der Leidensgeschichte hinterließ Spuren in der Seele und war deshalb von Bedeutung für das Seelenheil. Die Gläubigen emotional zu berühren, war also mit großer Verantwortung verbunden, und Philosophen und Theologen diskutierten über so komplexe Fragen wie das Verhältnis zwischen Bild und Abgebildetem, Gefühl, Verstand und freien Willen.

Besonders in reformgesinnten Kreisen herrschte Uneinigkeit darüber, wer oder was letztlich für die Wirkung auf die Gläubigen verantwortlich war: der jeweilige Gegenstand selbst (zum Beispiel eine lebensecht bewegliche Christusfigur), derjenige, der ihn präsentierte (der Priester), oder der Rezipient (der Kirchenbesucher, der sich dafür entschied, dem Ritual beizuwohnen). So ist im *Antwerpsch chronykje* von Skulpturen und Gemälden die Rede, die »zur Anregung und als Ansporn« gebraucht würden. Der Autor schreibt ihnen eine starke Wirkung zu, denn »die figürliche Darstellung [macht] mehr Eindruck auf unsere Gemüter als die Worte eines Predigers, die oftmals schwer zu begreifen sind, obwohl man dieselbe Sprache spricht«. Die Verantwortung liegt für den Autor also nicht bei den Bildern selbst, sondern in der Art und Weise ihres Gebrauchs.

Marcus van Vaernewijck schreibt in seinem Tagebuch etwas Ähnliches über den Einsatz von Mitgefühl auslösenden Abbildungen: »Menschen werden häufig viel mehr hierdurch angezogen als durch Worte oder Bücher; wenn sie die Passion Christi und der Heiligen anschauen, so mitfühlend gemalt oder geschnitzt, dass man betroffen ist und zu Tränen gerührt.« Diese Äußerung steht übrigens in einem Abschnitt, der sich mit der Gefahr der Vergötzung von Abbildungen befasst. Weil manche Abbildungen besonders lebensecht seien und die Sinne entsprechend reizten, könne man sich von ihnen stärker angesprochen fühlen, was jedoch nicht sein dürfe, weil ja das Dargestellte immer dasselbe sei. Als Gläubiger dürfe man keinen Unterschied machen zwischen einem hässlich ausgeführten Christusbild und einem handwerklich hervorragenden, lebensechten Exemplar.

## Ein bunter Kalender

•

Am Inneren der Liebfrauenkirche ließ sich leicht ablesen, welche Jahreszeit es war, oder sogar welcher Tag. Die Dekoration und der Farbgebrauch folgten dem Rhythmus des Festkalenders. Die Fastenzeit war durch die enorme Zahl an Fastentüchern gekennzeichnet. Diese Tücher waren schlicht gehalten, meistens weiß, zuweilen mit dem aufgestickten Symbol der jeweiligen Zunft, Gilde oder Bruderschaft versehen. Sobald sie wieder eingelagert waren, galt für die Vorhänge an den zahlreichen Nebenaltären ein von allen zu beachtender Farbcode. Weiß war die Farbe der Freude und wurde unter anderem für Ostern und Weihnachten gebraucht. Rot stand für Feuer und Blut und war deshalb die Farbe für Pfingsten und eine Reihe von Feiertagen, bei denen das Leiden Christi und der Märtyrer im Mittelpunkt stand. Violett verwies auf Buße und Einkehr und kam zum Beispiel in der Adventszeit zum Einsatz. An Karfreitag, bei Begräbnissen und an Gedenktagen war es Schwarz, Symbol des Todes. An den übrigen Tagen setzte man Grün ein, das für Hoffnung oder Kontemplation stand. Auch Blau und Gelb waren im 16. Jahrhundert noch kirchliche Farben; beide wurden erst 1570 durch Pius V. im *Missale Romanum*, das die Beschlüsse des Konzils von Trient konkretisierte, formal abgeschafft.

Während dieses in drei langen Tagungsperioden (1545–1547, 1551/52 und 1562/63) abgehaltenen Konzils wurden zahlreiche Maßnahmen zu einer Reform der Kirche beschlossen, mit denen man Missstände und Auswüchse in den eigenen Reihen zu beseitigen hoffte. Zugleich bezweckte die Römische Kirche damit, als einiger, starker Block den Angriffen der reformatorischen Bewegungen die Stirn bieten zu können, bevor deren Volksprediger noch mehr Schafe auf Abwege brachten.

Doch so wie jede Pfarrkirche und jede Kathedrale ihre unverwechselbare Atmosphäre hatte, so waren auch die Rituale und Gebräuche von Ort zu Ort verschieden. Die Unterschiede steckten oft in kleinen Details, zum Beispiel in der Ausführung einer Geste oder in der Anzahl der Handsegen. Auch der sich stetig weiter füllende religiöse Festkalender und die genauen Zeiten der Stundengebete richteten sich nach den Erfordernissen der jeweiligen Kirche und den Wünschen ihrer Vorsteher. Man hing an den eigenen Traditionen, was zum Beispiel in Antwerpen dazu führte, dass die neuen päpstlichen Anordnungen erst recht spät umgesetzt wurden. 1599 gab das Liebfrauenkapitel nach, doch der Weg zur Vereinheitlichung blieb mühsam. Blaue und gelbe Vorhänge zierten noch Ende des 16. Jahrhunderts Altäre in der Kathedrale.

Die Ausführung der Vorhänge unterlag im Detail keinen Vorschriften, aber eine allgemeine Regel lautete, dass sie aus Stoff sein sollten. Bildliche Darstellungen waren erlaubt. In Antwerpener Rechnungen tauchen sporadisch Angaben über Vorhänge und andere Textilien auf. Die Liebfrauenlob-Gilde besaß 1528 ein Antependium aus grünem und weißem Damast mit dazu passenden Vorhängen sowie ein zweites aus weißem Damast mit aufgestickten goldenen Blumen, außerdem dazu passende Chormäntel und einen entsprechenden Behang für das Lesepult. Offenbar war ihnen die Einheitlichkeit der Textilien besonders wichtig. Die Einzelhändler wiederum ließen für den Sankt-Nikolaus-Altar blaue Vorhänge anfertigen, die mit weißem Leinen verbrämt und mit dem aufgestickten Zeichen ihrer Gilde, einer Waage, verziert waren; außerdem einen grünen und zwei weiße Seidenvorhänge jeweils mit roten Fransen.

Wenn zwei Feste zusammenfielen, musste in der Regel das Fest von niedrigerem Rang zurückstehen. Fiel zum Beispiel Mariä Verkündigung in die Karwoche, wurde das Marienfest schlichter gefeiert oder verschoben. All diese Ausnahmen wurden in den liturgischen »Regieanweisungen« berücksichtigt, damit die Zelebranten wussten, welche Gewänder in welcher Farbe für den jeweiligen Tag angemessen waren. Im Großen und Ganzen hielten sich die Altarbesitzer an die geltenden Farbcodes. Allerdings spielten auch die Vorrechte, die eine Kirche sich herausnahm, die Interpretation der offiziellen Vorschriften und das verfügbare Material eine Rolle.

In dem erwähnten Büchlein für den Küster der Utrechter Sankt-Salvator-Kirche wird zum Beispiel beiläufig erwähnt, dass »zu den weißsamtenen Gewändern [...] blaue Chormäntel ausgelegt werden«, und zwar, »solange keine weißen angeschafft worden sind«. Oder dass »das Gewand aus dem besten Samt mit dem dazugehörigen Chormantel bereitgelegt wird, wenn der Himmel nicht regnerisch ist, sonst der schwarze Mantel aus Atlas«. Außerdem besaß nicht jeder Altar Vorhänge in jeder infrage kommenden Farbe. In Kirchen mit vielen Nebenaltären wie der Antwerpener Kathedrale werden deshalb farbliche Dissonanzen eher die Regel als die Ausnahme gewesen sein.

Ein Kircheninterieur des einige Jahre in Antwerpen tätigen Malers Marten van Valckenborch gehört zu einer seltenen Spielart dieses Genres. (Abb. 47) Im Gegensatz zu den schlichten Kirchenräumen auf Bildern aus dem 17. Jahrhundert ist auf diesem undatierten Ölgemälde ein übervoller Raum zu sehen, der beinahe klaustrophobische Ängste auslösen könnte. Die höchst lebendige Komposition mit simultan ausgeführten Handlungen erinnert an den 1559 oder 1560 in Antwerpen entstandenen Kupferstich *Fides* von Pieter Bruegel (Abb. 48), mit dem entscheidenden Unterschied, dass man den Kirchenraum auf van Valckenborchs Bild in Farbe sieht. Weiße, grüne und blaue Vorhänge flankieren die gemalten oder geschnitzten Altaraufsätze, altmodische und moderne Kunstwerke teilen sich friedlich denselben Raum. Man hat das Gefühl, dass es bei der Predigt im Hintergrund etwas lauter zugeht und dass die Pilger im Vordergrund etwas unangenehmer riechen, als man es von den vielen klinisch sauberen Bildern von Kirchenräumen gewohnt ist.

# 16 Mehr als die Summe der Teile

## Mittwoch, 27. Juni 1562
...

Am 27. Juni 1562 erschien bei dem bekannten Antwerpener Drucker Gillis Coppens van Diest das Büchlein Carmen elegiacum de laude celeberrimae urbis Antverpiae. Übersetzt lautet der Titel ungefähr »Elegischer Gesang auf die hochberühmte Stadt Antwerpen«, wobei »elegisch« hier für die zweizeilige Strophenform des elegischen Distichons steht. Das aus sechzehn Folioblättern bestehende Buch, geschrieben von dem Deutschen Paul Grebner, ist ein reichlich geschwollenes lateinisches Loblied auf die Scheldestadt, möglicherweise für ein Publikum von Humanisten gedacht, die nicht nur Latein lesen, sondern auch Grebners zahlreiche Wortspiele verstehen konnten. Der Text ist gespickt mit Anspielungen auf die Antike. So wird zum Beispiel der Maler Apelles erwähnt, dessen großartige Schöpfungen letztlich doch nicht an die Gemälde in der Kathedrale heranreichen, oder der Senator Brutus, dessen gesamter Reichtum nicht gegen die sublimen Skulpturen ankommt, die der junge Grebner dort sieht. Immerhin wappnet sich der Nachwuchsintellektuelle vorsichtshalber gegen mögliche Kritik, indem er in der Einleitung bemerkt, dass er noch ein Jüngling sei und vielleicht Besseres leisten werde, »wenn die Reife kommt und ein junger Bart meine Wangen bekleiden wird«.

Sein Loblied auf Antwerpen beginnt bei der Kathedrale – ihren vielfarbigen Bodenfliesen, den frommen Bildern und unzähligen Opfergaben auf den

Altären – und rühmt anschließend das Rathaus, die Stadtwälle, den Hafen und die »feste Eintracht, welche die gleichgesinnten Bürger ziert«. Nun war es mit dieser festen Eintracht nicht allzu weit her und die Stimmung unter den Einwohnern gelinde gesagt angespannt. Die Gerüchte von 1559 hatten sich bewahrheitet: Antwerpen war seit jenem Jahr eines von mehreren neu geschaffenen Bistümern und die Liebfrauenkirche somit ganz offiziell Kathedrale. Weltliche und kirchliche Obrigkeit konnten damit schneller auf ketzerische Bestrebungen reagieren.

Die Reorganisation der Bistümer war Teil der entschlossenen Zentralisierungspolitik, die Philipp II. seit einigen Jahren in all seinen europäischen Herrschaftsgebieten betrieb, zum Missfallen der auf Autonomie bedachten Städte. In den Niederlanden ging die Angst um, dass die Spanier noch einen Schritt weitergehen und gleich auch die gefürchtete Inquisition einführen würden, mit dem Hauptziel der Verfolgung von Ketzern. Der Schutz, den lokale Gesetze der Bevölkerung bislang noch gewährten, würde dann wegfallen. Seit der Erhebung zum Bischofssitz kursierten in Antwerpen immer mehr Gräuelgeschichten über das brutale Vorgehen der Spanier gegen Protestanten, Juden und die »Indianer«, die sie bei ihren Eroberungen unter ihre Herrschaft gebracht hatten. Es waren Erzählungen voller Schrecken, in denen die tatsächliche Grausamkeit der spanischen Institutionen noch übertrieben wurde und die deshalb Jahrhunderte später als »Schwarze Legende« in die Geschichtsschreibung Eingang fanden.

Die Angst vor wirtschaftlichem Niedergang als Folge einer solchen intoleranten Politik saß um das Jahr 1562 bereits tief. Der Antwerpener Chronist Godevaert van Haecht fasste die beklemmende Situation einige Jahre später zusammen:

> Gegen Ende des Jahres 1565 war das Land voll von »hässlichen Gerüchten« [...] über die Einführung der spanischen Inquisition; besondere Inquisitoren sollten den Städten aufgezwungen werden, damit sie den Glauben der unglücklichen Bürger überwachten; eine anonyme Anzeige sollte ausreichen, um eine Person auf den Scheiterhaufen zu schicken, ohne ordentlichen Rechtsgang.

## Unbeschreiblicher Überfluss

Auch in Zeiten religiöser Unruhe blieb die Kathedrale unangefochten die größte und schönste. Das Gebäude war so viel mehr als ein Gotteshaus. Es war nicht nur ein Aushängeschild christlicher Werte; auch der kulturelle Reichtum und die künstlerische Finesse der Stadt konnten hier bewundert werden. Zahlreiche beeindruckte Reisende wie Paul Grebner verewigten ihre Pracht in ihren Schriften. Der Nürnberger Arzt Hieronymus Münzer ging in seiner langen Lobeshymne unter anderem auf den Altar der Pfarrgemeinde ein, dem ein großartiges Retabel mit Darstellungen von Mariä Grablegung und Himmelfahrt Glanz verlieh: »Wer dies nicht gesehen hat, kann sich schwerlich vorstellen, wie schön es ist. Es gibt noch eine große Zahl anderer Heiligenbilder in Stein, die alle prachtvoll und mit sehr viel Kunst gemeißelt sind.« Und die übrigen Altäre, ergänzt Grebner, seien »strahlend voll warmer Flammen, wie das Feuer der funkelnden Polarsterne«. Offensichtlich hatten die Lichtreflexe auf dem vielen Kupfer und Silber den jungen Reisenden bezaubert.

Auch die Chronisten der Stadt sparten nicht mit Lob. Der in Antwerpen ansässige Florentiner Lodovico Guicciardini nennt Liebfrauen in seiner weit verbreiteten Geschichte der Niederlande eine »sehr große und köstliche Kirche, überall herrlich verziert, mit einem wunderlichen Turm aus schön gehauenen Steinen«. Und in einem möglicherweise zeitgenössischen Bericht über den Bildersturm, der später in die dem Notar Geeraard Bertrijn zugeschriebene *Chronijck der Stadt Antwerpen* aufgenommen wurde, heißt es, die Altäre seien »aus kostbarem Stein gemacht« gewesen und »so kunstvoll, wie man sie im ganzen Land nur finden kann«; besonders erwähnt werden auch die Gemälde, »die sehr kunstvoll und kostbar waren, von diversen exzellenten Meistern«, und »die schönen kunstvollen« Apostelskulpturen.

An all diesen Beschreibungen fällt auf, dass sie nirgends im Detail verzeichnen, was in der Kathedrale an Kunstwerken vorhanden war. Teilweise wird die Anzahl der Altäre genannt; die Kunstgegenstände, von Gemälden bis zu Edelsteinen, werden meist als »köstlich« oder »kostbar« beschrieben. Doch was genau wo in der Kirche zu sehen war, wird nicht gesagt. Das dürfte vor allem an dem visuellen Überfluss eines solchen Raumes liegen. Die gewaltige Menge an Sinnesreizen machte eine detaillierte Beschreibung des Kirchenraums fast unmöglich. Grebner benannte dieses Unvermögen in seinem Loblied sogar ausdrücklich: »Wer mit ganzer Aufmerksamkeit jeden einzelnen Gegenstand in Augenschein nimmt, ist sprachlos vor Verwunderung über den gewaltigen Reichtum. Ich spreche nicht über die mit Gold und Juwelen verzierten Gewänder, ich werde schweigen über die Kelche und die goldenen Vasen.« Im Grunde war es dies, wonach jede Kirche im besten Fall strebte: die Materialität des Kirchenraums und seiner Ausstattung vergessen zu machen und die Gläubigen in Verzückung zu versetzen. Heiligenbilder, Reliquienschreine und andere Gegenstände wurden in einem wohldurchdachten Rahmen zur Geltung gebracht. Die Art der Präsentation war mindestens ebenso wichtig wie das Objekt an sich.

Es war übrigens nicht nur unmöglich, alle Elemente einzeln wahrzunehmen, sondern manches war schlicht und einfach nicht sichtbar, entweder in permanenter Dunkelheit verborgen oder hoch oben und zu klein, um von unten erkennbar zu sein. Details der architektonischen Gestaltung im Gewölbebereich und figürliche Darstellungen auf den Schlusssteinen konnten Kirchenbesucher unmöglich sehen.

Eins der rätselhaftesten Beispiele für visuellen Überfluss ist noch heute in der Kathedrale zu finden, allerdings versteckt hinter einem riesigen Triptychon von Peter Paul Rubens im nördlichen Arm des Querhauses. Die Wand dahinter ist bis zum Gewölbe in einem rhythmischen Muster mit Holzschnitten aus dem 16. Jahrhundert beklebt. (Abb. 63/64) Die dreizehn bis zwanzig Zentimeter hohen kolorierten Holzschnitte zeigen die Attribute des Evangelisten Johannes (Kelch mit Schlange) und Johannes des Täufers (das Lamm Gottes) sowie ein geometrisches Ornament (Vierpass) mit einem Zirkel und einer Banderole. Die Symbole verweisen auf die Zunft der Möbeltischler, deren Altar an dieser Stelle stand. Es war und ist nicht möglich, die Darstellungen auf den Holzschnitten im oberen Wandbereich zu erkennen. Doch die Vielzahl der Symbole, ihr wiederholtes Auftreten und ihre nur eingeschränkte Erkennbarkeit trugen gerade zu dem Ehrfurcht einflößenden Gesamteindruck bei. Die verborgenen Einzelheiten waren Teil eines viel größeren Ganzen; die Gesamtheit der Gegenstände und dekorativen Elemente war Ausdruck des göttlichen Status des Bauwerks.

Dass die majestätische Ausstrahlung tatsächlich entscheidend für die Anziehungskraft der Kathedrale war, beweist der Umstand, dass die Bürger nach der Eroberung Antwerpens durch spanische Truppen und dem Sturz des calvinistischen Magistrats im Jahr 1585 den Pfarrkirchen und der Kathedrale überwiegend fernblieben. Acht Jahre lang hatte in der Scheldestadt ein scharfer calvinistischer Wind geweht, auch in den letzten beiden Jahren, als Filips van Marnix van Sint-Aldegonde Bürgermeister war. Während der ganzen Zeit waren die Kathedrale und die Pfarrkirchen in einem beklagenswerten Zustand, erst wegen der Zerstörungen durch den Bildersturm von 1566 und dann infolge der zweiten ikonoklastischen Welle von 1581, dem Jahr, in dem die Ausübung der katholischen Religion offiziell verboten wurde. Nach der Wiederherstellung der katholischen Macht gelang es den Klöstern viel schneller, ihre Kirchen prachtvoll auszustatten, weshalb sich gerade die wohlhabenden Gläubigen dort eher heimisch fühlten. Dass der Kathedrale und den Pfarrkirchen deshalb auch wenig Opfergeld zufloss, trug zur Verzögerung der Instandsetzungsarbeiten bei.

Die Kunstwerke in der spätmittelalterlichen Liebfrauenkirche vereinten mehrere Funktionen. Sie informierten die Kirchenbesucher über diverse Heiligenleben und vertieften ihre Frömmigkeit mittels Darstellungen des leidenden Christus. Sie vergrößerten durch ihre »köstliche« Gestaltung das Ansehen einer Stiftung und waren ein visuelles Lockmittel für freigebige Besucher, und jedes einzelne Element trug zum Gesamterlebnis einer grenzenlosen Pracht bei.

## Ein verzerrtes Bild

Zu den von Grebner ausführlich besungenen Details gehörte auch das »prachtvoll strahlende Funkeln von Golddraht« in den vielen Teppichen an den Wänden der Kathedrale, die seiner Ansicht nach eines Palastes würdig waren. Wenn keine besonderen Festlichkeiten anstanden, waren die Wände mit billigen, dünnen Stoffen behängt, aber für die Hochfeste, Heiligenfeste und andere wichtige Feiertage holten die Kirchenvorsteher und Altarbesitzer ihre besten Stoffe und kostbarsten Wandteppiche hervor. Tücher wurden zwischen Pfeilern aufgespannt oder über Balken drapiert, hingen von Orgeln und Triumphbogen herab und hinter Skulpturen. Die Liebfrauenlob-Gilde schmückte an den Hochfesten ihre Kapelle mit zwei fast 42 Meter langen Verdüren, kostbaren Wandteppichen mit komplexen Blumenmotiven in Gold- und Seidenstickerei, und auch die übrigen Zünfte und Gilden hängten hinter ihren Altaraufsätzen Teppiche auf. In allen Kirchen wurde der Chor an Feiertagen mit speziellen textilen Behängen (*dorsalia*) geschmückt, die genau nach dem Maß der Chorwände gearbeitet und meist mit Szenen aus dem Leben des Schutzpatrons der Kirche verziert waren. Sie wurden oft durch Teppiche auf den Böden und weitere Behänge ergänzt, die am Lesepult und an der Rückwand des Lettners befestigt wurden. Kostbare Teppiche waren ein unverzichtbares Zeichen von Reichtum und Ansehen.

Während des festlichen Einzugs eines Herrschers oder anderen Würdenträgers oder während Prozessionen, Turnieren und Banketten im öffentlichen Raum waren die Häuser an den Straßen und Plätzen, die Kirchen und die aus dem jeweiligen Anlass errichteten Bühnen von oben bis unten behängt. Der spanische Historiker Juan Cristóbal Calvete de Estrella konnte kaum fassen, wie viele Teppiche er in den niederländischen Städten zu Gesicht bekam, als er seinen Dienstherrn Philipp II. begleitete.

Auch für die Zeremonie des Ordens vom Goldenen Vlies im Jahr 1556 wurden in der Kathedrale in großer Zahl kostbare Teppiche aufgehängt, deren Großartigkeit die *Chronijck der Stadt Antwerpen* ausführlich beschreibt. Das Querhaus schmückten Wandteppiche mit Gold- und Seidenstickereien, »enthaltend die Kämpfe der Stadt Tunis«, das Langhaus »alte kostbare Teppiche vom Goldenen Vlies, sehr kunstreich gemacht«. Der Hochchor wiederum war innen ringsum mit karmesinrotem Samt und Goldstoffen behängt. Mit den Wandteppichen im Querhaus meint der Chronist den berühmten Zyklus von zwölf Tapisserien mit dem Titel *Die Eroberung von Tunis*, den Karl V. 1545 in Auftrag gegeben hatte, um nach seinem historischen Sieg über die Osmanen zehn Jahre zuvor seinen Ruhm als unbesiegbarer Herrscher zu bekräftigen. Die zwölf Wandteppiche zusammen nahmen eine Fläche von etwa 590 Quadratmetern in Beschlag, was ungefähr der gesamten Länge des Querhauses entsprach.

Anlässlich festlicher Einzüge und feierlicher Begräbnisse ließen die Einzelhändler ihren Nebenaltar mitten im Langhaus mit hölzernen Gestellen abschirmen, an denen Teppiche oder Tücher aufgehängt wurden. Für die Trauerfeier für Karl V. im Jahr 1558 zum Beispiel erwarben sie eigens sechzehn Meter Stoff, den sie hinterher den Armen schenkten.

Hinter all diesen Stoffen und Teppichen verbargen sich farbenfrohe Wände. Es lässt sich nicht mehr mit Sicherheit rekonstruieren, aber alles deutet darauf hin, dass die Wände und Gewölbe des Chorumgangs, des Kapellenkranzes und des Querhauses mit zinnoberroten Bemalungen versehen waren, begrenzt von schwarzen Friesen und Pressbrokat, einer Imitation von Brokat in Relief. In einigen Fällen wurden Schatten des Mobiliars vor den roten Wänden, darunter einige Altaraufsätze und die Orgel, durch aufgemalte schwarze Schattenpartien betont. (Abb. 59) Der Hochchor dagegen war monochrom weiß gehalten mit sternförmigen Ornamenten in den Gewölben und Farbakzenten an den Schlusssteinen, den dekorierten Steinen an den Kreuzungspunkten der Gewölberippen.

1513 wurden zwei Maler bezahlt, die 83 beziehungsweise 47 Tage im Auftrag der Bauhütte tätig gewesen waren. In der gleichen Zeit kaufte die Bauhütte große Mengen an Farbstoffen: Bleiweiß, Berggrün, Zinnober, Ultramarin, Mennige, Bleigelb und Ocker. Wo und wie diese Farbstoffe verwendet wurden, ist leider nicht bekannt.

Die freigelegten Wandmalereien in der Antwerpener Sankt-Jakobs-Kirche könnten Rückschlüsse auf die Ausmalung der Liebfrauenkirche erlauben. In der ersten Phase des groß angelegten Restaurationsprojekts, mit dem 2019 begonnen wurde, stellte sich heraus, dass das Kircheninnere von oben bis unten mit monumentalen Darstellungen bemalt war; an Pfeilern und Wänden fanden sich große Farbflächen und zahlreiche kleine figurative Elemente. In einer Kranzkapelle ist die rote Wandfläche mit zierlichen Vögeln, Engeln und Laubwerk bedeckt. (Abb. 60) Wahrscheinlich waren auch die zinnoberroten Farbflächen in der Kathedrale von ähnlichen vielfarbigen Figuren übersät. Zum Beispiel wurde die Sankt-Lukas-Kapelle, eine der Kranzkapellen der Liebfrauenkirche, 1493 von oben bis unten mit Darstellungen von Ochsen und Vögeln ausgeschmückt, die das Wappen der Malergilde halten; diese hatte nämlich ihren Altar in der Kapelle. Das rhythmische Muster aus Holzschnitten am Altar der Möbeltischler entspricht ebenfalls der Mode, einen gemalten Untergrund ausgiebig mit figurativen Elementen zu verschönern.

Erst 1695 wurde der Innenraum der Kathedrale vollständig weiß gestrichen, auch wenn Gemälde aus der Mitte des 17. Jahrhunderts einen anderen Eindruck erwecken. (Abb. 57/58) Diese Kunstwerke bilden einen völlig anderen Kirchenraum ab als den, der in den Chroniken beschrieben wird und der sich aus den Rechnungen der Bauhütte und der Stiftungen erschließen lässt. Nur ein kleiner Teil der meist undatierten und unsignierten Gemälde dieses Genres gibt die historische Wirklichkeit auch nur annähernd korrekt wieder. Die Werke dienten nämlich ihrem eigenen, besonderen Zweck. Der abgebildete Kirchenraum war ein stilisierter und idealisierter Raum, weil die Bilder möglichst viele potenzielle Käufer möglichst vieler Konfessionen ansprechen sollten. Deshalb waren sie weit davon entfernt, so realistisch zu sein, wie sie vorgeben. Charakteristisch für diese Interieurs sind ihre Übersichtlichkeit, die zurückhaltende Farbgebung, das disziplinierte, normkonforme Verhalten der Personen und harmlos wirkende Details wie Hunde und Bettler – von denen wir inzwischen wissen, dass sie in Wirklichkeit nicht geduldet wurden: Hunde wurden brutal hinausgeknüppelt, und Bettler durften sich nur im Portalbereich aufhalten.

In den nördlichen Niederlanden, der Republik der Vereinigten Niederlande mit ihrem Nebeneinander verschiedener Konfessionen, erhielten die gemalten Kircheninterieurs im 17. Jahrhundert manchmal noch eine zusätzliche Bedeutungsschicht. Der holländische Künstler Pieter Saenredam wurde mehrmals beauftragt, in seine Darstellung des Innenraums einer protestantischen Kirche katholische Elemente einzufügen, zum Beispiel einen katholischen Geistlichen, einen Altaraufsatz oder den Vollzug katholischer Riten. Auf diese Weise konnte sich der Auftraggeber die abgebildete Kirche gewissermaßen wieder aneignen, wenn auch nur in Gedanken und in der Abgeschlossenheit des Zimmers, in dem das Bild aufgehängt wurde.

## Feilschen und erinnern

Für die Altarbesitzer gab es verschiedene Wege, Kunstwerke, Altargerät und andere Ausstattung zu beschaffen. Sie konnten etwas völlig Neues erwerben. Große, auffällige Kunstwerke wie Altaraufsätze wurden vor allem auf Bestellung angefertigt, während kleinere Gegenstände wie etwa Altarschellen meistens in einer Werkstatt oder sogar an einem Marktstand gekauft wurden.

Manche Stifter verwendeten aber auch Gegenstände weiter, die sie von anderen Altarbesitzern erworben oder gegen etwas anderes eingetauscht hatten. Die Hubertus-Gilde der Jäger, die einen Nebenaltar in der Kathedrale besaß, ließ beispielsweise 1517 bei der Bestellung eines neuen Altaraufsatzes eine Klausel festschreiben, die ihr die Stornierung eines Teils der Bestellung ermöglichte: Wenn sie die alte Hubertus-Skulptur vom Sankt-Michaels-Altar erwerben konnte, brauchte sie keine neue. Es kam auch vor, dass zusammen mit einem Altar alles Zubehör in den Besitz einer Stiftung überging. So zum Beispiel, als die Sattler 1529 den Sankt-Lucia-Altar übernahmen: »Der Altar mit all seinem Schmuck und all demjenigen, was daran gehört und hängt.«

Umsonst bekam aber niemand etwas; Besitzübertragungen wie diese gingen nie ohne harte Verhandlungen vonstatten. Als die Sankt-Nikolaus-Gilde und die Zünfte der Bäcker, Küfer und Möbeltischler 1476 ihren gemeinsamen Nebenaltar verließen, übernahm ihn die wohlhabende Krämergilde. Die anderen suchten sich neue Orte in der Kathedrale, brauchten also möglicherweise auch neues Altargerät. Und so wurde bei dieser Reise nach Jerusalem hartnäckig über Kelche, Chormäntel, Alben (weiße liturgische Untergewänder), Kaseln »und die anderen Gerätschaften« des früher geteilten Altars gefeilscht.

Auch Feuer, Überschwemmungen und Plünderungen zogen häufig Verhandlungen über Altarzubehör nach sich. Zum Beispiel verloren die Einzelhändler beim Bildersturm von 1566 viel von ihrem Zierrat, weshalb sie für ihre Messfeiern an den Hochfesten von da an silberne Kandelaber aus dem Besitz der Marienkapelle oder der Venerabelkapelle mieteten. Der Hubertus-Gilde wiederum fehlte nach dem Bildersturm das Geld, um einen eigenen Altar zu unterhalten, und 1574 bat sie die Gilde der Schneider, sich an ihrem Altar beteiligen zu dürfen. Die Bitte wurde ihr gewährt, die Bedingungen vertraglich festgelegt. Die Hubertus-Gilde durfte »alle Ornamente (Altargerätschaften), die ebenjenen Altar angingen« verwenden. Die Schneider erreichten, dass sie an ihren eigenen Festtagen die beiden silbernen Ampullen und das Horn des heiligen Hubertus (ein prachtvolles Reliquiar) mit der Paxtafel kostenlos benutzen durften. Außerdem hatte die Hubertus-Gilde ein Drittel der jährlichen Kosten für Wachskerzen zu tragen.

Die häufigen Umzüge und Verschiebungen im Kreis der Altareigner hatten große Auswirkungen auf die Ausstattung der Nebenaltäre. Zu den augenfälligsten Folgen gehörte die wachsende Zahl von Heiligendarstellungen und Stifterporträts in den riesigen Altaraufsätzen. Nicht nur Altarschellen und Weihwassersprengel gingen in den Besitz neuer Altarbesitzer über, sondern auch Schutzpatrone, wenn auch auf einer niedrigeren Stufe der Hierarchie, als sie der ursprünglich mit dem Altar verbundene Heilige innegehabt hatte. Im Grunde waren die Altaraufsätze auch ein Inventar der Stifter. Jedes Mal, wenn ein neuer Altaraufsatz bestellt wurde, bekamen die früheren Schutzpatrone darauf einen Platz.

Ein hübsches Beispiel dafür ist der Vertrag zwischen der Sankt-Lambertus-Gilde und der Zunft der Zuschneider, eines Berufs im Tuchgewerbe. Beider Gedenktage fielen auf den 17. September, den Todestag des Bischofs und Märtyrers Lambertus und Tag der Stigmatisierung des heiligen Franziskus, des Schutzpatrons der Zuschneider. Dass die beiden Vereinigungen sich einen Altar in der Kathedrale teilten, lag also nahe, und so erwarben die Zuschneider 1492 einen Anteil am bestehenden Lambertus-Altar. Eine der Bedingungen war allerdings, dass an diesem Altar »bis in Ewigkeit« der heilige Lambertus, der Patron der ursprünglichen Stifter, als »hauptsächlicher Patron« verehrt werden musste. Und das sollte auch an den Bildern des Altaraufsatzes ablesbar sein. Wenn ein neues Triptychon in Auftrag gegeben würde, sollte auf der Mitteltafel die Lambertus-Legende dargestellt sein, auf den Flügelinnenseiten die Stigmatisierung des Franziskus. Die Außenseiten der Flügel waren wiederum der Lambertus-Gilde vorbehalten.

Auf diese Weise konnten auf den ersten Blick sonderbare, hochkomplexe Bilderzählungen entstehen. Die geschnitzten, gemeißelten oder gemalten Altaraufsätze waren das Gedächtnis eines Nebenaltars; ihre bildlichen Darstellungen können oft nur aus der Geschichte der Stiftungen, Übernahmen und Beteiligungen erklärt werden, in der die Identität der jeweiligen Stifter eine so große Rolle spielte. Es lässt sich kaum einschätzen, inwiefern die Kirchenbesucher all die visuellen Sonderlichkeiten noch richtig deuten konnten. Oder, um andersherum zu fragen, inwiefern es überhaupt wichtig war, dass Betrachter, die in keiner direkten Beziehung zu einem Altar standen, die Erzählungen hinter den Bildern verstanden.

## Die Kathedrale als Palast der Erinnerung

•

In spätmittelalterlichen Kirchen wimmelte es von Bezügen auf lokale Gläubige und den Adel der näheren oder weiteren Umgebung. Sowohl die Toten als auch die Lebenden wurden in Gestalt von Wappenschilden, Porträts auf Glasfenstern, eindrucksvollen Grabmalen oder anderen Spenden verewigt. Reiche Bürger Antwerpens schenkten der Kathedrale prachtvoll verzierte Messgewänder und Wandteppiche und stifteten gesungene Messen. Weniger Begüterte hinterließen nicht selten einer Kaplanei, Bruderschaft, Zunft oder Gilde Kleidung und andere Textilien. Jeder bestimmte selbst, für welchen Nebenaltar oder welchen Gottesdienst er oder sie spenden wollte. Auf diesem Weg landeten zahllose persönliche Gegenstände im öffentlichen Kirchenraum. Trauringe und Brautkleider schmückten Heiligenbilder, ein Messbuch ruhte auf einem seidenen Zierkissen, das einst das Schmuckstück eines bürgerlichen Zimmers gewesen war, Bettüberwürfe bekamen in der Kathedrale ein zweites Leben als Altarvorhang.

Wie die vielen anonymen Ewigen Lichter, sei es in Form von Kerzen oder einer bestimmten Menge Lampenöl, waren auch solche Spenden nicht unbedingt mit einer Kennzeichnung versehen, anhand derer man den Spender identifizieren konnte. Schon die Vorstellung, über die Spende im Kirchenraum oder speziell an einem Altar anwesend zu sein, konnte dem Schenkenden innere Ruhe geben. In dem Regiebüchlein für den Küster der Sankt-Salvator-Kirche in Utrecht, der für die alltägliche Ausstattung der Nebenaltäre verantwortlich war, sind die verschiedenen

Spenden aber immer mit dem Namen des Schenkers aufgeführt. Der Küster konnte jeden Tag nachlesen, ob er das von einem gewissen Heesboem geschenkte Gewand (*ornamentum feriale Heesboem*), die Kissen von Weerdenborch (*cussinis Weerdenborch*) oder die von Zelbach (*cussinis Zelbach*) bereitzulegen hatte.

Hinsichtlich der Eigentumsverhältnisse befanden sich die geschenkten Gegenstände in einer Grauzone. Schenkungen an Kirchen und Klöster blieben im Wesentlichen Eigentum des Schenkers, auch wenn er das unmittelbare Nutzungsrecht verlor. Dafür durfte er auf göttliche Gnade ebenso hoffen wie auf soziales Ansehen und historische Identität. Marcus van Vaernewijck beklagt allerdings in seinem Tagebuch eine Doppelmoral: Solange die gespendeten Gegenstände in gutem Zustand seien, betrachte die Kirchbauhütte sich als rechtmäßige Eigentümerin; wenn aber etwas repariert werden müsse, solle plötzlich die Gemeinde verantwortlich sein und die Kosten tragen: »Wenn sie [die Gegenstände] zerbrochen oder verdorben sind, dann halsen sie [die Priester] sie dem Volk auf und sagen, dass sie der Gemeinschaft gehören.« Vor dem Bildersturm brachten Bürger deshalb Epitaphe, die dem Gedenken an einen verstorbenen Verwandten gewidmet waren, im letzten Moment selbst in Sicherheit.

Eine Kirche gab den Stadtbewohnern die Möglichkeit, sich ihrer Identität als Mitglied einer Gemeinschaft zu vergewissern und für immer Teil der Geschichte ihrer Stadt zu werden. Seine persönliche Geschichte in der größeren zu verankern, war in der sich rasch wandelnden Gesellschaft des 16. Jahrhunderts, in der die Rechte und Pflichten des Einzelnen von Herkunft und sozialem Rang abhingen, von kaum zu überschätzender Bedeutung. Jemand *war* seine oder ihre Vergangenheit, sowohl in rechtlicher als auch in persönlicher Hinsicht. Es kam sogar vor, dass bei gerichtlichen Auseinandersetzungen über die Herkunft einer Person und die sich daraus ergebenden Rechte und Pflichten Grabmäler als Beweise angeführt wurden. Die Kathedrale konnte wegen ihrer monumentalen Architektur wie nichts anderes ein kollektives Gedächtnis sein, ein Ort, der die Zeiten überdauern würde.

Dieser Wunsch nach Bestätigung der eigenen Identität und nach historischer Verankerung ist entscheidend, wenn man verstehen will, warum im ausgehenden Mittelalter lokalen Traditionen so viel Bedeutung beigemessen wurde, selbst wenn sie im Widerspruch zu den Lehren der Kirche standen. So sprach sich der eigentlich autoritätstreue Geistliche Antonio de Beatis für das Festhalten an einem bestimmten Kult aus, obwohl es dabei um die Verehrung unechter Reliquien ging. In seinem Reisetagebuch von 1517/18 ereiferte er sich zwar wiederholt über die Nachlässigkeit, die manche Geistliche bei der Prüfung der Authentizität von Reliquien an den Tag legten. Er erinnerte daran, dass Alexander VI. (Papst 1492–1503) den Kult um die Söhne der heiligen Felicitas, bei dem in Aachen alle sieben Jahre am Siebenbrüdertag, dem 10. Juli, deren Reliquien gezeigt wurden, wegen begründeter Zweifel an ihrer Echtheit hatte abschaffen wollen. Doch der Kult, so de Beatis, sei schon so alt, dass dies nicht möglich wäre, ohne bei den Gläubigen ein quälendes Gefühl des Verlusts auszulösen. Es bleibe deshalb nichts anderes übrig, als diese und ähnliche Fälle der Verehrung unechter Heiligtümer zu tolerieren: »Da nun der Missbrauch alt und tief verwurzelt ist, muss er geduldet werden, da es so viele Städte, Länder und Völker gibt, alle mit ihren uralten Heiligtümern und Reliquien, die sich lieber tausend Mal aufs Neue der Zerstörung und Verbrennung ausliefern, als dass sie diese aufgeben würden.« Die Bewahrung kultureller Identität war das Wesentliche eines Rituals und wog im Zweifel schwerer als die Authentizität einer Reliquie.

Etwa sieben Jahrzehnte später, zwischen 1583 und 1591, verteidigte auch der reformgesinnte Arnoldus Buchelius die katholischen religiösen Objekte und Rituale, weil sie der »greifbare Beweis für die Gottesfurcht und Tugend der Vergangenheit« seien. Diese Vergangenheit musste man in Ehren halten, unabhängig von der religiösen Gesinnung. Aus einem ähnlichen Gedanken heraus fragte sich Marcus van Vaernewijck, ob die Bilderstürmer ihre Taten nicht irgendwann bereuen würden: »Sie zerstörten und zertrümmerten vieles, ja bei Weitem das meiste, was weltlichen Personen gehörte oder was sie aus Frömmigkeit gegeben hatten, und vielleicht manche Dinge ihrer eigenen Eltern und Vorfahren.«

Zwischen den Trümmern dessen, was das ikonoklastische Wüten hinterlassen hatte, blühte ein Genre von Schriften auf, in denen die verwüsteten Kirchengebäude sorgfältig beschrieben wurden, um die Erinnerung an ihre reiche Geschichte lebendig zu erhalten. So betonte Erasmus van Brakel, Herr von Varembeke, 1569 in seinen genealogischen Notizen die Bedeutung geschenkter Gegenstände für das kollektive Gedächtnis: »Es muss sehr angenehm sein für jeden, der die Tugend seiner Vorgänger ehrt, die Kirchen geschmückt zu sehen mit ihren prachtvollen Gräbern und Inschriften in alten Lettern und die Glasfenster versehen mit Vierungen [Unterteilung eines Wappenschilds] und Allianzwappen.«

Manche Anhänger reformatorischer Strömungen waren jedoch der Ansicht, dass bei alldem die Grenze zur Eitelkeit schnell überschritten sei. Für einen Teil der Gläubigen waren die Erinnerungsobjekte Ausdruck von Hochmut und hatten deshalb keinen Platz in der Kirche. Auch für den kritischen Humanisten Erasmus zeugten die geschenkten Gegenstände von Ehrsucht, waren aber beileibe keine Almosen. Reiche Leute, so der Vielschreiber pikiert, verlangten nach Denkmälern in den Kirchen, in denen man früher nicht einmal für Heilige Platz gehabt habe, und zwar mit Nennung ihres Namens, ihrer Titel und der von ihnen getätigten Schenkung. Irgendwann würden sie wohl noch fordern, dass ihre Leichname auf den Altären zur Schau gestellt würden.

Die Ausstattung der Kathedrale war ständig im Wandel. Altmodische Retabel wurden ersetzt, Altäre mit Bänken und Absperrgittern umgeben, alte Einrichtungsgegenstände immer wieder ausgebessert. Es war keineswegs so, dass alles stets nur schöner und kostbarer geworden wäre; Erneuerung und Verfall gingen Hand in Hand. Das Erscheinungsbild der Altäre hing von den jeweiligen Stiftern oder Eignern ab und war deshalb personen- und zeitgebunden. Abhängig vom Geschmack der Stifter, ihren finanziellen Möglichkeiten und den Schenkungen, die ihren Altären zuflossen, konnte das Gesamtbild sehr harmonisch und stimmig sein oder aber ein Mischmasch von Materialien und Stilen. Das Kapitel schrieb für die Ausschmückung von Altären und Seitenkapellen keine Einheitlichkeit vor.

Erst zu Beginn des 17. Jahrhunderts, nach den durch Bilderstürme und Krieg angerichteten Zerstörungen, sprach sich die Geistlichkeit ausdrücklich gegen bestimmte als weibisch und kindisch bezeichnete Ausschmückungen aus, hauptsächlich aus Abneigung gegen volkstümliche Kunst. Diese Bestrebungen sind allerdings vor dem Hintergrund der noch unsicheren Wiederherstellung der alten religiösen Machtverhältnisse zu sehen. Bischöfe inspizierten damals die Kirchen ihres Bistums, wobei sie von den jeweiligen Provinzsynoden dazu angehalten waren, die Einrichtung der Gotteshäuser kritisch zu prüfen. Dadurch hoffte die katholische Kirche, neuen Angriffen reformatorischer Gruppierungen vorzubeugen.

Zu den besonders kritischen Stimmen gehörte Kanonikus Hemelarius, der 1618 über die Antwerpener Kathedrale schrieb, »dass bei der Ausschmückung der Altäre, Liebfrauenbilder und Heiligenbilder bei Festen jede weibische und kindische Ausschmückung, so wie (mit Verlaub) das Herausputzen von Spielzeugpuppen, verhindert werden muss und dass die althergebrachte und schlichte Ausschmückung mit Lichtern, Kränzen, Blumen, Bildern und gehörigen Standbildern wiederherzustellen ist.«

Es ist vielsagend, dass bis zur Umsetzung dieses Wunsches nach Uniformität noch viel Zeit vergehen sollte. Erst bei der neugotischen Restauration der Kathedrale nach dem zerstörerischen Ersten Koalitionskrieg, in dem die Österreichischen Niederlande 1795 von Frankreich annektiert wurden, strebte man nach visueller Einheit. Seitdem erweckt die Kathedrale im Inneren den Eindruck eines ausgewogenen Gesamtkunstwerks. Ganz anders als der Flickenteppich von Stilen und Geschmacksrichtungen, der im ausgehenden Mittelalter so charakteristisch für sie war.

# 17 Paradies auf Erden

## Sonntag, 13. Juni 1565, Pfingsten
...

Pfingsten mit all den festlichen Messfeiern samt Gesang und Instrumentalmusik war ein Erlebnis, das niemand missen wollte. Kirchentreue Gemeindemitglieder saßen Seite an Seite mit Bürgern, die man schon bei calvinistischen und lutherischen Predigten vor den Stadtwällen gesehen hatte. Frömmigkeit lässt sich eben nicht so leicht in Schubladen stecken, so sehr die kirchliche und kaiserliche Macht es auch versuchten.

Innerhalb wie außerhalb der Kirchenmauern wütete ein heftiger Streit, der meist kaum hörbar unter der Oberfläche blieb, doch immer öfter auch lautstark zum Ausbruch kam. Als der calvinistische Prediger Fabricius am 3. Oktober 1564 auf dem Grote Markt hingerichtet wurde, war die Lage äußerst angespannt. Am Vorabend hatte sich eine Gruppe von Anhängern vor Het Steen versammelt, dem Gefängnis Antwerpens, und dann die ganze Nacht protestiert und calvinistische Lieder gesungen. Während der Verbrennung des Predigers kam es zu Tumulten und Gewalt; der Schultheiß und die Gerichtsdiener wurden mit Steinen beworfen und mussten sich in Sicherheit bringen. Der Magistrat ließ die Sache nicht auf sich beruhen, rief am nächsten Tag die Steinewerfer dazu auf, sich zu stellen, und setzte zugleich eine Belohnung von hundert Gulden für ihre Ergreifung aus. Am 19. Dezember wurde einer der Aufrührer auf dem Grote Markt enthauptet und sein Leichnam anschließend auf dem Galgenfeld auf einem Rad zur Schau gestellt, »mit vielen Steinen, die daran hingen«.

Auch auf wirtschaftlichem Gebiet waren es unruhige Zeiten. Der streng katholische Philipp II. betrieb eine antienglische Handelspolitik; Ende November 1563 brachten die spanischen Maßnahmen die Einfuhr englischer Wolle nach Brabant vollständig zum Erliegen. Es folgten unsägliche Verhandlungsspielchen auf hoher politischer Ebene, in Antwerpen aber Arbeitslosigkeit und gefährliche soziale Unruhe, denn der Kapitalmarkt der Stadt war zu mehr als einem Drittel vom Textilhandel mit England abhängig. Erst Anfang 1565 kam der Handel wieder in Gang, und das Ende der Krise zeichnete sich ab.

Als wäre all dies nicht schlimm genug, erlebten die Niederlande einige sehr strenge Winter. 1564 und 1565 fror die Schelde jeweils vollständig zu, sodass man sie zu Fuß oder zu Pferd überqueren konnte. »Und aus Neugier baute man dort Zelte und Stände auf, in welchen man Speise, Trank und allerhand Kaufmannsware verkaufte.« Die Hungersnot, die diese harten Winter verursachten, war allerdings um einiges weniger idyllisch ...

Die religiösen, wirtschaftlichen und klimatischen Unbilden waren für die konservative Geistlichkeit allesamt gute Gründe, gegenüber der instabilen Außenwelt Stärke und Geschlossenheit zu demonstrieren. Die Vertreter des »einzig wahren« Glaubens waren unerschütterlich, ganz gleich, was über sie behauptet wurde; sie boten Halt und Sicherheit. Besonders deutlich wurde die Eintracht bei den zahlreich besuchten Messfeiern wie etwa an Pfingsten zur Schau gestellt.

## Dramatische Höhepunkte

•

Pfingsten als der Moment, in dem nach Darstellung der Bibel der Heilige Geist über die versammelten Jünger ausgegossen wurde, bildete den feierlichen Abschluss der fünfzigtägigen Osterzeit. In den Worten des Evangelisten Lukas:

> Da kam plötzlich vom Himmel her ein Brausen, wie wenn ein heftiger Sturm daherfährt, und erfüllte das ganze Haus, in dem sie saßen. Und es erschienen ihnen Zungen wie von Feuer, die sich verteilten; auf jeden von ihnen ließ sich

eine nieder. Und alle wurden vom Heiligen Geist erfüllt und begannen, in anderen Sprachen zu reden, wie es der Geist ihnen eingab.

Dieses Ereignis wurde als Geburt der universalen christlichen Kirche aufgefasst: ein gemeinsamer Glaube für alle Völker, die bereit waren, Gottes Wort zu hören. Nach ihrer »Begeisterung« verteilten sich die Apostel über die Welt, um das wahre Wort Gottes zu verkünden. Pfingsten war ein Hochfest, eines der wichtigsten des religiösen Kalenders, und wurde in der gesamten christlichen Welt gefeiert.

Es war also von großer Bedeutung, eine ganz besondere Atmosphäre zu schaffen. Man bediente sich visueller, musikalischer und aromatischer Mittel zur Dramatisierung der Pfingstbotschaft, den lokalen Traditionen entsprechend. Eine höchst poetische Art von Dramatisierung wurde in der Antwerpener Kathedrale im Hochchor verwirklicht. Im Deckengewölbe über dem Chor kann man noch heute einen besonderen Schlussstein mit einer Darstellung Christi als Salvator Mundi, Retter der Welt, sehen. (Abb. 61) Da dieser Teil der Kathedrale in den Jahren 1387–1411 überwölbt wurde, stammt der Stein vermutlich aus dem Jahr 1411 oder 1412. Was ihn so außergewöhnlich macht, ist seine Fähigkeit, zu »sprechen«. Der Mund der Christusfigur enthält ein Röhrchen, das durch den Stein hindurch bis über das Gewölbe führt, wo es in einem trichterförmigen gemauerten Behälter im Dachraum endet. Soweit bekannt, sind keine Beschreibungen von dieser Vorrichtung in Aktion erhalten, aber überall in Europa war es üblich, während der Messfeier an Pfingsten Rosenblätter, rote Blüten oder brennendes Flachs oder Stroh in die Tiefe rieseln zu lassen, als Symbol für den Heiligen Geist, der in Gestalt feuriger Zungen herabkam.

Dergleichen passte in die verbreitete Tradition theaterhafter Inszenierungen, die in gut besuchte religiöse Zeremonien integriert wurden. Sie sollten nicht nur die passende Atmosphäre schaffen, sondern dienten auch dazu, bestimmte biblische Geschichten für ein breites Publikum anschaulich zu machen. Zu diesem Zweck wurden mit Flaschenzügen oder anderen Vorrichtungen Menschen oder Gegenstände von der Decke in den Kirchenraum hinabgelassen oder in die Höhe gezogen. In vielen Deckengewölben aus dem späten Mittelalter sind sogenannte Heiliggeistlöcher oder Himmelslöcher zu finden, die für solche Dramatisierungen gebraucht wurden; sie werden aber meist übersehen, weil sie zwischen Gewölberippen, in Schlusssteinen oder inmitten von Deckenmalereien versteckt und normalerweise von oben abgedeckt sind. Durch solche Öffnungen ließ man bei Bedarf zum Beispiel eine weiße Taube in den Kirchenraum fliegen oder einen als Engel verkleideten Chorknaben an einem Seil hinunterschweben, oder man zog an Himmelfahrt eine Christusfigur empor.

Diese spektakulären Spezialeffekte waren jeweils nur ein Teil eines umfangreichen, manchmal einen ganzen Tag in Anspruch nehmenden Programms. Für die Liebfrauenkirche in Breda sind Aufzeichnungen erhalten, die den Verlauf der Himmelfahrtsfeiern beschreiben. Eine lebensgroße Christusskulptur wurde in einer Prozession durch die Kirche bis unter das Himmelsloch getragen. In diesem Moment ertönten vom Himmelsloch her Trompetensignale und Gesang. Die Skulptur wurde in einer Art Bühnenbild abgestellt, das den Ölberg darstellen sollte, und mit dem Zugseil verbunden; von dort wurde sie langsam hinaufgezogen, während die Sänger das *Ascendo ad Patrem* (»Ich steige zum Vater auf«) sangen. Dank solcher Vorstellungen war man als Kirchenbesucher über das in der Bibel erzählte Heilsgeschehen bestens im Bilde.

## Mit vereinten Kräften

•

Zu Pfingsten erglänzte die Antwerpener Kathedrale wie nie zuvor. Vor jedem Hochfest wurde gründlich sauber gemacht: Hochchor, Chorumgang und Pfarrbereich im Langhaus auf Kosten der Bauhütte, der übrige Innenraum samt der Nebenaltäre auf Kosten der jeweiligen Stifter. *Cnapen*, freiwillige und bezahlte Helferinnen und spezialisierte Kräfte schrubbten den Boden, putzten die Fenster, entfernten Spinnweben, Rost, Taubenkot und andere tierische Exkremente, polierten kupfernes und silbernes Altargerät. Eine gewisse Lijnke, die sonst bei einer Opferschale an einem der Nebenaltäre wachte, streute aromatische Kräuter aus.

Zu Pfingsten war das Innere der Kathedrale dem liturgischen Farbcode gemäß ganz in Rot gehalten. Da aber nicht alle Altarbesitzer rote Vorhänge, Teppiche und Kissen besaßen, könnte es in diesem Meer von

Rot andersfarbige Inseln gegeben haben. Wie bei Hochfesten üblich wurden sämtliche (mindestens 57 bis über 70) Altäre aufgeklappt, sodass die Kirchenbesucher den ganzen Tag die farbenfrohen Darstellungen der Festtagsseiten bewundern konnten, die im Alltag hinter den monochromen Außenseiten der Flügel verborgen waren. Auch die Bauhütte geizte nicht, sondern bezahlte fünf bis sechs Stadtmusikanten zur Unterstützung des musikalischen Stammpersonals. An Hochfesten und bei anderen feierlichen Anlässen bestiegen bis zu 28 Berufsmusiker die Bühne des Lettners, von wo aus ihre prachtvolle mehrstimmige Musik durch den Kirchenraum schallte.

Für große Feierlichkeiten bündelten Kirchen und Privatpersonen ihre Kräfte. Anlässlich des festlichen Einzugs des späteren Philipp II., damals noch Kronprinz, in Antwerpen im Jahr 1549 ließen die Vorsteher der Liebfrauenkirche Festschmuck, Fahnen und Altargerät zur Kapelle beim Leprosenhaus Ter Zieken (in der Nähe des heutigen Koning Albertpark) tragen, in der Philipp seinen Eid leisten sollte. Am nächsten Tag ließen sie alles wieder abholen und zahlten den Küstern, die zur Bewachung des Festschmucks im Leprosenhaus geblieben waren, eine Vergütung.

Aus dem Jahr 1530 ist eine detailreiche Beschreibung der Löwener Schmerzensmutter-Prozession erhalten, die alle sieben Jahre von der Großen Armbrustgilde veranstaltet wurde. In dem Dokument ist alles aufgeführt, was von Geistlichen und Gläubigen kostenlos zur Verfügung gestellt wurde, um der Prozession den gebührenden Glanz zu verleihen. Genannt werden liturgische Gewänder der Dominikaner, Minderbrüder und Augustiner, Kleidung und Accessoires von Bürgern (zum Beispiel Roben, Schilde und türkische Messer) und Pferde, die sowohl von Geistlichen als auch von Bürgern gestellt wurden. Prozessionen wie diese, die prestigeträchtige Ereignisse waren und zahlreiche Gläubige und Neugierige anlockten, waren allerdings Ausnahmen. Im Alltag scheint man deutlich weniger großzügig gewesen zu sein.

## Geben und nehmen

•

In der gemeinsamen Nutzung der Antwerpener Kathedrale schlugen sich einige scheinbar widersprüchliche Entwicklungen nieder.

In einer zunehmend komplexen Struktur suchten die Kirchenvorsteher, das Kapitel und die Altarbesitzer nach einem Modus Vivendi. Man wollte sich nicht gegenseitig behindern, sondern unterstützen und die Aktivitäten der jeweils anderen ergänzen. An Hochfesten wie Pfingsten trugen alle zur Ausschmückung der Kathedrale bei. Die Liebfrauenlob-Gilde kleidete ihre Kapelle mit zwei riesigen Teppichen aus, die Schützen bestreuten den Boden um ihren Altar mit Lavendel und anderen wohlriechenden Kräutern, im Langhaus hängten Stifter hinter ihren Altaraufsätzen farbenfrohe Tücher auf.

Diese Beispiele aus Antwerpen entsprechen den Entwicklungen, die im ausgehenden Mittelalter überall in den südlichen Niederlanden in Gang kamen. In der Sankt-Salvator-Kirche in Brügge wurde seit Beginn des 15. Jahrhunderts die Kreuzreliquie der Waffenschmiede nicht nur den Mitgliedern der Zunft gezeigt, sondern »all den Bewohnern« der Stadt. Und an manchen Feiertagen wurden für die Stundengebete im Hochchor zusätzliche Sänger auf Kosten der Zunft der Barbiere und Chirurgen engagiert. Gemeinsame Teilnahme an einer Feier bedeutete auch gemeinsame Verantwortung.

Gleichzeitig wurde der Kirchenraum in immer kleinere Einheiten aufgeteilt. Je mehr Gruppen von Bürgern einen Teil für sich beanspruchten, desto größer wurden die Unterschiede im Raumerleben. Während eine Kirche, bevor Bruderschaften, Gilden und Zünfte Altäre in ihr aufstellten, ein übergreifendes thematisches Programm um einen oder eine Heilige haben konnte, blieb von dieser inhaltlichen Einheit im Verlauf des 15. Jahrhunderts immer weniger übrig. Der Kirchenraum wurde zu einem Flickenteppich von erbaulichen, zeremoniellen, allegorischen und prahlerischen Darstellungen.

Vom inneren südlichen Seitenschiff der Antwerpener Kathedrale aus sah man Ende des 16. Jahrhunderts eine geradezu kaleidoskopische Vielfalt an Gewölbemalereien. (Abb. 62) Ein Gewölbe ist mit einer rätselhaften Darstellung von Himmelskörpern geschmückt (1472–1479). Daneben gibt es Malereien von den beiden Heiligen Barbara und Katharina (1451–1475), von zierlichem Blattwerk und gekreuzten Backschaufeln (um 1476) und riesigen Pfeilen und Bögen (1596). Blätter und Backschaufeln verweisen auf die Bäcker, deren Nebenaltar darunter stand, Pfeil und Bogen im angrenzenden Gewölbeabschnitt auf die Gilde der Bogenschützen. All diese Bilder waren in verschiedenen Stilen gemalt worden, abhängig vom Talent des Malers, dem Zeitgeschmack und den finanziellen Möglichkeiten der Auftraggeber.

Die reichsten Stiftungen bevorzugten zum Beispiel eindeutig einen modischen italianisierenden Stil. So beauftragte die Liebfrauenlob-Gilde 1537 den Antwerpener Künstler Jan Crans, das Gewölbe der Marienkapelle mit Grotesken zu verzieren, zu deren üppiger Formensprache Rankenwerk und umkränzte Wappen gehörten. Im folgenden Jahr wandten sich die Einzelhändler an Crans und ließen ihn ihr Gewölbe in einem ähnlichen italienischen Stil mit Rankenwerk und Medaillons schmücken, in denen kleine Engelfiguren eine Waage hielten, das Symbol ihres Gewerbes.

Die neue Gewölbemalerei der Bäcker, die nach dem Brand von 1533 ihren Altar an einem benachbarten Pfeiler stehen hatten, war wiederum ein dekorativer Mischmasch von kaiserlichen Emblemen, dem Wappenschild der Zunft, italianisierenden Motiven und Grotesken mit Meerestieren. (Abb. 62) Eine ähnliche Vielfalt an Figuren und Stilen weisen auch die vor Kurzem freigelegten Wand- und Gewölbemalereien der Antwerpener Sankt-Jakobs-Kirche auf. Bei den Restaurationsarbeiten stellte sich heraus, dass der Kirchenraum von oben bis unten mit großen und kleinen bildlichen Darstellungen bemalt war, unter anderem von Heiligen, Handwerkern, religiösen Objekten, Tieren, Pflanzen und Vasen. (Abb. 60)

Es war bestimmt nicht Demut, was die Wand- und Gewölbemalereien in den Antwerpener Kirchen ausstrahlten. In Verträgen mit Handwerkern und Künstlern wurde immer wieder das »Allerbeste« verlangt; regelmäßig verwiesen die ehrliebenden Bruderschaften, Gilden und Zünfte auf die Ausstattung anderer Altäre in der Nachbarschaft, die möglichst übertroffen werden sollte. Dieser Kampf um Beachtung führte auch zu einer zunehmenden visuellen Zersplitterung; es wurde immer schwieriger, die Überfülle der dekorativen Details noch in den Blick zu bekommen. Diese visuelle Zergliederung spiegelte letztlich die vielfältige Nutzung der Kathedrale wider.

Es gehört zu den weit verbreiteten Klischeevorstellungen, dass in den Kirchen des späten Mittelalters das äußerliche Gepränge das Wichtigste gewesen sei, sowohl in der Ausstattung als auch in der Unzahl von Ritualen, die darin vollzogen wurden. All das glanzvolle Theater soll sogar unmittelbar zum Aufstieg der reformatorischen Bewegungen geführt haben und damit letztlich zum Bildersturm von 1566. Es ist ein altes Klischee, das bereits im 16. Jahrhundert aufkam. Zum Beispiel wurde am 4. August 1566 in Antwerpen ein Flugblatt verbreitet, das die richtige, auf das Wesentliche zurückgeführte Glaubenspraxis der falschen gegenüberstellt.

> Der eine nimmt nach Gottes Wort nur Wasser für die Tauf;
> der andre Salz, Öl, Speichel und Kruzifix zu Hauf.
> Der eine den wahrhaftigen Gott anbetet im Geist;
> der andre seine Kreatur oder sein Abbild meist.
> Dem einen wollen weder Kerze noch Fackel taugen;
> der andre entzündet sie vor blinden Augen.

Man hatte vor allem den habgierigen Klerus im Visier, sah die Schuld aber auch bei den Gläubigen, die für das Übermaß an Ausschmückung und Ritualen mitverantwortlich waren, weil sie äußerlichem Gepränge ebenso viel Wert beimaßen wie dem inneren Gebet. Die persönliche Verbundenheit mit dem Kirchengebäude, deren Ausdruck das Ausschmücken des Kirchenraums war, sahen die Reformatoren und ihre Anhänger der Einfachheit halber durch eine stark polarisierende Brille.

Mit dem Vorwurf einer Veräußerlichung allein lassen sich jedoch die vielfältigen Veränderungen der Glaubenspraxis, die auf den wachsenden Einfluss der Bürger zurückzuführen sind, nicht erfassen. Innerliche und äußerliche Frömmigkeit konnten sich schließlich ergänzen, ohne sich grundsätzlich zu widersprechen. Aufrichtige Frömmigkeit konnte sich sowohl rein spirituell (im Gebet) als auch materiell (durch eine Spende) äußern, ohne dass eines das andere beeinträchtigte. Dass Laien zur Ausschmückung einer Kirche beitrugen, ermöglichte nicht nur eine reichere Ausstattung, sondern auch eine persönlichere Beziehung der Stifter und Spender zum Bauwerk. Je mehr Bürger indes Einfluss auf die Ausstattung des Innenraums hatten, desto größer die Wahrscheinlichkeit, dass ein gewähltes Bildmotiv jemand anderem gegen den Strich ging. Der Kirchenraum wurde von allen als emotionales Eigentum empfunden, während zur gleichen Zeit draußen auf den Straßen gegensätzliche religiöse Auffassungen immer heftiger aufeinanderprallten. Es waren dieselben komplexen Dynamiken, die zu der zunehmenden Polarisierung in der religiösen Landschaft führten, aber auch das Erleben des sakralen Raums bestimmten.

# Alles hin!

## Chronik eines angekündigten Sturms

**1566.** Es ist das Jahr, das später das »Wunderjahr« genannt wurde, »um der großen und schrecklichen Veränderungen willen, die man im alten christlichen Glauben sah, und der Meuterei, die unter der böswilligen und aufrührerischen Gemeinschaft stattfand«.

**Sonntag, 21. April 1566.** In Antwerpen wurde bekannt, dass man im Brüsseler Haus eines inzwischen nach Spanien geflohenen Inquisitors einen Brief mit 400 Namen Antwerpener Bürger gefunden habe. Sie sollten als Erste umgebracht werden, wenn die Inquisition in den Niederlanden die Macht übernahm. Auf der Liste stand unter anderem Antoon van Stralen, der einige Jahre Mitglied des Magistrats und Bürgermeister der Scheldestadt gewesen war und sich großer Beliebtheit erfreute.

Möglicherweise war die Nachricht falsch und diente nur dazu, eine antispanische Stimmung zu schüren, aber tatsächlich ließ Philipp II. einige Bürger genau beobachten. Spanische Agenten erstellten Listen von Verdächtigen und informierten den König über ihre Aktivitäten.

Wie auch immer, das Gerücht, dass die Inquisition eingeführt werden sollte, schwirrte durch die Stadt.

**Mittwoch, 1. Mai 1566.** Ungefähr an diesem Tag trat in der kleinen Kirche von Kiel, damals außerhalb der Stadtwälle gelegen, der lutherische Pfarrer Mathys van Statfelt auf, der so gut predigte, dass alle dorthin wollten, um ihn zu hören. Er lockte noch mehr Menschen an, als die früheren lutherischen Prediger es getan hatten, die man vertrieben hatte. Seine Popularität machte ihn den konservativen Antwerpener Geistlichen verhasst, und sie forderten die statthalterlichen Behörden in Brüssel schriftlich auf, seine Predigten zu verbieten.

Schließlich lockten van Statfelts Predigten solche Massen an, dass der Antwerpener Magistrat selbst sie bis auf Weiteres verbot, um zunächst mehr Auskünfte über den Prediger einzuholen.

**Sonntag, 9. Juni 1566.** Der Tag der Beschneidungsprozession. Überall in Antwerpen wurde gefeiert, »wie man es zu tun pflegte«. Bei der Prozession waren vier neue Prunkwagen oder *punten* zu bewundern. Sie trugen die Namen *Die Höhle der Zwietracht, Der Wohlstand des Landes, Das Glück des Prinzen* und *Die Wonne des Volkes*. Alle vier waren sehr anschaulich gestaltet und hübsch ausstaffiert, auch mit vielen markanten Sinnsprüchen versehen. Sie brachten zum Ausdruck, dass alles, was zur Zeit geschah, Gottes Willen entsprach.

Allerdings ging an diesem Tag auch Angst in der Stadt um. Am Morgen hatte der Magistrat alle Einwohner wissen lassen, dass sie die Stadt an manchen Tagen nicht mehr verlassen und sich nicht einmal weit von zu Hause entfernen durften, damit die Obrigkeit jeden einzelnen schnell finden konnte, falls Unruhen ausbrechen sollten. Das galt für die gesamte Familie, also auch für die Kinder. Deshalb waren alle besorgt, doch letztlich verlief der Tag gut. Auf den Straßen war viel böswilliges Gerede zu hören, und das Volk wurde durch allerlei Gerüchte und Flugblätter, die von sämtlichen Konfessionen in Umlauf gebracht wurden, in Unruhe versetzt. Da wurde etwa behauptetet: »Während der Prozession, wenn das Volk isst und trinkt, wird die Stadt in Brand gesteckt werden«, und dergleichen Unwahrheiten mehr.

**Sonntag, 23. Juni 1566.** Der Magistrat sprach sich gegenüber dem Erzbistum Cambrai dafür aus, dem lutherischen Pfarrer das Predigen in Kiel wieder zu erlauben. Man hoffte, die erhitzten Gemüter dadurch zu beruhigen.

**Samstag, 29. Juni 1566.** Die Calvinisten veranstalteten inzwischen überall in den Niederlanden am Rande fast aller Städte ihre Heckenpredigten. Die neue Lehre wurde öffentlich in Brabant, Flandern, Hennegau, Artois, Holland, Seeland und Friesland verkündet. Was Antwerpen anging, so waren Predigten bereits in den Wäldern und auf den Feldern rings um Berchem gehalten worden, wo sie bis zu 3000 Menschen angelockt hatten. Dass plötzlich so viele öffentliche Predigten stattfanden, war auf einen erst in diesem Monat gefassten Beschluss zurückzuführen. Bei einer Zusammenkunft von Vertretern der verschiedenen Konfessionen in Antwerpen hatte man sich darauf geeinigt, dass von nun an jeder seine Wahrheit öffentlich verkünden durfte.

Heute sollten zwei calvinistische Predigten auf dem Laar stattfinden, das vor den Stadtwällen bei Borgerhout gelegen war. Der Antwerpener Magistrat berief eine Versammlung ein, um zu besprechen, ob man die Predigten verhindern könne. Man beschloss, die Stadttore geschlossen zu halten und an jedem Tor eine zwanzig bis vierzig Mann starke Wache aufzustellen, damit niemand aus der Stadt die Predigten besuchen konnte. Doch es half nichts, die beiden Predigten lockten ungefähr 6000 Männer, Frauen und Kinder an.

**Juli 1566.** Von nun an fanden die Predigten außerhalb der Stadtwälle häufig vor großen Menschenmengen statt: 20 000 bis 25 000 Männer, Frauen und Kinder aus Antwerpen und Umgebung kamen leicht zusammen. Der Magistrat duldete die calvinistischen und lutherischen Prediger, weil er befürchtete, dass die Lage sonst außer Kontrolle geraten würde. Man wies ihnen Plätze zu, wo ihre Predigten stattfinden durften, und regelmäßig fanden Besprechungen mit ihren führenden Köpfen statt. Keine Partei hatte Interesse an einer Eskalation.

**Samstag, 10. August 1566.** Eine aufpeitschende calvinistische Heckenpredigt am Rand des südflämischen Steenvoorde (heute Nordfrankreich) legte die Lunte ans Pulverfass. Gleich nach der Predigt zogen zwanzig Hitzköpfe zum nahe gelegenen Sankt-Laurentius-Kloster, wo sie die Kapelle und die Heiligenbilder zerstörten und den Kirchenschatz plünderten. Der Zorn auf alles, was als »römischer Götzendienst« galt, griff im Südwesten Flanderns blitzschnell um sich. Innerhalb einer Woche sollten hier über hundert Pfarr- und Abteikirchen sowohl durch ortsansässige als auch durch umherziehende Ikonoklasten »gesäubert« und geplündert werden. Einige rechtzeitig alarmierte Städte, darunter Lille und Saint-Omer (beide heute Nordfrankreich), konnten der Zerstörungswut knapp entkommen, indem sie die Stadttore geschlossen hielten.

**Sonntag, 18. August 1566.** Der Tag der Liebfrauenprozession in Antwerpen. Außerhalb der Stadt wurden morgens zwei Predigten gehalten, eine calvinistische und eine lutherische. Sie fanden schon früh am Morgen statt, damit anschließend alle Zuhörer in die Stadt zurückkehren konnten, denn zur Zeit wurden die Tore früher geschlossen als normalerweise. Der calvinistische Prediger verkündete, dass »in der Kirche keine Bilder und Heilige zu stehen hätten und dass man die ausrotten müsse«.

Während die Marienfigur aus der Kathedrale durch die Straßen getragen wurde, brüllten einige unter den Zuschauern: »Maaike, Maaike, das ist dein letzter Rundgang, du musst in ein geschlossenes Kloster gehen!« Doch es blieb bei solchen verbalen Angriffen. Nach altem Brauch wurde die Maria nach der Prozession mitten in der Kathedrale aufgestellt, wo sie acht Tage lang zu sehen sein sollte, bevor sie bis zur nächsten Prozession in die Marienkapelle zurückkehrte.

**Montag, 19. August 1566.** Der berühmte calvinistische Prediger Herman Moded verkündete außerhalb der Stadt, die »Idole«, die am Vortag durch die Straßen getragen worden seien, müssten nicht nur aus den Herzen verschwinden, man müsse sie sich auch aus den Augen schaffen.

## Ein neuer Tag, ein neuer Ton

**Dienstag, 20. August 1566.** Das Liebfrauenkapitel beschloss, entgegen der Tradition keine acht Tage zu warten, sondern die Marienstatue bereits an diesem Nachmittag kurz nach der Vesper feierlich an ihren Platz in der Marienkapelle zurückzubringen. Der Antwerpener Chronist Godevaert van Haecht stellte fest, dass diese feierliche Handlung unterschiedliche Reaktionen auslöste: »So wie Menschen nun verschiedene Meinungen haben, so kam es dort zu verschiedenen Aussprüchen. Der eine schaute es verehrend an, der andere lachte und sagte: ›Tut ihr nicht weh.‹«

Die Berichte von Augenzeugen und späteren Geschichtsschreibern über das, was sich in den folgenden Stunden abspielte, sind subjektiv gefärbt. Sie sind teils salbungsvoll, teils anklagend, sie sind unvollständig, und manchmal widersprechen sie sich offensichtlich.

Ein der Reformation zugeneigter Augenzeuge behauptete, Auslöser für den Bildersturm sei eine Auseinandersetzung zwischen einer alten Frau und einer Gruppe übermütiger junger Leute gewesen, die sich über das frühe Zurückbringen des Marienbilds lustig machten. Sie seien zu der rüstigen Alten gegangen, die in der Kathedrale Wachskerzen verkaufte und Opfergeld in Empfang nahm, und hätten sie halb scherzend gefragt, warum man die Maria denn so schnell wegbringe. Die Frau habe auf den Spott reagiert, indem sie den jungen Leuten Asche ins Gesicht warf, wonach die Situation außer Kontrolle geraten sei.

Ein zweiter Bericht erwähnt ebenfalls aufsässige junge Leute. Nachdem schon einige Zuschauer höhnische Bemerkungen während der Zeremonie mit dem Marienbild gemacht hatten, sollen die Jungen, dadurch ermuntert, gerufen haben: »Sie steht nicht so fest, man würde sie noch leicht umstoßen.« Eine Gruppe von 200 Männern, die sich verdächtig benahmen – Calvinisten, wie einige Berichte wissen wollen –, trug zur Aufheizung der Stimmung bei. Einige Bürger holten sicherheitshalber den Markgrafen, der für die Aufrechterhaltung der Ordnung in der Stadt verantwortlich war, und seine Truppe zu Hilfe. Bei seiner Ankunft befahl der Markgraf den jungen Leuten und der Gruppe von Männern, die Kathedrale zu verlassen, doch die Männer weigerten sich und erklärten, dem Marienlob beiwohnen zu wollen. Es gelang den Ordnungshütern, wenigstens einen Teil der Männer hinauszudrängen, und dem Markgrafen fiel nichts Besseres ein, als die Kirchenportale abschließen zu lassen, damit keine weiteren Aufrührer in die Kathedrale gelangen konnten. Man befürchtete, dass es in der Kathedrale zu einem Kampf kommen könnte, wonach das Gebäude erneut hätte geweiht werden müssen, bevor wieder Gottesdienste darin stattfinden konnten.

In der Kathedrale stimmten die verbliebenen Männer derweil calvinistische Kampflieder an. Ihre volkssprachigen religiösen Gesänge schallten durch den gewaltigen Raum mit seinen vielen Nebenaltären, kostbaren Retabeln und farbenfrohen Wandbemalungen. Inzwischen war es Herman Moded irgendwie gelungen, die Kathedrale zu betreten. Er bestieg die hölzerne Kanzel und bot sein ganzes rhetorisches Talent gegen die Bilderverehrung auf. Der fanatische Prediger rief seine Anhänger dazu auf, alle Heiligenbilder zu zerschlagen, angefangen mit dem Marienbild. Im Handumdrehen fielen ihr Kopf und ihre Arme. Danach versuchte die aufgepeitschte Menge, die schweren Türen von innen aufzubrechen. Auch draußen hatte sich eine Gruppe von Vandalen gesammelt und hämmerte unerbittlich auf die Portale ein. Sie gaben bald nach, und weitere Bilderstürmer strömten in die Kathedrale.

Steinerne Skulpturen, hölzerne Altaraufsätze und marmorne Nebenaltäre wurden gnadenlos in Stücke gehauen. Den Schützen gelang es mit knapper Not, ihr meterhohes Christophorus-Standbild in Sicherheit zu bringen. In der Venerabelkapelle wurde der prachtvolle Sakramentsaltar, an dem schon seit vierzig Jahren gearbeitet wurde und der immer noch nicht vollendet war, zerstört. Das allerheiligste Sakrament wurde aus dem Tabernakel geholt, auf den Boden geworfen und zertreten. Im Pfarrbereich des Langhauses kippten die Bilderstürmer das steinerne Taufbecken um, fielen mit Äxten über die Kanzel her und zertrümmerten den Altar und das Retabel, eines »der kunstvollsten, die im Land zu finden waren«. Von Herman Moded angestachelt, vergriff man sich an der beliebten Vorhautreliquie; sie ging für immer verloren. Auch der Altar der Beschneidungs-Bruderschaft, der Altaraufsatz und das reich verzierte Reliquiar, in dem die Reliquie bei den Prozessionen umhergetragen worden war, überlebten den Bildersturm nicht.

Für alle Interessenten waren schwere Schmiedehämmer und Äxte verfügbar, mit denen man Gitter und Türen zertrümmern konnte. Überall in der Kathedrale wurden Kisten, Schränke und Truhen aufgebrochen und der Inhalt zerstört oder geraubt. Während das Innere der Kathedrale verwüstet wurde, bereicherten sich gewöhnliche Diebe ebenso wie überzeugte Calvinisten. Ohne einen Unterschied zwischen den Altarbesitzern zu machen, raubten sie Kelche, Monstranzen und anderes Altargerät. Nicht einmal die Almoseniere, die für die Verteilung von Geld, Speisen und Kleidung an der Armentafel verantwortlich waren, wurden verschont; ihre Truhe wurde aufgebrochen und das gesamte für die Armen bestimmte Geld gestohlen. Kaseln aus Samt und mit Goldstickerei versehene Chormäntel wurden zerschnitten. Lange Brandleitern wurden an Wände und Pfeiler gelehnt, um hoch oben angebrachte Skulpturen hinunterstürzen zu können. Die kostbaren Chorbücher wurden zerfleddert und die Blätter verstreut, die drei großen Orgeln wurden heruntergerissen und zerschlagen. Wenig später rannten johlende Kinder durch die Straßen und bliesen auf zerbeulten Orgelpfeifen.

Richard Clough, ein englischer Augenzeuge, versuchte in einem Brief, seinen Abscheu in Worte zu fassen.

> In der Kathedrale sah es aus wie in einer Hölle. Mehr als tausend Fackeln brannten, und es herrschte ein Gebrüll und Getöse, als ob Himmel und Erde vergingen. Wegen all der Skulpturen und herrlichen Kunstwerke, die niedergerissen und in Stücke geschlagen wurden – so groß war die Zerstörung –, war nicht mehr genug Platz, um weiter ins Gebäude vorzudringen. Nicht auf zehn Blättern Papier könnte ich alles vollständig beschreiben.

Eine Stunde, mehr war nicht nötig, um der Antwerpener Gemeinschaft eine tiefe Wunde zu schlagen. Zwischen sechs und sieben Uhr abends hinterließen Ikonoklasten und Kirchenräuber in der Kathedrale eine Spur der Verwüstung. Die städtischen Ordnungshüter hatten sich während der Stürmung zum Rathaus zurückgezogen und zusammen mit den Schützen die nähere Umgebung abgeriegelt. Wahrscheinlich verzichteten sie auf ein bewaffnetes Eingreifen in der Kathedrale, weil sie befürchteten, dass die Situation dann völlig außer Kontrolle geraten würde. In Frankreich hatten solche Interventionen nämlich zu noch mehr Gewalt und Blutvergießen unter katholischen Einwohnern und militanten Calvinisten geführt. Immerhin hatten sich einige Bürger an den Portalen der Kathedrale postiert, um den Dieben die geraubten Kirchenschätze wieder abzunehmen, unter ihnen sogar ortsansässige Calvinisten, die verhindern wollten, dass in ihrem Namen Geld und Silber gestohlen wurde. Doch die allermeisten Einwohner Antwerpens warteten einfach ab.

Rückblickend waren die Zerstörungen bestimmt nicht die Folge einer zufälligen Aufwallung, eines unvorhergesehenen Anfalls von Raserei. Das Zerschlagen »abgöttischer« Bilder war gut organisiert. Unter Führung einiger bekannter calvinistischer Prediger aus der franko-flämischen Region und mit den 200 Männern, die sich während des Marienlobs im Gebäude versammelt hatten, als Hauptakteuren wurde die Kathedrale einer sogenannten Säuberung unterzogen.

Die Bilderstürmer schwärmten in kleinen Gruppen zu den übrigen Kirchen, Klöstern und Kapellen aus, um sie auf gleiche Weise von allem

»römischen« Schmuck und »abergläubischem« Firlefanz zu befreien. Die Angst um das nackte Leben lähmte die Antwerpener Geistlichen; einige Klöster öffneten sogar von vornherein ihre Tore, um noch schlimmere Gewalt zu verhüten.

Mit brennenden Fackeln zogen die Bilderstürmer durch die Nacht. Die Straßen waren wie ausgestorben. Richard Clough stellte verwundert fest, dass es in der Stadt so ruhig und still war, als würde in den Kirchen nichts Besonderes geschehen. »Die Bürger standen angekleidet in ihren Türen und sahen die Bilderstürmer von einer Kirche zur anderen ziehen, vive le geus [»Es lebe der Bettler«; Geusen nannten sich die Aufständischen gegen die spanische Herrschaft] schreiend und ihnen zurufend, dass sie sich nur ja ruhig verhalten sollten.« Bis ein Uhr in der Nacht stellten kleine Gruppen von zehn bis dreizehn Übeltätern auf der Suche nach Heiligenbildern, Kirchensilber und Messwein in den Gotteshäusern alles auf den Kopf.

**Mittwoch, 21. August 1566.** Mit frischer Energie kehrten die Bilderstürmer in die Kathedrale zurück. Am Vortag noch verschont gebliebene Heiligenbilder, die hoch oben an schwer erreichbaren Stellen standen, entgingen der Zerstörungswut diesmal nicht. Die zwölf Apostelfiguren an den Pfeilern des Mittelschiffs und die Skulpturengruppe auf dem Lettner wurden unter Einsatz von Leitern und Seilen in die Tiefe gestürzt und in Stücke gehauen.

Horden übermütiger Calvinisten drangen in jeden Winkel der Scheldestadt und die nahen Dörfer vor. Sie zertrümmerten nach und nach all die Kruzifixe und Heiligenfiguren, die Fassaden zierten oder über Brücken wachten. Geistliche wagten sich aus Angst, beschimpft oder angegriffen zu werden, nur noch in weltlicher Kleidung nach draußen. Mittlerweile bemühten sich Magistrat, städtische Ordnungshüter und Bürger, Diebe zu fassen und gestohlenes Kirchensilber sicherzustellen. Die Stadttore wurden nur zweimal am Tag geöffnet, und jeder, der die Stadt verlassen wollte, wurde gründlich durchsucht.

Zwischen dem 19. und dem 23. August sollten beinahe alle Kirchen und Klöster im Umkreis geplündert werden. Danach schwärmten die Bilderstürmer nach Gent, Tournai und in die nördlichen Niederlande aus.

# Epilog:
# Als der Staub sich gelegt hat

## Von der Wunderkammer zum Gesamtkunstwerk?

Die neueste Ausgabe des großen Van-Dale-Wörterbuchs der niederländischen Sprache definiert eine Kirche als »ein Gebäude für den christlichen Gottesdienst«. Inzwischen wird hoffentlich deutlich geworden sein, dass diese kurz gefasste Definition bei Weitem nicht alles abdeckt, was Kirchen für die spätmittelalterlichen Kirchgänger waren. Eine Kirche war unendlich viel mehr; sie war ein Haus und ein Zuhause.

Nach den ikonoklastischen Exzessen, die in der zweiten Hälfte des 16. Jahrhunderts die Niederlande heimsuchten, waren zahlreiche Kirchen und Klöster verwüstet. Theoretisch bot die Wiederherstellung von Architektur und Dekor die Gelegenheit zu einem völligen Neubeginn, da die spirituelle und soziale Dimension einer Kirche wichtiger war als die Form. Die neue Mode predigte räumliche Offenheit, und der größte Unterschied zu den Kircheninterieurs des 15. und 16. Jahrhunderts war vielleicht der, dass in den wiederhergestellten Kirchen die vielen Nebenaltäre fehlten.

Auch aus theologischen Erwägungen bevorzugte man Offenheit, damit der Blick der Gläubigen ungestört auf den Hochaltar gelenkt wurde. Manche der Funktionen von Nebenaltären wurden nun auf andere Weise erfüllt. Zum Beispiel wurde nach der Entfernung eines Zunftaltars zur Erinnerung an die früheren Altarbesitzer ein Zunftschild an dem Pfeiler aufgehängt, vor dem er seinen Platz gehabt hatte. So blieb die Verbundenheit zwischen dem religiösen Gebäude und der darin repräsentierten Vereinigung erhalten. Auch manche der tiefen Narben, die der Bildersturm hinterlassen hatte, erfüllten ihre Funktion. So hielten die

Kirchenvorsteher der Antwerpener Kathedrale bis in die Zeit nach der Französischen Revolution an der altmodischen gotischen Kanzel mit Axtspuren fest, die als Ehrenzeichen gepriesen wurden.

Unmut über Veränderungen schien sich nur dann zu regen, wenn sie die Erinnerung an die persönliche oder städtische Geschichte auszulöschen drohten. 1678 kamen die Kirchenvorsteher auf die Idee, das Innere der Kathedrale vollständig weiß streichen zu lassen. Das Vorhaben wurde 1695 umgesetzt, nachdem der Kirchenraum durch Überschwemmungen infolge einer Springflut beschädigt worden war. Der Jesuit Papebrochius berichtet, dass die Maßnahme zu Unfrieden führte, weil dadurch alte Denkmäler verschwinden sollten. So bedauerten die Dekane der Sakraments-Bruderschaft, dass die figurativen Wand- und Gewölbemalereien in ihrer Kapelle unwiderruflich verloren gehen würden. Der Graf von Clevemont erbat sich die Erlaubnis, eine Tafel mit einer Grabinschrift wieder an ihrem alten Platz aufzuhängen, wie aus einer im 8. Jahrhundert verfassten Geschichte der Kathedrale hervorgeht:

> Im Jahr 1695, als die Kathedrale weiß gestrichen wurde, sind dieses Stück und noch andere Schönheiten entfernt worden, weil sie in der Kathedrale zu sehr störten. Doch hat der Graf von Clevemont aus der Familie Clariste dieses Stück in die Kathedrale zurückbringen lassen.

Veränderungen aus ideologischen Gründen und aus ästhetischen Vorlieben konnten sich ergänzen oder widersprechen. Doch solange ihre Geschichte nicht betroffen war, hatten die Gemeindemitglieder anscheinend nichts gegen Veränderungen des Kircheninneren einzuwenden. Leider blieb von dieser Geschichte letztlich wenig übrig. Den Zerstörungen in der Epoche nach der Französischen Revolution hielt nur die Baustruktur der Antwerpener Kathedrale stand. Im Lauf von Jahrhunderten angesammelte Kunstgegenstände waren innerhalb weniger Jahre unwiederbringlich verloren gegangen.

Die Kirchenräume, wie wir sie heute kennen, sind oft das Ergebnis der im 19. Jahrhundert entwickelten Auffassung des architektonischen Raums als homogener, geordneter, optimierter Einheit. Im Fall der Kathedrale ging man bei der neogotischen Umgestaltung des Raums von der Idee des Gesamtkunstwerks aus, bei der das Präsentieren kunsthistorischer Glanzstücke wichtiger war als die Rekonstruktion der Kathedrale als Palast der Erinnerung.

So wurden zwei monumentale Werke von Peter Paul Rubens, die Antwerpens ganzer Stolz waren, 1816 als Blickfänge im Querhaus platziert. Dadurch wurde das rhythmische Muster von Holzschnitten, das seit dem 16. Jahrhundert die Wand hinter dem Altar der Möbeltischler geziert hatte, den Blicken entzogen. (Abb. 65) Rubens' Triptychon *Kreuzabnahme* (1612–1614) hatte bis dahin über dem Nebenaltar der Schützen gehangen, und als Pendant dazu wurde seine *Kreuzaufrichtung* (1610/11) aus der Sankt-Walburgis-Kirche in die Kathedrale überführt. Der inszenatorische Schwerpunkt, den die beiden Werke bildeten, bestimmte fortan das übrige Interieur, das nach einem sorgsam erdachten Gesamtprogramm eine neue Gestalt erhielt.

Ihr seid schön, aber ihr seid leer …
Man kann für euch nicht sterben.

Antoine de Saint-Exupéry, *Der Kleine Prinz* (1943)

# Dank

Alles begann am Morgen des 9. Oktober 2021, einem Samstag. In der Radio-1-Sendung *Interne Keuken* (Hinter den Kulissen) durfte ich über meine Dissertation berichten, und einer der Moderatoren äußerte den faszinierenden Gedanken, ich solle doch ein Buch für ein breiteres Publikum daraus machen. Schon am Nachmittag hatte ich eine Nachricht vom Verlag Lannoo in meiner Mailbox, mit der Frage, ob ich in der nächsten Woche vorbeikommen könne. Um die Geschichte abzukürzen: Mein sehr herzlicher Dank gilt Koen Fillet, Sven Speybrouck, Erik van Grieken, Maarten van Steenbergen, Pieter De Messemaeker, Michiel Verplancke und Jeroen Bert, die geholfen haben, diesen Traum zu verwirklichen.

Der Traum begann eigentlich schon vier Jahre zuvor, am 2. Oktober 2017, als ich an der Katholischen Universität Löwen offiziell grünes Licht für meine Forschungen zur Erlebniswelt der spätmittelalterlichen Kirchgänger in der Antwerpener Liebfrauenkathedrale erhielt. Dafür möchte ich meiner Doktormutter Barbara Baert vom Institut für Kunstwissenschaften danken, ohne die ich nie mit diesem wunderbaren Projekt hätte beginnen können. Von ihr bekam ich unendlich viel weise Ratschläge und Inspiration und während der sonderbaren Pandemiemonate Empathie, Verständnis und jede Unterstützung.

Von unschätzbarem Wert war auch die niemals nachlassende Begeisterung, die Eugeen Schreurs für das Projekt aufbrachte. Ich wünsche jedem, der sich auf den langen Weg einer Dissertation begibt, einen stets gut gelaunten Begleiter wie Eugeen.

Charles Caspers achtete mit Engelsgeduld darauf, dass sich keine theologischen Patzer oder argumentatorischen Fehler in meine Texte einschlichen. In besonders entmutigenden Momenten, wenn sich die Kunsthistorikerin als Fremdkörper auf das Gebiet anderer Disziplinen begab, beruhigte mich Charles' Leitsatz, dass »ein guter Historiker in erster Linie ein guter Pfuscher ist«.

Eine ganze Reihe von Historikerinnen und Historikern haben mich mit Rat und Tat unterstützt: Louise Deschryver, Jelle Haemers, Violet Soen, Anne-Laure van Bruaene und Geert Vanpaemel. Aber auch Claire Baisier, Douglas Brine, David Burn, Jeanine De Landtsheer (†), Cor Engelen, Ria Fabri, Marcel Gielis, Stefaan Grieten, Justin Kroesen, Mieke Marx (†), Osvaldo Moutin, Tony Oost, Luc Rombouts, Herman Roodenburg, Daniel Saulnier, Ruben Suykerbuyk, Jarrik van der Biest, Michiel Verweij, Maarten van Dijck und die Mitglieder der Frans Olbrechtsgenootschap haben mich auf ihren Spezialgebieten mit wichtigen Informationen versorgt.

Und schließlich erhielt ich zahlreiche Anregungen vom Team rund um das Forschungsprojekt, wofür ich Ralph Dekoninck (Katholische Universität Löwen), Caroline Heering, Marie-Christine Claes (Königliches Institut für Kulturerbe) und Emmanuel Joly sehr dankbar bin.

Von unschätzbarem Wert sind für mich die Kollegen, die ich zu meinen Freunden zählen darf (oder umgekehrt). Ich konnte die Hilfe eines höchstpersönlichen Rates der Weisen in Anspruch nehmen, nämlich meiner Kollegen bei Illuminare / Centre for Medieval and Renaissance Art, darunter Maarten Bassens, Julie Beckers, Hannah De Moor, Loïs Mennens, Paul Vandenbroeck, Daan van Heesch und Annelies Vogels.

Besonderer Dank gebührt Roselyne Francken, Hans Geybels, Jan van der Stock und Soetkin Vanhauwaert.

Nicht zuletzt habe ich meinen Eltern, Schwiegereltern und nahen Freunden zu danken, die für mein seelisches Wohlbefinden gesorgt haben. Lien, Daphné, Nathalie, Els, Karl, Lies, Bas, Samir, Joke, Stefanie, Jan, Omar, Karim, Saïda, alle Bushidos und noch viel mehr Menschen haben mir mit großen und kleinen Dingen geholfen. Und der Wichtigste von allen war meine andere Hälfte, Floris.

Was dieses Buch im Besonderen angeht, konnte ich außerdem auf einige treue Leserinnen und Leser zählen, die mit liebevollem Adlerblick die erste Fassung des Manuskripts durchgesehen haben. Dank ihrer durchdachten Vorschläge und Korrekturen ist *Die Gerüche der Kathedrale* ein Buch geworden, das ich stolz präsentieren kann. Mein herzlicher Dank gilt Marie-Jeanne Langenaken, Jan Wagemans, Samuel Goyvaerts, Sylvester van Opstal, Narcisse Opdekamp, Evi Freson, Koen Huybrechts, Nora Wagemans, Lien Cauwenbergh und George Westerman.

# Anmerkungen zu Quellen und Literatur

In den folgenden Quellen- und Literaturangaben werden hauptsächlich neu herausgegebene Chroniken und Sekundärliteratur (wissenschaftliche Publikationen aus der Zeit nach 1800) aufgeführt. Der Schwerpunkt liegt auf leicht zugänglichen Texten – im Gegensatz etwa zu untranskribiertem Archivmaterial –, die denjenigen unter den Lesern dienlich sein können, die noch mehr über die spätmittelalterliche Erlebniswelt der Antwerpener Kirchgänger erfahren möchten. Dabei gebe ich gern auch persönliche Empfehlungen zu einzelnen Themen.

Um der besseren Lesbarkeit des Buches willen werden Zitate aus den Quellen in übersetzter Form wiedergegeben. Die ursprünglichen Quellentexte findet man bisher in meiner unpublizierten Dissertation *De beroering van de religieuze ruimte. De beleveniswereld van kerkgangers in de Antwerpse Onze-Lieve-Vrouwekerk, ca. 1450–1566*. Transkriptionen der verwendeten Archivquellen und ein detaillierter Quellenapparat werden aber auch in der wissenschaftlichen Publikation *Music and Lived Religion in the Collegiate Church of Our Lady in Antwerp, 1352–1566* enthalten sein. Diese Veröffentlichung wird neben meiner Dissertation die Ergebnisse jahrzehntelanger Forschungen des Musikwissenschaftlers Eugeen Schreurs zur Musikkultur des 15. Jahrhunderts in der Antwerpener Liebfrauenkirche beinhalten. *Music and Lived Religion* erscheint Ende 2024 beim Verlag Brepols (in der Reihe Épitome musical) auf Niederländisch und Englisch.

Im Wesentlichen umfassen die von mir verwendeten Primärquellen: inventarisiertes Archivmaterial, besonders die Rechnungen der Kirchbauhütte; die *capsae*, Jahresabschlüsse der Bruderschaften, Gilden und Zünfte, die in der Kathedrale Nebenaltäre unterhielten; Stiftungsdokumente und allerlei Verträge. Diese Quellen in Kombination mit der darauf bezüglichen Sekundärliteratur, mit historischen Abbildungen und

Untersuchungen zur Funktion der verschiedenen Beteiligten (vor allem Kapläne und Altarbesitzer) und zu örtlichen Besonderheiten der Liturgie bilden ein solides und vielseitiges Fundament für die Erforschung des gelebten Glaubens in einem konkreten Kirchengebäude.

# Prolog

•

Zitat von Dürer: Dürer 2008, 22 und Dürer 1956, 152. Der Brief, der die Klage über das Verhalten der Kirchenbesucher enthält, wurde 1548 oder 1549 möglicherweise von Roger de Tassis geschrieben, dem zehnten Dekan (Vorsteher des Liebfrauenkapitels), siehe Prims 1939 f., 235 f. Das Geschichtsbuch von Papebrochius ist eine Quelle vom Ende des 17. Jahrhunderts, aber die Furcht vor Leichengeruch, genauer gesagt vor Miasmen, hielt sich bis zum späten 19. Jahrhundert. Mehr dazu in Kapitel 1, Lebensgefährliche Luft. Zitat von Papebrochius: Papebrochius 1845–1848, Bd. 4, 344. Das Zitat von Marcel Proust steht am Beginn seines leidenschaftlichen, als Reaktion auf die Laizisierung des französischen Staates geschriebenen Artikels »La mort des cathédrales«, der 1904 im Figaro erschien. Deutsche Übersetzung: »Der Tod der Kathedralen«, Marcel Proust, Werke I, Bd. 2, hg. V. Luzius Keller (Frankfurter Ausgabe), Nachgeahmtes und Vermischtes. Aus dem Französischen von Henriette Beese, Ludwig Harig und Helmut Scheffel, Frankfurt am Main 1989. S. 194–205.

## Die Perle an der Schelde

•

Der Abschnitt über Pero Tafur und Sluis beruht auf de Keyser 2009, 273 f. Zu Tafur siehe außerdem Tafur 1926, 198 ff. De Keyser erforschte auf unübertroffene Weise den Blick von außen auf die Niederlande: de Keyser 2007 und 2010. Eine Leseempfehlung zur Perspektive gläubiger Niederländer: Pollmann 2010. Zur Festsetzung Maximilians in Brügge und dem größeren politischen Zusammenhang siehe Haemers 2014. Der parteiische Bericht stammt von Wilwolt von Schauburg, einem loyalen Feldherrn Maximilians. Zu Kaiser Karl V. siehe das Standardwerk Parker 2020. Neuere, gut lesbare Standardwerke über die Antwerpener Gesellschaft sind Lampo 2017 und Pye 2011. Äußerungen der Einzelhändler über den auf ihnen lastenden Erwartungsdruck: Schlugleit 1939, 40, 42 f. Schlugleits Publikationen sind immer eine Schatztruhe voller Quellenmaterial. Zur Bevölkerungsentwicklung Antwerpens siehe die Standardwerke von van Uytven u. a. 2000, 462 f.; Marnef 1996, 24 f.; van Roey 1975, 95–108; Soly 1986, 85 f. Zur Geschichte einzelner Straßen und Stadtteile siehe de Munck-Manderyck u. a. 1979; außerdem Marnef 1996, 26; Lampo 2017, 41. Für eine detaillierte Übersicht über das Bevölkerungswachstum in den einzelnen Stadtteilen siehe Kint 1996, 30, Tabelle 1.2. Zur Entwicklung der Reallöhne siehe Marnef 1996, 29. Zum Lebensstandard ist das Standardwerk weiterhin Scholliers 1960, 48–51, 177–181.

Das Grundlagenwerk zu den Pfarrkirchen im frühneuzeitlichen Europa ist Spicer 2016. Zu den Antwerpener Gemeindemitgliedern (Anzahl und Stadtviertel) Kint 1996, 119, 379 f. u. Anm. 62. Außerdem Lampo 2017, 55; Beghein 2014, 21; Marinus 1995, 24 f., 248. Zum Symbolwert, der den Pfarreigrenzen zukam, siehe Marinus 1995, 274 f. Zum Vogelschießen bei Sankt Georg siehe Visschers 1858, 107 f. Die Anekdote über den Eiermarkt findet sich bei Blondé u. a. 2020, 283 f. Zu Rose Hickman siehe Marnef 1996, 54. Ein Lesetipp zum religiösen Leben im Antwerpen des 16. Jahrhunderts, worin köstliche Details zu streitenden Minderbrüdern und Straßenpredigern enthalten sind: Plej 2011, 198 f., 201–206, 273. Hierzu auch Prims 1937, 231 ff. Die Veröffentlichungen des Antwerpener Stadtarchivars und Alleswissers Floris Prims sind allesamt Perlen. Zu zeitgenössischen Klagen über die Kirche vgl. Erasmus 2011 (Briefwechsel), Nr. 1196, S. 199 (über Predigten in Löwen); Erasmus 2011, Nr. 1196, S. 203 (über Klagen aus der Bevölkerung); Erasmus 2011, Nr. 1153, S. 85 (über aufwieglerisches Gerede von Priestern in der Schenke). Der Tagebucheintrag über die lesende Frau: Munters 1972, 26. Zu Cleynaerts siehe Tulkens 2018, 82. Zu Bijns siehe Pleij 2011, 109, 275. Standardwerke zur Strafverfolgung in Antwerpen: van Dijck 2007, 159 f.; Verwerft 2007, 166 (Anzahl der Hinrichtungen). Der chronikalische Bericht über die erste Bücherverbrennung: Bertrijn 1879, 71, 73. Drei Chronikberichte über eine Hinrichtung (Ertränken in der Schelde): Verwerft 2007, 166, 177 ff.; van Loon 1743, 25 f.; de Weert 1879, 92. Zu den Antwerpener Pfarrkirchen siehe van den Nieuwenhuizen 1993a, 31 f.; van Valckenisse 1881, 154; Voet 1993, 18; Marnef 1996, 79 f.; Bungeneers 1993, 103.

Das Standardwerk über die Finanzen der Kathedrale: Vroom 1983. Über das Leben in der Kathedrale, u. a. auf der Grundlage bildlicher Darstellungen, siehe Härting 2016, 23, 36 u. Anm. 13. Ihr Artikel ist Teil des hervorragenden von Claire Baisier herausgegebenen Ausstellungskatalogs *Divine Interiors*. Zum Altar der Pfarrgemeinde siehe Prims 1941, 112, 216 f. Zu Taufen siehe Prims 1953, 45. Das Standardwerk über die Antwerpener Kaplaneien: van den Nieuwenhuizen 1963, 37, 165 f., 171. Van den Nieuwenhuizen berechnete die Anzahl der Kaplaneimessen für die Kathedrale im Jahr 1477 auf 14.768, was ungefähr vierzig Messfeiern pro Tag entspricht; die Anzahl der Messfeiern, zu denen Geistliche durch Pfründe verpflichtet waren, betrug weitere 360 Messen pro Woche; hinzu kamen noch die Messfeiern, die Bruderschaften, Gilden oder Zünfte durchführen ließen, sowie Jahrgedächtnisse und auf ewig gestiftete Erbmessen, siehe van den Nieuwenhuizen 1993b, 72. Der Autor berechnete auch die Anzahl der Kaplaneimessen für die übrigen Antwerpener Kirchen, siehe van den Nieuwenhuizen 1963, 300 ff. Grundlegend zu den Antwerpener Bruderschaften und ihren Altären: Claessens 1969, 41 f. Zu den hier besprochenen Altären siehe Prims 1939a, 310, 334; Prims 1939b, 26, 28 f. Auch Prims' Veröffentlichungen über die Nebenaltäre in der Kathedrale sind ein wichtiger Beitrag; sie enthalten eine Aufzählung der einzelnen Altäre und ihrer wichtigsten Besitzer. Die bis heute einzige typologische Studie des Phänomens Nebenaltar in den katholischen Kirchen Europas ist Kroesen 2010.

## 1 Lebensgefährliche Luft

Zum Aufbau von Messfeiern, unter anderem der sonntäglichen Pfarrmesse, siehe Marinus 1995, 209 f. Dies war die Situation nach dem Konzil von Trient, und auch wenn die genauen Zeiten im Verlauf des ausgehenden Mittelalters variierten, stimmt das hier skizzierte Bild höchstwahrscheinlich mit der Situation vor dem Konzil weitgehend überein. Zitate: de Beatis 1979, 102; der venezianische Gesandte: Badoero 1853, 291; siehe hierzu auch van Passen 1993, 60 f. Van Passens Artikel bietet eine aufregende Sammlung von Berichten ausländischer Augenzeugen. Die Andachtsbildchen zum Fest des Namens Jesu (und eigentlich alles, was mit der Antwerpener Produktion solcher Bildchen und ihren Konsumenten zusammenhängt) behandelt van der Stock 1998, 133. Zu Finanzierung und Bau des Parochialteils der Kathedrale siehe Vroom 1983, 41 ff.; Prims 1940a, 113, 118 f.; Prims 1940b, 296 f. Zur Anzahl der Gemeindemitglieder und zur Bevölkerung Antwerpens siehe van Uytven u. a. 2000, 462 f.; van Roey 1975, 95-108; Soly 1986, 85 f. Siehe auch Marnef 1996, 24 f., Tabelle 1.1 und Kint 1996, 149.

Zitat Papebrochius: Papebrochius 1845–1848, Bd. 5, 344 und Hendrickx 1988, 30, 32 f. Das lange Zitat aus *Die Pest in London:* Defoe 1978, 230 f. Zur Miasmentheorie siehe Bazin-Tacchella u. a. 2001. Außerdem Camporesi 1988; Classen u. a. 1994, 71, 146. Classen u. a. ist grundlegend zur Kulturgeschichte des Geruchs. Wärmstens zu empfehlen ist auch Camporesis mitreißende anthropologische Studie, zugleich ein Grundlagenwerk der Mikrogeschichte. Zur Produktion und Verbreitung von Almanachen in Antwerpen im 15. und 16. Jahrhundert siehe van Kampen u. a. 1980, 22 ff. Zum Schäferkalender siehe Salman 1997, 15, 64. Zu Johannes de Ketham und seinem *Fasciculus medicinae* siehe Coppens 2007, 168, 186 f. Zu der Vielzahl von Ingredienzen, Hausmitteln und Rezepturen siehe die hochinteressanten Veröffentlichungen von Braekman: Braekman 1987, 280, 284, 286 f.; Braekman 1990, 30, 94; siehe auch Blancou 1995, 35 f.; Corbin 1994, 64; Riddle 1964, 113, 116, 119 f. Corbin ist der erste Historiker, der eine Monografie der gesellschaftlichen Relevanz einer sinnlichen Wahrnehmung in einem abgegrenzten historischen Kontext gewidmet hat. Seine Studien zu den sozialen Implikationen von Geruchs- und Lautwahrnehmungen bilden die Grundlage für das heutige Forschungsfeld der Sinnesgeschichte (*Sensory History*). Im Standardwerk zur medizinischen Literatur in den südlichen Niederlanden der Epoche, De Nave u. a. 1990, siehe zum *Opus insigne de peste* 259. Über Antwerpener Verordnungen zu Hygiene und Seuchenbekämpfung siehe van Schevensteen 1927, 2490 f. Beispiele für Duftmittel in der Kirche: Noordegraaf u. a. 1996, 103; Verbeek 2020. Verbeek ist allgemein zu empfehlen, wenn es um Geruchsforschung geht, siehe ihre praktischen Versuche auf YouTube und ihren Blog. Grundlegend zum Einsatz von Weihrauch in der Kirche, zu Ritualen und ihrer Geschichte: Atchley 1909, 203. Zur Analyse des Tafelbilds *Die Berufung des heiligen Antonius* siehe Bruyn 1960, 58–61, 63. Zu den Hundeschlägern: Poulussen 1987, 64 f.; Craig 2005, 115, 118;

Verwerft 2007, 63, 67 u. Anm. 332; Härting 2016, 33. Prims 1939c, 106; Génard 1864, 127 f., 162, 174, 221, 260. Poulussens Studie ist sehr zu empfehlen, wenn man sich für die Antwerpener Geruchslandschaft interessiert. Stadtarchivar Génard hat mit seinem Verzeichnis der Antwerpener *gebodboeken* eine fantastische Quelle für weitere Untersuchungen zur Stadtgesellschaft erschlossen.

## 2 Gestank des Todes

Die Antwerpener Musikkultur haben zahlreiche Reisende in den höchsten Tönen gelobt. Das Zitat des unbekannten Mailänder Kaufmanns: Monga 1985, 75; Für das Zitat von Dürer siehe Dürer 2008, 22. Das Gründungsdokument der Liebfrauenlob-Gilde: Forney 1987, 17 f.; Persoons 1981, 147 f.; van den Nieuwenhuizen 1978, 50 f., 64 f. Zu den Kirchenbestattungen siehe den gut lesbaren Artikel von Hendrickx 1988, 28 ff. und auch Oost 1997, 48; Beghein 2014, 153. Zur Vereinbarung zwischen der Liebfrauenlob-Gilde und den Kirchenvorstehern siehe Persoons (1981), 156. Zur Stiftungsurkunde der Kaplanei der »Alten Beschneidung« siehe van den Nieuwenhuizen 2018, 61. Diese Publikation ist eine Goldmine, was Archivmaterial zu den Antwerpener Kaplaneien angeht. Zum Fehlverhalten der Totengräber siehe Sapin 1999, 40; Hendrickx 1988, 32. Zum Überdecken von Verwesungsgeruch in Kirchen siehe die Standardwerke von Atchley 1909, 204 und Classen u. a. 1994, 53, 61. Zur Antwerpener Begräbniskultur und ihren Ritualen siehe Deschryver (in Vorbereitung); außerdem Franck 2013, 56, van Rossum 1876, 221 über das Besprenkeln der Gräber mit Weihwasser an Allerheiligen. Archivmaterial zur Gedächtnismesse am Sankt-Nikolaus-Altar: Geudens 1891, 34 f.; und am Sankt-Michaels-Altar: van den Nieuwenhuizen 2018, 86 f. Zeitgenössische Kritik an der Vorstellung des Fegefeuers: Erasmus 2003 und Marnix van Sint-Aldegonde 1858, Bd. 1, 230 f.

Zur Verwendung von Streu bei Prozessionen (und zur Prozessionskultur allgemein) siehe das sehr zu empfehlende, flott geschriebene Buch von Margry 2000, 69 f. Zum Schmuck von Hauswänden mit grünen Zweigen siehe Margry 2000, 70, zum größeren Zusammenhang Mareel 2020, 43; und speziell zu Antwerpen Prims 1938, 32; Geudens 1891, 323;

Génard 1864, 142, 183, 203, 228. Zu einer Vielzahl von Hygienemaßnahmen in Antwerpen wie der obligatorischen Straßenreinigung vor der eigenen Haustür siehe van Schevensteen 1927, 2482. Zu grünen Zweigen und wohlriechenden Kräutern in der Kathedrale siehe Oost 1997, 50; Prims 1939a, 303. Der Abschnitt aus dem Theaterstück *Appius and Virginia* ist zitiert nach: Classen u. a. 1994, 64 f., Anm. 46; die Bemerkung von Erasmus findet sich im »Geistlichen Gastmahl« (»Convivium Religiosum«), Erasmus 2006. Zur Frage von Realismus oder Symbolismus von floralen Darstellungen in öffentlich zugänglicher religiöser Kunst (ungefähr im Zeitraum 1420–1520) siehe die relativ neue archäobotanische Studie von Sillasoo 2006, 63 f.

Zum Einsatz von Weihrauch bei der Messfeier und zur Symbolik dahinter siehe Baum 2013a, 178–181; Baum 2013b, 331; Jungmann 1966, Bd. 1, 396; Kenna 2005, 58. Zum Erwerb von Weihrauchfässern siehe Grieten u. a. 1996, 112; die Meisterleistung der Autoren ist eine übersichtliche Aufstellung des Inventars der Kathedrale. Zu Beispielen von Hausrezepten mit Weihrauch: Braekman 1990, 57, 59, 99, 120 und Falkenburg 1999, 43; zu Ambra siehe King 2013, 166 f., 170. Zu Weihrauch als Zeichen von Verehrung siehe Staal 2014, 7; Staal 2006, 225; zur Kritik daran: Marnix van Sint-Aldegonde 1858, Bd. 1, 271; zu Erasmus' Kritik: Dugan 2011, 32. Mehr Informationen über die prachtvollen beweglichen Altarengel bei Pleij 2016, 12.

Zur Antwerpener Geruchslandschaft und zur Abfallbeseitigung siehe die auch in dieser Hinsicht sehr empfehlenswerte Studie von Poulussen 1987, 18, 32–43. Zu den Maßnahmen, die aus Angst vor Seuchen oder aus wirtschaftlichen Erwägungen ergriffen wurden, siehe ebenfalls Poulussen 1987, besonders 149 f.; van Schevensteen 1927, 2479–2492; auch van Dijck 2007, 263. Zur sogenannten Deodorisierung der westlichen Gesellschaft (in einem weiteren historischen Kontext) siehe Corbin 1994, besonders 57–70; Howes 1991, 144 ff. Zur Gefahr durch ausgeschüttete Nachtgeschirre siehe van Dijck 2007, 267 f.; Poulussen 1987, 28 f. Das Problem offener Wasserläufe und das Zitat von Michiel-Florent van Langren: Poulussen 1988, 97; Poulussen 1987, 49–53. Über den Tod von Frans Pourbus berichtet Karel van Mander in *Het schilder-boeck* (1604), Fol. 257v–258r. Zu Geruchsbelästigung durch Wasser und Feuchtigkeit in der Kathedrale siehe Poulussen 1987, 57; Papebrochius 1845–1848, Bd. 5, 344;

van Brabant 1974, 11. Die dadurch beschädigten Teppiche der Liebfrauenlob-Gilde werden in Grieten u. a. 1996, 498 erwähnt. Zu Beispielen von Profanisierung des Groenkerkhof und dadurch verursachte Geruchsbelästigung siehe Prims 1937, 99 f. u. Anm. 1; Génard 1864, 132, 134 f., 185, 209, 259, 267, 275; Poulussen 1987, 159. Zum Groenkerkhof als inoffizieller öffentlicher Toilette siehe Marinus 1995, 233; van Dijck 2007, 263; Poulussen 1987, 60. Zu den Bußgeldern für Vergehen und Ordnungswidrigkeiten auf dem Friedhof und anderswo, die ins Antwerpener Gewohnheitsrecht Eingang fanden, siehe *Dit sijn de coren van der stad Antwerpen*, 41 f., Art. 109. Außerdem van Schevensteen 1927, 2485, 2492. Zum heimlichen Abladen von Fleischabfällen und zum Pensgat siehe Poulussen 1987, 98 f., 108, 208; Karten 1–2.

## 3 In Schmach und Schande

Zu dem Vorfall mit den Antwerpener Frauen und den Diebesfingern siehe Spillemaeckers 1957, 15 ff.; Verwerft 2007, 113 ff.; Thijs 1991, 391. Das Gerichtsprotokoll findet sich im Felixarchief: SAA, V 234. Zur Geschichte der Babe aus Brügge siehe Spillemaeckers 1957, 15 ff. Zum größeren Zusammenhang und zum Lesen von Messen über Gegenständen siehe Braekman 1997, 76, 281, 406, 416. Zum Rezept mit der Spatzenzunge: Braekman 1987, 279. Zu der Gewohnheit, in der Kathedrale Messen über Kräutern lesen zu lassen, siehe Marinus 1995, 247. Über den Fall von Adriana Gijsbrechts und Adrianus Wijffliet siehe Caspers 1990a, 99–108. Zu Jacob Vallick siehe Frijhoff 1993, 28, 32–36; Den Besten 2017, 273. Grundlegend zu dem Zwiespalt, der für die Geistlichen zwischen Kirche und Welt bestand: Bijsterveld 1993. Zur Frage, wer sie waren und welchen Platz im Sozialgefüge der Stadt sie einnahmen, siehe ebd., 358, 366. Einige Beispiele für ihre Solidarität mit Gemeindemitgliedern ebd., 334–337. In der ersten Hälfte des 17. Jahrhunderts galten 33 der 152 Antwerpener Geistlichen als notorische Saufbrüder, siehe Soly 1983, 574. Zu den fließenden Übergängen zwischen offiziellen kirchlichen Regeln und ihren vielen lokalen Interpretationen ist viel geschrieben worden, siehe vor allem Davis 1974, 307–336; Geertz 1975, 71–89. Siehe auch Braekman 1997,

9 f. Zur relativ großen Toleranz in Antwerpen siehe Deschrijver u. a. 2012, 527; Thijs 1991, 392 f., 398.

Zu den Verhaltensregeln für Antwerpener Geistliche siehe van den Nieuwenhuizen 1963, 60; Vroom 1983, 44; Prims 1937, 106 f. Zum Handbuch für Pfarrer und dem darin empfohlenen Verhalten siehe Bijsterveld 1993, 357. Zu Berichten über Geistliche, die Würfel spielten, Schenken besuchten und prassten, siehe Callewier 2014, 156–159. Das Zitat von Bijns über die Antwerpener Geistlichen in Pleij 2011, 44, 133 f. Zur allmählichen Einschränkung des vertrauten Umgangs zwischen Gläubigen und Geistlichen siehe Hamilton u. a. 2005, 16; Put u. a. 2002, 121, 145; Rooijakkers 1994, 116–121.

Zur sozialen Dimension religiöser Riten und zur sakramentalen Kraft des Priesters siehe das Standardwerk von McCauley u. a. 2002, 18. Dazu, wie wichtig die korrekte Ausführung eines Rituals war, siehe Rooijakkers 1994, 137. Zur entscheidenden Rolle des Priesters dabei: Bijsterveld 1993, 328 ff., 358; außerdem van den Nieuwenhuizen 1963, 60, 92 f., 104. Zu dem negativen Zerrbild des Klerus siehe Marnef 1996, 83. Berichte über Konflikte zwischen Klerus und Gemeindemitgliedern wegen Einkünften aus Opfergaben oder wegen der Vernachlässigung geistlicher Pflichten zum Beispiel bei Begräbnissen oder Jahrgedächtnissen bei Bijsterveld 1993, 331. Zum Konflikt zwischen Antwerpener Gemeindemitgliedern und dem Kapitel wegen des Kirchenzehnten siehe Prims 1937, 93–99; Prims 1940a, 104–108; über Versäumnisse im Zusammenhang mit Begräbnissen siehe Marinus 1995, 113. Zu den Minderbrüdern und ihrer Weigerung, zur Finanzierung der Stadtwälle beizutragen, siehe Pleij 2011, 281.

## 4 Schöne Prozessionen, schmutzige Pilger

•

Mehr über den Kult der Heiligen Vorhaut bei Gooskens 2016, 154 f.; Vroom 1983, 50, 54 f.; Caspers 2011, 25–28. Zum internationalen Ruhm Antwerpens als Feststadt siehe Pleij 2011, 269. Zum Verlauf der Prozessionen und zu den Festwagen (*punten*) siehe de Burbure 1878 1–9, 13 f., 18 f., 21 f.; Arnade 2008, 138; Meadow 1999, 7 ff.; Caspers 1992, 111 f.; Pijper 1907, 72. Zeitgenössische Schilderungen bei van Valckenisse 1881, 151 und im

Reisetagebuch Albrecht Dürers, Dürer 2008, 24 f. Der älteste bekannte Druck von *Mariken van Nieumeghen* erschien in Antwerpen bei Willem Vorsterman um 1515. Das Wagenspiel, das Emmeken zur Besinnung bringt, ist *Masscheroene*, siehe Cogneau 1996, 109, 114. Zu festlichen Einzügen von Herrschern siehe das Standardwerk von Mareel 2010, 42, 46, 50, 54, 57, 106, 118; siehe auch Bussels 2012, 152 f. Zum Einzug Maximilians in Antwerpen (1478) siehe Damen u. a. 2019, 23 f., 34.

Zur obligatorischen Teilnahme siehe Prims 1938, 52. Zum Umhertragen sakraler Objekte und den Klagen darüber siehe Browe 1932, 112 f., 115 f., 118 f., 122 ff. Zu den wiederholten Bemühungen des Magistrats um ein ruhiges und ehrerbietiges Abhalten von Prozessionen siehe van Dijck 2007, 184 f.; van Dijck 2003, 25; Génard 1864, 147, 153, 158, 162, 224, 323; Marnef 1996, 56; Caspers 1992, 124 f. Doch die Klagen rissen nicht ab, siehe hierzu Marinus 1995, 275 (»wie eine Herde vernunftloser Tiere«) und Voen 1993, 451 (Trinkerei). Zur Verfügung des Magistrats, wonach Herbergen, Schenken und Läden geschlossen bleiben mussten, siehe Génard 1865, 323. Einige Beispiele für die obligatorische Teilnahme an Prozessionen bei Bénard 1864, 147, 151, 155, 220. Zu Prozessionen, die auf Anordnung der statthalterlichen Behörden stattfanden, siehe Marnef 1996, 55, 87; Prims 1938, 108. Mehr Informationen über die Prozession, die auf Anordnung Marias von Ungarn veranstaltet wurde, bei Génard 1865, 324 ff. Nach Mareel 2020 fanden solche Prozessionen in Antwerpen durchschnittlich alle fünf Monate statt, siehe S. 53. Zur Teilnahme von Gilden und Zünften siehe Muller 2016, 32 f. Anm. 66; de Munck 2017, 243 f. Zur Teilnahme als Buße zum Beispiel für »unzüchtige« Ehefrauen siehe Pleij 2011, 65. Zahlreiche weitere Beispiel bei Prims 1938, 32; Bertrijn 1879, 34; Munters 1972, 13, 83.

Das Zitat von de Beatis über stinkende »Zigeuner«: de Beatis 1979, 85. Inwieweit seine Äußerung auf soziale Vorurteile zurückzuführen ist, lässt sich natürlich schwer sagen. Zu Weihrauch und anderen Duftstoffen zur Überdeckung des Gestanks ungewaschener Gläubiger siehe Bijlsma 1916, 45. Zu einigen schaurigen »Geheimmitteln« siehe Camporesi 1988; Braekman 199, 97, 102; Braekman 1987, 270–275. Zur Badekultur und zum gemeinsamen Baden von Männern und Frauen siehe van Dam 2006, 79 f., dort auch das Zitat von Pero; Delameillieure u. a. 2019, 206, 211; de Keyser 2007, 124. Zur Kunst des Badens siehe van Dam 2008, 53 ff.,

61 f., 65, 69; van Dam 2012, 121, 124 f.; Coppens 2009, 188. Alle Rezepte in Bezug auf Hygiene stammen aus *Dat Batement van recepten*, siehe u. a. Braekman 1990, 30, 32, 41, 121. Zum Aufkommen von Zungenschabern, Zahnstochern und Ohrlöffeln siehe de Staelen 2007, 367 f.; Ervynck/ Veeckman 1992, 93–97. Zu schlechtem Atem und sozialer Stigmatisierung: Jansen-Sieben 1989, 42; de Staelen 2007, 368; zu stinkender Kleidung: Korda u. a. 2016, 306 f.; Willett/Cunningham 1992, 46 f. für das Zitat von William Harrison. Zu schweren Parfüms und den Klagen darüber siehe Classen u. a. 1994, 71, 73; Schmitz 1936, 74; Callewaert 1992, 92; Corbin 1994, 37, 217.

## 5 Selig machende Gefühlsregungen

Zu der wundertätigen *Onze-Lieve-Vrouw op 't Stokske* siehe Prims 1937, 129 ff.; ein zeitgenössischer Bericht in Bertrijn 1879, 18; Vroom 1983, 50, 53. Zum Aufstieg und Niedergang dieses Kults siehe Vroom 1983, 49, 51, 59 f.; Marnef 1996, 83–86; Philippen 1925, 17, 20, 31 f. Zum Eisengitter und der Sicherung durch eine Kette siehe Philippen 1925, 19 f. Zu den Helferinnen in der Kathedrale siehe Vroom 1983, 47, 49, 51, 97, 118 Anm. 62; Prims 1937, 144; Callewier 2014, 246; Härting 2016, 29, 32, 37; Marinus 1995, 208. Die Reaktion von de Beatis: de Beatis 1979, 102 f.

Zur Wirkungsweise der sinnlichen Wahrnehmungen und Emotionen siehe eine Publikation mit wundervollem Bildmaterial: Hartnell 2018, 35; außerdem Deschrijver u. a. 2012, 537; Milner 2011, 23. Zur Zeichnung in dem universitären Handbuch siehe Nordenfalk 1985, 6; Griffiths u. a. 2018, 1–4, 8. Zu den inneren Sinnen siehe Verboom 2010, 167; Milner 2011, 24, 36, 39–42; Pender 2014, 137, 146; Baum 2013a, 9. Zu dem Gegensatz zwischen Verstehen und Erleben siehe Milner 2011, 132 ff. Zu Schwangerschaft als sensorischem Hindernislauf siehe Park 1988, 472; Park 1998, 259–263; Daston 1998, 247; Callewaert 1992, 60, 92, 123, 134; Hartnell 2018, 477 f.; Marx 2018; Verbeek 2018. Beispiele für die Welterklärungen durch die Frauen in den *Evangelien vanden spinrocke* in Callewaert 1992, 37 f., 47, 62 f., 96.

# 6 Ein süß duftender Paradiesgarten

Zum Altaraufsatz der Liebfrauenlob-Gilde siehe van Langendonck 1993b, 57. Zu den beauftragten Silberschmieden siehe van Hemeldonck 2005, 31, 37. Zu Trends bei der Gestaltung und zum Gebrauch der Retabel, zum Beispiel zu den dunklen Außenseiten der Flügel, siehe Verougstraete 2015, 96. Das Zitat von Munters über die Menge der Kerzen: Munters 1972, 42. Zu dem riesigen Kandelaber siehe van Bruaene. Zu den Ausgaben der Bruderschaften für Beleuchtung siehe Claessens 1969, 91. Zur Ausschmückung des Altars der Fuhrleute an den Patronatsfesten siehe ihre Rechnungen im Felixarchief (SAA, GA 4140).

Zu der Assoziation bestimmter Gerüche mit Heiligen, bestimmten Glaubensinhalten oder auch weltlichem Verfall siehe Verbeek u. a. 2013, 141; Camporesi 1988; in Verbindung mit dem Taufritus: Classen 2006, 380. Die sinnliche Wahrnehmung als Gefahr und Segen zugleich wird übersichtlich erläutert bei Baum 2013a, 12 ff.; Griffiths u. a. 2018, 5–8. Zum Duft der Heiligkeit siehe Classen 2006, 379, 384. Zur Soziologie der Gerüche, zum Beispiel als Zeichen für den moralischen Zustand einer Person, siehe Largey u. a. 1972, 1025. Zum weiteren Kontext des Wortes »stinken« siehe das *Middelnederlands woordenboek* von Verwijs und Verdam, online verfügbar über www.ivdnt.org; auch sonst ist dieses Wörterbuch zum Begriffsverständnis aus dem spätmittelalterlichen Kontext heraus zu empfehlen Das Zitat von Vicente Alvárez: de Keyser 2007, 210. Zum Gestank der Sünde und den damit zusammenhängenden Vorstellungen siehe Corbin 1994, 39; Classen 2006, 382 f; Robinson 2019, 183; Largey u. a. 1972, 1022; Baum 2013a, 178; Woolgar 2006, 121–125. Das Zitat von Bijns stammt aus der Neuausgabe ihrer *Refereinen*, Rotterdam 1875, 419; ähnliche Passagen siehe 4, 41, 79, 88, 111, 147, 182, 184, 216, 239, 278, 306, 403, 409, 416, 450. Das Zitat über stinkende Knochen: van Vaernewyck 1872–1881, 11, 132, ähnliche Passagen 120 f., 134. Zu Richard Wyche siehe Dugan 2011, 24 f.; Woolgar 2017. Zur Wechselbeziehung zwischen Körper und Geist siehe folgende Standardwerke: Largey u. a. 1972, 1024, 1026; Classen u. a. 1994, 4; Baum 2013b, 329 f.; Milner 2011, 32. Zur Vermischung von medizinischer und philosophischer Begrifflichkeit mit zahlreichen Beispielen, etwa von Jacobus de Voragine, siehe Robinson

2019, 183 f., 189 f., 209. Zu den Äußerungen von Erasmus siehe Huizinga 1950, Bd. 6, 113; zu Luther siehe Classen u. a. 1994, 59.

Zur Holkham-Bibel siehe Woolgar 2006, 123 Abb. 45. Der ursprüngliche Text stammt aus Petrus Comestor, *Historia scholastica*. Zu wohlriechenden Rosenkränzen siehe Falkenburg 1999, 36 f., 39; Braekman 1990, 89 f. Zu duftenden Rosenkränzen aus Bernstein und ihrer pestabwehrenden Wirkung siehe King 2013, 168 ff. Zur Kombination mit Gebeten siehe Falkenburg 1999, 34 ff. Ein Exemplar von *Die geestelicke boomgaert der vruchten* ist im Besitz der Universitätsbibliothek Utrecht (MAG: 197 G 60). Zur Anspielung auf das Riechen und Schmecken als spirituelle Genüsse in der Ikonografie siehe Falkenburg 1994, 20 f., 50, 53, 87, 95 f. Ausführliche Besprechungen der *Besloten Hofjes* bei Vandenbroeck 1994, 91–117; Baert 2015; Baert u. a. 2017, 5; Falkenburg 1999, 33. Für das Zitat von Thomas von Aquin siehe Atchley 1909, 204 f.; Hamilton u. a. 2005, 7 f.; Baum 2013a, 170. Das Zitat der anonymen Verfasserin: *Van den tempel onser sielen*, Antwerpen 1543, Bd. I, viii r. Zur Weihrauch atmenden Christusskulptur siehe Kopania 2010, 116 f., 267; Dent 2017, 24, 162 (diese Publikation enthält einen wahren Schatz an faszinierenden Abbildungen beweglicher religiöser Skulpturen). Zur Tradition von Duft verströmenden Skulpturen allgemein siehe Woolgar 2006, 118 f., 121.

## 7 Pest, wieder einmal

Zum Fernhalten von Bettlern und Kranken aus den Antwerpener Kirchen siehe Génard 1864, 133, 158, 172. Für eine eingehende Analyse der Veränderung im Ton deutscher Pestbücher und im Umgang mit Krankheit siehe Heinrichs 2018, besonders 8 f., 21. Das Zitat über Weihwasser in *Die evangelien vanden spinrocke*: Callewaert 1992, 41. Zum Besprengen von Krankenbetten mit Weihwasser siehe Woolgar 2006, 44. Beispiele für niederländische Rezepte mit Weihwasser in Braekman 1997, 73, 84 f.; Braekman 1970, 79, 97, 106 f.; Beek 1969, 65, 121, 219. In der Handschrift aus Hattem, entstanden circa 1450–1499 in den südlichen Niederlanden, ist in fünf von 29 Rezepten Weihwasser enthalten: Braekman 1987, 280, 284, 286, 287. Zum Kult der heiligen Bibiana siehe Beek 1969, 61; zu dem der heiligen Dimpna in Geel siehe Kuyl 1863, 63–68; Beek 1969, 169 f.

Zum Trinken von Ablutionswasser siehe Beek 1969, 217 f.; Braekman 1997, 80. Marnix van Sint-Aldegondes Kritik am Gebrauch von Weihwasser: Marnix van Sint-Aldegonde 1858, Bd. 1, 215 f. und Bd. 2, 6; zu Pfarrer Vallicks Kritik daran siehe Frijhoff 1993, besonders 32–36; den Besten 2017, 273. Zu der Befürchtung, dass Kranke sich Heilung allein durch den Glauben versprechen könnten, siehe Heinrichs 2018, 91. Das Zitat von Dierik van Eeno hierzu: Decavele 1975, 260. Zur Auseinandersetzung zwischen Vallick und Wier siehe Frijhoff 1993, 17 f.; Hoorens 2014, 3 ff., 11, 13 f. Die Bedeutung religiöser Rituale wird ausführlich besprochen in McCauley u. a. 2002, 83. Zu Buchelius' Gedanken über die Bedeutung von Tradition siehe die hervorragende Biografie von Pollmann 2000, 53 f. Zu Calvins Polemik gegen Wallfahrten siehe Suykerbuyk 2017, 412 f. Zur Infragestellung der lokalen Identität durch Entdeckungsreisen siehe Heinrichs 2018, 69 f. Das Rezept, um Schadenzauber aufzuheben: Braekman 1997, 441–454.

Das Zitat aus dem Buß- und Beichtbuch: *Des Coninx Summe* 1907, 416. Zu den Sinnen als Ratgebern siehe Vos 1965–1966, 29, 32. Außerdem *Elckerlijc – Jedermann* 2013, 13. Zitate aus der *Tabula exemplorum*, einem Ende des 13. Jahrhunderts von einem Minderbruder verfassten Predigthandbuch: Prims 1929, 126 f., 129. Das *Boecxken van der biechten* erlebte in den Jahren 1517–1519 in Antwerpen fünf Editionen. Über die Spinnerin: *Die evangelien vanden spinrocke* 1998, 34. Zu den Diskussionen der Reformatoren über den Zusammenhang zwischen falschem Glauben, fehlgeleiteten Sinnen und Geisteskrankheit siehe Milner 2013, 320. Das Zitat aus *Das Lob der Torheit*: Erasmus 2003. Die gründlichsten ikonografischen Studien zu den Sinnen (und ihrem weitgehenden Fehlen in der Ikonografie) sind Nordenfalk 1976, siehe besonders 20, und Nordenfalk 1985, besonders 2. Eine ausführliche ikonografische Analyse des deutschen Holzschnitts um 1480 findet sich bei Nordenfalk 1985, 3 f.; Oppermann 2016, 5–13. Zur Analyse der Heilsbronner Miniatur siehe Nordenfalk 1976, 18 f.; Oppermann 2016, 17 ff.

Zum Taufritus siehe Muller 2016, 160 f., 163 f. Zur Krankensalbung, die noch heute mehr oder weniger auf die gleiche Weise vorgenommen wird, siehe Deschryver (in Vorbereitung), Deschryver 2020, 37; Caspers 1990b, 169.

# 8 Den Blicken entzogen

Eine lebendige Beschreibung des Brüsseler Schneefestes findet sich bei Pleij 1988, 20. Zu den Verkaufsständen in der Antwerpener Liebfrauenkirche siehe Oost u. a. 1993, 334. Zu den Gottesdiensten im Hochchor siehe den klar strukturierten Artikel von Schreurs 2022. Zu den Kaplänen und dem Offizium im Hochchor siehe van den Nieuwenhuizen 2018, 11 ff.; op de Beeck 1978, 26; van den Nieuwenhuizen 1963, XXX, 58, 70 f. Zu einer Anordnung von etwa 1460, wonach der Singmeister unter anderem für die Teilnahme von mindestens acht Chorknaben zu sorgen hatte, siehe van den Nieuwenhuizen 1978, 34, 48 f.; Schreurs 2022. Zu den ausgebildeten Sängern beim Offizium siehe Schreurs 2022, 226 f.; van den Nieuwenhuizen 1978, 34 ff.; Forney 1987, 6 ff. Zur bildlichen Darstellung des Hochchors durch Antonis van Leest siehe Persoons 1981, 106, Abb. 12. Zu den Klagen über die Vernachlässigung des Stundengebets, wie sie in einem Visitationsbericht von Michael Breugel (1593) notiert sind, siehe Marinus 1995, 112 f.; hierzu auch Callewier 2014, 121. Die Äußerung Luthers ist wiedergegeben in Remigius Bäumer, Alma v. Stockhausen (Hg.), *Luther und die Folgen für die Geistesgeschichte*, Weilheim-Bierbronnen 3. Aufl. 1996, 10.

Zum Aussehen des Lettners in der Kathedrale siehe Prims 1940a, 113, 118 f.; Grieten u. a. 1996, 5; Baisier 2008, 21 f. Baisier gleicht die modellhaften Kircheninteriuers, die vom Ende des 16. Jahrhundert an in den Antwerpener Malerateliers produziert wurden, mit den realen Objekten ab, die sich ihrer Spurensuche in den Archiven zufolge damals in den Antwerpener Kirchen befanden. Ihre Studie hat sich als unverzichtbar für die Einschätzung der Wirklichkeitsnähe des ikonografischen Materials erwiesen. Zusammen mit der Darstellung von Muller 2016 bildet Baisiers Studie eine solide Grundlage für die Rekonstruktion von Einrichtung und Ausschmückung der Kathedrale sowie des historischen Raumerlebens. Zu Klagen über neugierige Gläubige im Hochchor, unter anderem in einem Dekret der Synode von Angers (1423) und in Klagen aus der Kathedrale von Amiens, siehe Jung 2000, 627 f.; Jung 2013, 56 f., 68 f.; zur Antwerpener Liebfrauenkirche im Besonderen Marinus 1995, 207. Zu Musikern auf der Bühne des Lettners siehe van Wezel 2003, Kat. Nr. 16 A. In Tongeren (Liebfrauenkirche), Diksmuide und Brügge (Sankt-

Salvator-Kirche) wurde an Hochfesten auf dem Lettner aus den Apostelbriefen gelesen und aus den Evangelien gesungen, siehe Steppe 1952, Abb. 13. Im Hochchor aufgehängte Matten tauchen regelmäßig in Rechnungen der Liebfrauenkirche auf, u. a. KAA Rechn. Nr. 7, 1449–1450, Fol. 17r, Nov.–Dez.; KAA, Rechn. Nr. 7, 1453–1454, Fol. 17v, Nov.–Dez. Die Kapläne leisteten einen finanziellen Beitrag, siehe u. a. Capsa 83 Capellanorum 232, Fol. 11v. Auch Öfen wurden angezündet, siehe Prims 1937, 145; Prims 1939c, 101, 106. Zum Lettner im Mainzer Dom siehe Jung 2000, 629.

Zu frei herumlaufenden Tieren siehe Poulussen 1987, 28 f., 63; Schevensteen 1927, 2486. Zu Bettlern in der Liebfrauenkirche siehe van Dijck 2007, 144 f.; Schevensteen 1927, 2492; Prims 1940a, 152 f. Beispiele für das Betteln betreffende Anordnungen finden sich bei Génard 1864, 123, 130, 135, 165, 168. Zu tatsächlich erfolgten Verurteilungen van Dijck 2007, 75. Zur Heilig-Geist-Tafel oder Armentafel siehe Franck 2013, 13. Zum Kirchenjahr in der Liebfrauenkirche siehe van den Nieuwenhuizen 2018, 17 f. Die Häufigkeit der Zuteilungen ist auf der Grundlage der Analyse von Franck 2013 berechnet, siehe 64, 70, 79. Zu Anordnungen gegen bettelnde Landstreicher siehe u. a. Génard 1864, 186.

Zum Einsatz und zur Symbolik von Altarvorhängen beim eucharistischen Gebet siehe Gerrit van der Goude, *Boexken van der missen*, Fol. 70v. Diese populäre Erläuterung der Messfeier wurde zwischen 1506 und 1520 mindestes zehnmal in Antwerpen gedruckt, siehe Schmitz 1936, 70 f. Einige Vorsicht ist hinsichtlich des Öffnens und Schließens der Vorhänge geboten, da nicht bekannt ist, ob dies bei jeder Art von Messfeier geschah. Zu Altarvorhängen im Allgemeinen siehe Braun 1912, 227, 230. Zum Stimmvolumen des Priesters siehe Roodenburg 1990, 50 f.; Durand 2013, 235, 269 f., 292. Das *Rationale divinorum officiorum* stammt zwar aus dem 13. Jahrhundert (circa 1285–1291), war aber noch gegen Ende des 15. Jahrhunderts europaweit eines der am häufigsten kopierten Bücher zum Verständnis der Liturgie. Der Einfluss seiner allegorischen Erklärungen auf Geistliche wie auf Laien kann kaum überschätzt werden.

Zur Funktion der Absperrgitter siehe Dhanens 1983, 33 f., speziell zum Gitter der Liebfrauenlob-Gilde Hoefnaegels 1853, 15. Zum Vertreiben unerwünschter Personen durch den *cnape* siehe Prims 1940a, 150; Claessens 1969, 161, auch Grieten u. a. 1996, 1. Zu dem vom Meister des Aachener Altars geschaffenen Passionstriptychon siehe The National Gallery,

»The Crucifixion Altarpiece«. Zu Anmietung oder Kauf von Stühlen und Bänken siehe Prims 1939c, 108; Muller 2016, 74 f. und den hervorragenden Artikel von Byng 2019, 233. 236 f. Zitat: de Beatis 1979, 102 f. Zum Gestühl der Liebfrauenlob-Gilde siehe Grieten u. a. 1996, 335; Vroom 1983, 34: op de Beeck 1978, 30. Zur sozialen Hierarchie bei den Sitzplätzen siehe Byng 2019, 241 ff. Zum Handgemenge zwischen Schmieden und Altkleiderhändlern siehe Verleysen 2000. Zum Vordrängen am Altar, um das Sakrament sehen zu können, und zum Ausblasen von Kerzen: Beispiele bei Marinus 1995, 207; Caspers 1990b, 167; Härting 2016, 32. Das Zitat aus *Die evangelien vanden spinrocke*: Callewaert 1992, 121.

## 9 Veränderung und Verankerung

Zu den Augustinereremiten, die sich in Antwerpen niederließen, siehe Goovaerts 1979, 49 f.; Genootschap voor Antwerpse Geschiedenis, 56. Zum Standortwechsel der Beschneidungs-Bruderschaft und der Sankt-Gregorius-Gilde siehe van Langendonck 1988, 19; Prims 1940a, 161; Mannaerts 2016, 184 ff. In Bezug auf die Schränke in den Sakristeien und der Marienkapelle stellt Eugeen Schreurs fest, dass dafür von den Kaplaneien grundsätzlich eine einmalige Zugangsgebühr verlangt wurde. Die angeführten Beispiele stammen aus dem laufenden Forschungsprojekt von Schreurs, bei dem wir gemeinsam einen Teil der *capsae Capellanorum* (*receptiones* von 1500 bis 1530) ausgewertet haben (2020). Das Beispiel des Kaplans der Sankt-Hubertus-Gilde in Geudens 1921, 74; zu den Kaplänen des Namens Jesu siehe van den Nieuwenhuizen 2017, 2; zu Kapellmeistern, die für einen Speiseschrank verantwortlich waren, siehe Geudens 1891, 68. Zum *cnape* Beispiele bei Claessens 1969, 73, 75, 137. Zur einmaligen Erhöhung von Mitgliedsbeiträgen siehe u. a. van den Nieuwenhuizen 2009, 17.

Zu verschiedenen Arten von Aufbewahrungsmobiliar siehe Dhanens 1983, 26 f., 52, 93 f. Speziell zur Liebfrauenkirche, zum Beispiel zum bemalten Schrank der Liebfrauenlob-Gilde, siehe die Kirchenrechnungen, u. a. KAA O.L.V.Lof, Rechn. Nr. 2, 1528, Fol. 14v. Zum Schrank der Schützen siehe Prims 1939a, 306. Zur Anerkennung einer wachsenden Zahl von Berufsgruppen siehe de Munck 2017, 127, Tabelle 3.1. Zum Rhythmus der

Bautätigkeit siehe Vroom 1983; van Langendonck 1939a, 107–124. Zur Verteilung der Kosten siehe Vroom 1983, 32 f. Zu den Standorten der Altäre siehe vor allem den ausgezeichneten Artikel von Zwart 2013, besonders 294. Fast jeder Altar wurde im Lauf der Jahre von mehr als einer Kaplanei, teilweise von bis zu vier, genutzt, siehe van den Nieuwenhuizen 1993a, 33; auch van den Nieuwenhuizen 2018. Zur Kontrolle der Zahlungsfähigkeit siehe Geudens 1921, 61 u. Anm. 1. Zur Übernahme von Altären durch Bruderschaften, Gilden und Zünfte siehe Prims 1937, 72 f.; Gielis 2009, 205 f.; Claessens 1969, 16, 18.

Zum Angriff auf Hans Pynappel siehe Schlugleit 1936, 51; Schlugleit 1969, 83. Zum gleichzeitigen Feiern von Messen siehe Durand 2013, 340. Zur Klage von 1539 siehe Prims 1940 b, 299. Beispiele für Stiftungsurkunden mit flexiblen Anfangszeiten der Messfeiern u. a. bei van den Nieuwenhuizen 2018, 27, 29. Zur Überschneidung der Messfeiern der Barbiere und der von van der Dilf gestifteten Kaplanei am Maria-Magdalena-Altar siehe van den Nieuwenhuizen 2009, 18. Das Zitat des Mailänder Kaufmanns bei Monga 1985, 75. Zur Anzahl der Altäre und zu Cornelis Grapheus siehe Prims 1939e, 177 f.; auch Guicciardini 1612, 63. Das Gleiche wird wiederholt bei Bertrijn 1879, 79. Auch Munters äußert sich dazu: Munters 1972, 18. Die *Beschrijvinge van Onse L:V:Kerke* wird im Felixarchief aufbewahrt und ist Teil der *Beschrijving van kerken, kloosters en andere bezienswaardigheden* (SAA, PK, 197, Fol. 3). *De bello Belgico*: 1655 erschien die niederländische Übersetzung als *De thien eerste boecken der Nederlandtsche oorloge*. Zur Anzahl der Altäre und Messen im Dom zu Münster siehe Klípa u. a. 2019, 115 Anm. 4. Zur Anzahl in der Antwerpener Sankt-Jakobs-Kirche siehe Baisier 2008, 91. Dank Marcel Gielis wird die Handschrift mit dem Grundriss in der Erfgoedbibliotheek Hendrik Conscience sicher aufbewahrt. Zu Anselmus Fabri und der Beschneidungs-Bruderschaft siehe Gooskens 2016, 156; van den Nieuwenhuizen 1993a, 34. Zu den Vorteilen der Mitgliedschaft in einer Bruderschaft siehe Trio 1993, 343, 345. Hierzu auch Marnef 1996, 85; speziell zur Beschneidungs-Bruderschaft siehe Claessens 1969, 106, 146; und zur Bruderschaft vom Heiligen Kreuz siehe Guicciardini 1612, 63.

# 10 Die höchsten Regionen

•

Zu dem Bau des Nordturms findet sich eine knappe Darstellung bei Mannaerts 2016, 24–27. Zu den verschiedenen Arten von Glocken und ihrer Funktion siehe Prims 1950, 252 f.; Bertrijn 1879, 16. Zum Guss der Carolus-Glocke siehe Lehr 1971, 71 ff. Zur Sankt-Nikolaus-Kaplanei und dem »Glockengeklöppel« siehe van den Nieuwenhuizen 2018, 78. Das Gründungsdokument der Liebfrauenlob-Gilde: Persoons 1981, 148. Zur Konsekrationsglocke siehe Jungmann 1966, Bd. 2, 160; Thurston 1907. Zum Kennzeichnen von Pfarrgrenzen in England siehe Mileson 2018, 723; weitere Informationen hierzu verdanke ich dem städtischen Carilloneur Luc Rombouts. Zum Läuten und anderer Musik bei offiziellen Proklamationen und Rechtsprechung siehe van Nierop 2007, 76 und Lehr 1971, 122. Das Zitat über die Verlesung des »Blutgesetzes« in de Weert 1879, 129. Die aktivierende Funktion sakraler Klänge behandelt der hervorragende Artikel von Hahn 2015, 525–545; siehe auch Arnold u. a. 2012, 121, 126 u. Anm. 106. Zum Gesangsduell in Meaux siehe Deschryver 2020, 42. Zum Verbot durch die Calvinisten siehe Soen u. a. 2017, 15 f. Andere Beispiele bei Suykerbuyk 2017, 237 f. Zur seuchenabwehrenden Funktion des Läutens siehe Blancou 1995, 35 f. Julia Rombough (University of Toronto) zitiert hierzu u. a. das italienische Traktat *Aerologia clioe discorso dell'aria* von Domenico Panarolo (Rom 1642). Zu Aufschriften auf Glocken (*fugo pestem*) siehe Lehr 1971, 130.

Großer Dank gebührt Luc Rombouts für seine Hilfe beim Thema Carillonspiel. Eine klare Darstellung der Antwerpener Situation findet sich in Rombouts 2019; siehe auch Rombouts 2010, 83, 87, 97–101; van Brabant 1974, 27; Lehr 1971, 119–132. Zitat von Annibale Caro bei van Passen 1993, 60, 64. Zitat von Platter in Thomas Platter, *Beschreibung der Reisen durch Frankreich, Spanien, England und die Niederlande 1595–1600*, hg. v. Rut Keiser, Basel 1968, Bd. 2, 677 f. Zur Antwerpener Musikkultur des 15. und frühen 16. Jahrhunderts siehe Schreurs 2022. Italienische Berichte über den hohen Stand dieser Musikkultur: Guicciardini 1612, 63; Forney 1987, 3; de Keyser 2007, 203 f.; van Passen 1993, 64. Zu bekannten Musikern als Publikumsmagneten siehe Marinus 1995, 212; Schreurs 2022. Das Konversationsbüchlein wurde bis Ende des 17. Jahrhundert häufig nachgedruckt. Im ersten Teil geht es um die Festivitäten während des Besuchs

Karls V. in Brüssel (also nach 1540 und vor 1546), siehe de Neve 1962, 131. Zitat in de Neve 1962, 129 f. Zur Aufschrift auf der Salvator-Glocke siehe Rombouts 2010, 71.

## 11 Du sollst hören

•

Zu zeitgenössischen Berichten über das Antwerpener Augustinerkloster siehe Bertrijn 1879, 73; van Loon 1743, 19 f. Zum *Nieuwerck* und der Grundsteinlegung siehe Vynckier 2014 und die exzellente Examensarbeit von Dupré 2019–2020. Zu sich verausgabenden Predigern siehe Marinus 1995, 145. Für Angaben zum Bücherbesitz auf der Grundlage von ungefähr einem Dutzend erhaltener Testamente und Inventarlisten von Sterbehäusern der Kanoniker und Kapläne (1480–1520) siehe Prims 1939g, 139; de Keyser 1974, 59. Zum Kontext der *Tabula exemplorum* und für das *Ypocritas*-Zitat siehe Prims 1929, 124, 127. Zur komplizierten Struktur der Predigten siehe de Moor 2010, 26, 48. Zu Erasmus' Kritik in *Ecclesiastae sive de ratione concionandi* siehe Rademaker 1990, 49 ff. Zur Ansprache der Zuhörer und zu deren heftigen Reaktionen siehe Taylor 1992, 31, 36; De Moor 2010, 51 f., 64 f. u. Anm. 1. *Spiegel van exempelen* (Originaltitel *Speculum exemplorum*) in *De vijfhonderdste verjaring van de boekdrukkunst* 1973, 313 f. Der Augenzeugenbericht zu gewaltsamen Auseinandersetzungen SAA, V 314 (unfol.), 01.03.1566. Zu den Schauplätzen von Gewalttätigkeiten im spätmittelalterlichen Antwerpen siehe van Dijck 206, 25, Tabelle 10. Zur Geschichte von dem jungen Bäcker siehe Bertrijn 1879, 52. Strafen für Störungen in De Longé 1870–1874, Bd. 6, 756, Art. 12. Zur Geschichte des Kirchenasyls in Antwerpen siehe van Dijck 2007, 170; Verwerft 2007, 40 f. u. Anm. 204; Prims 1937, 101. Zu Guicciardinis Bemerkungen hierzu siehe van Dijck 2007, 170; Guicciardini 1612, 84. Zu den Vorfällen um die Mörder Godfried Coelensone 1517 und Willem van Loock 1545 siehe Prims 1940a, 84–87.

Zur *Chronycke van Nederlant* siehe de Weert 1879, 139. Zur gesteigerten Nachfrage nach Predigten siehe Prims 1940a, 123. Zur Klage über die Missachtung von Feiertagen siehe Prims 1939f, 235 f.; auch Put u. a. 2002, 154 f. Tabelle mit Tagen, an denen im Bistum Cambrai nicht gearbeitet werden durfte, bei Caspers 1990b, 160.163. Zu arbeitsfreien Tagen in den

Statuten von Zünften siehe Prims 1937, 191 f. Zur Wiederholung der Verbote und ihrer anhaltenden Missachtung siehe Génard 1864, 183, 194, 199, 274; Marinus 1995, 203–206. Zum Verbot des Besuchs von Schenken und Herbergen während der Synode von 1607 siehe Soly 1983, 574. Solys Artikel ist eine amüsante Studie des spätmittelalterlichen Kneipengängers in Antwerpen. Der zeitgenössische Bericht über die Predigt in der Genter Sankt-Jakobs-Kirche findet sich bei van Vaernewyck 1872–1881, IV, 260 f.

Zur Anziehungskraft bekannter Prediger siehe Taylor 1992, 16, 32; de Moor 2010, 25, 46, 64. Der Bericht über den Andrang in der Genter Sankt-Jakobs-Kirche bei van Vaernewyck 1872–1881, IV, 121 f. Dies war kein einmaliger Vorfall, siehe auch die Predigt von Vanderhaghen in der Jakobskirche am 29. September 1566: Als nach der Predigt alle gleichzeitig so schnell wie möglich die Kirche verlassen wollten, wurden mehrere Frauen und Kinder über den Haufen gerannt, siehe van Vaernewyck 1872–1881, I, 264 f. Zu Auseinandersetzungen mit den Minderbrüdern siehe Prims 1937, 231 ff; Erasmus 2011, Nr. 1196, 199. Zu Konflikten mit den Augustinern siehe Prims 1940a, 122. Zum Verbot, bei Predigten den Namen Luther zu erwähnen, siehe Duke 1975, 44. Luthers Verurteilung durch die theologische Fakultät Löwen 1519 hatte eine Welle antilutherischer Predigten ausgelöst. Zu einem zeitgenössischen Bericht über das Verbot in Antwerpen und zum Ende des Nicolaas aus Ypern siehe Bertrijn 1879, 74, 76; de Weert 1879, 92 f.

Zu den Versuchen, das Lärmen, Singen und Sprechen in der Öffentlichkeit einzuschränken, siehe Garrioch 2003, 18, 22. Zum Vorgehen gegen »gottlose« Sprache siehe Brown 2016, 352; Beispiele aus Antwerpen bei Génard 1864, 200, 255. Zur Bestrafung von Michiel Bramaerts und Kerstiaene Boye siehe van Dijck 2007, 158 f.; Verwerft 2007, 219 Anm. 1451. Nach 1530 nahm der Magistrat von Körperstrafen für Blasphemie Abstand und sprach hauptsächlich Verbannungen aus. Zum Predigen des »rechten« Lebenswandels siehe u. a. Prims 1937, 226. Zum Inhalt von Predigten allgemein de Moor 2010, 49. Zur Interaktion zwischen Prediger und Gläubigen siehe Pleij 1979, 69; Taylor 1992, 31 ff.; de Moor 2010, 51 f., 64 u. Anm. 1. Erasmus' Briefwechsel nach der Verbalattacke durch den Karmeliter Nicolaas van Egmond: Erasmus 2011, Nr. 1153, 78; Nr. 1172, 144 f.; Nr. 1196, 208 ff. Zitat aus *Das Lob der Torheit*: Erasmus 2003.

## 12 Sehen heißt glauben

Die Formulierung »hässliche dunkle« Kirche findet sich bei Claessens 1969, 66. Zur Sankt-Andreas-Kirche siehe Mannaerts 2013, 15 ff. Zum Standort des Sakramentsaltars in der Kathedrale siehe Donnet 1924, 3 f., 7; Geudens 1921, 10; Persoons 1981, 40. Zur Venerabelkapelle und ihrer Ausstattung siehe Prims 1940b, 294 f., 299; Prims 1939b, 20; Prims 1940a, 134 f. Die Stiftungsurkunde der donnerstäglichen feierlichen Messe der Sakraments-Bruderschaft (23. Juli 1506) in vollständiger Transkription in van den Nieuwenhuizen 1978, 66 ff. Zu den drei Lettnern in der Kathedrale siehe Persoons 1981, 40 f. Zu den (eher seltenen) Klagen über exzessiven Gebrauch von Weihrauch siehe Atchley 1909, 265; auch Jungmann 1966, Bd. 1, 139 ff.; ebd., Bd. 2, 160. Zur Etymologie von »hocus pocus« siehe *Etymologisch Woordenboek van het Nederlands* (2003–2009). Zum Schauen des Sakraments siehe Browe 1932, 58 ff. Das Zitat über »Spektakelmessen« in Decavele 1975, 265. Zu ikonoklastischen Vorfällen siehe de Weert 1879, 91.

Zur sakramentalen und geistlichen Kommunion siehe das Standardwerk von Browe 1940; außerdem Caspers 1995, 86 f.; Suykerbuyk 2017, 232 f. zu Zoutleeuw. Zu den Voraussetzungen der richtigen Geistesverfassung siehe Caspers 1995, 88; außerdem Durand 2013, 357. Das Zitat von Munters in Munters 1972, 23, 37 f. Zu den Ängsten im Zusammenhang mit der sakramentalen Kommunion siehe Caspers 1992, 5, 215 f.; Caspers 1995, 89; Pijper 1907, 26 f., 42. Für das Zitat aus dem Gebetbuch vom Anfang des 16. Jahrhunderts siehe Meertens 1932, 21. Zu den physischen Vorteilen der sakramentalen Kommunion siehe Caspers 1992, 209 f. Literarische Beispiele für den Vorwurf des Aberglaubens in diesem Zusammenhang: Meertens 1932, 20–25. Das Zitat von Cranmer bei Reinburg 1992, 527. Das Zitat über den Glauben, der ebenso viel bewirke wie das Sehen, bei van Bruaene 2016, 45. Zu Viaticum-Prozessionen siehe Caspers 1990b, 167 f., 174. Zur *amende honorable* siehe Suykerbuyk 2017, 282.

Zur »auslaufenden Nonne von Oirschot« siehe Lindeijer 2019–2020, 104–177; zu ähnlichen Beispielen Vincent 2004, 63 f. Beispiele von Spenden für Öl bei Trio 1993, 294 f. Anm. 100; und zur Schenkung einer silbernen Lampe van Deijk 2003, 108. Zu den Intentionen der Spender siehe Browe 1932, 5, 7 ff.; Dendy 1959, 15. Zahlreiche Beispiele von »Ewigen

Lichtern« bei Vincent 2004, 40–45. Zu Beleuchtungselementen siehe Trio 1993, 291, 293 f; und zu Richtlinien hierfür van Tongeren 2009, 269 f. Beispiele aus der Antwerpener Kathedrale bei Prims 1931, 40; siehe auch Prims 1939a, 321; Diercxsens 1773, Bd. 3, 232; Caspers 2011, 27; Gooskens 2016, 155; van den Nieuwenhuizen 2018, 66. Zahlreiche Beispiele von übertriebenem Theater bei der Elevation bei Browe 1932, 63–66. Beispiele für die Verwendung von Fackeln bei der Elevation bei Trio 1993, 294 Anm. 100. Zum Spenden von übrig gebliebenem Kerzenwachs nach Trauergottesdiensten siehe Vincent 2004, 489; speziell zur Antwerpener Kathedrale Prims 1935, 26.

Zur Bestellung des Sakramentshauses siehe Donnet 1924, 3; Prims 1939b, 21; Prims 1940a, 134 f. Zur Bezahlung von Arbeitern nach dem Brand siehe Prims 1939c, 114. Das Zitat aus dem *Antwerpsch chronykje* bei van Loon 1743, 184. Zum Aufbewahrungsort des allerheiligsten Sakraments in der Sankt-Jakobs-Kirche siehe Muller 2016, 189 f. u. Anm. 22. Ausführliche Erläuterungen zur biblischen Symbolik hinter dem Läuten der Altarschelle bei Durand 2013, 358. Zu den Klagen über das Hin- und Herrennen siehe Baum 2013a, 40. Zitat von Thorpe bei Duffy 2005, 98. Zitat von Cranmer bei Pijper 1907, 82. Zitat von Engelhus bei Meertens 1932, 21. Das Problem wurde u. a. in einem Dekret der Synode von Angers (1423) und einer Heilbronner Ratsverordnung (1507) angesprochen, siehe Browe 1932, 67. Zitat von Gottschalk Hollen bei Baum 2013a, 40. Passage aus *Seer gemeyne tsamencoutingen* u. a. über das frühzeitige Verlassen der Kirche bei Schreurs 2001, 128; de Neve 1962, 129; vergleiche den Visitationsbericht von 1618 über die Sankt-Andreas-Kirche, demzufolge etwa die Hälfte der Gemeindemitglieder kaum zur Mitte der Predigt eintraf, siehe Marinus 1995, 210. Zum Rezitieren aus dem Johannes-Evangelium siehe Duffy 2005, 123 f. Das Zitat über verhängte Bußen bei Serrure 1859–1860, Bd. 3, 338.

## 13 Ein nie gesehenes Schauspiel

•

Eine Zusammenstellung von Chronikberichten über den Brand findet man bei van Brabant 1974, 17–24. Zur riesigen Christophorus-Skulptur siehe Mertens u. a. 1845–1853, Bd. 3, 100. Erasmus' Bericht über die

Soldaten in »Militaria«, »Die Soldatenbeichte«, Erasmus 2006. Die *Chronyck van Antwerpen* erschien 1534 bei Johannes Grapheus in Antwerpen; ein Exemplar befindet sich in Den Haag in der Koninklijke Bibliotheek, Pflt 57. Zu Grapheus und van Ursel siehe Prims 1939e, 177 f.; van Brabant 1974, 21 ff. Das Akrostichon von Cornelis Crul stammt aus *Carnation*. Zu den Rechnungen nach dem Brand siehe Vroom 1983, 60 ff. Zum Vertrag von 1479 siehe Schlugleit 1969, 25 f. Zum Rhythmus der Bautätigkeit siehe Vroom 1983; Roobaert 1957–1958, 181 f.; van Langendonck 1993a, 107–124. Zum Bau des *Nieuwerck* und dem Abbruch der Arbeiten siehe Dupré 2019–2020. Zum Niedergang des Kults der *Onze-Lieve-Vrouw op 't Stokske* siehe van de Velde 1993, 185. Zu den Erwerbungen der Einzelhändler für den Sankt-Nikolaus-Altar siehe Geudens 1891, 42; van Langendonck 1993v, 59 u. Anm. 14. Zum Vertrag über das Retabel siehe die Rechnungen der Gilde im Felixarchief (SAA, GA 4245) und Geudens 1891, 51–63. Die Verdrängung bildhauerisch gestalteter Altaraufsätze durch gemalte Retabel bespricht van de Velde 1993, 179.

Die Einzelhändler ließen 1607 die Flügel ihres Altaraufsatzes viermal im Jahr aufklappen (Weihnachten, Ostern, Pfingsten, Mariä Himmelfahrt), außerdem jedes Mal, wenn »es den Dekanen belieben sollte«, siehe Fabri 2009, 39 f. Dürer bezahlte mehrmals für das Öffnen von Altaraufsätzen, siehe Dürer 2008, 32 f. Außer monochrom in Rotbrauntönen gehaltenen Heiligenfiguren waren Malereien in Grautönen und mit Marmoreffekten gängige Varianten, siehe Verougstraete 2015, 90 f. 158. Zu den Marmoreffekten siehe Verougstraete 2015, 91–96; zu monochromer Malerei ebd., 96–100. Das Zitat von Münzer nach Monetarius 1939, 529 f. Eine einzigartige Quelle für die Ausschmückung der Umgebung von Altären ist das »*kosterboekje*« (um 1540) der Sankt-Salvator-Kirche in Utrecht. Die lateinische Handschrift mit dem Titel *Ordo ornamentorum* war im Grunde ein *liber ordinarius*, das von einem unbekannten Autor (vielleicht Willem Bÿndorp) zu einer Handreichung für den Küster (*custos*) oder Hilfsküster ausgearbeitet wurde: RAU Oudmunster 392-1; zwei Abschriften mit späteren Ergänzungen, ungefähr von 1560 und 1579 (vom selben Verfasser): RAU Oudmunster 392-2 und 392-3; vollständige Transkription bei van Rossum 1867. Zur Ausschmückung der Kathedrale zu Hochfesten siehe Oost 1997, 50; außerdem Kirchenrechnungen, u. a. KAA, Rechn. Nr. 15, 1551–1552, Fol. 61r (Weihrauchfass) KAA, Rechn. Nr.

15, 1558–1559, Fol. 36r (Sprengel); Beispiele für inoffizielles Altarzubehör siehe u. a. KAA, Rechn. Nr. 15, 1557–1558, Fol. 36v; Prims 1939c, 106. Zu Zünften, die einen weiteren Altar in einer Kapelle, einer Kirche oder einem Zunfthaus besaßen, siehe Verleysen (2000) und Prims 1940b, 308, 390 f. Die beliebte Tuchschererkapelle war die Ausnahme von der Regel, was die Anziehungskraft auf Gläubige anging, siehe Verleysen 2000.

Zum Wetteifern in der Ausschmückung siehe Baisier 2008, 20. Das Beispiel der Maria-Magdalena-Skulptur bei Prims 1937, 273 f. Das Beispiel der Kasel bei Geudens 1891, 39 f. Zum ungeschmückten Altar der Strumpfmacher siehe Prims 1939d, 42; Prims 1939b, 35. Zu dem Altar der Sankt-Lambrechts-Gilde siehe Prims 1939d, 39; Prims 1939a, 291. Zu dem der Sattler siehe van den Nieuwenhuizen 2009, 18 f. Beim Wiederaufbau von Altären nach dem Bildersturm (vor allem 1595–1600 und 1607–1610) fallen die großen Unterschiede zwischen den Ausgaben der reichen und der ärmeren Zünfte auf, siehe dazu Verleysen 2000, besonders Tabelle 1.10, Grafiken 1.1–1.2, Beilage S. 126–129. Verleysen folgert, die Altarbesitzer hätten sich an eine unausgesprochene Regel hinsichtlich der angemessenen jährlichen Investitionen gehalten. Zu den jährlich anfallenden Kosten siehe Verleysen 2000, Beilage 127–129; zu den Ausgaben der Hafenarbeiter siehe deren Rechnungen im Felixarchief (SAA, GA 4085. SAA, GA 4083); zu den Ausgaben der Fuhrleute ebd. (SAA GA 4140). Die Beträge für Instandhaltung und Ausschmückung wurden für den Zeitraum 1585–1633 berechnet, siehe Verleysen 2000, u. a. Tabelle 1.9, Grafik 1.1 und OCMWA, GH 84 (Rechnungen der Einzelhändler 1573–1611), Fol. 193v, 194v, 209v.

## 14 Sprachlos
·

Zu den einführenden Abschnitten siehe Guicciardini 1612, 70–73. Zum Stimmvolumen des Priesters siehe Durand 2013, 153, 413. De Beatis dazu: de Beatis 1979, 103. Insgesamt wurde das *Boexken van der officien* vor 1502 neunmal nachgedruckt, siehe Andriessen 1982, 32, 34; auch Graves 1989, 309 ff.; Marinus 1995, 211. Das Zitat von Erasmus aus »Pietas Puerilis«, Erasmus 1936, 23 f. Eine gründliche Studie über das Entstehen früher städtischer Kulte bietet Bossuyt 2007, 252 f. Munters über die Haltung der Einwohner von Hasselt: Munters 1972, 86; siehe auch Pollmann 2011, 54. Zum Hochchor als »Taubenschlag« siehe Marinus 1995, 113, 206 f. Für das Zitat über das Umherspazieren in der Kathedrale siehe Prims 1939f, 235. Zur Äußerung des Bischofs von Gent siehe Bauwens 2017, 174. Über respektloses Verhalten in der Kirche siehe *Des Coninx Summe* 1907, 159 f.

Zur Anzahl der Kapläne, die auch Notare waren, siehe van den Nieuwenhuizen 1993b, 73. Zur Erledigung rechtlicher Angelegenheiten an einem Altar, zum Beispiel der feierlichen Unterzeichnung der Gründungsurkunde eines Hospitals in Breda, mit unter anderen sechs Geistlichen als Zeugen, am Dreikönigs-Altar, siehe Gooskens 2016, 11. Beispiele für Arbeiter, die an Altären ihre Dienste anboten, bei Génard 1864, 183. Zu den regelmäßigen Klagen hierüber und zu dem Vorgehen zum Beispiel gegen Maurer und Zimmerleute, die sich am Montagmorgen in der Kathedrale einfanden, siehe Scholliers 1960, 128. Ein Zitat von 1547: »Maurer, Maurergehilfen und andere Arbeiter dürfen sich, um Arbeit zu finden, morgens nicht mehr in der Liebfrauenkirche versammeln«, Génard 1864, 233. Zum päpstlichen Dekret der Synode von Angers siehe Jung 2013, 68 f. Zu der brieflichen Klage siehe Prims 1939 f., 235 f.; weitere Klagen bei Marinus 1995, 214 f. Zahlreiche Klagen haben auch Taylor (französische Kirchen) und Milner (englische Kirchen) gesammelt, Taylor 1992, 31 ff., Milner 2011, 120 f. Der Bericht über das Jeu de Paume siehe Rijksarchief Gent, Sint-Hermeskapittel Ronse, Regest 138: Urkunde von 1433. Den Hund mit Halsband erwähnt Craig 2005, 117 f., 120. Zitate aus *Dat boexken van der missen anderwerf ghecorrigeert* von Gerrit van der Goude: I cap. III und XXVII. Das *Livre du chevalier de la Tour Landry pour l'enseignement de ses filles* (1371/72) wurde für die Töchter von Geoffroi de La Tour Landry als Anleitung zum richtigen Verhalten geschrieben. Für den Bericht von Olivier de la Marche über das Kapitel des Ordens vom Goldenen Vlies in der Genter Sankt-Jans-Kirche siehe Dhanens 1983, 19. Das Zitat von Dürer in Dürer 1956, 152; von de Beatis in de Beatis 1979, 103. Zu lauten Aktivitäten rings um die Kathedrale siehe Vroom 1983, 87. Zur Prostitution in Antwerpen siehe Delameillieure u. a. 2019, 208 f.

## 15 Mit verblümten Worten

Zum spanischen Staatsbankrott und der folgenden Teuerung und Hungersnot siehe Torfs 1846, 363. Zur Anzahl der Ertränkungen in der Schelde siehe Verwerft 2007, 177 f. Zu Caspar van der Heyden siehe De Moor 2010, 17 f. Zu den Heckenpredigten siehe Woltjer 2007, 92. Zu den Festen zwischen Sankt Martin und Ostern siehe Pleij 1979, 15. Zu der Sondererlaubnis für Fleischverzehr siehe Munters 1972, 79. Zitat aus dem Brief an die Sorbonne bei Pleij 1979, 53. Die den Hochchor abdeckenden Vorhänge wurden schon am Mittwoch nach Palmsonntag abgenommen, die Abdeckungen der Altäre im Hochchor nach der Messe am Gründonnerstag, siehe van Rossum 1876, 138, 142. Zitat in van Vaernewyck 1872–1881, 33. Zum Predigtstil siehe Rademaker 1990, 52; de Moor 2010, 26, 48 f., 56. Zitat aus *Das Lob der Torheit*: Erasmus 2003; siehe auch Pollmann 2011, 36 f. Ein zeitgenössischer Bericht über den Einzug des Palmesels in Antwerpen bei Bertrijn 1879, 50. Den Gebrauch der Altarschelle während der Fastenzeit beschreibt Jungmann 1966, Bd. 2, 160; Thurston 1907. Zu den Gebräuchen an Karfreitag siehe van Rossum 1876, 150 f.; auch de Loos 2001, 52, 54. Zur Osterkerze siehe Caspers 2000, 298 ff., 306 f. Zu dem Geld, das mit der Zurschaustellung der Reliquien eingenommen wurde, siehe Vroom 1983, 49. Zur sakramentalen Kommunion in Antwerpen siehe Marinus 1995, 170. Zu den Statuten (Cambrai) siehe Caspers 1990b, 166. Zum Vergleich: 1609 nahmen in der Antwerpener Sankt-Ignatius-Kirche 26 Beichtväter ungefähr 4000 Personen die Beichte ab (was fünf Minuten pro Person oder 150 Personen am Tag pro Beichtvater bedeutet), siehe Marinus 1995, 170.

Der Abschnitt aus dem *Antwerpsch chronykje* in van Loon 1743, Fol. 4r–4v. Das Zitat über Mitgefühl auslösende Abbildungen bei van Vaernewyck 1872–1881, II, 135. Bevor der Farbcode 1570 im *Missale Romanum* vereinheitlicht wurde, war er bereits unter anderem von Durandus und von Innozenz III. festgeschrieben worden, siehe Staal 1993, 4, 23 ff., 30. Zu lokalen Unterschieden in der Liturgie siehe u. a. van den Nieuwenhuizen 1993b, 69–78; Mertens u. a. 1845–1853, Bd. 5, 281; Andriessen 1982, 40. Zur mühsamen Vereinheitlichung siehe Caspers 2011, 21. Zu liturgischen Textilien der Liebfrauenlob-Gilde siehe Grieten u. a. 1996, 28; Vroom 1983, 115 Anm. 62. Zu den Altarvorhängen der Einzelhändler siehe

Geudens 1891, 62 f., 74. Für Beispiele von Ausnahmesituationen im Küsterbuch siehe van Rossum 1876, 209 f., 230, 217.

## 16 Mehr als die Summe der Teile
•

Bibliografische Angabe zum Lobgesang Paul Grebners auf die Kathedrale: Paulo Grebnero Iuniori, *Carmen elegiacum de laude celeberrimae urbis Antverpiae [...] Cui additum est caput LIII Esaiae [...] carmine redditum*, Antwerpen: Gillis Coppens van Diest, 1562, Erfgoedbibliotheek Hendrik Conscience, Inv. 669621. Großer Dank gebührt Jarrik van der Biest für den ersten Entwurf der äußerst komplexen Übersetzung und Michiel Verweij für die vollständige Übersetzung mit erläuternden Anmerkungen. Zu Grebners Aufenthalt in Antwerpen siehe auch Prims 1951, 242 ff.; Marnef 1996, 44. Gerüchte über die Inquisition bei van Nierop 2007, 83; der zeitgenössische Bericht bei van Haecht 1929–1930, Bd. 1, 17. Münzer über die Kathedrale: Monetarius 1939, 530. Außerdem Guicciardini 1612, 62. Die Zitate aus der *Chronijck der Stadt Antwerpen* stammen aus Bertrijn 1879, 9, 133, 135. In seiner bahnbrechenden Studie über die Macht der Bilder bezeichnet David Freedberg den Drang, zu imponieren, als Prozess des *enshrinement*, siehe Freedberg 1989, 103, 109 f., 118. Der Kunsthistoriker Beat Brenk denkt in eine ähnliche Richtung; der religiöse Zweck der Ausschmückung von Kirchen und Altären war seiner Ansicht nach selten die Indoktrination, wesentlich sei das Erwecken von Ehrfurcht durch Überfluss; Brenk spricht von *rhetoric of abundance*: Brenk 2005, 142, 144, 150 f., 153. Zu den Holzschnitten im Querhaus siehe de Clercq 1990, 28 f.; van der Stock 1998, 174. Zur Instandsetzung der Kirchen nach Wiedereinführung des katholischen Glaubens siehe Verleysen 2000.

Die Blütezeit der Wandteppiche (die zum Teil die Leinen-, Seiden- und Wolltücher ersetzten) dauerte ungefähr von 1450 bis 1550, siehe Braun 1912, 256–259. Zur Liebfrauenlob-Gilde siehe Grieten u. a. 1996, 498; außerdem die Kirchenrechnungen, u. a. KAA, O.L.V.-Lof, Rechn. Nr. 2, Fol. 27v. Zu den *dorsalia* siehe Weigert 2004, 1f., 6, 9, 14. Zum Einsatz von Textilien bei festlichen Einzügen von Herrschern und anderen feierlichen Zeremonien siehe Checa 2008, 22–27, 32, 56 f. Wie großartig die Kathedrale für die Zeremonie des Ordens vom Goldenen Vlies mit Teppichen ausgeschmückt wurde, beschreibt ausführlich Bertrijn 1879, 99 f. Zum historischen Kontext des Zyklus *Eroberung von Tunis* siehe Checa 2008, 159–168. Zum Erwerb von Tuch durch die Einzelhändler siehe Geudens 1891, 62. Zu den Wand- und Gewölbemalereien in der Kathedrale siehe Bergmans 1998, 297 f.; de Clercq 1990, 24, 26–30; Delmotte 1994; van Langendonck 1988, 13, 35, 44; Aerts u. a. 1990, 17 f., 25 f.; Rombouts u. a. 1864, 47. Die roten Wände mit schwarzen Friesen und Pressbrokat stammen aus der Zeit vom letzten Viertel des 15. bis Mitte des 16. Jahrhunderts. Der Hochchor wurde 1495/96 weiß gestrichen. Ich danke Helena Vanloon und Emma Beyens sehr für die Restaurationsberichte, das fotografische Material und wertvolle Informationen über die Malereien in der Sankt-Jakobs-Kirche. Zum Weißen des Innenraums im Jahr 1695 siehe van Brabant 1974, 81 f. Nur in zwölf der etwa 150 von Baisier untersuchten Darstellungen der Kathedrale sind Einzelheiten richtig wiedergegeben, siehe Baisier 2016, 124; Baisier 2008.

Beispiele für die Aneignung gemalter Kircheninnenräume bei Pollmann 2009, 93. Zur Wiederverwendung von Skulpturen wie der alten Hubertus-Skulptur siehe van Langendonck 1993b, 57 f., 59 Anm. 9; Geudens 1921, 30 f., 36. Zu den Sattlern siehe Prims 1939b, 40. Zu den Verhandlungen um den Sankt-Nikolaus-Altar siehe Geudens 1891, 33 f. Zum Mieten silberner Kandelaber durch die Einzelhändler ebd., 74. Zu den Verhandlungen zwischen der Hubertus-Gilde und der Schneiderzunft Geudens 1921, 52 f., 56. Zum Retabel des Sankt-Lambertus-Altars siehe Prims 1939d, 38 f.; Geudens 1921, 15; Prims 1939a, 291 f., 294. Die Kombination religiöser und lokaler Erzählungen in den Retabeln der Kathedrale analysiert ausführlich Gielis 2009, 205–211. Bei Kaplaneien erklärte sich die Wahl bestimmter Schutzheiliger durch persönliche Affinität.

Zur Wahlfreiheit der Schenker siehe u. a. Byng 2019, 249. Zahlreiche Beispiele für geschenkte Gegenstände aus der öffentlichen Sphäre bei Gilchrist 2014, 250 f.; Duffy 2005, 96, 128 f., 330 ff. Zu Heesboem siehe van Rossum 1876, 218 f. Zu Weerdenborch ebd., 116, 218 ff. Adrianus van Weerdenburch, so der korrekte Name, war ein Kanoniker der Sankt-Salvator-Kirche, siehe ebd. 117 Anm. 1. Zu Zelbach ebd. 117, 219 f. Auch Cornelius de Zelbach war Kanoniker dieser Kirche, ebd. 117 Anm. 2.

Zum Verlust des Nutzungsrechts siehe de Boer 2016, 75 ff.; van Vaernewycks Klage bei van Vaernewyck 1872–1881, 163 f. Zu den in Sicherheit gebrachten Epitaphen siehe den hervorragenden Artikel von Suykerbuyk 2021, 57 ff. Eine glänzende Analyse des Phänomens der historischen Verankerung bietet Douglas 2003, 55; siehe auch Pollmann 2000, 32. Das Beispiel eines Grabmals als Beweismaterial bei Suykerbuyk 2021, 45, 49. De Beatis über den Aachener Kult: de Beatis 1979, 153 f.; van Vaernewyck 1872–1881, 163 f. Zu beschreibenden Texten, die Erinnerungen lebendig halten, siehe Pollmann 2009, 93. Zu Erasmus van Brakel siehe Suykerbuyk 2021, 45, 49, 64; in diesem Zusammenhang auch Douglas 2003, 75–100. Das Zitat von Erasmus aus »Convivium Religiosum«, »Das geistliche Gastmahl«, Erasmus 2006. Zu Gründungsdokumenten von Kaplaneien, in denen Altargerät aufgeführt ist, siehe van den Nieuwenhuizen 2018, 78, 84, 87, 94; Muller 2016, 331, 396. Zu Klagen über die Kircheneinrichtung siehe Verleysen 2000. Das Zitat von Hemelarius bei Marinus 1995, 213. Muller hat überzeugend nachgewiesen, dass die Konstellation von Objekten und Ritualen bei westeuropäischen Bruderschaften vom späten Mittelalter bis zur Französischen Revolution mehr oder weniger gleich blieb, siehe Muller 2016, 419. Zur »romantischen« neogotischen Gestaltung der Kathedrale als Gesamtkunstwerk siehe Manderyck 2009, 54–63.

## 17 Paradies auf Erden

Zur Hinrichtung von Fabricius siehe Mertens 1841, 5–15; ein zeitgenössischer Bericht über die Hinrichtung des einen Steinewerfers bei Bertrijn 1879, 105 f. Mehr Informationen über die anti-englische Handelspolitik bei Marnef 1996, 45; Kuttner 1949, 214 ff. (zu beachten ist Kuttners ausgeprägt marxistische Sichtweise). Die zugefrorene Schelde hat der Antwerpener Künstler Joris Hoefnagel in der Radierung *Fest auf der zugefrorenen Schelde vor Antwerpen im Jahr 1564* verewigt. Das Bibelzitat stammt aus Apostelgeschichte 1,2–4. Zum liturgischen Drama siehe u. a. de Loos 2001, 35–56; Kopania 2010. Zu dem Schlussstein mit dem Rohr siehe Grieten u. a. 1996, 53 mit weiteren Verweisen. Zu ähnlichen Ritualen bei der Pfingstmesse siehe u. a. Bossuyt 2007, 46 f. Zum Himmelsloch der Liebfrauenkirche von Breda siehe Timmermans 2003, 53; van Wezel 2003, Kat. Nr. 13. Zum Kathedralputz u. a. Prims 1939c, 101, 105 f. Ausführlich zum Einsatz von Musik: Persoons 1981, 104; van den Nieuwenhuizen 1978. Zur Eidleistung des Prinzen siehe Prims 1939c, 120.

Die Löwener Prozession fand erstmals 1502 oder 1503 statt, siehe van der Stock 2012, 11 f., 18 f.

Zur Sankt-Salvator-Kirche von Brügge siehe Brown u. a. 2018, 347: Kreuzreliquien 1420, Sänger 1432. Zu Veränderungen in der Nutzung des sakralen Raums siehe u. a. Graves 1989, 317 f. Zu den Gewölbemalereien von Crans siehe Grieten u. a. 1996, 235. Die Gewölbemalereien der Bäckerzunft bestanden aus Grotesken mit Meerestieren und Vasen, einem Andreaskreuz mit burgundischer Feuerschlange, den Säulen des Herkules mit Kaiserkrone, gekreuzten Backschaufeln und Broten sowie umkränzten Wappen (von Karl V., der Markgrafschaft Antwerpen, den Müllern und Bäckern). Zitat aus dem Flugblatt bei van Haecht 1929–1930, Bd. 1, 91 f.

# Alles hin!

•

Dieses Kapitel beruht auf verschiedenen Quellen, darunter Marcus van Vaernewijck, Godevaert van Haecht und Geeraard Bertrijn. Das Zitat über das »Wunderjahr« aus Bertrijn 1879, 111. Sonntag, 21. April: u. a. van Haecht 1929–1930, Bd. 1, 29 f.; ergänzend van Nierop 2007, 83. Mittwoch, 1. Mai, und Sonntag, 23. Juli: u. a. van Haecht 1929–1930, Bd. 1, 42 f. Sonntag, 9. Juni: u. a. Van Haecht 1929–1930, Bd. 1, 46 f. Samstag, 29. Juni: u. a. Bertrijn 1879, 114; ergänzend Marnef 1996, 93–124. Samstag, 10. August: Cools 2017; zur Chronologie siehe Scheerder 1974, 117–120. Sonntag, 18. August, bis Dienstag, 20. August: u. a. van Haecht 1929–1930, Bd. 1, 96–100. Eine Auflistung der Chronikberichte über den Bildersturm und die Zeit kurz danach bei van Brabant 1974, 32–42. Der Bericht des kirchenkritischen Augenzeugen stammt aus *Geschiedenisse aengaende t'feyt der religien, gebeurt t'Antwerpen int jaer van 1566*, erschienen 1567. Zitat von Clough bei Scheerder 1974, 38 ff. Zum Kontext des Rückzugs der städtischen Ordnungshüter siehe Marnef 1996, 128 ff; ein zeitgenössischer Bericht bei Bertrijn 1879, 135. Mittwoch, 21. August: Bertrijn 1879, 135; van Haecht 1929–1930, Bd. 1, 100 f.; ergänzend Marnef 1996, 128 f.

# Epilog

Karl Borromäus, Erzbischof von Mailand, gehörte zu denjenigen, die sich für die Eliminierung der Nebenaltäre aussprachen. In Antwerpen hielt man jedoch noch an dieser Tradition fest, siehe Prims 1939a, 320. Zum Weiterleben bestimmter Funktionen verschwundener Nebenaltäre siehe Kroesen 2014, 139 f. Zum Weißen der gesamten Kathedrale siehe van Brabant 1974, 81 f., 210 f.; Papebrochius 1845–1848, Bd. 5, 340. Zitat in *Beschrijving van kerken, kloosters en andere bezienswaardigheden* (SAA, PK 197, Fol. 21). Spuren bilderstürmerischer Raserei und Graffiti von Kirchenbesuchern wurden im Zuge der neogotischen Restauration systematisch entfernt. Zur neogotischen Kathedrale siehe Manderyck 2009, 57 ff.

# Zeittafel

## Personen und Ereignisse in Antwerpen

| | |
|---|---|
| um 1352 | Beginn des Baus der »neuen« gotischen Kirche |
| 1430 | älteste Erwähnung eines Zunftaltars |
| 1433–1477 | Karl der Kühne, Herzog von Burgund, Herrscher der Burgundischen Niederlande |
| 1436–1439 | schwere Pestepidemie in Antwerpen |
| 1437–1438 | Pero Tafur bereist die Niederlande |
| 1450–1500 | **Blütezeit der Zunft- und Gildenaltäre** |
| 1456–1459 | schwere Pestepidemie in Antwerpen |
| 1457–1482 | Maria von Burgund, Tochter und Nachfolgerin Karls des Kühnen |
| 1459–1519 | Maximilian von Österreich, Gatte Marias von Burgund, versucht nach ihrem Tod als Vormund des gemeinsamen Sohnes Philipp die Herrschaft über die Burgundischen Niederlande auszuüben |
| 1464 | Antwerpen hat etwa 31 000 Einwohner |
| 1466, 1467 oder 1469–1536 | Desiderius Erasmus von Rotterdam, Vielschreiber und Theologe |
| 1469 | **Weihe des neuen Pfarrbereichs** |
| 1469–1475 | **Bau des Lettners** |
| 1473/1474 | *Onze-Lieve-Vrouw op 't Stokske* **beginnt Wunder zu tun** |
| 1475 | **Die Bruderschaft des Heiligen Sakraments verlegt ihren Altar in die Venerabelkapelle** |
| 1475–1500 | **Fertigstellung des Querhauses** |
| 1477 | Sankt Jakob, Sankt Walburgis und Sankt Georg werden Pfarrkirchen |
| 1477–1515 | **Gründung von 33 Kaplaneien, die insgesamt 129 Messen pro Woche feiern** |
| 1481–1485 | schwere Pestepidemie in Antwerpen |
| 1482 | **Vollendung der Marienkapelle** |
| 1482–1487 | **Bau der Sakristeien für Kanoniker und Kapläne und der Bibliothek** |

| | |
|---|---|
| 1482–1558 | Cornelis Grapheus, städtischer Sekretär 1520–1521 und 1540–1558 |
| 1483–1546 | Martin Luther |
| 1487 | Gefangennahme Maximilians in Brügge |
| 1490 | schwere Pestepidemie in Antwerpen |
| 1493 | **Bestellung des Sakramentshauses** |
| 1493–1575 | Anna Bijns, Antwerpener Lehrerin und Dichterin |
| 1494–1495 | Hieronymus Münzer bereist die Niederlande |
| 1500–1558 | Kaiser Karl V., Maximilians Enkel |
| 1504 | schwere Pestepidemie in Antwerpen |
| 1505–1555 | Kaplan Christiaan Munters, dessen Tagebuch aus den Jahren 1529–1545 erhalten ist |
| 1509 | Erasmus schreibt *Das Lob der Torheit* |
| 1509–1564 | Johannes Calvin |
| 1511 | **Quentin Massys malt seine *Beweinung Christi* für den Altar der Möbeltischler** |
| 1512–1516 | schwere Pestepidemie in Antwerpen |
| 1516–1569 | Marcus van Vaernewijck, Dichter aus Gent, dessen Tagebuch aus den Jahren 1566–1568 erhalten ist |
| 1517–1518 | Antonio de Beatis reist durch die Niederlande |
| 1518 | **Fertigstellung des Nordturms** |
| 1518–1555 | Regierungszeit Karls V. |
| 1520–1521 | Albrecht Dürers Aufenthalte in Antwerpen |
| 13. Juli 1521 | erste Bücherverbrennung in Antwerpen |
| 15. Juli 1521 | **Grundsteinlegung für den Hochchor** |
| Oktober 1522 | Schließung des Antwerpener Augustinerklosters |
| 1. Juli 1523 | erste Hinrichtung wegen Ketzerei in den Niederlanden |
| 1524–1525 | **Bernard van Orley malt *Das Jüngste Gericht* für den Altar der Almoseniere** |
| 31. Juli 1525 | erste Hinrichtung wegen Ketzerei in Antwerpen |
| 1526 | Antwerpen hat 55 000 Einwohner, ein spektakuläres Bevölkerungswachstum beginnt |
| 1527–1598 | Philipp II., Sohn und Nachfolger Karls V. |
| 1529 | schwere Pestepidemie in Antwerpen |
| 1529 | erste Hinrichtung eines Täufers in Antwerpen |
| 1529 | Sankt-Andreas-Kirche wird Pfarrkirche |
| 1532–1573 | Lancelot van Ursel ist in dieser Zeit sechzehnmal Bürgermeister |
| 5.–6. Oktober 1533 | **Ein schwerer Brand zerstört zahlreiche Nebenaltäre** |

| | |
|---|---|
| 1534 | schwere Pestepidemie in Antwerpen |
| 30. Dezember 1539 | **Die *meerseniers* (Einzelhändler) bestellen einen neuen Altaraufsatz** |
| 1542 | Lodovico Guicciardini lässt sich in Antwerpen nieder |
| 1542 | Belagerung Antwerpens durch den gelderländischen Heerführer Maarten van Rossum |
| 1542/1543 | Antwerpen hat etwa 84 000 Einwohner |
| um 1546 | Pieter Bruegel der Ältere zieht nach Antwerpen |
| 1546/1547–1599 | Godevaert van Haecht, Antwerpener Chronist der Jahre 1565–1574 |
| 1550 | »Blutgesetz«: Einführung der Inquisition durch Karl V. |
| 1556 | **Antwerpen beherbergt die Kapitelversammlung des Ordens vom Goldenen Vlies** |
| 1559 | **Erhebung der Liebfrauenkirche zur Kathedrale** |
| 1559 | Bruegel malt den *Kampf zwischen Karneval und Fasten* |
| 1562 | Paul Grebner besucht Antwerpen |
| 20.–21. August 1566 | **Bildersturm** |
| 1567 | Lodovico Guicciardini veröffentlicht seine *Descrittione di tutti i Paesi Bassi* |
| 1568 | Antwerpen hat mehr als 100 000 Einwohner |
| 1571 | schlimmste Pestepidemie des 16. Jahrhunderts |

# Antwerpener Festkalender

| | |
|---|---|
| zwischen 27.11. und 03.12. | **Beginn der Adventszeit** vier Sonntage vor Weihnachten |
| 06.12. | **Nikolausfest** |
| 24.12. | **Ende der Adventszeit** |
| 25.12. | **Weihnachten** |
| 28.12. | **Fest der unschuldigen Kinder** |
| 06.01. | **Dreikönigsfest** |
| 02.02. | **Mariä Lichtmess** |
| | **Faschingsdienstag** (*Vette Dinsdag*) |
| zwischen 04.02. und 10.03. | **Aschermittwoch,** Beginn der Fastenzeit (46 Tage vor Ostern: 40 Fastentage und 6 Sonntage) |
| Sonntag vor Ostern | **Palmsonntag,** Beginn der Karwoche |
| | **Gründonnerstag** (*Witte Donderdag*), Beginn des Jahrmarkts in Bergen op Zoom |
| | **Karfreitag** (*Goede Vrijdag*) |
| | **Karsamstag** (*Stille Zaterdag*) |
| zwischen 22.03. und 25.04. | **Ostern** |
| am oder nach dem 23.04. | **Sankt-Georgs-Prozession** am Samstag und Sonntag (seit 1485) |
| zwischen 30.04. und 03.06. | **Christi Himmelfahrt** (39 Tage nach Ostersonntag) |
| 2. Sonntag vor Pfingsten | **Beginn des** *sinksenmarkt* (Pfingstmarkt) |
| zwischen 10.05. und 13.06. | **Pfingsten** (7. Sonntag nach Ostern) |
| 1. Sonntag nach Pfingsten | **Trinitatis** oder Dreifaltigkeitssonntag, Beschneidungs-Prozession |
| Donnerstag nach Trinitatis | **Fronleichnam und Sakramentsprozession** |
| 15.08. | **Mariä Himmelfahrt** |
| 1. Sonntag nach Mariä Himmelfahrt | **Liebfrauenprozession** |
| 2. Sonntag nach Mariä Himmelfahrt | **Beginn des** *bamismarkt* |
| Donnerstag vor Allerheiligen | **Beginn des Jahrmarkts** in Bergen op Zoom |
| 01.11. | **Allerheiligen** |
| 02.11. | **Allerseelen** |
| 11.11. | **Martinstag** |

# Bibliografie

AERTS, Willem, Mare ROELS, Linda VAN LANGENDONCK u. a., »De binnenrestauratie van kruisbeuk en koor van de Onze-Lieve-Vrouwekathedraal te Antwerpen«, *M&L* 9, 5 (1990), S. 12–37.

ANDRIESSEN, Jos, »De plaats van het Boexken in de liturgie- en vroomheidsgeschiedenis«, Simon van Venlo, *Boexken van der officien ofte dienst der missen*, Bd. 2, Ludo Simons (Hg.), Antwerpen 1982, S. 32–41.

ARNADE, Peter, *Beggars, Iconoclasts, and Civic Patriots. The Political Culture of the Dutch Revolt*, New York 2008.

ARNOLD, John H., Caroline GOODSON, »Resounding Community: The History and Meaning of Medieval Church Bells,« *Viator* 43, 1 (2012), S. 99–130.

ATCHLEY, Edward Godfrey Cuthbert F., *A History of the Use of Incense in Divine Worship*, London 1909.

BADOERO, Federico, *Relazioni degli ambasciatori veneti al Senato*, Eugenio Alberi (Hg.), Serie 1, Bd. 3, Florenz 1853.

BAERT, Barbara, *Late Mediaeval Enclosed Gardens of the Low Countries. Contributions to Gender and Artistic Expression*, Studies in Iconology 2, Löwen 2015.

BAERT, Barbara, (mit einem Beitrag von Hannah ITERBEKE), »Revisiting the Enclosed Gardens of the Low Countries (15th century onwards). Gender, Textile, and the Intimate Space as Horticulture«, *Textile. Journal of Cloth and Culture* 15, 1 (2017), S. 2–33.

BAISIER, Claire, *De documentaire waarde van de Kerkinterieurs van de Antwerpse School in de Spaanse Tijd (1585–1713) – Band 1*, Diss. (Kunstwissenschaften), KU Löwen, Löwen 2008.

BAISIER, Claire, »The Cathedral of Our Lady (Onze-Lieve-Vrouwekathedraal)«, Claire Baisier (Hg.), *Divine Interiors. Experience Churches in the Age of Rubens*, Ausstellungskat. Antwerpen, Museum Mayer van den Bergh, Antwerpen, 2016, S. 124–127.

BAUM, Jacob M., *Sensory Perception, Religious Ritual and Reformation in Germany, 1428–1564*, Diss. (Philosophie), University of Illinois, Urbana-Champaign, 2013. = 2013a

BAUM, Jacob M., »From Incense to Idolatry: The Reformation of Olfaction in Late Medieval German Ritual«, *Sixteenth Century Journal* XLIV, 2 (2013), S. 323–344. = 2013b

BAUWENS, Michal, »Restoration and Reform of the Parish after Trent: The Case of St James in Ghent (1561–1630)«, Violet Soen, Dries Vanysacker, Wim Francois (Hg.), *Church, Censorship and Reform in the Early Modern Habsburg Netherlands*, Turnhout 2017, S. 167–185.

BAZIN-TACCHELLA, Sylvie, Danielle QUERUEL, Evelyne SAMAMA (Hg.), *Air, miasmes et contagion: Les epidemies dans l'Antiquite et au Moyen Age*, Langres 2001.

BEATIS, Antonio de, *The Travel Journal of Antonio de Beatis: Germany, Switzerland, the Low Countries, France and Italy, 1517–1518*, J.R. Hale (Hg.), London 1979.

BEECK, Roland A.E. op de, *De gilde van Onze-Lieve-Vrouwe-Lof in de Kathedraal van Antwerpen. 500 jaar Mariaverering te Antwerpen*, Antwerpen 1978.

BEEK, Henri Hubertus, *De geestesgestoorde in de middeleeuwen. Beeld en bemoeienis*, Diss. (Medizin), Rijksuniversiteit Leiden, Leiden 1969.

BEGHEIN, Stefanie, *Kerkmuziek, consumptie en confessionalisering: het muziekleven aan Antwerpse parochiekerken c. 1585–1797*, Antwerpen 2014.

BERGMANS, Anna, *Middeleeuwse muurschilderingen in de 19de eeuw. Studie en inventaris van middeleeuwse muurschilderingen in Belgische kerken*, Löwen 1998.

BERTRIJN, Geeraard, *Chronijck der Stadt Antwerpen, toegeschreven aan den Notaris Geeraard Bertrijn*, Gustave van Havre (Hg.), Maatschappij der Antwerpsche Bibliophilen, Nr. 5, Antwerpen 1879.

BESTEN, Leen den, *Groessense pastoor Jacob Vallick op de drempel van de nieuwe tijd*, Zevenaar 2017.

BIJLSMA, R., »Engelsche tabakspijpmakers in Oud-Rotterdam«, *Rotterdamsch Jaarboekje* 2, 4 (1916), S. 44–45.

BIJSTERVELD, Arnoud-Jan, *Laverend tussen Kerk en wereld. De pastoors in Noord-Brabant 1400–1570*, Amsterdam 1993.

BLANCOU, J., »History of Disinfection from Early Times until the End of the 18th Century«, *Revue Scientifique et Technique* 14, 1 (1995), S. 31–39.

BLONDÉ, Bruno, Maarten VAN DIJCK, Antoon VRINTS, »Een Probleemstad? Spanningsvelden tussen burgerlijke waarden en sociale realiteiten«, Inge Bertels, Bert De Munck, Herman van Goethem (Hg.), *Antwerpen. Biografie van een stad*, Amsterdam 2010, S. 277–307.

BOER, David de, »Picking up the Pieces – Catholic Material Culture and Iconoclasm in the Low Countries«, *BMGN – Low Countries Historical Review* 131, 1 (2016), S. 59–80.

BOSSUYT, Stijn, *Vroegstedelijke devotiebeleving in middeleeuws Vlaanderen (1000–1350). Een vergelijkend onderzoek van enkele bedehuizen in Brugge, Rijsel en Sint-Omaars*, Diss. (Geschichte), KU Löwen, Löwen 2007.

BRABANT, J. van, *Rampspoed en restauratie. Bijdrage tot de geschiedenis van de uitrusting en restauratie der Onze-Lieve-Vrouwekathedraal van Antwerpen*, Antwerpen 1974.

BRAEKMAN, Willy, *Middelnederlandse geneeskundige recepten*, Gent 1970.

BRAEKMAN, Willy, »Een merkwaardige collectie ›secreten‹ uit de vijftiende eeuw«, *Verslagen en mededelingen van de Koninklijke Academie voor Nederlandse Taal- en Letterkunde* 2 (1987), S. 270–287.

BRAEKMAN, Willy (Hg. u. Einl.), *Dat batement van recepten. Een secreetboek uit de zestiende eeuw*, Brüssel 1990.

BRAEKMAN, Willy, *Middeleeuwse witte en zwarte magie in het Nederlands taalgebied*, Gent 1997.

BRAUN, Joseph S.J., *Handbuch der Paramentik*, Freiburg 1912.

BRENK, Beat, »Visibility and (Partial) Invisibility of Early Christian Images«, Giselle de Nie, Karl F. Morrison, Marco Mostert (Hg.), *Seeing the Invisible in Late Antiquity and the Early Middle Ages: Papers from »Verbal and Pictorial Imaging: Representing and Accessing Experience of the Invisible, 400–1000«*, Turnhout 2005, S. 139–183.

BROWE, Peter, *Die Verehrung der Eucharistie im Mittelalter*, München, 1932.

BROWE, Peter, *Die Pflichtkommunion im Mittelalter*, Münster 1940.

BROWN, Andrew, »Civic Religion in Late Medieval Europe«, *Journal of Medieval History* 42, 3 (2016), S. 338–356.

BROWN, Andrew, Hendrik CALLEWIER, »Religious Practices, c. 1200–1500«, Andrew Brown, Jan Dumolyn (Hg.), *Medieval Bruges, c. 850–1550*, Cambridge 2018, S. 329–388.

BRUAENE, Anne-Laure van, »Embodied Piety – Sacrament Houses and Iconoclasm in the Sixteenth-Century Low Countries«, *BMGN – Low Countries Historical Review* 131, 1 (2016), S. 36–58.

BRUAENE, Anne-Laure van, »Presence and Proximity. The Candelabrum of the Order of the Golden Fleece«, Anne-Laure van Bruaene, Matt Kavaler (Hg.), *Objects of Devotion. Religion and its Instruments in Early Modern Europe* (in Vorbereitung).

BRUYN, Josua, »Twee St. Antonius-panelen en andere werken van Aertgen van Leyden«, *Nederlands Kunsthistorisch jaarboek* 11 (1960), S. 36–119.

BUNGENEERS, Joke, »De Romaanse Onze-Lieve-Vrouwekerk«, Willem Aerts (Hg.), *De Onze-Lieve-Vrouwekathedraal van Antwerpen*, Antwerpen 1993, S. 103–106.

BURBURE, Leo de, *De Antwerpsche ommegangen in de XIVe en de XVe eeuw naar gelijktijdige handschriften*, Antwerpen 1878.

BUSSELS, Stijn, *Spectacle, Rhetoric and Power. The Triumphal Entry of Prince Philip of Spain into Antwerp*, Amsterdam 2012.

BYNG, Gabriel, »›In Common for Everyone‹: Shared Space and Private Possessions in the English Parish Church Nave«, *Journal of Medieval History* 45, 2 (2019), S. 231–253.

CALLEWAERT, Dirk (Einf., Übers. u. Hg.), *Die Evangelien vanden spinrocke. Een verboden volksboek »Zo waar als evangelie« (ca. 1510)*, Kapellen 1992.

CALLEWIER, Hendrik, *De papen van Brugge. De seculiere clerus in een middeleeuwse wereldstad (1411–1477)*, Löwen 2014.

CAMPORESI, Piero, *The Incorruptible Flesh. Bodily Mutation and Mortification in Religion and Folklore*. New York u. a. 1988.

CASPERS, Charles, »De mis van Adrianus en Adriana. De kennismaking van een Brabantse pastoor en een gewone gelovige met de geleerde magie, Breda 1589–1590«, *Munire Ecclesiam*, Maastricht 1990, S. 99–108. = 1990a

CASPERS, Charles, »The Role of the People in the Liturgy according to the Synodal Statutes of the Ancient Dioceses of Cambrai, Liege and Utrecht (c. 1300-c. 1500)«, Charles Caspers, Mare Schneiders (Hg.), *Omnes circumadstantes. Contributions towards a History of the Role of the People in the Liturgy*, Kampen 1990, S. 155–176. = 1990b

CASPERS, Charles, *De eucharistische vroomheid en het feest van Sacramentsdag in de Nederlanden tijdens de late middeleeuwen*, Miscellanea neerlandica 5, Löwen 1992.

CASPERS, Charles, »The Western Church during the Late Middle Ages: *Augenkommunion* or Popular Mysticism?«, Charles Caspers, Gerard Lukken, Gerard Rouwhorst (Hg.), *Bread of Heaven. Customs and Practices surrounding Holy Communion. Essays in the History of Liturgy and Culture*, Kampen 1995, S. 83–97.

CASPERS, Charles, »Leviticus 12, Mary and Wax: Purification and Churching in Late Medieval Christianity«, Marcel Poorthuis, Joshua Schwartz (Hg.), *Purity and Holiness. The Heritage of Leviticus*, Leiden 2000, S. 295–309.

CASPERS, Charles, »Antwerpen voor Christus. Een stedelijke geloofsgemeenschap in de late middeleeuwen«, *Post factum. Jaarboek voor Geschiedenis en Volkskunde* 2 bis (2011), S. 11–36.

CHECA, Fernando, *Vlaamse wandtapijten voor de Bourgondische hertogen, keizer Karel V en koning Filips II*, Brüssel 2008.

CLASSEN, Constance, »The Breath of God: Sacred Histories of Scent«, Jim Drobnick (Hg.), *The Smell Culture Reader*, Oxford/New York 2006, S. 375–390.

CLASSEN, Constance, David HOWES, Anthony SYNNOTT, *Aroma. The Cultural History of Smell*, London 1994.

CLAESSENS, Marie-Therese, *De broederschappen te Antwerpen van de 14de eeuw tot circa 1600*, Examensarbeit (Philosophie und Literatur), KU Löwen, Löwen 1969.

CLERCQ, Lode de, »Het materieel-wetenschappelijk onderzoek ter plaatse«, *M&L* 9, 5 (1990), S. 23–31.

COIGNEAU, Dirk (Hg.), *Mariken van Nieumeghen*, Hilversum 1996.

COOLS, Hans, »De Beeldenstorm in de Lage Landen«, *Dutch Revolt – Universiteit Leiden* (2017): tinyurl.com/yvrmhf7d

COPPENS, Christian, »›For the Benefit of Ordinary People‹: The Dutch Translation of the Fasciculus medicinae, Antwerp 1512«, *Quaerendo* 39 (2009), S. 168–205.

CORBIN, Alain, *The Foul and the Fragrant. Odor and the French Social Imagination*, London 1994.

CRAIG, John, »Psalms, Groans and Dogwhippers: The Soundscape of Sacred Space in the English Parish Church, 1547–1642«, Will Coster, Andrew Spicer (Hg.), *Sacred Space in Early Modern Europe*, Cambridge 2005, S. 104–123.

DAM, Fabiola van, »Tussen Hellebad en Liefdesbad. Het bad als beeldspraakelement«, *Madoc* 20, 2 (2006), S. 75–86.

DAM, Fabiola van, »De consideracie des badens. De badvoorschriften in *Tregement der ghesontheyt* (1514), de eerste Nederlandse vertaling van Magninus Mediolanensis« *Regimen sanitatis'*, Orlanda Soei Han Lie, Lenny M. Veltman (Hg.), *Kennis-maken. Een Bloemlezing uit de Middelnederlandse artesliteratuur*, Hilversum 2008, S. 49–72.

DAM, Fabiola van, »Permeable Boundaries: Bodies, Bathing and Fluxes: 1135–1333«, Patricia A. Baker, Han Nijdam, Karine van't Land (Hg.), *Medicine and Space. Body, Surroundings and Borders in Antiquity and the Middle Ages*, Leiden 2012, S. 117–148.

DAMEN, Mario, Kim OVERLAET, »Weg van de staat. Blijde Intredes in de laatmiddeleeuwse Nederlanden op het snijvlak van sociale, culturele en politieke geschiedenis«, *BMGN – Low Countries Historical Review* 134, 2 (2019), S. 3–44.

DASTON, Lorraine, »Nature by Design«, Caroline A. Jones, Peter Galison (Hg.), *Picturing Science, Producing Art*, London/New York 1998, S. 232–253.

DECAVELE, Johan, *De Dageraad van de Reformatie in Vlaanderen (1520–1565), Bd. 1: Text*, Verhandelingen van de Koninklijke Academie voor Wetenschappen, Letteren en Schone Kunsten van België, Klasse der Letteren, Jaargang xxxvii, 76, Brüssel 1975.

DEFOE, Daniel, *Die Pest in London*. Aus dem Englischen von Rudolf Schaller Berlin/Weimar 1978.

DEIJK, Ada van, »De bewaring en de verering van het Heilig Sacrament in de late Middeleeuwen«, *Groninger Kerken* 20, 4 (2003), S. 100–109.

DELAMEILLIEURE, Chanelle, Jelle HAEMERS, »Vrijende vrouwen. Seksualiteit, instemming en prostitutie«, *Wijvenwereld. Vrouwen in de middeleeuwse stad*, Antwerpen 2019, S. 193–223.

DELMOTTE, Bernard, »De Onze-Lieve-Vrouwkathedraal te Antwerpen«, *APROA-BRK – Bulletin 1994 bis van de beroepsvereniging voor conservators/restaurateurs van kunstvoorwerpen* (1994).

DENDY, D.R., *The Use of Lights in Christian Worship*, London 1959.

DENT, Peter, »The Late Medieval Action Figure and the Living Image«, Kamil Kopania (Hg.), *Dolls, Puppets, Sculptures and Living Images. From the Middle Ages to the End of the 18th Century*, Białystok 2017, S. 18–32.

DESCHRIJVER, Sonja, Vrajabhumi VANDERHEYDEN, »Experiencing the Supernatural in Sixteenth-Century Brabant: Construction and Reduction of the Exceptional in Everyday Life«, *Journal of Social History* 46, 2 (2012), S. 525–548.

DESCHRYVER, Louise, »You Only Die Once. Calvinist Dying and the Senses in Lille and Tournai During the Dutch Revolt«, *Early Modern Low Countries* 4, 1 (2020), S. 35–57.

DESCHRYVER, Louise, *No rest for the wicked. Death, the Senses and the Reformation in Antwerp (1519 1589)*, Diss.

(Geschichte), KU Löwen, Löwen (in Vorbereitung).

*Des Coninx Summe*, Jan van Brederode (Übers.), D.C. Tinbergen (Hg.), Leiden 1907.

*De vijfhonderdste verjaring van de boekdrukkunst in de Nederlanden*, Ausstellungskat. Brüssel, Koninklijke Bibliotheek Albert I, Brüssel 1973.

DHANENS, Elisabeth, *De artistieke uitrusting van de Sint-Janskerk te Gent in de 15de eeuw*, Brüssel 1983.

DIERCXSENS, Joannes Carolus, *Antverpia Christo nascens et crescens seu acta ecclesiam antverpiensem ejusque apostolos ac viros pietate conspicos concernentia usque ad seculum XVIII*, 7 Bde., Antwerpen 1773.

DIJCK, Maarten van, »Een strijd om sacrale ruimte en tijd. Processies en torenschietingen in het Hageland (17de-18de eeuw)«, *Trajecta: tijdschrift voor de geschiedenis van het katholiek leven in de Nederlanden* 112 (2003), S. 25–52.

DIJCK, Maarten van, »De stad als onafhankelijke variabele en centrum van moderniteit. Langetermijntrends in stedelijke en rurale criminaliteitspatronen in de Nederlanden (1300–1800)«, *Stadsgeschiedenis* 1 (2006), S. 7–26.

DIJCK, Maarten van, *De pacificering van de Europese samenleving. Repressie, gedragspatronen en verstedelijking in Brabant tijdens de lange zestiende eeuw*, Diss. (Geschichte), Universiteit Antwerpen, Antwerpen 2007.

DONNET, Fernand, *Notice historique sur la chapelle du T. S. Sacrement en l'eglise cathedrale d'Anvers*, Antwerpen 1924.

DOUGLAS, Mark, *The archaeology of memory. An investigation into the links between collective memory and the architecture of the parish church in late medieval Yorkshire*, Diss. (Philosophie), Durham University, Durham 2003.

DUFFY, Eamon, *The Stripping of the Altars. Traditional Religion in England 1400–1580*, New Haven/London 2005.

DUGAN, Holly, *The Ephemeral History of Perfume: Scent and Sense in Early Modern England*, Baltimore 2011.

DUKE, Alastair, »The Face of Popular Religious Dissent in the Low Countries, 1520–1530«, *The Journal of Ecclesiastical History* 26, 1 (1975), S. 41–67.

DUPRE, Kasper, »*PLVS OVLTRE*«. *De reconstructie van een laatgotische droom in Antwerpen*, Examensarbeit (Archäologie), KU Löwen, Löwen 2019–2020.

DURAND, Willem, *Rationale – Book 4: On the Mass and each action pertaining to it*, Timothy M. Thibodeau (Einl. u. Übers.), Turnhout 2013.

DÜRER, Albrecht, »Tagebuch der Reise in die Niederlande«, Hans Rupprich (Hg.), *Schriftlicher Nachlas (Band 1): Autobiographische Schriften; Briefwechsel; Dichtungen; Beischriften, Notizen und Gutachten; Zeugnisse zum persönlichen Leben*, Berlin 1956, S. 146–202.

DÜRER, Albrecht, *Reis naar de Nederlanden*, Anne Pries (Übers.), Hoorn 2008.

*Elckerlijc – Jedermann [Den spyeghel der salicheyt van Elckerlijc]*, Mittelniederländisch – Neuhochdeutsch,. Herausgegeben u. übersetzt v. Carla Strijbosch u. Ulrike Zellmann, Münster 2013.

ERASMUS, Desiderius, Een derde twaalftal samenspraken, Einl. u. Übers. C. Sobry, Antwerpen 1936.

ERASMUS, Desiderius, Erasmus von Rotterdam, *Ausgewählte Schriften*, acht Bände, Lateinisch-Deutsch. Sechster Band, *Colloquia Familiaria, Vertraute Gespräche*. Übersetzt, eingeleitet und mit Anmerkungen versehen von Werner Welzig. Darmstadt 2006 [1967].

ERASMUS, Desiderius, *Das Lob der Torheit*. Übers. v. Alfred Hartmann Wiesbaden 2003. www.projekt-gutenberg.org/erasmus/torheit/torheit.html

ERASMUS, Desiderius, *De correspondentie van Desiderius Erasmus. Bd. 8: Brieven 1122–1251*, Tineke L. ter Meer, Ton Osinga (Übers.), Rotterdam 2011.

ERVYNCK, Anton, Johan VEECKMAN, »Oorlepeltjes en tandenstokers: een beenbewerker in de Schoytestraat«, Johan VEECKMAN (Hg.), *Blik in de bodem. Recent archeologisch onderzoek in Antwerpen*, Antwerpen 1992, S. 93–97.

*Evangelien vanden spinrocke*, instituut voor Nederlandse lexicologie (Hg.), Den Haag/Antwerpen 1998.

FABRI, Ria, »Triptieken in situ gebruikt. Een open of gesloten wereld?«, Ria Fabri, Nico van Hout (Hg.), *Van Quinten Metsijs tot Peter Paul Rubens*, Ausstellungskat. Antwerpen, Kathedrale, Schoten/Antwerpen 2009, S. 32–43.

FALKENBURG, Reindert L., *The Fruit of Devotion. Mysticism and the imagery of love in Flemish paintings of the Virgin and Child, 1450–1550*, Amsterdam/Philadelphia 1994.

FALKENBURG, Reindert, »Toys for the Soul. Prayer-Nuts and Pomanders in Late Medieval Devotion«, Reindert Falkenburg, Frits Scholten (Hg.), *A Sense of Heaven: 16th Century Boxwood Carvings for Private Devotion*, Ausstellungskat. Leeds, Henry Moore Institute, Leeds 1999, S. 32–47.

FORNEY, Kristine K., »Music, Ritual and Patronage at the Church of Our Lady, Antwerp«, *Early Music History* 7 (1987), S. 1–57.

FRANCK, Hannelore, *Memoria et Caritas. Jaargetijden als armenzorg in de Onze-Lieve-Vrouweparochie te Gent in de late middeleeuwen*, Examensarbeit (Geschichte), KU Löwen, Löwen 2013.

FREEDBERG, David, *The Power of Images. Studies in the History and Theory of Response*, Chicago 1989.

FRIJHOFF, Willem, »Johan Wier en Jacob Vallick: medicus tegen pastoor?«, Willem de Blecourt (Hg.), *Grenzen van genezing. Gezondheid, ziekte en genezen in Nederland, zestiende tot begin twintigste eeuw*, Hilversum 1993, S. 17–45.

GARRIOCH, David, »Sounds of the City: The Soundscape of Early Modern European Towns«, *Urban History* 30, 1 (2003), S. 5–25.

GEERTZ, Hildred, »An Anthropology of Religion and Magic, I«, *Journal of Interdisciplinary History* 6, 1 (1975), S. 71–89.

GÉNARD, Pierre (Hg.), »Index der gebodboeken«, *Antwerpsch Archievenblad* 1, 1 (1864), S. 120–464.

GÉNARD, Pierre (Hg.), »Ordonnantien van het Antwerpsch Magistraat, rakende de godsdienstige geschillen der XVIe eeuw«, *Antwerpsch Archievenblad* 1, 2 (1865), S. 308–472.

GENOOTSCHAP VOOR ANTWERPSE GESCHIEDENIS (Hg.), *Antwerpen in de 16de eeuw*, Antwerpen 1975.

GEUDENS, Edmond, *Het hoofdambacht der Meerseniers. Godsdienst- en kunstzin*, Antwerpen 1891.

GEUDENS, Edmond, *Het St Huibrechtsgild en zijne genooten in de Onze-Lieve-Vrouwenkerk te Antwerpen (1500–1821)*, Antwerpen 1921.

GIELIS, Marcel, »›De beelden zijn der leken boeken‹. Betekenis en functie van triptieken uit O.-L.-Vrouw van Antwerpen«, Ria Fabri, Nico van Hout (Hg.), *Van Quinten Metsijs tot Peter Paul Rubens*, Ausstellungskat. Antwerpen, Kathedrale), Schoten/Antwerpen 2009, S. 205–211.

GILCHRIST, Roberta, »Monastic and Church Archaeology«, *Annual Review of Anthropology* 43 (2014), S. 235–250.

GOOSKENS, Frans, *Idealen en macht: Het kerkelijk netwerk van Anselmus Fabri van Breda in de vijftiende eeuw en de stichting van apostelhuizen*, Enschede 2016.

GOOVAERTS, A., »De Sint-Andrieskerk te Antwerpen: 450 jaar Nederlandse geschiedenis«, *Neerlandia* 83 (1979), S. 49–53.

GRAVES, C. Pamela, »Social Space in the English Medieval Parish Church«, *Economy and Society* 18, 3 (1989), S. 297–322.

GRIETEN Stefaan, Joke BUNGENEERS (Hg.), *Inventaris van het kunstpatrimonium van de provincie Antwerpen, Bd. 3 – De Onze-Lieve-Vrouwekathedraal van Antwerpen: Kunstpatrimonium van het Ancien Regime*, Turnhout 1996.

GRIFFITHS, Fiona, Kathryn STARKEY, »Sensing Through Objects«, Fiona Griffiths, Kathryn Starkey (Hg.), *Sensory Reflections. Traces of Experience in Medieval Artifacts*, Berlin/Boston 2018, S. 1–21.

GUICCIARDINI, Lodovico, *Beschrijvinghe van alle de Neder-landen*, Petrus Montanus (Hg.), Haarlem 1979, Faksimile der Ausgabe von 1612.

HAECHT, Godevaert van, *De kroniek van Godevaert van Haecht over de troebelen van 1565 tot 1574 te Antwerpen en elders*, Rob van Roosbroeck (Hg.), 2 Bde., Antwerpen 1929–1930.

HAEMERS, Jelle, *De strijd om het regentschap over Filips de Schone. Opstand, facties en geweld in Brugge, Gent en Ieper 1482–1488*, Gent 2014.

HAHN, Philip, »The Reformation of the Soundscape. Bell-ringing in Early Modern Lutheran Germany«, *German History* 33, 4 (2015), S. 525–545.

HAMILTON, Sarah, Andrew SPICER, »Defining the Holy: The Delineation of Sacred Space«, Andrew Spicer, Sarah Hamilton (Hg.), *Defining the Holy – Sacred Space in Medieval and Early Modern Europe*, Farnham 2005, S. 1–23.

HÄRTING, Ursula, »Catholic Life in the Churches of Antwerp«, Claire Baisier (Hg.), *Divine Interiors. Experience Churches in the Age of Rubens*, Ausstellungskat. Antwerpen, Museum Mayer van den Bergh, Antwerpen 2016, S. 22–37.

HARTNELL, Jack, *Medieval Bodies: Life, Death and Art in the Middle Ages*, London 2018.

HEINRICHS, Erik A., *Plague, Print, and the Reformation: The German Reform of Healing, 1473–1573*, London/New York 2018.

HEMELDONCK, Godelieve van, »Het Antwerpse zilversmidsatelier, vier eeuwen traditie en vernieuwing«, Louise E. van den Bergh-Hoogterp (Hg.), *De Stavelij jaarboek*, 2005, S. 27–40.

HENDRICKX, J., »Het dode gevaar? Begraven en hygiene te Antwerpen van de 16de tot de 18de eeuw«, Petra Maclot, Werner Pottier (Hg.), *'N propere tijd!? Onleefbaar Antwerpen thuis en op straat 1500–1800*, Ausstellungskat. Antwerpen, Jordaenshuis, Antwerpen 1988, S. 26–36.

HOEFNAEGELS, J.A.H., *Gilde van O.L.V. Lof, of: Kort verhael der instelling en voortzetting van de kapel der H. Moeder Gods*, Antwerpen 1853.

HOORENS, Vera, »Why did Johann Weyer write *De praestigiis daemonum*? How Anti-Catholicism inspired the Landmark Plea for the Witches«, *BMGN – Low Countries Historical Review* 129, 1 (2014), S. 3–24.

HOWES, David, »Olfaction and Transition«, David Howes (Hg.), *The Varieties of Sensory Experience. A Sourcebook in the Anthropology of the Senses*, Toronto 1991, S. 128–147.

HUIZINGA, Johan, *Erasmus. Verzamelde werken*, Bd. 6, Haarlem 1950.

JANSEN-SIEBEN, Ria, »Ziektebeeld en behandeling in de Middelnederlandse medische literatuur«, Marleen Forrier, Walter De Keyzer, Michel van der Eycken (Hg.), *Lepra in de Nederlanden (12de – 18de eeuw)*, Ausstellungskat. Brüssel, Algemeen Rijksarchief, Brüssel 1989, S. 34–43.

JENSMA, Theunis Watzes, Ad MOLENDIJK, *De Grote- of Onze Lieve Vrouwekerk van Dordrecht*, Zwolle 1987.

JUNG, Jacqueline E., »Beyond the Barrier: The Unifying Role of the Choir Screen in Gothic Churches«, *The Art Bulletin* 82, 4 (2000), S. 622–657.

JUNG, Jacqueline E., *The Gothic Screen: Space, Sculpture, and Community in the Cathedrals of France and Germany, ca. 1200–1400*, Cambridge 2013.

JUNGMANN, Jozef Andreas, *Missarum Sollemnia*, 2 Bde., Kasterlee 1966.

KAMPEN, Hinke van, Herman PLEIJ, Bob STUMPEL u. a. (Hg.), *Het zal koud zijn in 't water als 't vriest*, Den Haag 1980.

KENNA, Margaret E., »Why does Incense Smell Religious?: The Anthropology of Smell meets Greek Orthodoxy«, *Journal of Mediterranean Studies* 15, 1 (2005), S. 51–70.

KEYSER, Joey de, *De visie van vreemdelingen op de Zuidelijke Nederlanden in de late middeleeuwen en de renaissance*,

Examensarbeit (Geschichte), Universiteit Gent, Gent 2007.

KEYSER, Joey de, »De visie van vreemdelingen op de verschuiving van het commerciële zwaartepunt van Brugge naar Antwerpen (14de-16de eeuw)«, *Handelingen van het Genootschap voor Geschiedenis* 146, 2 (2009), S. 269–307.

KEYSER, Joey de, *Vreemde ogen. Een kijk op de Zuidelijke Nederlanden 1400–1600*, Antwerpen 2010.

KEYSER, Raphael de, »Het boekenbezit en het boekengebruik in de seculiere kapittels van de Zuidelijke Nederlanden tijdens de Middeleeuwen«, *Studies over het boekenbezit en boekengebruik in de Nederlanden voor 1600*, Brüssel 1974, S. 9–68.

KING, Rachel, »›The Beads with Which We Pray Are Made from It‹: Devotional Ambers in Early Modern Italy«, Wietse de Boer, Christine Gottler (Hg.), *Religion and the Senses in Early Modern Europe*, Leiden/Boston 2013, S. 153–175.

KINT, An, *The Community of Commerce: Social Relations in Sixteenth-Century Antwerp*, Diss. (Philosophie), Columbia University, New York 1996.

KLÍPA, Jan, Eliška POLÁČKOVÁ, »*Tabulae cum portis, vela, cortinae and sudaria*: remarks on the liminal zones in the liturgical and para-liturgical contexts in the Late Middle Ages«, *Convivium* 6, Supplementum (2019), S. 112–133.

KOPANIA, Kamil, *Animated Sculptures of the Crucified Christ in the Religious Culture of the Latin Middle Ages*, Warschau 2010.

KORDA, Natasha, Eleanor LOWE, »In Praise of Clean Linen: Laundering humours on the early modern English stage«, Catherine Richardson, Tara Hamling, David Gaimster (Hg.), *The Routledge Handbook of Material Culture in Early Modern Europe*, London/ New York 2016, S. 306–321.

KROESEN, Justin E.A., *Seitenaltäre in mittelalterlichen Kirchen. Standort – Raum – Liturgie*, Regensburg 2010.

KROESEN, Justin E.A., »Na de Beeldenstorm. Continuïteit en verandering in het gebruik van middeleeuwse kerkruimten in Nederland na de reformatie, met bijzondere aandacht voor het koor«, *Jaarboek voor liturgieonderzoek* 30 (2014), S. 137–163.

KUTTNER, Erich, *Het hongerjaar 1566*, Amsterdam 1949.

KUYL, Pierre Dominique, *Gheel vermaerd door den eerdienst der heilige Dimphna. Geschied- en oudheidkundige beschryving der kerken, gestichten en kapellen dier oude vryheid*, Antwerpen 1863.

LAMPO, Jan, *Gelukkige stad. De gouden jaren van Antwerpen (1485–1585)*, Amsterdam 2017.

LANGENDONCK, Linda van, *Onze-Lieve-Vrouwekathedraal te Antwerpen. Historisch onderzoek van muur- en gewelfschilderingen in koor en kruisbeuk*, Antwerpen 1988.

LANGENDONCK, Linda van, »Het verhaal van de bouw«, Willem Aerts (Hg.), *De Onze-Lieve-Vrouwekathedraal van Antwerpen*, Antwerpen 1993, S. 107–124. = 1993a

LANGENDONCK, Linda van, »Gebeeldhouwde retabels in de Kathedraal van Antwerpen«, Hans Nieuwdorp (Hg.), *Antwerpse retabels in de 15de en 16de eeuw – II: essays*, Ausstellungskat. Antwerpen, Museum voor Religieuze Kunst, Antwerpen 1993, S. 57–59. = 1993b

LARGEY, Gale Peter, David Rodney WATSON, »The Sociology of Odors«, *American Journal of Sociology* 77, 6 (1972), S. 1021–1034.

LEHR, André, *Van paardebel tot speelklok. De geschiedenis van de klokgietkunst in de Lage Landen*, Zaltbommel 1971.

LINDEIJER, Marc, »The Earliest Version of the ›Memoires‹ Concerning Mary Margaret of the Angels (Maria Margaretha der Engelen), the ›Holy Nun of Oirschot‹ (1605–1658)«, *Ons geestelijk erf* 90, ½ (2019–2020), S. 104–177.

LONGE, Guillaume de (Hg.), *Coutumes du pays et duche de Brabant. Quartier d'Anvers. Coutumes de la ville d'Anvers*, 4 Bde., Brüssel 1870–1874.

LOON, Gerard van, *Antwerpsch chronykje, in het welk zeer veele en elders te vergeefsch gezogte geschiedenissen sedert den jare 1500 tot het jaar 1574 zoo in die toen vermaarde koopstad als de andere steden van Nederland*, Frans van Mieris (Hg.), Leiden 1743.

LOOS, Ike de, »Drama als liturgie – liturgie als drama«, Hans van Dijk, Bart Ramakers u. a. (Hg.), *Spel en spektakel. Middeleeuws toneel in de Lage Landen*, Amsterdam 2001, S. 35–56.

MANDERYCK, Madeleine, »De Onze-Lieve-Vrouwekathedraal van Antwerpen, een gotische binnenruimte?«, Ria Fabri, Nico van Hout (Hg.), *Van Quinten Metsijs tot Peter Paul Rubens*, Ausstellungskat. Antwerpen, Kathedrale, Schoten/Antwerpen 2009, S. 54–63.

MANNAERTS, Rudi, *Sint-Andries – De Antwerpse Sint-Andrieskerk, een openbaring*, Antwerpen 2013.

MANNAERTS, Rudi, *De kathedraal – De Onze-Lieve-Vrouwekathedraal van Antwerpen, een openbaring*, Antwerpen 2016.

MARGRY, Peter Jan, *Teedere Quaesties: religieuze rituelen in conflict. Confrontaties tussen katholieken en protestanten rond de processiecultuur in 19e-eeuws Nederland*, Hilversum 2000.

MAREEL, Samuel, *Voor vorst en stad. Rederijkersliteratuur en vorstenfeest in Vlaanderen en Brabant (1432–1561)*, Amsterdam 2010.

MARINUS, Marie Juliette, *De contrareformatie te Antwerpen (1585–1676). Kerkelijk leven in een grootstad*, Brüssel 1995.

MARNEF, Guido, *Antwerpen in de tijd van de Reformatie: Ondergronds protestantisme in een handelsmetropool 1550–1577*, Amsterdam/Antwerpen 1996.

MARNIX VAN SINT-ALDEGONDE, Philips, *De bijenkorf der H. Roomsche Kerke, met inleiding en varianten*, A. Lacroix, A. Willems (Hg.), 2 Bde., Brüssel 1858.

MARX, Lizzie, »Smelly Remedy: Womb Fumigation Illustrated in Seventeenth Century Print«, *Cambridge University Library Special Collections* (2018): tinyurl.com/ybavwcdj

MCCAULEY, Robert N., E. Thomas LAWSON, *Bringing Ritual to Mind. Psychological Foundations of Cultural Forms*, Cambridge 2002.

MEADOW, Mark A., »›Met geschickter ordenen‹: The Rhetoric of Place in Philip II's 1549 Antwerp ›Blijde Incompst‹«, *The Journal of the Walters Art Gallery* 57 (1999), S. 1–11.

MEERTENS, Maria, *De godsvrucht in de Nederlanden, naar handschriften van gebedenboeken der XVe eeuw*, Bd. III: Eucharistische gebeden (Historische bibliotheek van godsdienstwetenschappen), Nijmegen 1932.

MERTENS, Frans Hendrik, »Een gerechtsdag te Antwerpen in 1564«, *De Noordstar* 2, 2 (1841), S. 5–15.

MERTENS, Frans Hendrik, Karel Lodewijk TORFS, *Geschiedenis van Antwerpen, sedert de stichting der stad tot onze tyden*, 8 Bde., Antwerpen 1845–1853.

MILESON, Stephen, »Sound and Landscape«, Christopher Gerrard, Alejandra Gutierrez (Hg.), *The Oxford Handbook of Later Medieval Archaeology in Britain*, 2018, S. 713–727.

MILNER, Matthew, *The Senses and the English Reformation*, London/New York 2011.

MILNER, Matthew, »To Captivate the Senses: Sensory Governance, Heresy, and Idolatry in Mid-Tudor England«, Wietse de Boer, Christine Gottler (Hg.), *Religion and the Senses in Early Modern Europe*, Leiden/Boston 2013, S. 307–327.

MONETARIUS, Hieronymus, »Notes et documents – Le voyage de Hieronymus Monetarius a travers la France«, Ernst Philip Goldschmidt (Hg.), *Humanisme et Renaissance* 6, 4 (1939), S. 529–539.

MONGA, Luigi (Hg.), *Un Mercante di Milano in Europa: diario di viaggio del primo Cinquecento*, Mailand 1985.

MOOR, Inge de, *De kracht van het protestantse woord: Het succes van de hagenpreken in Antwerpen en Gent*, Examensarbeit (Geschichte), Universiteit Gent, Gent, 2010.

MULLER, Jeffrey, *St. Jacob's Antwerp Art and Counter Reformation in Rubens's Parish Church*, Leiden/Boston 2016.

MUNCK, Bert de, *Guilds, Labour and the Urban Body Politic: Fabricating Community in the Southern Netherlands, 1300–1800*, New York/London 2017.

MUNCK-MANDERYCK, Madeleine de, Rita DECONINCK-STEYAERT, Greet PLOMTEUX unter Mitarbeit von Adriaan LINTERS, *Inventaris van het cultuurbezit in België, Architectuur, Stad Antwerpen. Bouwen door de eeuwen heen in Vlaanderen: 3nb*, Brüssel/Gent 1979.

MUNTERS, Christiaan, *Dagboek van gebeurtenissen opgetekend door Christiaan Munters 1529–1545*, J. Grauwels (Hg.), Assen 1972.

NAVE, Francine de, Marcus DE SCHEPPER (Hg.), *De geneeskunde in de Zuidelijke Nederlanden (1475–1660)*, Ausstellungskat. Antwerpen, Museum Plantin-Moretus, Antwerpen 1990.

NEVE, O. de, »Over een ›vocabulaer‹ van de Brusselse schoolmeester Jan Berthout«, *De Gulden Passer* 40 (1962), S. 125–144.

NIEROP, Henk van, »›And Ye Shall Hear of Wars and Rumours of Wars‹. Rumour and the Revolt of the Netherlands«, Judith Pollmann, Andrew Spicer (Hg.), *Public Opinion and Changing Identities in the Early Modern Netherlands: Essays in Honour of Alastair Duke*, Leiden 2007, S. 69–86.

NIEUWENHUIZEN, Jos van den, *Kapelaniewezen en kapelanen te Antwerpen van de oorsprong tot 1477*, Diss. (Philosophie und Literatur), KU Löwen, Löwen 1963.

NIEUWENHUIZEN, Jos van den, »De koralen, de zangers en de zangmeesters van de Antwerpse O.-L.-Vrouwekerk tijdens de 15e eeuw«, *Gouden Jubileum Gedenkboek ter gelegenheid van de viering van 50 jaar heropgericht knapenkoor van de Onze-Lieve-Vrouwekathedraal te Antwerpen*, Antwerpen 1978, S. 29–72.

NIEUWENHUIZEN, Jos van den, »De periode 1124–1559«, Willem Aerts (Hg.), *De Onze-Lieve-Vrouwekathedraal van Antwerpen*, Antwerpen 1993, S. 25–38. = 1993a

NIEUWENHUIZEN, Jos van den, »Cultus en plechtigheden«, Willem Aerts (Hg.), *De Onze-Lieve-Vrouwekathedraal van Antwerpen*, Antwerpen 1993, S. 69–78. = 1993b

NIEUWENHUIZEN, Jos van den, »Van altaren voor kapelanieën naar ambachtsaltaren (vijftiende – begin zestiende eeuw)«, Ria Fabri, Nico van Hout (Hg.), *Van Quinten Metsijs tot Peter Paul Rubens*, Ausstellungskat. Antwerpen, Kathedrale, Schoten/Antwerpen 2009, S. 12–19.

NIEUWENHUIZEN, Jos van den, *De broederschap van de Naam Jezus in de kathedraal van Antwerpen*, unpubliziert, 2017.

NIEUWENHUIZEN, Jos van den, *De Antwerpse kapelanieën (1232–1559) en andere studies*, Bornem 2018.

NOORDEGRAAF, Leo, Gerrit VALK, *De gave Gods. De pest in Holland vanaf de late middeleeuwen*, Amsterdam 1996.

NORDENFALK, Carl, »Les Cinq Sens dans l'art du Moyen Age«, *Revue de l'Art* 34 (1976), S. 17–28.

NORDENFALK, Carl, »The Five Senses in Late Medieval and Renaissance Art«, *Journal of the Warburg and Courtauld Institutes* 48 (1985), S. 1–22.

OOST, Tony, »Over de gezonken kist gebogen: Aspecten van funeraire archeologie in Antwerpen«, *Provinciale Commissie voor Geschiedenis en Volkskunde – Jaarboek 1994–1995* (1997), S. 45–56.

OOST, Tony, Joke BUNGENEERS, Johan VEECKMAN u. a., »Archeologisch bodemonderzoek tijdens de restauratiewerken«, Willem Aerts (Hg.), *De Onze-Lieve-Vrouwekathedraal van Antwerpen*, Antwerpen 1993, S. 307–338.

OPPERMANN, Tessy M.G., *The Five Senses in Medieval Art. A Study of the Representations and Rarity of the Five Senses in Ecclesiastical Art of the Middle Ages in Western Europe*, Examensarbeit (Literatur), Universität Leiden, Leiden 2016.

PAPEBROCHIUS, Daniel, *Annales antverpienses ab urbe condita ad annum M.D-CC: collecti ex ipsius Civitatis monumentis publicis privatisque Latinae ac patriae linguae*, 5 Bde., Francois Henri Mertens, Joseph-Ernest Buschmann (Hg.), Antwerpen 1845–1848.

PARK, Katharine, »The Organic Soul«, C.B. Schmitt, Quentin Skinner u. a. (Hg.), *The Cambridge History of Renaissance Philosophy*, Cambridge 1988, S. 464–484.

PARK, Katharine, »Impressed Images: Reproducing Wonders«, Caroline A. Jones, Peter Galison (Hg.), *Picturing Science, Producing Art*, London/New York 1998, S. 254–271.

PARKER, Geoffrey, *Der Kaiser. Die vielen Gesichter Karls V.*, Aus dem Englischen von Thomas Bertram, Tobias Gabel, Michael Haupt, Darmstadt 2020.

PASSEN, Anne-Marie van, »Antwerpen goed bekeken. Een bloemlezing«, Jan van der Stock (Hg.), *Antwerpen, verhaal van een metropool – 16de-17de eeuw*, Ausstellungskat. Antwerpen, Hessenhuis, Gent 1993, S. 59–67.

PENDER, Stephen, »Medicine and the Senses: Physicians, Sensation, and the Soul«, Herman Roodenburg (Hg.) *A Cultural History of the Senses in the Renaissance*, London/New York 2014, S. 127–147.

PERSOONS, Guido, *De orgels en de organisten van de Onze Lieve Vrouwkerk te Antwerpen van 1500 tot 1650*, Brüssel 1981.

PHILIPPEN, Lodewijk, *Le culte de Notre-Dame op 't Stocxken a Anvers, 1474–1580*, Antwerpen 1925.

PIJPER, Fredrik, *Middeleeuwsch Christendom. De vereering der H. Hostie – De Godsoordelen*, Den Haag 1907.

PLEIJ, Herman, *Het gilde van de Blauwe Schuit*, Amsterdam 1979.

PLEIJ, Herman, *De sneeuwpoppen van 1511. Literatuur en stadscultuur tussen middeleeuwen en moderne tijd*, Amsterdam 1988.

PLEIJ, Herman, *Anna Bijns, van Antwerpen*, Amsterdam 2011.

PLEIJ, Herman, »Bewogen beweging. Beeldengroepen als theater«, *Catharijne – magazine van Museum Catharijneconvent Utrecht* 2 (2016), S. 10–13.

POLLMANN, Judith, *Een andere weg naar God. De reformatie van Arnoldus Buchelius (1565–1641)*, Amsterdam 2000.

POLLMANN, Judith, »Burying the dead; reliving the past: ritual, resentment and sacred space in the Dutch Republic«, Benjamin J. Kaplan (Hg.), *Catholic Communities in Protestant States: Britain and the Netherlands c. 1570–1720*, Manchester 2009, S. 84–102.

POLLMANN, Judith, *Catholic Identity and the Revolt of the Netherlands, 1520–1635*, New York 2011.

POULUSSEN, Peter, *Van burenlast tot milieuhinder. Het stedelijk leefmilieu, 1500–1800*, Kapellen 1987.

POULUSSEN, Peter, »Een wetenschappelijke oplossing voor de 17de-eeuwse stedelijke waterverontreiniging«, Petra Maclot, Werner Pottier (Hg.), *'N propere tijd!? Onleefbaar Antwerpen thuis en op straat 1500–1800*, Ausstellungskat. Antwerpen, Jordaenshuis, Antwerpen 1988, S. 93–104.

PRIMS, Floris, »Hoe de minderbroeders preekten«, *Antwerpiensia* 1928, 2 (1929), S. 124–129.

PRIMS, Floris, »Het privilegieboek van den Jongen Handboog«, *Antwerpiensia* 1930, 4 (1931), S. 36–44.

PRIMS, Floris, »Het Allerheiligste Sacrament te Antwerpen, in de middeleeuwen«, *Antwerpiensia* 1934, 8 (1935), S. 23–30.

PRIMS, Floris, *Geschiedenis van Antwerpen. VI. – Onder de hertogen van Burgondië – hertogen van Brabant (1406–1477). 3de boek – de geestelijke orde*, Antwerpen 1937.

PRIMS, Floris, *Geschiedenis van Antwerpen. VII. – Onder de eerste Habsburgers (1477– 1555). 1ste boek – de politische orde*, Brüssel 1938.

PRIMS, Floris, »Altaarstudien – Het Antwerpsch altarenvraagstuk«, *Antwerpiensia* 1938, 12 (1939), S. 285–339. = 1939a

PRIMS, Floris, »Antwerpsche altaarstudien: een overzicht«, *Bijdragen tot de geschiedenis 30 (1939), S. 5–54*. = 1939b

PRIMS, Floris, »Uit de kerkrekeningen van O.L.V. van Antwerpen«, *Bijdragen tot de geschiedenis* 30 (1939), S. 101–122. = 1939c

PRIMS, Floris, »De statuten van de Antwerpsche lakengilde in het begin der 16de eeuw«, *Verslagen en mededelingen van de Koninklijke Vlaamse Academie voor Taal- en Letterkunde* (1939), S. 19–46. = 1939d

PRIMS, Floris, »Het eigen werk van Cornelis Grapheus (1482–1558)«, *Antwerpiensia* 1938, 12 (1939), S. 175–178. = 1939e

PRIMS, Floris, »Een partijganger der inquisitie (rond 1550)«, *Antwerpiensia* 1938, 12 (1939), S. 231–236. = 1939f

PRIMS, Floris, »Antwerpsche bibliotheken rond 1500«, *Antwerpiensia* 1938, 12 (1939), S. 134–139. = 1939g

PRIMS, Floris, *Geschiedenis van Antwerpen. VII. – Onder de eerste Habsburgers (1477–1555). 3de boek – de geestelijke orde*, Antwerpen 1940. = 1940a

PRIMS, Floris, »Altaarstudien (I) – Antwerpsche altaarkunst der XVde-XVIde eeuw«, *Antwerpiensia* 1939, 13 (1940), S. 278–447. = 1940b

PRIMS, Floris, »De Parochiekapel in de O. L. V. kerk«, *Antwerpiensia* 1940, 14 (1941), S. 211–218.

PRIMS, Floris, »Klokgelui en recht«, *Antwerpiensia* 1949, 20 (1950), S. 251–254.

PRIMS, Floris, »De lof van Antwerpen door Paulus Grebner (1562)«, *Antwerpiensia* 1950, 21 (1951), S. 242–244.

PRIMS, Floris, »De Antwerpse doopregisters in de dagen van de beeldenstormerij«, *Antwerpiensia* 1953, 24 (1953), S. 44–47.

PROUST, Marcel, »Der Tod der Kathedralen«, Marcel Proust, Werke I Bd. 2, Hg. v. Luzius Keller (Frankfurter Ausgabe), Nachgeahmtes und Vermischtes. Aus dem Französischen von Henriette Beese, Ludwig Harig und Helmut Scheffel, Frankfurt am Main 1989, S. 194–205.

PUT, Eddy, Craig E. HARLINE, *Verloren schapen, schurftige herders: De helse dagen van bisschop Mathias Hovius (1542–1620)*, Löwen 2002.

PYE, Michael, *Antwerpen. De gloriejaren*, Amsterdam 2021. Engl. Ausgabe: *Antwerp: The Glory Years*, London 2022.

RADEMAKER, C.S.M., »Erasmus en de prediking in zijn tijd«, *Munire ecclesiam. Opstellen over »gewone gelovigen«*, Maastricht 1990, S. 40–55.

REINBURG, Virginia, »Liturgy and the Laity in Late Medieval and Reformation France«, *The Sixteenth Century Journal* 23, 3 (1992), S. 526–547.

RIDDLE, John M., »Pomum ambrae: Amber and Ambergris in Plague Remedies«, *Sudhoffs Archiv für Geschichte der Medizin und der Naturwissenschaften* 48, 2 (1964), S. 111–122.

ROBINSON, Katelynn, *The Sense of Smell in the Middle Ages*, London/New York 2019.

ROEY, Jozef van, »De bevolking«, *Antwerpen in de XVIde eeuw*, Antwerpen 1975, S. 95–108.

ROMBOUTS, Luc, *Zingend brons. 500 jaar beiaardmuziek in de Oude en de Nieuwe Wereld*, Löwen 2010.

ROMBOUTS, Luc, *De oorsprong van de beiaard. Voorlopers, ontstaan en ontwikkeling tot 1530*, Gent 2019.

ROMBOUTS, Philippe, Theodore VAN LERIUS (Hg.), *De Liggeren en andere historische archieven der Antwerpsche Sint Lucasgilde*, Bd. 1: Liggere 1453–1615, Antwerpen 1864.

ROOBAERT, E.J., »Antwerpse kunstenaars uit het tweede kwart van de XVIe eeuw werkzaam voor de kathedraal«, *Gentse Bijdrage tot de Kunstgeschiedenis en de Oudheidkunde* XVII (1957–1958), S. 175–195.

ROODENBURG, Herman, *Onder censuur. De kerkelijke tucht in de gereformeerde gemeente van Amsterdam, 1578–1700*, Hilversum 1990.

ROOIJAKKERS, Gerard, *Rituele repertoires. Volkscultuur in oostelijk Noord-Brabant 1559–1853*, Nijmegen 1994.

ROPER, Lyndal, *Der Mensch Martin Luther. Die Biographie*. Frankfurt am Main 2016.

ROSSUM, A.A.J. van, »Kerkelijke plechtigheden in de St Salvatorskerk te Utrecht«, *Archief voor de geschiedenis van het Aartsbisdom Utrecht*. Bijdragen 3, Utrecht 1876, S. 109–259.

SALMAN, Jeroen, *Een handdruk van de tijd: de almanak en het dagelijks leven in de Nederlanden, 1500–1700*, Zwolle 1997.

SAPIN, Christian, »Architecture and Funerary Space in the Early Middle Ages«, Catherine E. Karkov, Kelley M. Wickham-Crowley, Bailey K. Young (Hg.), *Spaces of the Living and the Dead: an Archaeological Dialogue*, Oxford 1999, S. 39–60.

SCHEERDER, Jozef, *De beeldenstorm*, Bussum 1974.

SCHEVENSTEEN, A.F.C. van, »De hygienische maatregelen van het magistraat van Antwerpen in de 15e eeuw«, *Geschiedenis der geneeskunde* 71 (1927), S. 2479–2492.

SCHLUGLEIT, Dora, »Alphabetische naamlijst op de goud- en zilversmeden te Antwerpen voor 1600«, *Bijdra-*

gen tot de Geschiedenis 27 (1936), S. 6–69.

SCHLUGLEIT, Dora, »De zilverhandel van de meerse en de ordonnantien van de goudsmeden te Antwerpen in de zestiende eeuw', Bijdragen tot de Geschiedenis 30 (1939), S. 39–61.

SCHLUGLEIT Dora, J. VAN ROEY (Einl.), *De Antwerpse goud- en zilversmeden in het corporatief stelsel (1382–1798)*, Wetteren 1969.

SCHMITZ, Wolfgang, *Het aandeel der Minderbroeders in onze middeleeuwse literatuur. Inleiding tot een bibliografie der Nederlandse Franciscanen*, Nijmegen/Utrecht 1936.

SCHOLLIERS, Etienne, *De levensstandaard in de XVe en XVIe eeuw te Antwerpen*, Antwerpen 1960.

SCHREURS, Eugeen, »Huismuziek in de zestiende eeuw«, Louis Peter Grijp (Hg.), *Een muziekgeschiedenis der Nederlanden*, Bd. 1, Amsterdam 2001, S. 128–135.

SCHREURS, Eugeen, »De muziekbeoefening: ca. 1400–1797«, G. Huybens u. a. (Hg.), *De Sint-Pieterskerk te Leuven: Architectuur en patrimonium*, Löwen 2022, S. 226–243.

SERRURE, Constant S. (Hg.), *Vaderlandsch museum voor Nederduitsche letterkunde, oudheid en geschiedenis*, 5 Bde., Gent 1859–1860.

SILLASOO, Ülle, »Medieval Plant Depictions as a Source for Archaeobotanical Research«, *Vegetation History and Archaeobotany* 16, 1 (2006), S. 61–70.

SOEN, Violet, Anne-Laure VAN BRUAENE, »Sacrale ruimtes in de vroegmoderne Nederlanden: perspectieven en dwarsverbanden«, Liesbeth Geevers, Violet Soen (Hg.), *Sacrale ruimte in de vroegmoderne Nederlanden*, Nieuwe Tijdingen, Löwen 2017, S. 7–27.

SOLY, Hugo, »Kroeglopen in Vlaanderen en Brabant«, *Geschiedenis magazine* 18, 11 (1983), S. 569–577.

SOLY, Hugo, »De groei van een metropool«, Karel van Isacker, Raymond van Uytven (Hg.), *Antwerpen. Twaalf eeuwen cultuur en geschiedenis*, Antwerpen 1986, S. 84–92.

SPICER, Andrew (Hg.), *Parish Churches in the Early Modern World*, London/New York 2016.

SPILLEMAECKERS, Edward, »Toverij met dievevingeren te Antwerpen in 1491«, *Volkskunde* 58 (nieuwe reeks: 16, 1) (1957), S. 15–20.

STAAL, Casper H., »De kleuren van de liturgische gewaden in twee Utrechtse kapittelkerken, de Dom en de Oudmunsterkerk«, *Jaarboek Oud Utrecht* (1993), S. 20–44.

STAAL, Casper H., »De geurende kerk«, *MADOC – themanummer: zintuigen in de Middeleeuwen* 20, 4 (2006), S. 222–231.

STAAL, Casper H., »Wierook«, *Vrienden van de Domkerk* 26, 1 (2014), S. 5–12.

STAELEN, Carolien de, *Spulletjes en hun betekenis in een commerciele metropool: Antwerpenaren en hun materiële cultuur in de zestiende eeuw*, Diss. (Geschichte), Universiteit Antwerpen, Antwerpen 2007.

STEPPE, Jan, *Het koordoksaal in de Nederlanden*, Löwen 1952.

STOCK, Jan van der, *Printing Images in Antwerp: The Introduction of Printma-*

king in a City, Fifteenth Century to 1585, Rotterdam 1998.
STOCK, Jan van der, »Canon in Context. Consumption of Early-Netherlandish Images in the Fifteenth and the First Half of the Sixteenth Centuries«, Lorne Campbell, Jan van der Stock, Catherine Reynolds, Lieve Watteeuw (Hg.), *Rogier van der Weyden in Context. Papers presented at the Seventeenth Symposium for the Study of Underdrawing and Technology in Painting held in Löwen, 22–24 October 2009*, Paris/Löwen/Walpole, MA, 2012, S. 3–21.
SUYKERBUYK, Ruben, *The Matter of Piety. Material Culture in Zoutleeuw's Church of Saint Leonard (c. 1450–1620), Bd. 1 – Text*, Diss. (Kunstwissenschaften), Universiteit Gent, Gent 2017.
SUYKERBUYK, Ruben, »Ancestral Monuments, Iconoclasm, and Memorial Culture in the Sixteenth-Century Low Countries«, *Early Modern Low Countries* 5, 1 (2021), S. 40–74.

TAFUR, Pero, *Travels and Adventures, 1435–1439*, Malcolm Letts (Hg. u. Übers.), London 1926.
TAYLOR, Larissa, *Soldiers of Christ. Preaching in Late Medieval and Reformation France*, New York/Oxford 1992.
THE NATIONAL GALLERY – COLLECTION, »The Crucifixion Altarpiece«, *The National Gallery* (2021): tinyurl.com/23pucyzw
THIJS, Alfons K.L., »Toverij in contrareformatorisch Antwerpen«, Jozef van Haver (Hg.), *Liber amicorum Prof. Dr. Jozef van Haver: aangeboden naar aanleiding van zijn vijfenzestigste verjaardag*, Brüssel 1991, S. 391–400.
THURSTON, Herbert, »Bells«, Charles G. Herbermann, Edward A. Pace, Thomas J. Shahan u. a. (Hg.), *The Catholic Encyclopedia*, Bd. 2, New York 1907.
TIMMERMANS, Michel, »De bouwplastiek binnen de kerk«, G.W.C. van Wezel (Hg.), *De Onze-Lieve-Vrouwekerk en de grafkapel voor Oranje-Nassau te Breda*, Zwolle/Zeist 2003, S. 42–81.
TONGEREN, Louis van, »Use and Function of Altars in Liturgical Practice According to the *Libri ordinarii* in the Low Countries«, Justin E.A. Kroesen, Victor M. Schmidt (Hg.), *The Altar and Ist Environment, 1150–1400*, Turnhout 2009, S. 261–274.
TORFS, Lodewijk, »Hongersnooden in de Nederlanden«, *Het Taelverbond: Letterkundig tijdschrift* 2, 3 (1846), S. 349–374.
TRIO, Paul, *Volksreligie als spiegel van een stedelijke samenleving: De broederschappen te Gent in de late middeleeuwen*, Löwen 1993.
TULKENS, Joris, *Nicolaes Cleynaerts. Christenhond tussen moslims*, Antwerpen 2018.

UYTVEN Raymond van, Claude BRUNEEL, Herman COPPENS, *De gewestelijke en lokale overheidsinstellingen in Brabant en Mechelen tot 1795*, 2 Bde., Brüssel 2000.

VAERNEWYCK, Marcus van, *Van die beroerlicke tijden in die Nederlanden en voornamelick in Ghendt 1566–1568*, Vanderhaeghen (Hg.), 5 Bde., Gent 1872–1881.

VALCKENISSE, Andries van, »Beschryving vande Borcht en Borggraefschap van Antwerpen«, *Antwerpsch Archievenblad* 1, 18 (1881), S. 1–162.

VANDENBROECK, Paul (Hg.), *Hooglied. De beeldwereld van Religieuze Vrouwen in de Zuidelijke Nederlanden, vanaf de 13de eeuw*, Ausstellungskat. Brüssel, Paleis voor Schone Kunsten, Brüssel 1994.

VELDE, Carl van de, »Het kunstpatrimonium. De 16de eeuw«, Willem Aerts (Hg.), *De Onze-Lieve-Vrouwekathedraal van Antwerpen*, Antwerpen 1993, S. 177–204.

VERBEEK, Caro, »How Charlotte of Bourbon Was Saved by A Foul Smell – or the Womb as an Olfactory Organ«, *Futurist Scents – On Olfactory History and Ephemeral Heritage* (2008): tinyurl.com/y8a3rkfd

VERBEEK, Caro, »How People Fought Diseases in the Past: a Top 10 of the Most Potent Smells«, *Futurist Scents – On Olfactory History and Ephemeral Heritage* (2020): tinyurl.com/ya5ofdq3

VERBEEK, Caro, Cretien VAN CAMPEN, »Inhaling Memories – Smell and Taste Memories in Art, Science, and Practice«, *The Senses and Society* 8, 2 (2013), S. 133–148.

VERBOON, Annemieke Rosalinde, *Lines of Thought: Diagrammatic Representation and the Scientific Texts of the Arts Faculty, 1200–1500*, Diss. (Literatur), Universiteit Leiden, Leiden 2010.

VERLEYSEN, Frederik, *Ambachten en Contrareformatie. Godsdienstige aspecten van de corporatieve wereld na de val van Antwerpen (1585–1633)*, Examensarbeit (Geschichte), Universiteit Gent, Gent 2000.

VEROUGSTRAETE, Helene, *Frames and Supports in the 15th and 16th Century Southern Netherlandish Painting*, Koninklijk Instituut voor het Kunstpatrimonium / Institut royal du Patrimoine artistique 2015.

VERWERFT, Bert, *De beul in het Markizaat van Antwerpen tijdens de Bourgondische en Habsburgse periode (1405–1550)*, Examensarbeit (Geschichte), Universiteit Gent, Gent 2007.

VINCENT, Catherine, *Fiat lux. Lumiere et luminaires dans la vie religieuse du XVe au XVIe siècle*, Paris 2004.

VISSCHERS, Peter Jozef, *Historische verscheidenheden, herinneringen en aenteekeningen*, Antwerpen 1858.

VOET, Leon, »Antwerpen in kerkelijk perspectief«, Willem Aerts (Hg.), *De Onze-Lieve-Vrouwekathedraal van Antwerpen*, Antwerpen 1993, S. 13–24.

VOS, R., »Over de betekenis van enkele allegorische figuren in de Elckerlijc«, *Spiegel der Letteren* 9 (1965–1966), S. 1–36.

VROOM, Wim, *De Onze-Lieve-Vrouwekerk te Antwerpen. De financiering van de bouw tot de Beeldenstorm*, Antwerpen/Amsterdam 1983.

VYNCKIER, Geert, *Antwerpen: Het Nieuwerck van de Onze-Lieve-Vrouwekathedraal*, Onroerend Erfgoed, Digitaal beschermingsdossier 4.001/11002/112.1, 2014.

WEERT, N. de, »Chronycke van Nederlant, besonderlyck der stadt Antwerpen sedert den jaere 1097 tot den jaere

1565«, Charles Piot (Hg.), *Chroniques de Brabant et de Flandre*, C.H.R. – Collection des chroniques belges, Brüssel 1879, S. 71–172.

WEIGERT, Laura, *Weaving Sacred Stories: French Choir Tapestries and the Performance of Clerical Identity*, Ithaca 2004.

WEZEL, G.W.C. (Hg.) van, *De Onze-Lieve-Vrouwekerk en de grafkapel voor Oranje-Nassau te Breda*, Zwolle/Zeist 2003.

WILLETT, C., Phillis CUNNINGHAM, *The History of Underclothes*, New York 1992.

WOLTJER, Juliaan, »Public Opinion and the Persecution of Heretics in the Netherlands, 1550–59«, Judith Pollmann, Andrew Spicer (Hg.), *Public Opinion and Changing Identities in the Early Modern Netherlands: Essays in Honour of Alastair Duke*, Leiden 2007, S. 87–106.

WOOLGAR, Chris, *The Senses in Late Medieval England*, New Haven/London 2006.

WOOLGAR, Chris, »The Medieval Senses were Transmitters as much as Receivers«, *Brewminate* (2017): tinyurl.com/y8jp552x

ZEMON DAVIS, Natalie, »Some Tasks and Themes in the Study of Popular Religion«, Charles Trinkaus, Heiko A. Oberman (Hg.), *The Pursuit of Holiness in Late Medieval and Renaissance Religion: Papers from the University of Michigan Conference*, Leiden 1974, S. 307–336.

ZWART, Cora, »Zijaltaren als liturgisch venster op laatmiddeleeuwse samenlevingen. Altarenpatronen van vijf stedelijke parochiekerken uit de Noordelijke Nederlanden (ca. 1550) onderling vergeleken«, *Jaarboek voor liturgieonderzoek* 29 (2013), S. 289–329.

# Abbildungsnachweis

1 Marcus Gerards der Ältere, *Brugae Flandorum urbs et emporium mercatu celebre* (1562). Brügge, Openbare Bibliotheek, Historisch Fonds, HF530. Wikimedia.

2 Grundriss der Liebfrauenkirche von Bart de Neve. Basiert u. a. auf Rudi Mannaerts, *De kathedraal – De Onze-Lieve-Vrouwekathedraal van Antwerpen, een openbaring*, Antwerpen 2016, Zeichnung von Peter Stremes, www.topa.be; Peeter Neeffs der Ältere, *Inneres der Antwerpener Kathedrale* (um 1650–1655), Privatsammlung, Belgien; *Scenographia perillustris Basilicae Marianae Antverpiensis*, Federzeichnung, 570 × 860 mm, in: Petrus Henricus Goos, *Encronologium episcoporum, decanorum et canonicorum Cathedralis Basilicae Marianae Antverpiensis* (1695–1719), Bd. 2, Fol. 94 © Collectie Stad Antwerpen, Erfgoedbibliotheek Hendrik Conscience.

3 Meister des Antwerpener Skizzenbuchs, Antwerpen, von links nach rechts ... (1543). Schwarze Kreide auf Papier, 190 × 260 mm. Berlin, Kupferstichkabinett © bpk Bildagentur, Fotosammlung RKD – Nederlands Instituut voor Kunstgeschiedenis, Den Haag.

4 Anonym, *Blick auf Antwerpen aus der Vogelperspektive von Westen* (1524–1528). Radierung und Stich, 330 × 900 mm. Amsterdam, Rijksmuseum, Inv. RP-P-OB-4318.

5 *Karl V.*, südliche Niederlande, um 1514–1516. Öl auf Holz, 438 × 322 mm. Royal Collection Trust © His Majesty King Charles III 2022.

6 Anonym, *Blick auf die Meir* (17. Jahrhundert). Öl auf Holz, 900 × 1400 mm. © KIK-IRPA, Brüssel.

7 *Tierkreismann*, Holzschnitt in *Der schaepherders kalengier* (1539). Antwerpen, Symon Cock. Amsterdam, Universiteit van Amsterdam, Allard Pierson Depot OTM, Ned. Inc. 488.

8 *Der süße Name Jesu*, südliche Niederlande (um 1500). Auf Papier gedruckter und nachträglich kolorierter Holzschnitt mit xylografischem Text, 113 × 78 mm. Brüssel, Koninklijke Bibliotheek Albert I, Prentenkabinet, Inv. S. III. 37342.

9 Bartholomäus Bruyn der Ältere, *Diptychon mit Gerhard und Anna Pilgrum* (1528). Farbe auf Holz, 380 × 305 mm (Flügel). Köln, Wallraf-Richartz-Museum © Rheinisches Bildarchiv Köln, rba_d047175.

10 Aertgen Claesz. van Leyden, *Die Berufung des heiligen Antonius* (um 1530). Öl auf Holz, 1325 × 963 mm. Amsterdam, Rijksmuseum, Inv. SK-A-1691.

11 *Arztbesuch bei einem Pestkranken*, Illustration im *Fasciculus medicinae* von Johannes de Ketham, Fol. E2r. Venedig: Zuane u. Gregorio di Gregorii Bethesda (1494).
12 Hendrick Cornelisz. van Vliet, *Inneres der Nieuwe Kerk in Delft mit einem Totengräber* (1626–1675). Öl auf Holz, 405 × 350 mm. Collectie KMSKA – Vlaamse Gemeenschap.
13 Everard van Orley, *Szene aus dem Leben des heiligen Rochus* (1517). Öl auf Holz, 1060 × 660 mm, Antwerpen, Sankt-Jakobs-Kirche © KIK-IRPA, Brüssel. Foto: Marleen Sterckx.
14 Lancelot Blondeel zugeschrieben, *Szenen aus dem Leben der Heiligen Rochus und Paulus* (erste Hälfte 16. Jahrhundert). Öl auf Holz, 1160 × 940 mm. Nieuwpoort, Rathaus © KIK-IRPA, Brüssel.
15 Denis van Alsloot, *Die Prozession in Brüssel im Jahr 1615* (1616). Öl auf Leinwand, 1170 × 3810 mm. London, Victoria and Albert Museum © Victoria and Albert Museum.
16 Jan Bathen und Steven Wouters, *Vom Schaden beim Ausschütten* (1561). Stich in Joost de Damhoudere, *Practijke ende handtboeck in criminele saken ...* Collectie Stad Antwerpen, Erfgoedbibliotheek Hendrik Conscience, E 62067.
17 Anonym, Bewegliche Engel mit Leuchter (1535–1544). Holz, Farbe und Eisen, 425 × 410 mm. Utrecht, Museum Catharijneconvent, Inv. ABM bh298; Foto: Ruben de Heer; Meister der Legende der heiligen Godelieve, *Das Leben und die Wunder der heiligen Godelieve* (um 1475–1499). Öl auf Holz, 1251 × 3110 mm. New York, Metropolitan Museum, Inv. 12.79.
18 Bungeneers, J. u. a., »Geschiedenis van het gebouw« in *Onze-Lieve-Vrouwekathedraal in Antwerpen* (1994). Kreidezeichnung Vlaams Architectuurinstituut – collectie Vlaamse Gemeenschap, archief Dienst Erfgoed, Provinciebestuur Antwerpen © Provinciebestuur Antwerpen.
19 Virgilius Bononiensis, Stadsplan Antwerpen (1565). Holzschnitt, 1415 × 2750 mm. Collectie Stad Antwerpen, Museum Plantin-Moretus, MPM.V,VI.01.002; Foto: Michel Wuyts.
20 Anonym, *Die Pest in der Löwener Sankt-Jakobs-Pfarrei im Jahr 1578* (1578?). Öl auf Leinwand, 12220 × 1530 mm. Löwen, Museum M, Inv. S/378/O; Foto: Dominique Provoost.
21 Friedrich Herlin, *Beschneidung Jesu* (1466), Detail auf der linken Flügelinnenseite des *Zwölfbotenaltars* in der Sankt-Jakobs-Kirche in Rothenburg ob der Tauber. Wikimedia.
22 Peeter Baltens, *Bauernkirmes mit einer Aufführung des Schwanks »Een cluyte van Plaeyerwater«* (um 1570). Öl auf Holz, 1120 × 1570 mm. Amsterdam, Rijksmuseum, Inv. SK-A-2554.
23 Meister der Legende der heiligen Ursula, *Das betende Ehepaar de Baenst in der Klosterkapelle* (1470–1483). Öl auf Holz, 960 × 600 mm. Brügge, Groeningemuseum, Inv. 0.1542-45; Foto: Hugo Maertens.
24 Schematische Darstellung der Funktion der Sinne, Federzeichnung in Gerardus van Harderwyck, *Epitomata*

seu Reparationes totius philosophiae naturalis Aristotelis (1496). Köln, H. Quentell. London, Welcome Collection, EPB/INC/2.b.5.

25 *Verehrung der Onze-Lieve-Vrouw op 't Stokske*, undatierter Stich. Antwerpen, Bibliotheek van het Ruusbroecgenootschap, Prentencollectie, P1: Antwerpen A.1.1.1.C.

26 Adriaen van de Venne, *Das Feuer und die Liebe*, Stich in Jacob Cats, *Spiegel van den ouden ende nieuwen tijd* (1632) © The Trustees of the British Museum, Inv. 1952,0117.14.16.

27 Kandelaber, Zeichnung aus *Triomphe d'Anvers lors du chapitre de la Toison d'or de 1556* (Nordfrankreich, 1556). Valenciennes, Bibliothèque municipale (BM) 0805.

28 Mathieu de Layens, Sakramentshaus (1917), Stein, Löwen, Sankt-Peters-Kirche © KIK-IRPA, Brüssel; Foto: Kommission für die photographische Inventarisation der belgischen Kunstdenkmäler.

29 Heuchler als stinkende Gruft im *Holkham Bible Picture Book* (südöstliches England, um 1327–1335). 285 × 210 mm, Fol 39f. London, British Library, Add Ms 47682.

30 *Verschlossenes Gärtchen mit den Heiligen Ursula, Elisabeth und Katharina* (1510–1540). Ölfarbe, Holz, Stoff, Gold, 1340 × 975 mm. © KIK-IRPA, Brüssel; Foto: Hervé Pigeolet.

31 Pietro di Giovanni Tedesco, *Beweglicher Christus mit Mechanismus* (1494). Polychromiertes Holz, Norcia, Santa Maria Argentea; Bruno Bruni, *Particolarità costruttive e decorative nella produzionediGiovanniTedesco*,Tagungsbericht (Pergola, XII 2007).

32 Anonym (Benediktinerabtei Tegernsee), *Die zehn Gebote, die fünf Sinne, die sieben Todsünden* (um 1480). Paris, BnF, Département Estampes et Photographie © Bibliothèque Nationale de France.

33 *Die Leiter zum Himmel und zur Hölle*, Zeichnung in *Interpretation (Glosse) zu den Klageliedern Jeremias* (Ende des 12. Jahrhunderts, Heilsbronn), Ms. 8, Fol. 130v. Nürnberg, Universitätsbibliothek Erlangen-Nürnberg.

34 Antonis van Leest (nach Pieter van der Borcht), *Ausführung des Chordienstes in der Sankt-Rombouts-Kirche*, Mecheln, Holzschnitt im *Psalterium* (1571), Antwerpen, Museum Plantin-Moretus, MPM.HB.08226 © Collectie Stad Antwerpen, Museum Plantin-Moretus.

35 Hendrik van Steenwyck der Ältere und Jan Brueghel der Ältere, *Innenansicht der Liebfrauenkathedrale* (1593 und 1609). Öl auf Holz, 452 × 625 mm. Budapest, Museum der Bildenden Künste, Inv. 579.

36 Meister des Nikolaus-Triptychons, *Die Weihe des heiligen Nikolaus* (1550–1574). Öl auf Holz, 1270 × 1390 mm. Brüssel, Koninklijke Musea voor Schone Kunsten van België, Inv. 366.

37 Pieter Bruegel der Ältere, *Der Kampf zwischen Karneval und Fasten* (1559). Öl auf Holz, 1180 × 1655 mm. Wien, Kunsthistorisches Museum, Inv. 1016. Wikimedia.

38 Pieter Bruegel der Jüngere, *Der Kampf zwischen Karneval und Fasten* (1579–1638). Öl auf Leinwand, 1194 × 1712 mm. London, Christie's, Sale 8007, Lot 17. Wikimedia.

39 Meister des Stundenbuchs des Charles de France, *Mariä Verkündigung* im *Stundenbuch des Charles de France* (Bourges, 1465). New York, Metropolitan Museum, Inv. 58.71a,b © The Cloisters Collection, 1985.

40 Meister des Aachener Altars, *Passionstriptychon*, Außenseiten der Flügel, *Gregorsmesse* und *Knieendes Stifterehepaar* (um 1500). Öl auf Holz, 1091 × 542 mm. Liverpool, Walker Art Gallery, Inv. WAG 1225 & 1226.

41 Rekonstruktion des *Nieuwerck*-Projekts © Casper Dupré 2020.

42 Pieter van der Borcht, *Die Kathedrale von Antwerpen*, kolorierte Radierung in Lodovico Guicciardini, *Descrittione di tutti i Paesi Bassi* (Antwerpen, 1581). Bibliothek der Universität Gent.

43 Frans Hogenberg, *Bildersturm, 1566* (1566–1570). Radierung, 210 × 280 mm. Amsterdam, Rijksmuseum, Inv. RP-P-OB-78.784-90.

44 Colijn de Coter, *Gregorsmesse* (1522). Öl auf Holz, 1930 × 780 mm (Flügel). Brüssel, Koninklijke Musea voor Schone Kunsten van België, Inv. 355; Foto: F. Maes (MRBAB), KMSKB.

45 *Gregorsmesse*, südliche Niederlande (erste Hälfte 16. Jahrhundert). Öl auf Holz, 1120 × 420 mm. Bilbao, Bilbao Museoa/Kathedrale Santo Domingo de la Calzada.

46 Hans Holbein der Jüngere, *Die Torheit steigt von der Kanzel*. Randzeichnung in Desiderius Erasmus, *Erasmi Rotedami encomium moriae i. e. Stultitiae laus*, 1515. Fol. X4. Basel: Johann Froben © Kupferstichkabinett Basel, Inv. 1662.166.82.

47 Marten van Valckenborch (tätig 1559–1612), *Inneres einer Kirche*. Öl. Privatsammlung.

48 Pieter Bruegel und Philips Galle, *Fides* (1559 oder 1560). Stich, 224 × 293 mm. Amsterdam, Rijksmuseum, Inv. RP-P-1924-698.

49 *Clein gensteren ontsteken wel groote kercken*, Aquarell in Lovs van Caukercken, *Chronyck van Antwerpen* (17. Jahrhundert). Brüssel, Koninklijke Bibliotheek Albert I, Handschriften, Ms. 7563-67, Bd. 1.

50 *Reünie: van Quinten Metsijs tot Peter Paul Rubens* (2009). Ausstellung, Antwerpen, Liebfrauenkathedrale. Foto: Wim Daneels.

51 Quentin Massys, *Beweinung Christi* (1509–1511). Außenseite der Flügel. Antwerpen, KMSKA; Foto: Hugo Maertens, www.artinflanders.be.

52 *Der Teufel bringt zwei Frauen während einer Messfeier zum Plaudern*, Holzschnitt in Geoffroi de La Tour Landry, *Der Ritter vom Turn* (1493). Augsburg, Johann Schönsperger. Library of Congress, Rare Book and Special Collections Division.

53 *Heckenpredigt außerhalb Antwerpens*, Stich in Pieter Christiaanszoon Bor, *Nederlantsche oorloghen, beroerten, ende borgerlijcke oneenicheyden* (1621).

Leiden, G. Basson. Den Haag, Bibliotheek van het Vredespaleis. Wikimedia.

54 Meister der Houghton-Miniaturen, *Gregorsmesse*. Loses Blatt aus dem *Emerson-White-Stundenbuch* (vor 1482). Brüssel, Koninklijke Bibliotheek Albert I, Handschriften, Ms. II 3634-6.

55 *Palmesel* (Deutschland, 15. Jahrhundert). Farbe auf Holz, 1562 × 1384 mm. New York, Metropolitan Museum. The Met Cloisters.

56 Meister der David-Szenen im Breviarium Grimani (Werkstatt), *Fastenzeit mit einem Altar mit Opferkorb im Vordergrund, im Hintergrund der Prediger* im *Stundenbuch des Domenico Grimani* (Brügge, 1525–1530). New York, Pierpont Morgan Library, Ms. M1175, Fol. 180v.

57 Peeter Neeffs der Ältere, *Inneres der Antwerpener Kathedrale* (um 1650–1655). Öl auf Kupfer, 153, 231 mm. Washington D.C. National Gallery of Art, Inv. 1960.6.29 © Timken Collection.

58 Peeter Neeffs der Ältere, *Inneres einer gotischen Kirche mit eleganten Figuren* (1659). Öl auf Holz, 587 × 826 mm. Amsterdam, Christie's, Sale 3040, Lot 152. Wikimedia.

59 *Schmerzensmann* (Anfang 15. Jahrhundert), Zeichnung aus Linda van Dijck und Marie-Hélène Ghisdal, »Een vroeg-15de-eeuwse muurschildering met de voorstelling van de man van smarten in de kathedraal van Antwerpen«, S. 39–43. *Monumenten en Landschappen*. Onroerend Erfgoed. Foto: Cedric Verhelst.

60 Figurative Dekoration auf rotem Untergrund. Antwerpen, Sankt-Jakobs-Kirche. Foto: Sigrid Spinnox.

61 *Salvator Mundi* (um 1411). Stein. © KIK-IRPA, Brüssel; Foto: Jean-Luc Elias.

62 Gewölbemalereien mit Darstellungen der Heiligen Barbara und Katharina (1451–1475), Himmelskörpern (1472–1479), Symbolen der Gilde der Bogenschützen »Jonge Handboog« (1596) und der Bäckerzunft (um 1476 und nach 1533 von Jan Crans). Foto: Cedric Verhelst.

63 Holzschnitte, Übersichtszeichnung von Louis Dekoninck in Bernard Delmotte, »De Onze-Lieve-Vrouwkathedraal de Antwerpen«, APROA-BRK – Bulletin 1994 bis van de beroepsvereniging voor conservators/restaurateurs van kunstvoorwerpen.

64 Drei kolorierte Holzschnitte (anonym, 16. Jahrhundert): *Das Lamm Gottes, Zirkel mit Banderole, Kelch mit Schlange*. Fotos: Cedric Verhelst, Oswald Pauwels.

65 Peter Paul Rubens, *Kreuzaufrichtung* (1610–1611). Öl auf Holz, 460 × 640 cm. Mitteltafel eines Triptychons, Antwerpen, Liefrauenkathedrale; Foto: Wendy Wauters.

# Register

Augustiner 41, 71, 137, 138, 159, 160, 169, 169, 171, 175, 185, 239
Beatis, Antonio de 32, 78, 86, 133, 200, 206, 231, 291
Bergen op Zoom 14, 84, 168, 214, 293
Bijns, Anna 23, 66, 97, 115, 291
Bruegel der Ältere, Pieter 8, 127, 132, 192, 211, 212, 218, 292
Brügge 11–16, 19, 55, 62, 85, 109, 213, 240, 291
Brüssel 12, 16, 62, 77, 121, 157, 160, 175, 184, 185, 210, 245
Calvete des Estrella, Juan Cristobal 156, 224
Calvin, Johannes – Calvinisten 21, 22, 51, 110, 154, 246, 249–252, 291
*Chronijck der Stadt Antwerpen* 164, 221, 224
Cranmer, Thomas 184
Dürer, Albrecht 8, 47, 72, 193, 206, 291
*Een nieuwe tractaet ghenaemt dad Batement van recepten* 39, 99
Einzelhändler (meerseniers) 15, 16, 151, 189, 192, 193, 195, 197, 217, 225, 227, 241, 292
Erasmus, Desiderius 25, 27, 50, 52, 56, 64, 98, 110, 116, 162, 163, 170, 189, 201, 213, 232, 290, 291
*Evangelien vanden spinrocke* 88, 89, 107, 115, 134
Fabri, Anselmus 146, 181, 235
*Fasciculus medicinae* 37, 40, 92
Gent 12, 14, 16, 19, 203, 252, 291

Grapheus, Cornelis 144, 160, 188, 189, 291
Grebner, Paul 219, 221–223, 292
Groenkerkhof 15, 58, 59, 121, 143, 151, 161, 206, 207
Guicciardini, Lodovico 15, 144, 145, 156, 165, 221, 292
Haecht, Godevaert 220, 248, 292
Karl V. 22, 153, 160, 161, 199, 224, 225, 291, 292
Karl der Kühne 15, 290
Liebfrauenlog-Gilde 46, 48, 58, 92, 130, 133, 141, 151, 181, 217, 224, 240, 241,
Luther, Martin – Lutheraner 21, 22, 24, 25, 98, 124, 159, 160, 168, 175, 202, 235, 291
Margarete von Österreich 33, 161
Maria von Burgund 13, 290
Maria von Ungarn 77
Marienkapelle 46, 47, 84, 92, 135, 227, 241, 248, 290
Marnix van Sint-Aldegone, Filips van 51, 55, 109, 223
Maximilian 13, 14, 22, 33, 75, 290, 291
Mecheln 102, 123, 140
Minderbrüder 19, 24–26, 41, 68, 81, 137, 159, 160, 162, 163, 168, 175, 207, 239
Munters, Christiaan 26, 93, 144, 177, 179, 202, 291
Münzer, Hieronymus 194, 221, 291
Nicolaas aus Ypern 24, 169, 170, 175
Onze-Lieve-Vrouw 83–85, 135, 145, 157, 191, 290

Papebrochius  8, 35, 49, 58, 254
Pfarraltar  143, 145, 191
Philipp II.  209, 220, 224, 236, 239, 245, 291
Rossum, Maarten van  68, 199, 200, 292
Rubens, Peter Paul  195, 222, 255
Sankt-Nikolaus-Altar  50, 125, 151, 191, 196, 204, 217, 263
Sankt-Rochus-Altar  47, 106
Schützen (*kolveniers*)  52, 141, 240, 250, 251, 255

Tafur, Pero  11, 79, 290
Tassis, Roger de  166, 203, 204
Täufer  21, 24, 222, 291
Vaernewijck, Marcus van  97, 168, 212, 215, 230, 231, 291
Vallick, Jacob  64, 67, 109, 110,
Venerabelkapelle  138, 145, 171–173, 182, 183, 227, 250, 290
Wier, Johann  109, 110